GILL SIMS

MAMI KANN AUCH ANDERS

Tagebuch einer unbeugsamen Mutter

ROMAN

Aus dem Englischen von Ursula C. Sturm

EISELE

Besuchen Sie uns im Internet:
www.eisele-verlag.de

MIX
Papier
FSC® C083411

Die Originalausgabe »Why Mummy Doesn't Give a F***.
Because Family Begins with a Capital F« erschien 2019
bei HarperCollins Publishers Ltd, London.

1. Auflage 2020

Gesetzt aus der Dolly
Satz: LVD GmbH, Berlin
Druck und Bindearbeiten: CPI books GmbH, Leck
Printed in Germany
ISBN 978-3-96161-081-5

FÜR RONA … DIE LAWINE

INHALT

JANUAR

Mittwoch, 3. Januar

Der erste Arbeitstag nach Weihnachten und Neujahr ist immer recht ernüchternd. Es ist ein Schock, wenn einem so jäh bewusst wird, dass es noch andere Lebensmittel als Toblerone, Quality Street und Käse gibt und es nun wieder verpönt ist, sich um zwei Uhr nachmittags das erste Glas Wein zu gönnen, ganz zu schweigen von der Tatsache, dass man ein funktionierender Erwachsener mit einem verantwortungsvollen Job ist und nicht immer nur in Kleidungsstücken mit Gummibund herumlaufen kann. Noch unerfreulicher ist es, wenn sich die Weihnachtszeit euphemistisch ausgedrückt »unentspannt« gestaltet hat und auf besagten ersten Arbeitstag eine Sitzung bei der Eheberaterin folgt.

Unsere Therapeutin Christina wurde mir von Debbie aus der Personalabteilung meiner Firma wärmstens empfohlen, hatte sie doch die Ehe von Debbies Schwester gerettet, nachdem ans Licht gekommen war, dass Debbies Schwager eine Affäre mit der Grundschullehrerin hatte – und zwar seit der Einschulung seiner Zwillingstöchter, die zum Zeitpunkt seiner Entlarvung als Ehebrecher bereits in die zehnte Klasse gingen. Angeblich steht Debbies Schwager darauf, sich den mit PVA-Kleber und Glitzer beschmierten Hintern versohlen zu lassen, was sein Faible für Grundschullehrerinnen erklären dürfte, für die derlei Bastelutensilien ja quasi zum täglichen Leben gehören. Na, jedenfalls dachte ich, wenn es dieser Christina quasi mit einem kurzen Wedeln ihres Zauberstabs gelang, derlei harte Nüsse zu knacken, dann müsste es für sie doch ein Kinderspiel sein, meine krisengebeutelte Beziehung zu kitten.

Schließlich waren bei Simon zumindest keine bizarren sexuellen Neigungen zum Vorschein gekommen. Und im Gegensatz zu Debbies Schwester war ich nicht mit einer Frau betrogen worden, der ich mehrere Tassen mit »Weltbeste Lehrerin«-Aufdruck sowie etliche Flaschen Wein geschenkt hatte und die mir Vorträge darüber gehalten hatte, wie wichtig es doch ist, seinen kleinen Lieblingen jeden Abend etwas vorzulesen. Im Lichte all dessen mag Simons One-Night-Stand mit einer sexy *Señorita*, die er auf einer Geschäftsreise nach Madrid kennengelernt hat, fast schon wie eine Bagatelle erscheinen. Jedenfalls hätte es bedeutend schlimmer sein können.

Genau das sage ich mir immer wieder: »Kopf hoch! Es könnte schlimmer sein!« Er hätte es ja auch wie der Daddy der perfekten Lucy Atkinson machen können, der Lucy Atkinsons perfekte Mami ausgerechnet wegen ihrer Busenfreundin, der hyperambitionierten Sozialexhibitionistin Fiona Montague, hat sitzen lassen. Ich konnte Fiona noch nie leiden. Sie ist total aufgeblasen und legt sich immer ein bisschen zu sehr ins Zeug. Aber Lucys Daddy findet offenbar Gefallen an ihren Blasfähigkeiten, obwohl er zu einem regelrechten Fettklops mutiert ist, seit er bei Fiona wohnt – wie es aussieht, übertreibt er es mit dem Genuss der gottverdammten Cupcakes, von denen sie in einer Tour Fotos auf Instagram postet. Zum Glück haben sowohl Peter als auch Jane mittlerweile die Grundschule hinter sich und müssen nicht mehr höchstpersönlich am Tor zum Schulhof abgeliefert werden, zumindest diese Schmach bliebe mir also erspart. Und Simon hasst Cupcakes.

Auf der anderen Seite war es schlimm genug. Bei Simons Geständnis vor zwei Monaten war mir, als hätte mir jemand in den Bauch geboxt – mir blieb im wahrsten Sinne des Wortes die Luft weg. Mir ist noch immer völlig schleierhaft, was ihn geritten hat, mir davon zu erzählen. Angeblich wollte er sein Gewissen erleichtern.

Bis zu diesem verhängnisvollen Tag hatte ich die Formulierung »ein Mahlstrom der Gefühle« lediglich vom Hörensagen gekannt – was genau es bedeutet, darin gefangen zu sein, wurde mir erst bewusst, als ich plötzlich ständig zwischen Wut, Verzweiflung, dem bemerkenswert starken Drang, Simon umzubringen, sowie kurzen Phasen der Gelassenheit oszillierte, in denen ich mir sagte: »Wir sind erwachsen, wir haben zwei Kinder, wir sind seit fünfundzwanzig Jahren zusammen. Wir stehen das durch.« Zum ersten Mal in meinem Leben konnte ich vor Übelkeit drei Tage lang nichts essen – bis dahin hatte ich in hochemotionalen Phasen stets zu Frustessen tendiert. Ein Gutes hat die Sache immerhin: Hinterher war ich fünf Kilo leichter.

Es folgten etliche Wochen, in denen Simon mit zerknirschter Miene herumlief und sich immer wieder entschuldigte, während ich vergeblich darauf wartete, dass meine Wut auf ihn verrauchte. Doch jeder unserer Versuche, die Angelegenheit wie zwei reife Erwachsene zu diskutieren, endete unweigerlich damit, dass ich ausrastete und Simon damit drohte, ihm die Eier zu amputieren, sollte er noch ein einziges Mal behaupten, es habe ihm nicht das Geringste bedeutet – wenn es ihm nämlich verdammt nochmal nicht das Geringste bedeutet hat, warum zum Teufel hatte er es dann überhaupt getan? Ja, schon klar, es war »bloß Sex« gewesen, aber dieses vollkommen schwachsinnige Argument machte es meiner Ansicht nach kein bisschen besser. Irgendwann kamen wir zu dem Schluss, dass es so nicht weitergehen konnte und wir wohl professionelle Hilfe in Anspruch nehmen sollten.

Da ich ein Gespräch mitangehört hatte, in dem Debbie aus der Personalabteilung diese Christina in den höchsten Tönen gelobt hatte, bat ich sie diskret um Christinas Telefonnummer. »Für eine Freundin«, sagte ich selbstredend, denn es ist nicht eben ratsam, Debbie etwas anzuvertrauen, wenn man nicht will, dass die gesamte Firma davon erfährt. Zugegeben, Debbies ausgeprägte Tendenz zum Tratschen hat auch Vorteile, etwa, wenn man Neuigkeiten oder Gerüchte in Umlauf bringen will: Wer Debbie etwas »unter dem Siegel der Verschwiegenheit« erzählt, kann sich darauf verlassen, dass spätestens bis Feierabend die gesamte Belegschaft Bescheid weiß.

Simon war zunächst dagegen, dass wir eine Eheberatung in Anspruch nehmen und argumentierte typisch britisch, er wolle seine schmutzige Wäsche nicht vor anderen Leuten waschen und das sei doch alles bloß hirnverbranntes esoterisches Geschwafel, erklärte sich schließlich aber bereit, es zumindest zu versuchen, in der Hoffnung, dass ich nicht mehr so viel herumschreien würde. Also vereinbarten wir einen Termin.

Erstaunlicherweise wurde Simon schon bei der ersten Sitzung bekehrt. Ich glaube, ihm gefiel, dass Christina gleich vorweg bemerkte, sie wolle einen Rahmen für urteilsfreie Gespräche schaffen und werde lediglich als Mediatorin fungieren, ohne einer Partei Schuld zuzuweisen oder darüber zu urteilen, wer von uns im Recht sei und wer im Unrecht. Er genoss es auch sehr, dass man während der Sitzung die Stimme nicht erheben durfte, sprich, ich durfte ihn nicht anschreien, was ihm zumindest eine Stunde Ruhe pro Woche verschaffte.

Ich dagegen fand die Eheberaterin gelinde gesagt ziemlich scheiße, war ich doch ganz selbstverständlich davon ausgegangen, dass sie sich auf meine Seite schlagen würde. Ich hatte ganz klar auf Schuldzuweisungen gehofft, darauf, dass sie hinter mir stehen und Simon bewusst machen würde, was für ein Wichser er war, ehe sie ihm eine angemessene Strafe aufbrummte, damit wir, wenn er für seinen Fehltritt Buße getan hatte, die Angelegenheit irgendwann hinter uns lassen konnten. Sie hätte ihn ja zu einer Art gemeinnütziger Arbeit verdonnern können (beispielsweise für den Rest unseres gemeinsamen Lebens das Bügeln und das Erneuern der Klorollen zu übernehmen), oder verfügen, dass man ihm eine Schandgeige anlegte und ihn auspeitschte oder sowas.

Doch statt mir zuzustimmen, dass Simon ein Dreckschwein ist und bestraft werden muss, ehe Gras über die Sache wachsen kann, säuselte sie bloß: »Hm. Und, wie fühlen Sie sich damit?« und ähnlich sinnloses Zeug.

Die heutige Sitzung war auch wieder genau nach diesem Muster abgelaufen. Simon erwies sich als überraschend gesprächig, wenn es darum ging, seine Gefühle zu beschreiben, insbesondere die Gefühle, die seine spanische *Señorita* bei ihm geweckt hatte (»Ich hab mich lebendig gefühlt. Begehrt. Sie hat mir das Gefühl gegeben, dass ich ihr wichtig bin!«). Ich dagegen war deutlich weniger mitteilsam.

»Hm. Und, Ellen, wie geht es Ihnen damit, wenn Sie das hören?«

»Mir? Bestens. Ganz *hervorragend.* Alles wunderprächtig«, zischte ich mit zusammengebissenen Zähnen, weil mir ja jegliches Gezeter verboten war und ich deshalb nicht brüllen konnte: »*Mir* warst du auch wichtig, du unsensibler Hornochse! Du wolltest dich begehrt fühlen? Meinst du etwa, *mir* ging es anders? Aber im Gegensatz zu dir bin *ich* nicht hingegangen und hab einen anderen gevögelt, verdammt nochmal! Ich hab mich an unser Ehegelübde gehalten, dabei hätte ich durchaus mit etlichen Kerlen ins Bett hüpfen können, so ich denn gewollt hätte! Aber ich hab's nicht getan, weil ich nämlich kein solches RIESENARSCHLOCH BIN WIE DU! Und jetzt erwartest du auch noch *Mitleid* von mir? Und übrigens: Wie kann es sein, dass eine Frau, die dir angeblich ›nicht das Geringste‹ bedeutet, ach-so-tolle Gefühle bei dir hervorruft, hm? Du verfluchter WICHSER!«

»Tatsächlich?«, flötete Christina. »Ich habe aber das Gefühl, dass Sie ziemlich aufgebracht sind, Ellen.«

»Keineswegs.« Ich strahlte sie an. »Kein bisschen.«

»Also, auf mich erwecken Sie den Anschein, als würden Sie gleich explodieren vor Wut, Ellen. Wollen Sie darüber reden?«, beharrte Christina, während Simon weise nickte und ich im Stillen keifte: »*Na klar* bin ich wütend, verdammt nochmal! Wenn ich nicht stinkwütend und verletzt und am Boden zerstört wäre, dann säßen wir doch wohl nicht hier, oder?« Man möchte meinen, eine Paartherapeutin sollte dafür sorgen, dass die Wut ihrer Klienten nachließ, statt zusätzlich Öl ins Feuer zu gießen, oder? Ich meine, siebzig Pfund die Stunde für Aussagen wie: »Sie erwecken auf mich den Anschein, als würden Sie gleich explodieren vor Wut, Ellen«? Nach unserem ersten Termin hatte ich kurz mit dem Gedanken gespielt, mich zur Eheberaterin umschulen zu lassen – aber zu einer, die etwas taugt. Die nicht bloß fragt: »Und, wie geht es Ihnen damit?« und behauptet, Schuldzuweisungen gehörten nicht zu ihrem Aufgabenspektrum, sondern Dinge sagt wie: »Das ist ja unter aller Sau!« und »Ihr Ehemann ist ein Dreckschwein, kein Zweifel.« Das würde mir garantiert liegen.

Wie dem auch sei, jetzt platzte mir doch der Kragen, vielleicht, weil ich daran denken musste, wie viele Schuhe ich mir mit dem ganzen Geld hätte kaufen können, das wir Christina in den Rachen schoben, damit sie mir sagte, ich wirke »ziemlich aufgebracht«.

»Überrascht es Sie etwa, dass ich wütend bin?«, fauchte ich. »Es geht doch pausenlos nur um *Simon* – darum, was *Simon* will, was *Simon* empfindet, was *Simon* braucht. Kein Schwein interessiert sich für das, was *ich* will, für meine Gefühle und Bedürfnisse! Wir reden immer nur über *Simons* Gefühle.«

»Naja, wann immer ich Sie frage, wie es Ihnen geht, antworten Sie mit ›bestens‹ oder ›hervorragend‹«, erinnerte mich Christina sanft.

»Es geht mir beschissen, was sonst?«, lamentierte ich. »Mein Mann war mit einer anderen im Bett, und meine Ehe ist ein Scherbenhaufen! Wie zum Teufel können Sie da annehmen, es würde mir ›hervorragend‹ gehen?«

»Das tue ich nicht«, belehrte mich Christina. »Aber wann immer ich Sie nach Ihren Gefühlen frage, blocken Sie ab und leugnen, dass Sie wütend oder traurig sind. Also, fahren Sie fort.«

»Simon sagt, er fühlt sich ungeliebt und vernachlässigt, aber auf die Idee, dass es mir genauso geht, kommt er nicht! Ich empfinde genau dasselbe, und jetzt noch tausend Mal mehr! Er hat jemanden gefunden, der ihm das Gefühl vermittelt hat, begehrenswert zu sein. Er hatte seinen Spaß, ein spanisches Schäferstündchen, das ihm einen Kick verpasst und seinem Selbstwertgefühl Auftrieb gegeben hat. Und was ist mit mir? Er hatte ein nettes kleines Abenteuer, aber ich bin leer ausgegangen, und obendrein wird von mir erwartet, dass ich einfach weitermache wie bisher, gerade so, als wäre nichts passiert. Und ich habe nach wie vor einen Mann an der Backe, der keine Notiz von mir nimmt, geschweige denn mir das Gefühl vermittelt, begehrt zu werden.«

»Ich nehme sehr wohl Notiz von dir«, sagte Simon ungehalten.

»Nein, tust du nicht«, erwiderte ich verzweifelt. »Ich bin doch total unsichtbar für dich, wie ein altes Möbelstück. Du merkst weder, wie ich aussehe, noch, was ich tue, und du merkst definitiv nicht, was ich empfinde.«

»Ich merke sehr wohl, wie du aussiehst«, beharrte Simon.

»Tust du nicht. Ich kann mich noch so sehr aufhübschen, es fällt dir gar nicht mehr auf. Du sagst keinen Pieps. Nie machst du mir ein Kompliment, und wenn ich dich frage, wie ich aussehe, dann blickst du nicht einmal von deinem iPad hoch, sondern grunzt bloß: ›Gut, wie immer‹, und das war's.«

»Na, weil es stimmt. Du siehst immer gut aus. Was willst du denn hören?«

»Simon, dieses ›Gut, wie immer‹ bedeutet doch lediglich ›Dein Outfit ist salonfähig; du hast weder Spinat zwischen den Zähnen noch steckt dein Rock hinten in der Unterhose, es spricht nichts dagegen, dass du dich so in der Öffentlichkeit zeigst.‹ Es fällt dir gar nicht auf, wenn ich mir mal ein bisschen mehr Mühe als sonst gegeben habe, ganz egal, ob ich beim Friseur war oder ein neues Kleid trage. Und selbst um dieses widerstrebend gebrummte ›Gut, wie immer‹ lässt du mich betteln!«

»Herrje, mir war nicht klar, dass das so eine große Sache ist. Tut mir leid. Ich werd's nie wieder sagen.«

»Mach mir ein Kompliment, Simon. Na, los! Sag mir etwas Nettes!«

»Ah! Sehr vielversprechend«, hauchte Christina.

»Hm …« Simon überlegte angestrengt. »Ah, jetzt weiß ich was: Deine Lasagne ist die beste, die ich je gegessen habe.«

Ich stierte ihn ungläubig an.

»Meine Lasagne? Ist das dein Ernst? MEINE LASAGNE? Das ist das NETTESTE, was dir einfällt? Meine beste, herausragendste Eigenschaft? MEINE GOTTVERDAMMTE LASAGNE?«

»Naja, du hast mich kalt erwischt, und das, was mir sonst noch so eingefallen ist, war definitiv *nicht* salonfähig.«

»Meine Lasagne also. Mehr fällt dir echt nicht ein? Nach fünfundzwanzig Jahren ist das der einzige Grund, warum du noch mit mir verheiratet bist?«, schrie ich.

»Ellen, ich muss Sie bitten, nicht die Stimme zu erheben«, ermahnte mich Christina mit ihrer nervtötend gelassenen Art.

»Oh, Verzeihung. Tut mir echt leid. Ich möchte hier natürlich keine *Szene* machen … Aber jetzt mal ganz im Ernst, Christina: Ist es ein Wunder, dass ich wütend bin, wenn mein Mann einen derartigen Bockmist von sich gibt?«

»Wie Sie wissen, bin ich unparteiisch, Ellen. Es geht hier nicht um mich, sondern um Sie und Simon. Simon, wie geht es Ihnen mit Ellens Behauptung, Sie würden keine Notiz von ihr nehmen?«

»Nun, ich finde das reichlich scheinheilig. Sie nimmt von mir doch auch keine Notiz«, antwortete Simon trotzig. »Sie hat keinen blassen Schimmer, wer ich bin, was ich mir vom Leben erwarte, oder was mir gefällt und wofür ich mich interessiere …«

»Ganz offensichtlich mehr für Tapas als für Lasagne«, knurrte ich.

»Ellen, ich muss Sie bitten, Simon nicht mehr zu unterbrechen. Lassen Sie ihn ausreden, ja?«, wies mich Christina zurecht. Sie führte sich echt auf wie diese beknackte Supernanny. Wahrscheinlich sagte sie gleich noch, ich solle mich in die Ecke stellen und mich schämen.

Simon fuhr fort: »Du sagst, du willst nicht, dass die Familie auseinandergerissen wird. Dass die Kinder an den Wochenenden zwischen zwei Wohnorten pendeln müssen, früher oder später eine Stiefmutter und einen Stiefvater bekommen und zu Bauernopfern in elterlichen Auseinandersetzungen mutieren, so wie du und deine Schwester. Ich habe den Eindruck, wir sind in erster Linie nur deswegen noch verheiratet, weil du unseren Kindern all das ersparen willst, und nicht, weil du unbedingt mit *mir* zusammen sein willst. Du behauptest, ich würde keine Notiz von dir nehmen, aber umgekehrt ist es doch genauso. Ich könnte irgendein Kerl sein. Ich bin eine anonyme Vaterfigur, ein Ehemann, der nur Platz in deinem Leben hat, weil du jemanden brauchst, der den Laden zusammenhä–«

»Immer noch besser als von dir bloß noch als Haushälterin, Köchin und Kindermädchen betrachtet zu werden«, konterte ich.

»Ellen, zum allerletzten Mal: Sie sollen Simon nicht ins Wort fallen«, tadelte mich Christina. »Wenn das noch einmal vorkommt, muss ich Ihnen die gelbe Karte zeigen.«

Ich starrte sie finster an. Sie starrte zurück. Ihre gelbe Karte war doch im Prinzip nichts anderes, als mir mit der Verbannung in die Ecke zu drohen. *Simon* hatte sie noch nie mit der gelben Karte gedroht. Zweifellos mochte sie ihn lieber als mich, und das war *total unfair*.

»Ich weiß gar nicht, ob du mich überhaupt noch liebst, Ellen«, verkündete Simon mit einem theatralischen Seufzer.

»Und damit stellt sich für mich die Frage, ob ich dich noch liebe. Ich weiß es ehrlich gesagt nicht.«

Ich öffnete den Mund, um etwas zu entgegnen – Scheiß auf Christina und ihre gelbe Karte –, doch just in dem Moment verkündete sie: »Tut mir sehr leid, aber unsere Zeit ist rum. Das war ja nun doch noch recht aufschlussreich.«

So, so. *Ihr* war es also sehr wohl gestattet, uns ins Wort zu fallen!

Benommen schlüpfte ich in meinen Mantel und verließ mit Simon die Praxis. Die Kälte draußen auf der Straße wirkte ernüchternd wie ein Schlag ins Gesicht. Mit einem nassen Hering.

»Du liebst mich also nicht mehr?«, schnarrte ich. »Wozu dann das Ganze, wenn du mich gar nicht mehr liebst? Warum schleppst du mich dann überhaupt zur Eheberatung?«

»Mach jetzt bitte keine Szene, Ellen«, sagte Simon brüsk. »Nicht hier, mitten auf der Straße.« Er dirigierte mich zu einer Bar direkt neben Christinas Praxis. »Lass uns was trinken gehen.«

»Ach, das ist das Einzige, was dir Kopfzerbrechen bereitet? Dass ich dir mitten auf der Straße eine Szene machen könnte?«, fauchte ich und fügte hinzu: »Und überhaupt müssen wir die Kinder abholen.«

»Die können auch mal eine halbe Stunde warten. Wir müssen reden.«

»Wir *haben* gerade geredet, und du hast deinen Standpunkt sehr klar dargelegt. Was gibt es denn da noch groß zu sagen?«

»Okay, *ich* will *mit dir* reden.«

Es war eine sehr schöne Bar; eine mit gemütlichen Sitzecken und dezenter Beleuchtung, und unter normalen Umständen wäre mir in diesem Moment sicher durch den Kopf gegangen, wie gut sich ein Foto davon auf Instagram machen würde.

Simon brachte mir ein Glas Wein und setzte sich neben mich. »So kann es nicht weitergehen«, stellte er fest. »Du machst dich total kaputt, und ich kann das nicht mehr mit ansehen.«

»Ach, du kannst das nicht mehr mit ansehen? Ausgerechnet du – der Mensch, der eigentlich immer für mich da sein sollte, der mir niemals wehtun sollte, der mir aber praktisch das Herz aus der Brust gerissen hat –, du sagst mir, ich soll mich gefälligst zusammenreißen, weil du nicht mehr mit ansehen willst, wie ich leide? Erst betrügst du mich, dann fällt dir nichts ein, was du an mir gut findest, außer meiner Lasagne, und zur Krönung eröffnest du mir, dass du mich nicht mehr liebst! Soll ich da verdammt nochmal frohlocken, oder wie? Yippie! Mein Ehemann, der Vater meiner Kinder, liebt mich nicht mehr! Hurra, endlich ist mein Leben perfekt!«

»Nicht so laut!«, zischte er. »Ich habe nicht gesagt, dass ich dich nicht mehr liebe.«

»Und ob du das hast.«

»Nein, ich habe gesagt, ich bin mir nicht mehr sicher. Und dass ich auch nicht sicher bin, ob du mich noch liebst. Ich meine, natürlich liebe ich dich, aber ich weiß einfach nicht, ob ich ... dich noch *auf diese Weise* liebe. Ich weiß ja noch nicht einmal, ob du überhaupt noch mit mir verheiratet sein willst«, stellte er bekümmert fest.

»Natürlich will ich das!«, stieß ich hervor. »Sonst würde ich diese ganze Scheiße ja wohl kaum über mich ergehen lassen, oder? Willst du denn noch mit mir verheiratet sein?«

»Keine Ahnung. Ich weiß nicht, was ich will. Ich weiß nur, dass ich unglücklich bin, und zwar schon ziemlich lange. Ich war es schon lange vor diesem ganzen Drama. Ich weiß, ich kann mich gar nicht oft genug entschuldigen, aber es macht ohnehin keinen Unterschied. Ich kann die Vergangenheit nicht ändern, so sehr ich es auch versuche. Ich kann nur die Zukunft ändern, aber so, wie die Dinge zurzeit liegen, ist das schier unmöglich, weil du nicht in der Lage bist, das Geschehene hinter dir zu lassen. Ich glaube, wir brauchen ein bisschen Abstand.«

»Wie, Abstand? Willst du etwa übers Wochenende verreisen? Dich ins nächste Abenteuer stürzen?«

»Nein. Mein Arbeitskollege Geoff zieht für drei Monate nach New York, und er will seine Wohnung nicht so lange leer stehen lassen. Ich habe ihm angeboten, seine Bude zu hüten. Auf diese Weise haben wir – du und ich – etwas Freiraum und die Gelegenheit, uns zu überlegen, was wir eigentlich wollen. Ich ziehe noch heute Abend aus. Ich hatte gehofft, dass dir die heutige Sitzung bei Christina helfen würde, deinen Groll zu überwinden, aber es sieht nicht danach aus, und es muss sich etwas ändern.«

»Du verlässt mich?«, flüsterte ich. »Nach allem, was du mir angetan hast, servierst du mich einfach ab? Noch dazu mit so abgedroschenen, klischeehaften Formulierungen wie ›Ich liebe dich, aber nicht mehr *auf diese Weise*‹ und ›Ich brauche Abstand?‹ Hättest du dir nicht etwas Originelleres einfallen lassen können? Gott, jetzt fehlt echt nur noch, dass du mir mit ›Du verstehst mich einfach nicht‹ kommst.«

»Ich brauche tatsächlich etwas Abstand, ein bisschen Freiraum, und es ist *offensichtlich*, dass du nicht verstehst, wie das alles für mich ist. Wie soll ich bei dir bleiben, wenn du mir ständig vorhältst, dass ich an allem schuld bin? Ich kann nicht mehr mit deiner Wut leben. Sie macht uns noch beide kaputt.«

»Bravo, Simon! Herzlichen Glückwunsch zu diesem lupenreinen ›Wie-verlasse-ich-meine-Frau‹-Hattrick. Du lässt mich also einfach sitzen. Du machst dich aus dem Staub, richtest dich gemütlich in Geoffs hübscher kleiner Junggesellenbude ein, damit du ein sorgloses Leben führen kannst, während ich mal wieder die Drecksarbeit machen soll. Weil du nicht damit klarkommst, dass ich nach deinem Fehltritt ein klitzekleines bisschen sauer auf dich bin, begibst du dich jetzt auf einen *Selbstfindungstrip*, oder wie?«

»Ellen, ich bitte dich. Es ist nicht so, wie du es darstellst.«

Ich leerte mein Glas. »Und ob es das ist.«

»Ich will einfach ausloten, wer ich eigentlich bin, das ist alles. Über mein Dasein als Vater und Ehemann hinaus, meine ich.«

»Ich kann dir sagen, was du willst: Du hattest ein klein wenig Freiheit und Spaß, du hast es genossen, und du hast Blut geleckt. Und jetzt willst du mehr. Plötzlich sind dir Frau und Kinder ein lästiger Klotz am Bein, zumal deine Göttergattin nicht bereit ist, schön brav den Schnabel zu halten und die ganze Sache unter den Teppich zu kehren. Du nimmst den Weg des geringsten Widerstands und gibst auf. Du wirst ein Single-Leben führen, während ich mich weiter abrackern und unsere Kinder großziehen soll. Aber gut, okay, wenn es das ist, was du willst, dann nur zu. Ich werde dich nicht davon abhalten. Falls du gehofft hast, dass ich dich anflehen werde, bei mir zu bleiben, muss ich dich leider enttäuschen. Ich wünsche dir ein schönes Leben, Simon. Nein, warte, das tue ich nicht. Ich wünsche dir, dass dir die Eier abfaulen. Lebwohl.«

»Ich verlasse dich nicht, ich brauche bloß …«

»Ach, fick dich doch ins Knie, oder lass dich ficken, denn das ist es offenbar, was du brauchst.«

»Ellen, bitte …«

Ich verließ die Bar hoch erhobenen Hauptes und schaffte es mit knapper Not zu dem kleinen Spielplatz um die Ecke, wo ich mich schluchzend auf eine Bank plumpsen ließ. Zum Glück war es bereits dunkel, der Anblick einer einsamen Verrückten, die Rotz und Wasser heulte, hätte etwaige auf der Schaukel herumtollende Knirpse bestimmt heillos verstört. Wie viele Stunden hatte ich mir auf Bänken wie dieser den Allerwertesten abgefroren, hatte Peter und Jane beim Spielen (und Streiten) überwacht und mir sehnlichst gewünscht, endlich nach Hause gehen zu können? Nie hätte ich mir träumen lassen, dass ich einmal hier sitzen und mir die Augen ausweinen würde, weil mich Simon verlassen hatte. Ich hatte immer angenommen, wir würden gemeinsam alt werden. Dass es eine Zukunft ohne ihn geben könnte, war mir gar nicht in den Sinn gekommen.

Schließlich tupfte ich mir die Wangen mit einem schon ziemlich schmuddeligen Papiertaschentuch aus meiner Manteltasche trocken (als die Kinder noch kleiner waren, hätten daran garantiert ein paar halb gelutschte Gummibärchen geklebt, die ich mir zum Trost hätte einverleiben können) und sagte mir: »Okay, das war's. Ich werde mich nie wieder auf einen anderen Menschen verlassen. Außer vielleicht auf Lucy Atkinsons perfekte Mami, die mir hoffentlich einen erstklassigen Scheidungsanwalt vermitteln kann.«

Wirklich ein Jammer, dass ich jetzt nie wieder in diese echt schöne Bar gehen und Fotos für meine Instagram-Seite schießen konnte. Sie würde für mich bis in alle Ewigkeit die Bar bleiben, in der mich Simon verlassen hatte. Hätte er mich nicht stattdessen in irgendeiner heruntergekommenen Spelunke abservieren können, statt mir die Freude an einer so tollen Bar zu verderben? Selbstsüchtiger Mistkerl.

APRIL

Freitag, 6. April

Ich fuhr in Panik hoch, mit heftig pochendem Herzen und ausgetrocknetem Mund, felsenfest überzeugt, dass ich den Wecker überhört hatte und die Umzugshelfer schon auf der Matte standen. Puh, falscher Alarm – es war erst drei Uhr dreiundvierzig, aber ich war nun insgesamt sechs Mal aus dem Schlaf hochgeschreckt, wodurch sich die Wahrscheinlichkeit erhöhte, dass ich tatsächlich verpennen würde, was meine Panik nur zusätzlich schürte. In den kurzen Schlafphasen dazwischen hatte ich geträumt, dass die Umzugshelfer bereits da, aber zur Untätigkeit verdammt waren, weil ich noch keine einzige Kiste gepackt hatte. Ich hatte noch einen weiteren, viel schlimmeren Albtraum, in dem all meine Besitztümer ordentlich in Kartons verstaut waren und ich gelassen und routiniert die Beladung des Lasters überwachte, nur um plötzlich entsetzt festzustellen, dass ich splitterfasernackt im Vorgarten stand, während die muskelbepackten Jungs vom Umzugsservice das Sofa aus dem Haus trugen. Möglicherweise hatten sie es aus Höflichkeit nicht gewagt, mich darauf aufmerksam zu machen, weitaus plausibler erschien mir jedoch, dass sie hochgradig traumatisiert waren vom Anblick ihrer fünfundvierzigjährigen Kundin, die mit freischwingenden Pampelmusen um sie herumscharwenzelte und »Vorsicht mit der Kommode, das ist ein Familienerbstück!« rief.

Keine Ahnung, warum die Kommode überhaupt in meinem Traum vorkam, sie ist gar nicht mehr in meinem Besitz. Sie gehörte Simons Großmutter, also musste er sie nehmen, ob er wollte oder nicht. Er hegt eine absolut unerklärliche Abneigung dagegen, seit ich dem Möbelstück vor einiger Zeit einen Touch »Shabby Chic« verliehen und es in einem hübschen Blassgrün (»*Eau de Nil*«) gestrichen habe. Trotzdem habe ich darauf bestanden, dass er es nimmt. Natürlich nur der Fairness halber, und nicht aus Schadenfreude darüber, dass er sich bei seinem Anblick jedes Mal ärgern wird, weil es so gar nicht zu der minimalistischen Einrichtungsvision passt, die er in seinem neuen Zuhause nun endlich verwirklichen kann.

Nachdem mir Simon eröffnet hatte, er wolle ausziehen, um uns beiden »etwas Abstand« zu verschaffen, blieb ich nicht lange untätig. Zu oft schon habe ich erlebt, dass Freundinnen oder Kolleginnen von mir auf diesen Trick hereingefallen sind. Der Partner verdünnisiert sich mit dem Versprechen, es sei nur vorübergehend, er müsse bloß mal ein bisschen »nachdenken«, und einen Monat später ist das Gemeinschaftskonto leergeräumt, auf dem Fußabstreifer liegt ein Brief von einem Anwalt, und dann steht auch schon der Immobilienmakler vor der Tür, um das Haus zu schätzen. Wenn ein Mann nämlich behauptet, er brauche Abstand und wolle »vorübergehend ausziehen«, dann bedeutet das in Wahrheit, dass er sich möglichst wenig Ärger einhandeln und schon mal die Finanzen auseinanderdröseln will, zu seinen Gunsten, versteht sich. Aber ich hatte mich nicht einlullen lassen.

Schon am nächsten Tag hatte Simon, wie mir bei der Durchsicht der Kontoauszüge aufgefallen war, eine beträchtliche Summe abgehoben – angeblich, um die Miete für Geoffs Wohnung zu berappen, er durfte nämlich mitnichten unentgeltlich dort wohnen, wie er es mir gegenüber angedeutet hatte. Sein Argument, dieser Posten falle schließlich unter »Lebenshaltungskosten«, ließ ich nicht gelten. Ich wies ihn darauf hin, dass es verdammt nochmal seine Entscheidung gewesen war, in eine teure Wohnung zu ziehen und dass ich nicht im Traum daran dachte, selbige mitzufinanzieren, und dann brachte ich den Ball ins Rollen: Ich hob meinen Anteil von unserem gemeinsamen Vermögen ab und kontaktierte Immobilienmakler und Anwälte, während Simon blökte, ich solle bloß nichts überstürzen, er habe doch gar nicht dauerhaft ausziehen wollen. Unser Haus war nämlich mit den Jahren im Wert gestiegen, sodass wir es verkaufen mussten, weil wir es uns beide nicht leisten konnten, den anderen auszuzahlen.

Und so kam es, dass ich nun die letzte Nacht in meinem alten Schlafzimmer damit zubrachte, an die Decke zu stieren und mir eine Zukunft auszumalen, in der ich nicht mit Simon in einem kleinen Cottage mit Rosenbogen über der Haustür alt wurde, wie ich es mir immer erträumt hatte. Aber dafür geht zumindest mein Traum vom Altwerden in einem Cottage mit Rosenbogen in Erfüllung, und das ist doch auch etwas. Ich muss mich jetzt ganz auf die positiven Aspekte konzentrieren. Tatsache ist: Simon hat sich stets mit Händen und Füßen dagegen gewehrt, mit mir in ein zauberhaftes, uriges Cottage zu ziehen. Mit finsterer Miene brachte er allerlei Einwände vor, angefangen bei der unzureichenden Energieeffizienz über die nicht vorhandene Isolierverglasung bis hin zur niedrigen Deckenhöhe (worauf ich üblicherweise konterte, die niedrige Deckenhöhe müsse sich doch eigentlich vorteilhaft auf die Heizkosten auswirken). Er schnalzte mit der Zunge, wann immer ich ihm ein Gutachten zu einem meiner Traumhäuser vorlegte, wies mich auf ihre zahlreichen Mängel hin, hielt mir seufzend Vorträge über Nass- und Trockenfäule, aufsteigende Feuchtigkeit und abbröckelnden Fugenmörtel und schloss mit »Das Ding ist ein Millionengrab!«, während ich rief: »Aber es hat Charakter! CHARAKTER! Was macht da schon ein bisschen Moder?«

Als Architekt war mir Simon argumentatorisch natürlich haushoch (haha ...) überlegen, zumal ich ja bloß ein »Computerfuzzi« bin, wie er es ausdrückt. Er warf mit allerlei Fachbegriffen um sich und gab zu bedenken, ein neues Dach sei unvorstellbar teuer (seiner Ansicht nach benötigte nämlich jedes Haus, in das ich mich verliebt hatte, ein neues Dach, und das, obwohl das bereits vorhandene und augenscheinlich intakte Steildach den Vorbesitzern über hundert Jahre lang treue Dienste geleistet hatte). Und so waren meine Träume einer nach dem anderen in sich zusammengefallen, Opfer des ausgesprochen hinderlichen Prädikats »alltagsuntauglich«.

Doch nun, da sich Simon (der Mann, der mit seiner ketzerisch negativen Art jahrelang jede einzelne meiner Visionen von Küchen mit Steinfliesenböden und Sprossenfenstern zunichte gemacht hat) von mir losgesagt hat, werden wir heute endlich das Cottage meiner Träume beziehen. Okay, es mag nicht *hundertprozentig* das Cottage meiner Träume sein – dafür reichten meine finanziellen Mittel leider nicht aus, einer kleinen glücklichen Fügung des Schicksals zum Trotz, die sich kürzlich ergeben hat: Meine total durchgeknallte Schwägerin Louisa ist nämlich im Zuge ihres aktuellen Feldzugs gegen das Patriarchat lesbisch geworden und mit ihrer neuen Flamme Isabel in eine Frauenkommune gezogen, sprich, sie hat *endlich* das Häuschen in Frankreich geräumt, das ich infolge akuter emotionaler Erpressung vor etlichen Jahren für sie gekauft habe, und zwar mit dem Profit der einzigen gewinnbringenden Idee, die ich je hatte, einer fabelhaften App namens *Mami braucht 'nen Drink*. Ich hatte meinen Unmut darüber, dass man mich zwang, den Lebensstil meiner verantwortungsscheuen Schwägerin mitzufinanzieren, nie so recht verhehlen können, was zweifellos mit ein Grund dafür ist, dass meine Ehe den Bach runtergegangen ist. Egal, ich bin Louisa los, ihr (mein) Haus wurde veräußert, und mit dem Geld, das dabei rumkam – kombiniert mit meinem Anteil aus dem Verkauf unseres bisherigen Domizils – konnte ich einen Kredit für ein Cottage aufnehmen, das zumindest ansatzweise meinem Traumhaus entspricht, und die Raten sind sogar einigermaßen erschwinglich. Hurra! Es ist sagenhaft. Ähem. Wenn man die feuchten Stellen im Mauerwerk übersieht, aber die lassen sich bestimmt übertünchen. Leider stand ich unter massivem Zeitdruck und konnte nicht warten, bis mir das perfekte Haus unterkam, deshalb war ich gezwungen, mit meiner Familie ziemlich weit rauszuziehen. In der Stadt sind Häuser mit einem Garten für meinen Hund, einem Schlafzimmer und zwei Kinderzimmern leider absolut unbezahlbar.

Dafür werde ich einen Gemüsegarten haben, und ich werde ganz reizend aussehen in meinen Gummistiefeln und meinem Cath-Kindston-Fummel (okay, ich werde bei eBay nach Billigimitaten stöbern müssen, die sauteuren Originale kann ich mir als alleinerziehende Mutter nämlich garantiert nicht mehr leisten). Und ich werde Hühner halten. Meine Wahl fiel auf die Sorte Speckled Sussex, weil mir der Name gefiel und weil sie bei Google als »ausgesprochen geschwätzig« beschrieben wurden. Wozu brauche ich einen Mann, wenn ich »geschwätzige« Hühner haben kann? Bleibt nur zu hoffen, dass der Hund meine geschwätzigen Hühner nicht als potenzielle Beute betrachtet. Ich habe ihm deswegen bereits mehrfach ins Gewissen geredet, was er jedoch mit seinem üblichen blasierten Blick quittierte, der besagt: »Ich mache ohnehin, was ich will, du kannst dir dein hirnloses Gewäsch also getrost sparen.« Zum Glück gehört Mister Wuffington mir – ich habe ihn damals gegen Simons Willen angeschafft, und obwohl Simon ihn mittlerweile fast genauso sehr liebt wie ich, gab es bei der Trennung keinerlei Diskussionen darüber, wer ihn bekommt. Das Sorgerecht für Peter und Jane hätte ich im Zweifelsfall möglicherweise abgetreten, aber um meinen Hund hätte ich bis aufs Messer gekämpft.

Peter und Jane sind nicht sonderlich begeistert von meinem tollen Plan, aufs Land zu ziehen. Wobei wir eigentlich gar nicht *so* weit rausziehen – das Cottage befindet sich gerade noch im Einzugsgebiet ihrer Schule, sodass ihnen zumindest die traumatische Erfahrung des Schulwechsels erspart bleibt, wenn sie nun schon aus einer »zerrütteten Familie« kommen.

Dennoch graute den Kindern davor, künftig in der Pampa zu leben, wo es keine Nachtbusse gibt, mit denen sie nach etwaigen Partys und anderen jugendlichen Besäufnissen den Heimweg antreten können. Jane ist jetzt fünfzehn, und ich gehe mal davon aus, dass sie bereits den einen oder anderen Bacardi Breezer gekippt hat, oder was auch immer die Jugend von heute so an klebrig süßen Alkopops trinkt. Peter ist erst dreizehn, sprich, es wäre möglich, dass ich noch ein Jährchen Ruhe habe, ehe er ebenfalls den Pfad der Verderbtheit einschlägt. Insgeheim hege ich ja die Hoffnung, dass sich die beiden als strikte Abstinenzler entpuppen, nachdem ich ihnen in Sachen Alkohol und die verheerenden Folgen seines Konsums eher als abschreckendes Beispiel diente, statt ihnen ein gutes Vorbild zu sein. Wie auch immer, ich habe versucht, sie mit dem hastig vorgebrachten

Versprechen, sie jederzeit abzuholen, milde zu stimmen und sie außerdem mit heiterer Miene daran erinnert, dass sie ja jedes zweite Wochenende bei ihrem Vater in der Stadt zubringen werden, sodass der Heimweg von Partys oder etwaigen dubiosen Pubs, in denen Alkohol an Teenager ausgeschenkt wird, nicht allzu weit ist. Simon war dabei, als ich das sagte, und er wirkte wenig begeistert von dieser Aussicht.

Auch er hat mittlerweile das Zuhause seiner Träume gefunden – minimalistisch und ganz in Weiß, wie er es sich seit Jahren ersehnt. Er fing praktisch an zu sabbern, wann immer in der Sendung *Große Träume, große Häuser* einer dieser sparsam möblierten modernen Quader gezeigt wurde, nur um dann mit einem resignierten Seufzer den Blick durch unser vollgestopftes Wohnzimmer schweifen zu lassen. Seine neue Wohnung war ebenfalls Anlass für mehrere Auseinandersetzungen – ich sah mich gezwungen, ihn darauf hinzuweisen, dass er sich kein Loft zulegen könne, weil seine KINDER nun einmal einen Schlafplatz benötigen, wenn sie bei ihm sind, woran er bis dahin offenkundig gar nicht gedacht hatte. In der Wohnung, für die er sich schließlich widerstrebend entschieden hat, gibt es neben einem Schlafzimmer in einer einigermaßen annehmbaren Größe noch eine kleine Kammer, die er als Büro nutzen und in der er ein Futonbett für Jane aufstellen will (ich wusste gar nicht, dass man sowas überhaupt noch kaufen kann – in meiner Wahrnehmung sind die Dinger irgendwann Ende der Neunzigerjahre in der Versenkung verschwunden, zeitgleich mit meiner Jugend und der Spannkraft meines Busens) sowie ein »Kabäuschen« für Peter, wie er euphemistisch sagte (Peter und ich nennen es das Schrankbett). Einmal abgesehen von dem Schrankbett, in dem Simon seinen einzigen Sohn und Stammhalter jedes zweite Wochenende nächtigen lassen will, scheint es den Fotos nach zu urteilen aber eine ziemlich schöne Wohnung zu sein. Sehr ärgerlich. Aber wenigstens wird sich die Kommode darin so richtig hässlich ausnehmen, ätsch!

Vielleicht sollte ich schon mal aufstehen und in Ruhe eine Tasse Tee trinken, ehe ich mich daran mache, die Kinder aus ihren Betten zu scheuchen, was meist eine langwierige und mühevolle Angelegenheit ist. Ich frage mich so halb, ob es nicht klüger wäre, sie einfach mitsamt ihren Betten in den Laster hieven und schlafenderweise in ihre neuen Zimmer befördern zu lassen. Wie lange es wohl dauern würde, bis den beiden auffällt, dass sie in einem anderen Haus sind? Zugegeben, Peter würde es ziemlich schnell merken, nämlich sobald er sich im Autopilot-Modus in die Küche begibt, um kurzerhand den kompletten Kühlschrankinhalt in sich hineinzustopfen (was bei ihm unter »Snacken« läuft), und bei der Gelegenheit feststellt, dass der Kühlschrank nicht an seinem üblichen Platz steht, was den »Snack« um dreißig wesentliche, ja lebensbedrohliche, Sekunden hinauszögern würde.

Ganz schön seltsam, der Gedanke, dass ich heute zum letzten Mal in diesem Haus aufgewacht bin. In den vergangenen Tagen gab es eine Menge solcher »letzten Male«. Einige davon waren recht traurig, etwa gestern Abend, als ich den Kindern mit Tränen in den Augen das letzte Mal in den Zimmern, in denen sie von frühester Kindheit an geschlafen haben, eine gute Nacht wünschte. Peter und Jane fanden den Moment allerdings weit weniger bewegend (O-Ton: »Sei nicht albern und zieh Leine, Mum!«). Über andere letzte Male war ich weniger betrübt: Als ich zum letzten Mal den Teppich über dem Fleck zurechtrücken musste, den die Magensäure meines Hundes nach einer Kotzattacke in den Lack der Bodendielen geätzt hat, beispielsweise. Oder als ich mir zum letzten Mal die Hüfte an der Ecke des saudämlich platzierten Küchenschranks stieß. Und als ich beim Abwischen der Arbeitsplatte zum letzten Mal die kahle Stelle ignorierte, die von dem Tag zeugte, an dem Jane in einem Wutanfall ein Messer nach Peter geworfen hat (wohl, weil er einen Blick in ihre Richtung gewagt oder sich eines ähnlich abscheulichen Vergehens schuldig gemacht hatte).

Aber das ist jetzt nicht der richtige Zeitpunkt, um über letzte Male nachzusinnen. Jetzt kommt die Zeit der Premieren, Neuanfänge und ERSTEN Male! Ich hoffe, der Hund ist nach dem Umzug nicht allzu verstört und gewöhnt sich bald in seinem neuen Zuhause ein.

Samstag, 7. April

Okay. Es ist vollbracht, und ganz allmählich ist ein Licht am Ende des Tunnels zu erahnen, obwohl ich noch Berge von Umzugskisten auspacken muss.

Der gestrige Tag war ... interessant. Wie erwartet war es zunächst schier ein Ding der Unmöglichkeit, Peter und Jane zum Aufstehen zu bewegen, und als die beiden dann doch endlich aus dem Bett geklettert waren, schlurften sie ziellos umher und standen andauernd jemandem im Weg. Während Peter Schüsseln und Frühstücksflocken wieder auspackte, warf mir Jane vor, ich habe ihr Leben ruiniert, indem ich das WLAN habe abstellen lassen, und kreischte dann: »WAAAAS? Im neuen Haus funktioniert es womöglich erst ab Montag? Und wie kann es sein, dass du nicht weißt, ob wir dort 4G haben oder nicht? WIE KANNST DU MIR DAS ANTUN?« Inzwischen hatte Peter die Milch geleert, sodass ich den Möbelpackern nicht einmal eine Tasse Tee anbieten konnte, also musste ich ihn zum Milchholen losschicken, worauf er mir mit einem herablassenden Blick erklärte: »Mum, *wir ziehen um*! Wir sollten lieber möglichst viele Lebensmittel *aufbrauchen*, statt *neue zu kaufen*!«, worauf ich brüllte: »Du steigst jetzt sofort auf dein Fahrrad und besorgst einen halben Liter Milch, und wenn du nicht binnen drei Minuten wieder da bist, gebe ich deinen gesamten sorgfältig verpackten Krempel einschließlich deiner Spielkonsolen in einem Secondhandladen ab, jawohl! Und dich gleich mit, wenn du noch ein einziges Mal frech wirst, obwohl ich zugegebenermaßen bezweifle, dass dich jemand haben will!« Die Möbelpacker verfolgten unseren Disput mit versteinerten Mienen, bis Peter brummte: »Ignoriert sie einfach. Ist wohl das Alter ... die Wechseljahre und so ...« Damit machte er sich widerstrebend auf den Weg, während die Möbelpacker belustigt in sich hineingluckstEn. Blödmänner.

Endlich – endlich – hatten sie alles im Laster verstaut, ohne sich um meine hilfreichen Anregungen zu scheren, was die Reihenfolge der Beladung anging und dass sie das Sofa vielleicht lieber andersrum hineinstellen sollten, weil dann mehr Kisten darauf geschichtet werden konnten. Irgendwann meinte der Big Boss der Truppe bloß: »Hören Sie, Herzchen, wir wissen schon, was wir tun. Wir machen das nicht zum ersten Mal«, was mich tierisch ärgerte, weil ich es hasse, von wildfremden Leuten »Herzchen« genannt zu werden, vor allem von Männern, die sich mir gegenüber so herablassend verhalten (wobei er vermutlich tatsächlich mehr Ahnung von der Materie hat als ich), aber ich hielt wohlweislich die Klappe. Wenn ich mich wie eine hypersensible, feministische Zimtzicke aufführte, weigerten sie sich am Ende womöglich noch, mein weltliches Hab und Gut an seinen Bestimmungsort zu transportieren, und dann stand ich mit einem Berg Umzugskisten und zwei schmollenden Teenagern hier auf der Straße.

»Na, ist das nicht aufregend? Ein richtiges, großes Abenteuer. Ihr werdet sehen, wir werden MEGAGLÜCKLICH sein in unserem neuen Haus!«, rief ich gut gelaunt, als wir losfuhren. Die Kinder kauerten missmutig auf der Rückbank und beschwerten sich, es sei TOTAL UNFAIR, dass sie nicht vorne sitzen durften. Auf dem Beifahrersitz hatte sich nämlich der Hund breitgemacht (er liebt diesen Platz, denn von dort kann er durchs Beifahrerfenster nach Katzen Ausschau halten). Ich wies sie darauf hin, dass durchaus einer von ihnen hätte vorne sitzen dürfen, wenn beim Einsteigen nicht jedes Mal der Dritte Weltkrieg ausbräche, weil sie sich mal wieder nicht einigen konnten, wer mit Vornesitzen dran war. »So, und jetzt setzt GEFÄLLIGST EIN LÄCHELN AUF, JA? Schließlich ist das unser GRANDIOSER NEUANFANG, und wir werden SUPERGLÜCKLICH SEIN, VERDAMMT NOCHMAL!«

Ehe ich um die Kurve bog, warf ich einen allerletzten Blick auf unser Haus (okay, es war ziemlich sicher nicht der allerletzte, weil meine Freundin Katie nach wie vor in dieser Straße wohnt und ich sie garantiert dann und wann besuchen werde), und drückte unauffällig aufs Gas, als ich sah, wie die neuen Bewohner vorfuhren. Es hätte mir gerade noch gefehlt, dass sie mich erspähten und womöglich die Verfolgung aufnahmen, um sich bei mir nach der Quelle des eigenartigen Geruchs in Peters ehemaligem Zimmer zu erkundigen. Ich habe das Haus gründlich von oben bis unten durchgeputzt – ehrlich gesagt war es seit unserem Einzug wohl nie mehr so sauber wie jetzt – aber obwohl ich in Peters Zimmer den Teppich geschrubbt, Febreze in rauen Mengen versprüht und tonnenweise Duftkerzen aufgestellt habe, ließ sich der muffig-modrige Mief, den männliche Jugendliche nun mal verbreiten, nicht vertreiben.

Vor jedem Besichtigungstermin habe ich in seinem Zimmer

die Fenster sperrangelweit aufgerissen und eine halbe Dose Lufterfrischer verteilt in der Hoffnung, das penetrante Odeur auf diese Weise wenigstens so lange kaschieren zu können, bis die potenziellen Käufer das Haus verlassen hatten, doch binnen einer halben Stunde hatte es sich wieder eingenistet, dieses üble Gemisch aus undefinierbaren Körperausdünstungen, wie sie nur Jungs verströmen, kombiniert mit dem Aroma von Schweißfußsocken und einem Hauch von vertrocknetem Sperma, abgerundet durch eine ordentliche Dosis Deospray. Wie es scheint, ist dieser Geruch archetypisch für männliche Teenager, so sauber sie auch sein mögen. Selbst wenn sie stundenlang duschen und in jeder Achselhöhle eine ganze Dose Axe versprühen (»Ganz im Ernst, Liebes, ein kleiner Spritzer genügt vollauf; es ist wirklich nicht nötig, dass du das ganze Haus mit diesem chemischen Zeug vernebelst, das nach geplatzten Jugendträumen und sexueller Frustration riecht und einen akuten Hustenreiz verursacht!«), selbst wenn man als Mutter ständig ihre Handtücher und Bettwäsche auskocht und immer wieder unauffällig unter dem Bett nachsieht, weil man den Verdacht hat, die Quelle des Miefs könnte eine verkrustete Wichssocke sein. Bislang blieben mir derlei Entdeckungen erspart, was ich wohl dem schier unerschöpflichen Vorrat an extragroßen Papiertaschentüchern verdanke, den wir stets im Haus haben (ich war ja echt geschockt, als mir aufging, für welche Zwecke diese »Mansize-Taschentücher« von Kleenex wirklich produziert werden – ich hatte immer angenommen, Männer wären eben die größeren Rotznasen als wir …).

Ich weiß noch, dass man in dem Studentenheim, in dem ich vor vielen, VIELEN Jahren gewohnt habe, immer sofort merkte, wenn man den Mädchentrakt verlassen hatte, wo es im Flur nach Impulse, Betty Barclay und Wella Mousse duftete, denn kaum war man um die Ecke gebogen, stieg einem auch schon der üble Mief der männlichen Kommilitonen in die Nase. Nachdem wir dort ausgezogen waren, ließ die Universität das gesamte Gebäude renovieren (weil es so geplant war, und nicht etwa, weil wir es derart verwüstet hätten ... naja, vielleicht zum Teil). Das Gebäude wurde quasi komplett entkernt, die Wände wurden neu verputzt und gestrichen, und DENNOCH konnte man hinterher noch riechen, wo sich die Zimmer der Jungs befunden hatten, und das, obwohl das Konzept der getrenntgeschlechtlichen Unterbringung mittlerweile abgeschafft worden war! Die neuen Besitzer unseres Hauses werden sich also wohl oder übel an den Mief in Peters Zimmer gewöhnen müssen. Vielleicht haben sie ja auch einen Sohn im Teenager-Alter, den sie darin unterbringen können, und dann nehmen sie hoffentlich an, dass der Geruch von ihm stammt und nicht vom vorherigen Bewohner.

Nachdem ich einer Begegnung mit den neuen Besitzern also erfolgreich aus dem Weg gegangen war, zuckelten wir gemächlich unserem Neustart entgegen. Aus der Stereoanlage meines Wagens dröhnte *I Will Survive* (What else? Ähem. Jane hat mir schon mehrfach eingeschärft, ich solle gefälligst NICHT mehr »what else« sagen, und auch der Gebrauch von Ausdrücken wie »swag«, »pornös« und »epic Fail« ist mir strikt untersagt, selbst im ironischen Sinne.) Die Sonne schien, die Vögel zwitscherten, sprich, alles sah hochgradig vielversprechend aus.

Wir waren noch keinen halben Kilometer gefahren, als die Sonne plötzlich hinter fetten, schwarzen Wolken verschwand. Die Vögel stellten das Zwitschern ein, und dann fing es auch schon anfing zu schütten wie aus Kübeln. Ich muss wohl nicht erwähnen, dass das nun nicht mehr ganz so vielversprechend wirkte.

Die Möbelpacker konnten ihren Unmut darüber, dass sie unsere Kisten im strömenden Regen ausladen mussten, nicht verhehlen. Sie taten, als trüge ich die Schuld daran, gerade so, als wäre ich eine hinterhältige Wetterhexe, die unterwegs einen Wolkenbruch heraufbeschworen hatte, weil sie es aus unerfindlichen Gründen amüsant fand, wenn all ihre Sachen triefnass wurden. Während sie unser Zeug griesgrämig vor sich hin grummelnd ins Haus schleppten, stellte sich heraus, dass ich in meiner Freude über mein charmant-malerisches neues Cottage vollkommen vergessen hatte, die Räume zu vermessen, um sicherzustellen, dass mein Mobiliar auch hineinpasste. Es gab nicht nur unschöne Szenen, als sich die Möbelpacker mit meinem Super-Kingsize-Bett auf der Treppe abmühten, die leider alles andere super-kingsize ist, sondern auch beim Transport des Sofas ins Wohnzimmer. Als der Big Boss irgendwann tönte: »Sie werden's wohl in der Mitte durchsägen müssen, Herzchen«, entgegnete ich kühl, ich dächte nicht im Traum daran, ich habe vollstes Vertrauen in seine Fähigkeiten, zumal er sich vorhin ja selbst als UMZUGSEXPERTE bezeichnet habe, also solle er sich gefälligst eine Möglichkeit einfallen lassen, um *das verdammte Ding reinzukriegen*, vielen Dank. »Sie sind schließlich ein Mann, da haben Sie doch sicher REICHLICH Übung in derartigen Angelegenheiten, oder?«, hätte ich beinahe hinzugefügt.

Mit roher Gewalt und begleitet von einer wahren Flut an unflätigen Ausdrücken gelang es den Jungs dann doch noch, das Sofa durch die Tür zu zwängen.

Nun, da die Sonne nicht mehr so fröhlich durch die Fenster hereinlachte wie bei meiner Erstbesichtigung und die damals von den geschickt platzierten Möbeln der Vorbesitzer verdeckten Flecken an der Wand deutlich zu sehen waren, dämmerte mir allmählich, dass einige der »vernachlässigbaren Mängel«, die das Haus in meinen Augen urig, liebenswert und rustikal hatten erscheinen lassen, durchaus ein ernstzunehmendes Problem darstellen konnten. Plötzlich kam es mir um einiges düsterer und deutlich feuchter vor, als ich es in Erinnerung gehabt hatte.

Zudem konnte ich nun auch an der Decke verdächtige Flecken ausmachen, die mir bislang nicht aufgefallen waren und die den Verdacht nahelegten, dass das Dach womöglich doch undicht war. Jedenfalls war es wohl nicht in »praktisch tadelloser Verfassung«, wie ich in meiner Naivität anfangs angenommen hatte, weshalb ich damals auch sämtliche in den Gutachten geäußerte Warnungen als schwarzseherische Bedenken in den Wind geschlagen hatte.

Simon hatte sich erboten, mich bei der Besichtigung zu begleiten, aber ich hatte abgelehnt mit dem Argument, ich habe nicht so viel Zeit, Geld und Energie in die Scheidung gesteckt, nur um mir beim Kauf meines Traumhauses (okay, beim Kauf eines Hauses, das meinen Vorstellungen von einem Traumhaus zumindest vage entsprach) weiterhin von ihm in die Suppe spucken zu lassen. Als ich mich nun in meinem Cottage umsah, das meinen Vorstellungen von einem Traumhaus gelinde gesagt wirklich nur ansatzweise entsprach, musste ich mir eingestehen, dass ich Simons Angebot womöglich etwas vorschnell ausgeschlagen hatte.

Sei's drum, dachte ich. *Es wird sich für alles eine Lösung finden.* »Immer schön positiv bleiben!«, sagte ich denn auch zu Jane, als sie ein lautes Wehklagen anstimmte, als sie merkte, dass ihr für die Klamotten, die sie im Rahmen zahlreicher Shopping-Touren erbeutet hatte, von nun an kein Einbauschrank mehr zur Verfügung stand, sondern lediglich eine Nische in der Wand, vor der oben eine Stange angebracht war. »Ich besorge dir noch einen hübschen geblümten Vorhang dafür«, versprach ich.

»WAAAS? Da soll ich meine Sachen reinhängen?«, kreischte sie. »Das sind ja Zustände wie in der Sowjetunion! Das ist bestimmt eins von den Dingen, an denen man erkennt, ob jemand unter der Armutsgrenze lebt. Es ist unmenschlich, Mutter! Dafür könnte ich dich anzeigen!«

»Ich bitte dich, Jane, du hast in deinem ganzen Leben noch nie ein einziges Kleidungsstück in den Schrank gehängt. Bei dir liegt doch ohnehin bloß alles auf dem Fußboden rum, ich wüsste also nicht, inwiefern es für dich einen Unterschied machen sollte, ob du einen Einbauschrank hast oder nicht«, sagte ich. »Und bei wem willst du mich anzeigen, bitteschön? Ich bezweifle, dass in der UN-Kinderrechtskonvention etwas von einem Recht auf Einbauschränke oder einen Snapchat-Zugang steht. Soweit ich mich erinnere, geht es da eher um das Recht auf sauberes Wasser und darum, dass Kinder nicht in einer Diamantmine arbeiten dürfen.«

»*Haben* wir denn hier sauberes Wasser?«, hakte Jane nach. »Und kommt es aus einer Leitung, oder eröffnest du uns als nächstes, dass wir es holen müssen, aus einer Quelle in der Nähe, oder womöglich aus einem Fluss? Oder können wir uns glücklich schätzen, weil wir einen Brunnen mit Pumpe hinten im Garten haben? Müssen wir künftig einmal in der Woche mit einem Eimer Wasser ins Haus schleppen und uns vor dem Kamin in eine Zinkwanne kauern, wenn wir uns den Dreck von unseren schwieligen Handflächen schrubben wollen? Im Lichtschein einer Öllampe vielleicht?«, fügte sie missmutig hinzu.

»Nun sei nicht albern, Jane«, sagte ich betont gut gelaunt. »Wir haben ein sehr hübsches Badezimmer, mit einer schönen

Vintage-Wanne mit Löwenklauenfüßen! Und Strom und warmes Wasser aus der Leitung. Dass du immer derart überzogen reagieren musst!«

»Sag *du* mir nicht, *ich* würde überzogen reagieren!«, zeterte Jane. »Wenn hier jemand überzogen reagiert hat, dann doch wohl du! *Du* hast Dad vergrault, mit deinem ständigen Genörgel! Du hast unsere Familie zerstört! Wir verdanken es nur dir, dass wir in diese armselige Bruchbude ziehen mussten, in der es wahrscheinlich noch nicht einmal ein Klo mit Spülung gibt! Ist dir schon mal in den Sinn gekommen, dass *du* möglicherweise überzogen reagiert hast, hm? Hättest du nicht einfach ein bisschen netter zu Dad sein können, statt IHN IN EINER TOUR ANZUMOTZEN und uns dann auch noch in dieses Loch auf dem platten Land zu verschleppen?«

»Es gibt sehr wohl ein Klo mit Spülung!«, widersprach ich und wünschte insgeheim, ich könnte ihr erzählen, dass hinter unserem Ehe-Aus weit mehr steckte als eine leichte marginale Unzufriedenheit von meiner Seite, doch in diesem Moment kam Peter ins Obergeschoss gestapft, ließ sich theatralisch auf den Treppenabsatz plumpsen und verkündete, er sei am VERHUNGERN.

»Du bist mitnichten am Verhungern, du hast lediglich ein bisschen Appetit«, erwiderte ich ganz automatisch.

»Ich finde nichts zu essen, Mum«, beschwerte er sich mit finsterer Miene.

»Hast du mal in der Küche nachgesehen?«, fragte ich. »Da stehen haufenweise Kartons mit Lebensmitteln.«

»Wo ist denn die Küche?«, jammerte er verzweifelt. »Ich hab sie nicht gefunden. Hier steht alles voller Umzugskartons! Woran soll ich denn bitteschön die Küche erkennen?«

»Ich geb dir einen kleinen Tipp: am Spülbecken!«, sagte ich.

»Oh.« Peter starrte mich verblüfft an. »Darauf bin ich gar nicht gekommen.«

Während er wieder nach unten trottete, um seine Nahrungssuche fortzusetzen, kam Jane aus dem Bad geschossen.

»Ist im anderen Bad eine Dusche?«, fragte sie aufgebracht.

»Wie, im anderen Bad?«

»Na, es gibt doch sicher noch ein zweites Bad.«

»Da muss ich dich leider enttäuschen, Liebes. Wenn man sich ›wohntechnisch verkleinert‹, wie es so schön heißt, muss man eben etwas zurückstecken.«

»Aber es *muss* noch ein zweites Bad geben! Das kann unmöglich das einzige im ganzen Haus sein!«

»Ist es aber.«

Ich konnte zusehen, wie ihr die Gesichtszüge entglitten.

»Aber ... da drin ist keine Dusche!«, jaulte sie. »Wie soll ich mir denn bitteschön die Haare waschen?«

»Naja, in der Badewanne, Liebes, so, wie man es jahrhundertelang gemacht hat, bis die Amerikaner die Dusche erfunden haben.«

Ehrlich gesagt bin ich nicht hundertprozentig sicher, ob die Dusche in Amerika erfunden wurde oder nicht, aber es klingt eigentlich einleuchtend, schließlich verdanken wir den Amis einen Großteil unseres modernen Wohnkomforts. Zum Glück war Jane zu erschüttert, um meine Behauptung zu hinterfragen – eine angenehme Abwechslung, normalerweise stellt sie nämlich jede meiner Aussagen in Frage.

»Das glaub ich einfach nicht!«, wimmerte sie. »Wie soll denn das gehen, Mutter? Willst du mir etwa mit einem Plastikbecher Wasser über den Kopf kippen, so wie früher, als ich drei Jahre alt war? Das ist ja der reinste Albtraum! Ich wette, dein Schlafzimmer hat ein eigenes Bad, du verschweigst es mir bloß!«

»Warum sollte ich?«, fragte ich verdattert, obwohl ich ehrlich gesagt selbst darauf hoffte, noch irgendwelche geheimen Zimmer zu entdecken, wenn ich mich so umsah in unserem winzigen neuen Zuhause, das man beschönigend bestenfalls als »klein und kompakt« bezeichnen konnte.

»Weiß ich doch nicht! Ich habe keine Ahnung, warum du uns das alles antust, Mutter! Du hast Dad verlassen, du hast uns gezwungen, mit dir in diese Bruchbude zu ziehen, und als einzige Entschädigung dafür willst du diese geschwätzigen Hühner anschaffen, von denen du seit Wochen laberst. Es würde mich also echt nicht wundern, wenn du mir verschweigst, dass dein Schlafzimmer ein eigenes Bad hat!«, fauchte sie.

»Nun mach aber mal einen Punkt!«, stieß ich hervor. »Ich habe niemanden verlassen!« Beinahe hätte ich hinterhergeschoben: »Und dein sauberer Herr Vater ist aus freien Stücken ausgezogen, weil *er* Abstand wollte! Ich bin hier diejenige, die *immer* für euch da ist!«, doch das schluckte ich wohlweislich hinunter, denn ich erinnerte mich noch genau daran, wie meine Mutter exakt diese Worte zu mir gesagt hatte. Sie hatte stets betont, *sie* sei das Opfer, um mich auf *ihre* Seite zu ziehen. Ich würde mich hüten, mich vor meiner Tochter als Opfer darzustellen, und ich wollte ihr auf gar keinen Fall – selbst wenn es mich umbringen sollte – das Gefühl geben, dass sie sich zwischen Simon und mir entscheiden musste. Genau aus diesem Grund hatte ich den Kindern auch nichts von Miss Madrid erzählt – ich war fest entschlossen, sie nicht zu einer so schwierigen Wahl zu zwingen. Dennoch brannten mir Tränen in den Augen. Es war wirklich eine himmelschreiende Ungerechtigkeit: Je mehr ich versuchte, fair zu sein und die Kinder nicht zu meinen Gunsten zu manipulieren, desto heftiger geriet Jane in Rage und gab mir die Schuld an allem, und am Ende schrie sie unweigerlich »Ich hasse dich!« Zum Glück war sie bereits davongestürmt (zweifellos auf der Suche nach weiteren Bagatellen, über die sie sich beschweren konnte), sodass sie meine verräterischen Tränen nicht bemerkte. Ich wischte mir über die Augen und schniefte leise: »Ich bin eine starke, selbstbestimmte Frau«, und dann bellte auch schon Peter von unten: »MUM! Es gibt ZWEI Zimmer mit Spülbecken! Welches ist denn nun die Küche?«

Ich schlurfte hinunter, um ihm in möglichst einfachen Worten zu erläutern, dass der GROSSE Raum mit dem Kühlschrank, der Anrichte und dem Esstisch die KÜCHE war und der kleine Nebenraum, durch den man zum Hinterausgang gelangte und in dem sich lediglich ein altmodischer Ausguss befand, die SPÜLKÜCHE. Es folgte eine langatmige Diskussion darüber, was genau ich unter einer Spülküche verstand, und zum krönenden Abschluss sagte Peter: »Also, wenn es im Grunde eine Abstellkammer mit Waschmaschinenanschluss ist, warum sagst du dann SPÜLKÜCHE dazu?« Worauf ich beharrte: »Weil wir uns hier in einem urigen Cottage befinden, Liebes, und solche Cottages haben nun einmal Spülküchen und dazu jede Menge Charakter; mehr noch, eine Seele, verstehst du?«, während sich Peter Doritos in den Schlund schaufelte und mich verwirrt anstierte.

»Okay, Mum«, nuschelte er schließlich milde lächelnd, »wir können auch Spülküche sagen, wenn's dich glücklich macht.«

Da ich völlig überrumpelt war von diesem Triumph (in unserem alten Zuhause hatten alle außer mir die Speisekammer als ›großen Vorratsschrank‹ bezeichnet, obwohl ich immer wieder betont hatte, wir seien zu sehr Mittelschicht für eine derart profane Ausdrucksweise) und mich obendrein fragte, ob Peter womöglich nur klein bei gegeben hatte, weil ich ihm leid tat, vergaß ich ganz, ihm die Tortilla-Chips wegzunehmen, damit er sie nicht alle auf einmal auffutterte. Er stopfte sich noch immer eifrig damit voll, als Jane hereinmarschierte, um zu verkünden, sie habe sich wohl oder übel damit abgefunden, von nun an zu baden statt zu duschen, und um zu fragen, wo denn die Handtücher seien. Ich sagte, sie solle erst noch ein bisschen beim Auspacken helfen, wurde jedoch in frostigem Tonfall informiert, das sei keine Option, zumal ich ihr im Übrigen das Leben ruiniert habe. Ich erwiderte, dass sie bestimmt besser auf die schockierende Badezimmersituation mit der nicht vorhandenen Dusche vorbereitet gewesen wäre, wenn sie im Vorfeld auch nur einen FUNKEN Interesse an ihrem neuen Zuhause gezeigt hätte, worauf sie mit einem verächtlichen Schnauben die Augen verdrehte. Ich konnte mich glücklich schätzen, dass sie dazu nicht »Du nervst, Mutter!« schnaubte.

Ich weiß gar nicht genau, wann das mit dem »Mutter!« eigentlich losging. Als Jane angefangen hat zu reden, nannte sie mich Mama, was ich so unglaublich süß fand, dass ich jedes Mal regelrecht dahinschmolz. Nachdem sich im Kindergarten ein garstiges älteres Gör darüber lustig gemacht hatte, schaltete sie mit ungefähr dreieinhalb um auf Mami, und daraus wurde dann irgendwann Mum, wobei der Wechsel so schleichend vonstattenging, dass ich im Nachhinein gar nicht sagen konnte, wann sie aufgehört hatte, mich Mami zu nennen. Es war mir auch nicht weiter wichtig, denn Mum fand ich ebenfalls okay – nur stinkreiche Schnösel mit Ponys, die Tarquin heißen (sowohl die Jungs als auch die Ponys), nennen ihre Mütter über das zwölfte Lebensjahr hinaus noch Mami. Völlig unvorbereitet war ich allerdings auf den Tag, an dem ich plötzlich nicht einmal mehr Mum war, sondern nur noch »Mutter!«, hervorgebracht in einem Tonfall, der trieft vor Sarkasmus, Abscheu oder Herablassung (meist alles zusammen). Zu meiner Schande muss ich gestehen, dass ich mich vage entsinne, als Teen ebenfalls »Mutter!« zu meiner liebsten Mama gesagt zu haben, und zwar in einem ähnlich verächtlichen vernichtenden Tonfall. Ich kann also nur hoffen, dass es sich lediglich um eine Phase handelt und sich mein Töchterlein auch das irgendwann wieder abgewöhnt. Wobei ich mich echt frage, wie viele von diesen vermaledeiten Phasen ich verdammt nochmal *noch* durchstehen muss, bis meine Sprösslinge endlich zu zivilisierten, verantwortungsvollen Mitgliedern der Gesellschaft herangewachsen sind.

Es kommt mir so vor, als hätte ich in den vergangenen fünfzehn Jahren nichts anderes gehört als »Das ist bloß eine Phase, das wächst sich noch aus.« Wenn meine lieben Kleinen nachts nicht durchschlafen wollten, war das »bloß eine Phase«; wenn ihnen ein Malheur passierte, als sie lernten, aufs Töpfchen zu gehen, war das »bloß eine Phase«; ihre Trotzanfälle, ihre Pingeligkeit beim Essen, ihre Widerworte und ihre diversen Obsessionen – alles »bloß Phasen«. Die Verweigerung des Mittagsschlafs im Kleinkindalter ebenso wie ihre derzeitige Unfähigkeit, vor ein Uhr mittags aus dem Bett zu krabbeln, sofern man ihnen keine Rakete in den Allerwertesten steckt, dieses bescheuerte Dabben, das Trällern des Titelsongs von *Die Eiskönigin* in Endlosschleife und die Wochen, in denen sie taten, als wäre es die reinste Folter, wenn sie eine Unterhose tragen mussten ... alles »bloß Phasen«. Wann hört das endlich auf? WANN?

Ich bin gelinde gesagt überrascht, dass keiner von meinen Bekannten beiderlei Geschlechts »Das ist bestimmt nur eine Phase, das wächst sich noch aus« gesagt hat, als ich ihnen von Simons kleiner Affäre in Madrid erzählt habe. Dafür glaubte natürlich jeder Hinz und Kunz, mir ungefragt Ratschläge erteilen zu müssen. Die Palette reichte von »Versuch, ihm zu verzeihen«, und »Ihr müsst das zusammen durchstehen, für die Kinder« über »Versteh das doch, Männer ticken in der Hinsicht nun mal anders« bis hin zu »Nimm ihn aus wie eine Weihnachtsgans!«, »Schick dieses Aas in die Wüste!« und »Amputier ihm die Eier!«

»Mutter!«, rief Jane und holte mich damit reichlich unsanft in die Gegenwart zurück. »Würdest du mir jetzt bitte ein Handtuch organisieren?«

»Liebes, wenn du schon unbedingt jetzt baden musst, dann sei so gut und such dir selbst ein Handtuch, ja? Ich hab zu tun«, erwiderte ich so sanft wie nur irgend möglich.

Peter murmelte etwas Unverständliches – mit vollem Mund, sodass ein Sprühregen orangefarbener Krümel auf Jane niederging.

»IGITT, IST DAS WIDERLICH!«, kreischte sie. »MUTTER, TU ETWAS! Bring ihn im Schuppen unter oder so!«

Peter schluckte und nutzte das kurze Zeitfenster, ehe er sich wieder etwas in den Mund stopfte, um »Zieh DU doch in den Schuppen! Oder in den HÜHNERSTALL, hahaha!« zu entgegnen.

Prompt nahm Jane ihr Gezeter wieder auf, während Peter belustigt vor sich hinglucksend fortfuhr, seinen Bedarf an Salz, Konservierungsstoffen und Geschmacksverstärkern zu decken, und ich machte mich entnervt vom Acker, um meine Bücher auszupacken. Das war eine angenehme, entspannende Tätigkeit, und außerdem würden die Bücher den großen und höchst verdächtigen Fleck auf der geblümten Tapete hinter dem Regal kaschieren, die auf mich vor ein paar Monaten noch charmant und vintagemäßig ausgeblichen gewirkt hatte, nun jedoch eher an eine Szene aus der Vorher-Nachher-Heimwerker-Show *Chan-*

ging Rooms erinnerte. Und zwar vor der Renovierung, wohlgemerkt.

Während ich die Bücher stapelte, überlegte ich, ob ich die Tapete abmachen und eventuell mithilfe von Holzlatten eine Fake-Wandvertäfelung zaubern konnte, und dann fiel mir *Riders* in die Hände und ich beschloss, zur Aufheiterung ein bisschen darin zu schmökern, schließlich stellen sich die Protagonistinnen von Jilly Coopers Romanen jedem noch so verzwickten Problem (insbesondere Situationen, in denen treulose Ehemänner und widerspenstige Töchter im Teenager-Alter eine Rolle spielen) mit einem großen Wodka Tonic und einem cleveren Wortspiel. Als Jake und Tory gerade zum ersten Mal im Stall vögelten, fragte ich mich unwillkürlich, ob ich wohl auch deutlich weniger mollig aussah, wenn ich nackt war (hm, wohl kaum), und bei dieser Gelegenheit ging mir der zutiefst erschreckende Gedanke durch den Kopf, dass ich mich, falls ich je wieder Sex haben sollte, wohl oder übel entblättern würde MÜSSEN, und zwar vor einem Mann, den ich nicht schon seit fünfundzwanzig Jahren kenne. Oh Gott. Dann lieber ganz auf Sex verzichten. Just in diesem Moment rauschte Jane zur Tür herein, triefnass, schäumend vor Wut, und so ohrenbetäubend jaulend wie eine Katze, die man mit kochend heißem Wasser übergossen hat. Das Gegenteil war der Fall, wie ich umgehend erfuhr: Jane hatte sich ein Bad eingelassen und war nichtsahnend in die randvolle Wanne gehüpft, nur um zu spät festzustellen, dass das Wasser eiskalt war.

»Es kommt kein warmes Wasser aus der Leitung!«

»Hm, vielleicht haben die Vorbesitzer ja den Boiler ausgeschaltet, damit die Leitungen nicht einfrieren.«

»Wir haben *April*, Mutter!«, erinnerte sie mich. »APRIL! Da frieren die Leitungen garantiert nicht mehr ein! Und außerdem sind sie doch erst gestern ausgezogen, das hast du selbst gesagt. Wieso sollten sie keine vierundzwanzig Stunden vor unserem Einzug den Boiler ausschalten?«

Ich hatte keinen blassen Schimmer, aber ich dachte gar nicht daran, das vor Jane zuzugeben. Stattdessen begab ich mich zum Boiler und drückte ratlos auf ein paar Knöpfe. Peter war mir dabei eher ein Hindernis als eine Hilfe. »Lass mich mal, Mum, vielleicht bringe ich ihn ja zum Laufen«, sagte er. Keine Ahnung, ob er das wirklich glaubte oder ob er bloß nach seinem Vater kam, der ebenfalls stets »Ich bring das Ding schon wieder zum Laufen« tönte und sich weigerte, einen Experten ranzulassen, mit dem Ergebnis, dass der betreffende Gegenstand hinterher meist gar nicht mehr zu retten war.

»Was gibt's zum Abendessen?«, wollte Jane wissen, während ich weiter sämtliche Knöpfe drückte und den Boiler mehrmals aus- und wieder einschaltete.

»Herrgott nochmal, Jane, ich weiß es nicht! Ich versuche gerade, den Boiler zu reparieren!«, fauchte ich.

»Man wird ja wohl noch fragen dürfen. Sollen wir jetzt etwa auch noch hungern, oder wie?«

»Jane, du bist fünfzehn; du kannst dir selbst etwas zu essen machen. Ich versuche gerade, den Boiler zu reparieren, verdammt nochmal!«

»Darf ich zu Dad? Ich find's scheiße hier. Bitte fahr mich zu Dad.«

»Ich fahre dich jetzt ganz sicher nicht zu deinem Vater, weil ich nämlich versuche, den Boiler zu reparieren. Wenn du unbedingt zu Dad willst, dann ruf ihn an und sag, er soll dich abholen.«

»Er ist nicht rangegangen, ich hab's schon ein paarmal versucht. Du musst mich fahren.«

»Ich *muss* gar nichts, außer den Boiler zum Laufen zu bringen.«

»NIE tust du IRGENDETWAS für mich! Ich wette, wenn es *Peter* wäre, der zu Dad will, dann würdest du ihn hinfahren.«

»Ich fahre heute niemanden irgendwohin. Das ist unser erster Abend in unserem neuen Zuhause, und es wäre schön, wenn wir ihn *zusammen* verbringen könnten. Würdest du mich jetzt bitte, BITTE endlich in Ruhe lassen, damit ich mich verdammt nochmal um den Boiler kümmern kann?«

»Mum, was ist eigentlich mit dem WLAN?«, meldete sich Peter zu Wort. »Könntest du mal bei der Firma anrufen und nachfragen, wann es freigeschaltet wird?«

»ICH VERSUCHE HIER, DEN BOILER ZU REPARIEREN!«

»Okay, aber wenn du fertig bist, rufst du dann an?«

Ich scheuchte die beiden aus der Spülküche, trat die Tür mit dem Fuß zu und lehnte die Stirn an den Boiler.

»Elendes Drecksding!«, knurrte ich.

Wie zum Geier sollte ich die Arbeit von zwei Elternteilen erledigen? Wäre Simon jetzt da, dann könnte er den defekten Boiler beschimpfen, während ich mich um die Kinder kümmerte, die immerzu irgendetwas wollten – Essen, ein Beförderungsmittel, einen Internetanschluss. *Aber Simon ist nun einmal nicht da*, sagte ich mir und spürte, wie mir Tränen in die Augen schossen. Aber ich würde mich nicht geschlagen geben. Nicht von einem verfluchten Boiler. *Du schaffst das, Ellen.* Ich verpasste dem Boiler vorsichtig eins mit der Zange. Es tat sich nichts – auch nicht, als ich es mit dem Schraubenschlüssel probierte, weil man Installateure ja auch immer mit Schraubenschlüsseln hantieren sieht. Ich war ziemlich stolz auf meine Logik, trotzdem war der Effekt gleich Null. Ehe ich einen Fachmann herbestellte, für dessen Dienstleistung man an einem Samstag vermutlich eine Summe hinblättern musste, die dem Bruttoinlandsprodukt von Luxemburg entsprach, schlurfte ich, einer plötzlichen Eingebung folgend, hinaus zum Öltank (zu ländlich für einen Gasanschluss) und entdeckte mithilfe der Taschenlampenfunktion an meinem Handy ein Ventil, das für mich verdächtig danach aussah, als stünde der Pfeil auf »Aus«.

»Wer nicht wagt, der nicht gewinnt«, murmelte ich und stellte das Ventil auf »An«, nicht ohne mir im Zuge dessen das Schienbein an einem Stück Mauer aufzuschürfen, das hier völlig unmotiviert in der Gegend herumstand. Okay, entweder erwachte der Boiler zum Leben, oder das Haus brannte ab. Ich ging wieder hinein, stieß mir unterwegs den Zeh an einer von den vorigen Bewohnern zurückgelassenen Topfpflanze und betrachtete erneut den Boiler. Er gab keinerlei Lebenszeichen von sich, also drückte ich noch einmal auf sämtliche Knöpfe, und siehe da, als ich den Reset-Schalter betätigte, erwachte er wie durch ein Wunder summend zum Leben. ICH HATTE ES GESCHAFFT! DER GOTTVERDAMMTE BOILER LIEF!

Triumphierend riss ich die Tür der Spülküche auf.

»DER BOILER LÄUFT!«, verkündete ich und erwartete zumindest Fanfarenstöße und Salutschüsse. »Die Vorbesitzer hatten den Ölhahn zugedreht!«

Jane schnaubte. »Das hätte Dad garantiert schon vor Stunden herausgefunden.«

»Ich brauche aber keinen Mann, ich hab's ganz allein geschafft.«

»Ja, ja, schon gut. Darf ich jetzt zu Lara?«

»NEIN! Wir machen uns heute einen schönen Abend zusammen, mit einem Picknick im Wohnzimmer und einem schönen Feuerchen im Kamin.«

»Na, ist das nicht toll?«, flötete ich, als ich wenig später mit dem Hund auf dem Wohnzimmerboden vor dem Kamin kauerte, aus dem dicke Rauchschwaden quollen.

Jane grunzte etwas von ihrem Platz am Fenster, an dem sie sporadisch 4G-Empfang hatte.

»Ja, schon«, pflichtete Peter mir bei und schob dann vorsichtig hinterher: »Aber mit WLAN wäre es noch toller. Könntest du gleich morgen früh mal bei der Telefonfirma anrufen und fragen, wann unser Anschluss freigeschaltet wird?«

Das Feuer ging aus.

Der Hund gab einen Laut von sich, der dem Grunzen meiner Tochter glich, und hinter den Fußbodenleisten war ein verdächtiges Schaben zu hören.

»Es ist toll«, beharrte ich. Wie heißt es so schön? *Fake it till you make it.*

Samstag, 14. April

Mein erstes Wochenende hier ohne die Kinder. Zugegeben, Simon hatte vergangenes Wochenende angeboten, sie zu nehmen, damit sie während des Umzugs aus dem Weg waren, aber ich hatte törichterweise angenommen, sie seien nun alt und groß genug, um sich dabei nützlich machen zu können. Ich bin und bleibe eben eine unverbesserliche Optimistin.

Die Woche ist mal wieder wie im Flug vergangen. Alle Tage fingen damit an, dass ich in den überall kreuz und quer herumstehenden Umzugskisten hektisch nach meinen Arbeitsklamotten fahndete, worauf ich mich im Büro dann umso mehr an der dort herrschenden Ordnung erfreute und einen Großteil der Zeit damit zubrachte, sämtliche Gegenstände auf meinem Schreibtisch so zu arrangieren, dass sie in Reih und Glied nebeneinander lagen. Abends fuhr ich nach Hause, fragte die Kinder, was sie eigentlich den ganzen Tag getrieben hatten (Abhängen, Essen, alles zumüllen – ja, ja, das sind die Freuden des Lebens mit Teenagern, die Schulferien haben …), sammelte keifend die im ganzen Haus verstreuten Teller und Gläser ein und verfrachtete sie in die Spülmaschine, nur um dann »Wer hat schon wieder die Milch aufgebraucht?« zu blaffen und mich fieberhaft erneut ans Auspacken zu machen, obwohl ich todmüde war und mich nach meinem Bett sehnte. Immer wieder fühlte ich mich völlig überwältigt in Anbetracht der unzähligen Umzugskisten, die noch herumstanden. Warum zum Teufel habe ich so viel Kram? Als Simon und ich zusammengezogen sind, passte all unser GEMEINSAMES Hab und Gut bequem in seinen rostigen Ford Fiesta. Fünfundzwanzig Jahre später waren zwei riesige Umzugslaster vonnöten gewesen, um unsere Besitztümer wegzukarren, und das, obwohl ich bergeweise Müllsäcke mit altem Plunder auf die diversen Secondhandläden der Stadt verteilt hatte und etliche Male bei Mülldeponie und Wertstoffhof vorgefahren war, ganz zu schweigen von dem Container mit altem Kram, der beim Entrümpeln im Vorfeld zusammengekommen war. Den Rest hatte ich in großer Eile kunterbunt durcheinander in die Umzugskisten geworfen mit dem Vorsatz, im neuen Zuhause noch einmal etwas auszumisten. Meine Beschriftung der Kartons – »Küchenscheiß«, »Sonstiger Scheiß« und »Noch mehr gottverdammter Scheiß« (das war eine der letzten Kisten, die ich gepackt hatte) hatte bei den Möbelpackern denn auch für hochgezogene Augenbrauen gesorgt. Zudem gestaltete sich das Aussortieren schwieriger als erwartet. Janes winzigen allerersten Strampelanzug beispielsweise konnte ich unmöglich wegwerfen, auch wenn das Muster schon ganz verblasst und der Stoff vergilbt war.

Ich hatte einen Kloß im Hals, als ich in einer Schachtel ein

Foto von mir in einem Krankenhauskittel entdeckte, die neugeborene Jane in dem eben erwähnten Strampelanzug auf dem Arm und neben uns Simon mit einem breiten, stolzen Lächeln im Gesicht. Das musste eines der letzten richtigen Fotos sein, die wir gemacht haben, bevor wir uns die erste Digitalkamera angeschafft haben. Unter der Schachtel mit den Fotos lagen zwei rote Hefte – die Impfpässe der Kinder. Sollte ich die aufheben? Was, wenn Peter und Jane irgendwann nachweisen mussten, dass sie geimpft waren? Unwahrscheinlich, trotzdem deponierte ich die Impfpässe auf dem »Vielleicht doch besser behalten«-Stapel. Und dann stieß ich auf Peters erstes Paar Schuhe. Ich konnte mich noch gut an den Tag erinnern, an dem wir sie gekauft hatten. Auch davon sollte es hier irgendwo ein Foto geben. Ich durchforstete die Schachtel. Ah, da war es ja – ein Polaroid, das meinen Kleinen mit grimmiger Miene vor der hiesigen Clarks-Filiale zeigte. Er hielt seine Schmusedecke umklammert, völlig ungerührt von der Tragweite dieses Ereignisses. Ob er diese Schmusedecke wohl noch hatte? Nach dem Schuhkauf waren wir in den Park gegangen, und er war so happy gewesen, weil er zum ersten Mal allein über den Spielplatz torkeln durfte, während ich ängstlich neben ihm herlief, bereit, ihn aufzufangen, falls er hinfiel. Die Schuhe waren definitiv ein Fall für den »Behalten«-Stapel. Und da – ein Döschen mit Milchzähnchen! Die musste ich natürlich auch behalten, selbst wenn ich längst nicht mehr wusste, welche Zähne von wem waren.

Während ich noch mit einem versonnenen Lächeln den Inhalt des Döschens betrachtete, schlenderte Jane herein. Beim Anblick der Zähne sagte sie: »Mutter, dir ist hoffentlich klar, dass du eines Tages sterben wirst, und dann müssen wir das Haus ausräumen und sind hinterher garantiert total *trauma-*

tisiert, wenn wir so ekelerregenden Kram wie eine Dose mit menschlichen Zähnen finden.«

»Aber das sind eure Zähne!«, protestierte ich. »Ist ja nicht so, als wäre ich ein Serienmörder, der die Zähne seiner Opfer als Souvenir behält. Das sind Andenken an eure Kindheit.«

Jane ließ ihr verächtliches Grunzen hören. »Widerlich ist es trotzdem«, beharrte sie. »Ehrlich gesagt, fände ich es sogar weniger schräg, wenn es tatsächlich die Zähne deiner Mordopfer wären. Warum behältst du sowas?«

Ich dachte an den magischen Augenblick vor vielen, vielen Jahren, als Simon und ich uns in Janes Zimmer geschlichen und sie betrachtet hatten, während sie selig schlummernd in ihrem Bettchen lag, von der Zahnfee und der Belohnung träumend, die beim Aufwachen auf sie wartete. Ich sah förmlich vor mir, wie wir ganz vorsichtig den unter ihrem Kissen liegenden winzigen perlweißen Zahn hervorholten und durch eine nagelneue, blitzblank polierte Pfundmünze ersetzten, sah uns hinterher Hand in Hand dastehen, gerührt und noch leicht überwältigt vom Anblick dieses perfekten kleinen Geschöpfes, dass wir gemeinsam erschaffen hatten. Wir verstauten den winzigen Zahn in dem Döschen, das ich extra dafür gekauft hatte, und staunten darüber, wie groß und erwachsen unsere Kleine schon war. Ich fragte mich, ob Simon und ich wohl je wieder irgendetwas in der Art erleben würden. Natürlich hatten wir das mit der Zahnfee über die Jahre etwas schleifen lassen – da tat es dann auch mal eine nicht mehr ganz so neue Münze, und nicht selten vergaß ich es komplett, und wenn dann morgens ein enttäuschtes Kind ins Elternschlafzimmer stürmte und sich beschwerte, weil die Zahnfee nicht da gewesen war, dann musste ich hastig eine Pfundmünze auftreiben und beim »Nachsehen« unter dem Kissen mit triumphierender

Miene »Wer sagt's denn! Da hattest du wohl Tomaten auf den Augen!« rufen. Zum Glück fielen sie jedes Mal auf diese Scharade herein, und den Satz mit den Tomaten auf den Augen bekommen sie noch heute regelmäßig von mir zu hören. Ehrlich gesagt fand ich den Anblick der mittlerweile gelblich angelaufenen Zähnchen (an manchen klebte sogar noch etwas Blut, weil Peter in seiner Gier nach der Belohnung auch mal etwas unsanft nachgeholfen hatte) nun ebenfalls etwas makaber, aber ich dachte nicht daran, das Jane gegenüber zuzugeben, zumal mich das Sammeln dieser Zähne einige Mühe gekostet hatte. So leicht konnte ich mich dann doch nicht davon trennen. »Wer weiß, vielleicht kann man sie ja noch für irgendetwas gebrauchen ...«, murmelte ich halblaut.

»*Wofür denn*, bitteschön?«, stieß Jane entsetzt hervor. »Ganz im Ernst, Mutter, welcher normale Mensch hat heutzutage Verwendung für sowas? Wirst du jetzt etwa eine Voodoo-Priesterin? Ist das eine der Zutaten für deinen Hexensud? ›Krötenaug und Kinderzahn‹ oder so? Schaffst du dir etwa deswegen auch die Hühner an? Damit du sie opfern und mit ihrem Blut beschmiert in ihren Innereien lesen kannst? Aber da mache ich nicht mit, hörst du? Wenn du das tust, ziehe ich zu Dad! Das geht eindeutig zu weit, Mutter!«

»Was?« Ich riss konsterniert die Augen auf. »Wie kommst du plötzlich von ein paar Kinderzähnen auf schwarze Magie? Ich will weder eine Teufelsanbeterin werden, noch will ich die Hühner meucheln! Sie sind noch nicht einmal hier, und du unterstellst mir schon, dass ich ihnen insgeheim den Hals umdrehen will!«

Simon suchte sich ausgerechnet diesen Moment aus, um zum Abholen seiner kleinen Lieblinge aufzukreuzen.

Jane begrüßte ihn mit den Worten: »Dad, wenn Mum eine

Teufelsanbeterin wird und die Hühner umbringt, dann ziehe ich zu dir, okay?«

»Äh … hallo, Liebes«, stotterte er. »Deine Mutter ist jetzt also unter die Satansjünger gegangen?«

»Bin ich NICHT«, widersprach ich entnervt.

»Sie sammelt menschliche Körperteile«, informierte ihn Jane mit finsterer Miene.

»DAS TUE ICH NICHT, VERDAMMT NOCHMAL!«, brüllte ich.

So hatte ich mir das alles ganz und gar nicht vorgestellt. Ich hatte eigentlich vorgehabt, Simon bei seinem ersten Besuch in meinem neuen Zuhause auf dem Sofa meines eleganten Wohnzimmers liegend zu empfangen, aber nachdem ich vollkommen die Zeit vergessen hatte, trug ich nicht wie geplant ein lässig-elegantes Outfit, bestehend aus Kaschmirpulli, sexy Stiefeln und kessem Minirock, um ihn daran zu erinnern, dass meine Beine immer noch richtig etwas hermachten, sondern stattdessen meine schäbigste Jeans, und die war auch noch schlammverkrustet von meinem Spaziergang mit dem Hund vorhin. So stand ich hier, inmitten von Umzugskisten, ungeschminkt und mit fettigen Haaren, eine Dose mit Kinderzähnen in der Hand, und das Haus sah aus, als hätte eine Bombe eingeschlagen. Simon dagegen hatte offenbar seine hässlichen Fleeceklamotten gegen geschmackvolle Strickpullis ausgetauscht und schien eine Art Designer-Dreitagebart kultivieren zu wollen. Vielleicht hatte er auch bloß keine Lust gehabt, sich zu rasieren. Wie auch immer, er sah gut aus. Mistkerl. Ich musterte ihn erbost.

»Ähm, okay …« Wie es schien, war er zu dem weisen Schluss gekommen, dass es das Beste war, einfach so zu tun, als hätte diese Unterhaltung nie stattgefunden. »Seid ihr startklar, Jane? Wo ist dein Bruder?«

»Wie, startklar?« Jane sah ihn überrascht an. »Ähm, NEIN? Ich muss noch packen, und woher zum Geier soll ich wissen, wo Peter ist; ich bin doch nicht seine Mutter.«

Ich seufzte. »Es ist wohl besser, wenn du kurz reinkommst, Simon. Möchtest du Tee?«

»Kann ich auch Kaffee haben?«

»Meinetwegen.«

Wenigstens die Küche war mittlerweile fertig eingerichtet und einigermaßen aufgeräumt. Als ich nach dem Glas Nescafé griff, nölte Simon: »Hast du keinen richtigen Kaffee? Du weißt doch, dass ich Instantkaffee nicht mag.«

Ich biss die Zähne zusammen. »Nein, Simon ich habe keinen richtigen Kaffee, weil ich nämlich keinen Kaffee trinke und deshalb auch keine Kaffeemaschine besitze. Den Instantkaffee habe ich extra für Gäste besorgt, und im Übrigen habe ich dir bloß *höflichkeitshalber* eine Tasse Tee angeboten, weil ich bemüht bin, dafür zu sorgen, dass unser Verhältnis zumindest zum Schein einigermaßen zivilisiert ist, aber ich muss sagen, du machst es mir VERDAMMT NOCHMAL GANZ SCHÖN SCHWER!«

»Du trinkst keinen Kaffee?«, fragte Simon. »Seit wann?«

»Schon seit meiner ersten Schwangerschaft! Wie kann es sein, dass dir das in den vergangenen FÜNFZEHN JAHREN nie aufgefallen ist? Dann und wann – in AUSNAHMEFÄLLEN, und auch nur, wenn ich unterwegs bin –, genehmige ich mir einen Latte Macchiato, aber abgesehen davon halte ich mich von dem Zeug fern, weil ich reihern musste wie die kleine Regan in *Der Exorzist*, als ich schwanger war.«

»Und was ist mit der Kaffeemaschine, die ich dir vor ein paar Jahren zum Geburtstag geschenkt habe?«

»Die, bei der ich beim Auspacken gesagt habe: ›Na, das ist ja ein tolles Geschenk für *dich*, WEIL ICH NÄMLICH KEINEN KAFFEE TRINKE?‹«

»Ich dachte, das sollte ein Witz sein. Hast du sie deshalb mir überlassen?«

»Jep, weil es nämlich total sinnlos wäre, wenn in meiner Küche so ein Hochglanz-Monsterteil herumstünde, WEIL ICH KEINEN KAFFEE TRINKE! Wird dir allmählich klar, warum wir uns scheiden lassen?«

»Wegen der Kaffee-Sache?«

»Nein, der Kaffee ist bloß eine METAPHER!«

»Bist du sicher, dass Metapher der richtige Ausdruck ist?«

»Nein, bin ich nicht, aber jedenfalls symbolisiert der verdammte KAFFEE den tiefen, breiten Graben zwischen uns.«

»Oh«, sagte Simon. »Soll ich dann lieber Tee nehmen?«

»Herrgott nochmal, Simon, mir ist total SCHNUPPE, was du nimmst. Ich gehe mal nachsehen, ob die Kinder fertig sind.«

Oben klopfte ich vorsichtig an Peters Tür, wartete ein paar Sekunden und klopfte dann erneut. Ich hüte mich neuerdings tunlichst, ungebeten einzutreten – ich habe tierische Angst davor, Zeugin etwaiger Vorgänge zu werden, die es mir auf ewig unmöglich machen könnten, meinen unschuldigen kleinen Jungen mit denselben Augen zu sehen wie früher. *Ich sollte mal wieder ein paar Packungen Mansize-Taschentücher besorgen*, dachte ich, während ich so dort stand. Schließlich rief ich: »Peter? Peter, Dad ist da! Bist du so weit?«

Peter öffnete die Tür. »Dad?«, wiederholte er verwundert.

»Ja, er wartet unten.«

»Was? Warum?«

»Na, um euch abzuholen. Ihr seid dieses Wochenende bei ihm.«

»DIESES Wochenende?«

»Ja.«

»Wie jetzt, HEUTE?«

»JA-HA!«

»Aber ich kann jetzt nicht los.«

»Warum nicht?«

»Ich bin mitten im Spiel, und es ist gerade total spannend, und bei Dad habe ich keinen ordentlichen Computer.«

»Mir egal, du fährst, und zwar jetzt.«

»Kann ich meinen Computer mitnehmen?«

»NEIN! Und jetzt fang an zu packen. Denk an eine Unterhose.«

»Eine Unterhose? Wozu denn das?«

»NA, DAMIT DU MORGEN EINE FRISCHE ANZIEHEN KANNST! HERRGOTT NOCHMAL, NIMM EINFACH EIN PAAR WECHSELKLAMOTTEN MIT, JA?«

»Okay.«

Ich klopfte unsanft an Janes Tür.

»Bist du so weit, Jane?«

»Ich muss mir noch die Augenbrauen machen!«, rief sie.

Nach einer VOLLEN STUNDE (in der Simon seelenruhig an MEINEM Küchentisch saß und MEINE Schokoladenhaferkekse futterte, ohne einen Finger zu rühren, statt dafür zu sorgen, dass SEINE Kinder endlich in die Gänge kamen, während ich noch x-mal lautstark zeternd treppauf, treppab rannte) saßen Peter und Jane dann schließlich im Wagen ihres Vaters.

Ich winkte den dreien nach und ging wieder ins Haus.

Zwei Tage. Zwei volle Tage. Nur für mich. *Und was nun?* Ich könnte joggen gehen (haha, guter Witz!) oder ein lehrreiches Buch lesen. Oder – immer schön eins nach dem anderen – erst einmal den restlichen Kram auspacken.

Es war sehr still. Ich öffnete eine Kiste und entdeckte darin eine DVD, auf der »Janes letzter Kindergartentag« stand. Natürlich musste ich mich sogleich auf die Suche nach einem Laptop mit DVD-Laufwerk machen, um sie mir anzusehen, und dann heulte ich wie ein Schlosshund, genau wie vor all den Jahren an ihrem letzten Tag im Kindergarten. *Wie groß mein Baby schon ist!*, hatte ich damals gedacht und gar nicht fassen können, dass sie schon bald in die Schule kommen würde. *Wie klein sie da noch war!*, dachte ich jetzt. In den düsteren Anfängen, als Jane und Peter ein oder zwei Jahre alt gewesen waren, hatte es sich oft so angefühlt, als würden sie nie älter oder gar erwachsen werden, sondern auf immer Wickelkinder bleiben. Einige dieser Tage hatten sich weiß Gott angefühlt wie eine Ewigkeit. Tja, und dann blinzelt man ein, zwei Mal, und plötzlich sind sie Teenager.

Ich sah auf die Uhr. Vierzehn Uhr zweiundvierzig. Du liebe Zeit. Erst? Wie die Zeit doch ... dahinschleicht, wenn man zur Abwechslung mal nicht wie ein aufgescheuchtes Huhn herumrennt. Da habe ich mich jahrelang abgehetzt, habe mich gefühlt im Kreis gedreht wie ein Hund, der seinem Schwanz nachjagt und mich nach Augenblicken wie diesem gesehnt – danach, endlich etwas Zeit – und das Haus (oder wenigstens ein Zimmer) – für mich zu haben, danach, mal eine Stunde lang Ruhe zu haben, ohne einen Streit der Kinder schlichten oder ihnen etwas zu essen machen zu müssen, ohne ihr Gejammer, ihre Forderungen und Erwartungen (etwa, dass ich einen Breitbandinternetanschluss mit höherer Datenübertragungsrate aus dem Ärmel schüttle oder ihnen für einen Online-Einkauf meine Kreditkarte leihe, natürlich mit dem Versprechen, sie würden es mir zurückzahlen, das sie jedoch eher selten halten ...) Und jetzt, wo ich endlich Zeit für mich hatte, wusste ich nicht so recht, was ich damit anfangen sollte.

Ein Nickerchen machen, dachte ich. *Ein schönes langes Nickerchen.* Wann hatte ich das letzte Mal Zeit für ein Nickerchen gehabt? Vermutlich vor der Geburt der Kinder. Ja, ich weiß, es heißt immer, die Mutter sollte schlafen, wenn ihr Baby schläft, aber wann soll sie denn dann bitteschön duschen, das Abendessen kochen, die Wäsche aufhängen, Rechnungen überweisen und verzweifelt in einen Spiegel starren und sich fragen, wer diese hohläugige Fremde ist, die sie entfernt an die eigene Mutter erinnert? Genau, während das Baby schläft. Nachdem ich mich fünfzehn Jahre lang ununterbrochen nach Schlaf gesehnt hatte, konnte ich nun endlich meinen Nachholbedarf decken. Yippie!

Also machte ich es mir mit Mr. Wuffington und einer kuscheligen Decke auf dem Sofa bequem.

Wir rutschten noch näher zusammen, bereit für unser schönes, langes Nickerchen, doch je verzweifelter ich versuchte zu schlafen, desto wacher wurde ich. Ich starrte an die Decke und fragte mich, was wohl passieren würde, wenn ich jetzt starb. Wer würde mich finden? Was, wenn der Hund mich bereits angeknabbert hatte, bis die Kinder am Sonntagabend nach Hause kamen? Was, wenn sie ihn, entsetzt von seiner kannibalistischen Ader, in ein Tierheim steckten, wo er dazu verdammt war, mutterseelenallein zu sterben, obwohl es ja eigentlich kein Kannibalismus ist, wenn ein Hund einen Menschen anknabbert? Die Vorstellung, dass mein armer Kleiner in einen Zwinger mit Betonboden gesperrt allein würde sterben müssen, war beinahe zu viel für mich.

Ich gab den Versuch zu schlafen auf und beschloss, stattdessen durch den Instagram-Feed meiner Kinder zu scrollen, in der Hoffnung, dort auf etwas zu stoßen, aus dem hervorging, dass sie es total doof fanden, bei ihrem Vater zu sein. Das wäre zumindest eine kleine Genugtuung. Aber Jane hatte mich blockiert, und Peter hatte zuletzt vor ein paar Monaten Fotos von irgendwelchen Spielstandtabellen gepostet. Moment mal … WARUM ZUM GEIER HATTE MICH MEINE TOCHTER BLOCKIERT?

Na gut, dann eben nicht. Mal sehen, was die perfekte Mami der perfekten Lucy Atkinson so treibt. Sieh an, sie gönnt sich ein #Wellnesswochenende mit den Mädels. Prompt sehnte ich mich ebenfalls nach einem Wellnesswochenende mit ein paar Freundinnen und danach, Sekt schlürfend in einem Whirlpool zu sitzen, obwohl ich von Sekt immer fürchterlich rülpsen muss und mich nicht mehr in einen Whirlpool getraut habe, seit ich in einem Artikel gelesen habe, dass sich in diesen Dingern Trillionen von Bakterien tummeln.

Was Fiona Montague wohl so treibt? Hmpf. #MarathonTraining – Sie hatte haufenweise Selfies mit »inspirierenden« Untertiteln gepostet und sah sagenhaft aus in ihren hautengen Lycra-Leggings. Fick dich doch ins Knie, du dämliches Flittchen. Aber sogar diese fiese Männer-Ausspannerin war unterwegs und hatte Spaß. Huch, ein brandneuer Post – ein Foto von ihren aus dem Wasser einer Badewanne ragenden Zehen, samt einem Glas Wein, denn auch sie hatte nachher ein Date. Blöde Ziege.

Wen konnte ich noch stalken? Ah, genau, Debbie von der Personalabteilung. Debbies neueste Aktivität war ein »Brunch mit guten Freunden«, darunter stand #lovelaughlive. Vielleicht muss ich demnächst mal einen Profikiller auf Debbie ansetzen.

Christina, unsere Exehetherapeutin, postet ausnahmslos affige Sprüche à la »Bleib dir selbst treu«, was insofern zur Besserung meiner Laune beitrug, als es mich in meiner Haltung ihr gegenüber bestärkte.

Dann tippte ich mal wieder Simons Namen ein. Ach, sieh mal an! Er hatte sich einen Account zugelegt, obwohl er bisher stets als überzeugter Instagram-Gegner aufgetreten ist. @SimonRussell30 … Sehr einfallsreich, Simon. *Ich nehme mal an, die Dreißig ist rein willkürlich gewählt – du glaubst doch wohl nicht ernsthaft, du könntest irgendjemandem weismachen, dass du erst dreißig bist, oder?* Warum hatte er jetzt auf einmal einen Account, nachdem er jahrelang nur darüber gelästert hat? Allzu viele Fotos hatte er noch nicht gepostet, aber unter den wenigen war eines von gestern Abend. Es zeigte zwei Bierflaschen, mit denen gerade angestoßen wurde, darunter stand #Friyay. Pfff. Wer sagt denn bitte heutzutage noch »Friyay«? Sogar *ich* weiß, dass das total out ist. Und mal abgesehen davon: Wie kann es sein, dass er am Freitagabend in Ruhe ein Bierchen zischen geht, während *ich* den Freitagabend damit zubringe, für seine Kinder das Abendessen zu machen und die Wäsche zu waschen, damit sie für das Wochenende bei ihm saubere Klamotten haben? Und kaum hatte ich mir endlich ein Glas Wein gönnen wollen, hatte Jane, die im Kino gewesen war, angerufen und verlangt, abgeholt zu werden, weil der Bus angeblich nicht gekommen war – jener Bus, wie ich annehme, der mir entgegenkam, als ich in die Stadt fuhr. Jane ist der Meinung, es könne unmöglich an ihr liegen, wenn sie den Bus verpasst – in ihrer Wahrnehmung ist er in so einem Fall einfach gar nicht gekommen. Tja, und wer muss dann das Problem für sie lösen? Ja, ganz recht, ich, während *Simon* in aller Ruhe sein Friyay-Bierchen zwitschert! Ich fragte mich außerdem, wem eigentlich das andere Bier auf dem Bild gehört hatte. Es konnte natürlich das eines Arbeitskollegen sein, aber es handelte sich nicht um ein stinknormales Pint, wie Männer es trinken, sondern um irgendein ausländisches Helles in einer dieser lächerlichen kleinen Angeberflaschen, es wäre also durchaus denkbar, dass er mit einer Frau unterwegs war. Wen wunderte es da, dass ich mir die Fingernägel bis aufs Fleisch abkaute, während ich durch Simons Fotos scrollte? Unter #SchickeNeueBude hatte er ein künstlerisch aufgemachtes Bild seines Wohnzimmers gepostet. Hey, wo war denn die Kommode seiner Großmutter abgeblieben? Hatte er sie etwa entsorgt, nachdem ich mir jahrelang Vorwürfe anhören musste, weil ich ihr einen neuen Anstrich verpasst hatte? FRECHHEIT! Es wirkte jedenfalls ziemlich edel. Deutlich stilvoller als mein abgeranztes Wohnzimmer. Aber #SchickeNeueBude? Was, bitte, hatte er sich denn *dabei* gedacht? Und war ihm eigentlich klar, dass er nicht jede Bildunterschrift mit einem Hashtag versehen musste? Vollpfosten.

Ich wechselte auf meine eigene Seite und überlegte, welchen Eindruck sie auf Simon machen würde, sollte er sie besuchen. Nicht sonderlich inspirierend. Der letzte Schnappschuss, den ich gepostet hatte, zeigte einen Berg Umzugskisten, der Kommentar dazu lautete »Es ist so weit!« Ich musste mich mehr ins Zeug legen, damit Simon grün vor Neid wurde, wann immer er einen Einblick in mein fabelhaftes neues Leben erhaschte. Okay, vorausgesetzt, er stalkte mich ebenfalls. Aber warum sollte er das nicht tun? Vielleicht, weil er zu beschäftigt damit war, in seiner ach so schicken neuen Bude wilden #Friyay-Sex mit einer biertrinkenden dreiundzwanzigjährigen Schickse zu haben, deren Titten die Schwerkraft noch nichts anhaben konnte und deren Bauch frei von Dehnungsstreifen war ... Oh Gott! Genau so war es, und ich hockte währenddessen hier auf meinem durchgesessenen Sofa und kämpfte mit den Tränen, weil sowohl mein kannibalistisch veranlagter Hund als auch ich dazu verurteilt waren, einsam und ungeliebt zu sterben.

Ich ließ mir ein heißes Bad ein und machte ein Foto von mir

im Fiona-Montague-Stil, mit Weinglas und allem Drum und Dran, und das postete ich dann, für den unwahrscheinlichen Fall, dass Simon in seinem prallvollen Sexstundenplan noch ein Zeitfenster finden sollte, um sich meine Instagram-Seite anzusehen, zweifellos nur, um sich seinen neuen Wahlspruch #IchliebedasLeben in Erinnerung zu rufen. Vermutlich ist er heilfroh, seinem zänkischen Weib entkommen zu sein und sich nun mit einer hypergelenkigen Sexbombe vergnügen zu können, die vermutlich allerlei irre Verrenkungen vollführen kann, ohne je »Aaaa! Warte! Meine Hüfte! Aua!« zu quieken. »Endlich Wochenende!«, schrieb ich unter mein Bild, das mithilfe von gut hundertfünfundsiebzigtausend Filtern sogar einigermaßen sexy rüberkam. So. Viel war es nicht, aber mehr brachte ich gerade nicht zustande.

Nachdem ich ausgiebig gebadet hatte (wobei ich mir eingestehen musste, dass sich so ein Vollbad nur halb so dekadent anfühlt, wenn man gerade nichts Besseres zu tun hat), langweilte ich mich zu Tode und überlegte krampfhaft, was ich in den vielen Stunden, die sich schier endlos vor mir erstreckten, noch machen sollte. Ich war überzeugt gewesen, ich könnte haufenweise innere Ressourcen aktivieren und ohne Weiteres eine Weile mit mir selbst verbringen, aber es ist eben doch schon ziemlich lange her, seit ich zuletzt eine Gelegenheit hatte, meine eigene Gesellschaft zu genießen, weshalb sich meine inneren Ressourcen offenbar ebenso verabschiedet haben wie meine natürliche Haarfarbe und die Spannkraft meiner Möpse.

Verdammter Mist, dachte ich, während ich vergeblich versuchte, mich in unseren Netflix-Account einzuloggen. Ich hatte Jane mehrfach per WhatsApp angefleht, mir das Passwort zu schicken, aber sie hatte nicht geantwortet, und Peter behauptet steif und fest, er wüsste es nicht, da er nur YouTube-Videos guckt. Ich wünschte, ich hätte die Geistesgegenwart besessen, mir ein Abendprogramm zurechtzulegen, mich mit Freunden zu verabreden oder so, aber ich war mir meiner inneren Ressourcen so sicher gewesen, dass ich keine Maßnahmen in dieser Richtung ergriffen hatte. Ich überlegte flüchtig, ob ich, da ich ja eine selbstbestimmte, moderne Frau war, allein ins Kino gehen sollte, aber es stand zu bezweifeln, dass ich im Alleingang einen ganzen Eimer Popcorn vertilgen konnte, und der Eimer Popcorn ist schließlich die Hauptsache an so einem Kinobesuch, und außerdem hätte ich dafür meinen BH wieder anziehen müssen. Ich gab auf und nahm meine Lektüre von *Riders* wieder auf. Wenn ich schon nie wieder Sex haben würde, wollte ich zumindest lesen, wie andere Leute es trieben.

Doch dann – halleluja! – klingelte es auf einmal. Wer konnte das sein? Ich hopste beschwingt zur Tür, von freudiger Erwartung erfüllt. Bestimmt war es irgendein breitschultriger Bauer aus der Gegend, der gekommen war, um mir die Leviten zu lesen, weil ich mir, ohne es zu ahnen, etwas hatte zuschulden kommen lassen, das auf dem Land als furchtbarer *Fauxpas* galt, und obwohl er zunächst ziemlich sauer auf mich sein würde und ich ihn im Gegenzug arrogant und anmaßend finden würde, würden mir natürlich seine strahlend blauen Augen und sein stattlicher Körper auffallen, während er auf seinen Traktor sprang. Er wiederum hatte sich natürlich auf den ersten Blick in mich verliebt, und seine Zuneigung zu mir würde in den kommenden Wochen weiter wachsen, während er immer neue Beweggründe finden würde, mich für meine unverbesserliche, aber charmante Ahnungslosigkeit in Sachen Landleben zurechtzuweisen. Aber irgendwann wäre es dann vorbei mit seiner Zurückhaltung, und er würde mir seine unsterbliche Liebe gestehen, was mich komplett überrumpeln würde, weil ich aufgrund eines Missverständnisses zu dem Schluss gelangt war, dass er die bildschöne, aber gefühlskalte Besitzerin des hiesigen Herrenhauses ehelichen würde und mich deswegen schrecklich gegrämt hatte, aber am Ende würde sich alles in Wohlgefallen auflösen. Es wäre auch nicht das geringste Problem, dass ich im Schlafanzug zur Tür gegangen war und Toastkrümel auf dem Dekolletee hatte, denn wie wir alle wissen, ist bei solchen Szenarien die Wahrscheinlichkeit, dass sich der Held in die Heldin verliebt, umso höher, je verlotterter, verwirrter und zerzauster die Heldin aussieht …

Vor der Tür standen zwei Zeugen Jehovas. Der Hund blieb eisern auf dem Sofa liegen, statt ihnen nachzujagen und sich auf diese Weise mal seinen Unterhalt zu verdienen.

Ich versank wieder in meiner düsteren Stimmung und überlegte, während ich zurückschlurfte, ob ich den Nerv hatte, mir eine amerikanische Sitcom mit sieben Staffeln reinzuziehen. Es klingelte erneut. Ganz schön hartnäckig, diese Zeugen Jehovas. Es musste ihnen echt viel daran liegen, meine Seele vor der ewigen Verdammnis zu erretten. Ich riss die Tür auf, um ihnen zu versichern, das sei ja alles schön und gut, aber ich sei Atheistin und könne ihnen liebend gern mal MEINE Ansichten darlegen, zum Beispiel, dass es keinen GOTT gab, SONDERN NUR DIE WISSENSCHAFTEN.

Allerdings sah ich mich diesmal zu meiner großen Freude meinen tollen Freunden Colin und Sam sowie Hannah und Charlie gegenüber. Das war zwar nicht ganz dasselbe wie ein breitschultriger Bauer, der im Begriff war, sich in mich zu verlieben, aber eigentlich auch viel, viel besser, denn ehrlich gesagt hatte ich gar keine Lust auf eine Liebschaft und den damit verbundenen emotionalen Aufruhr.

»Was macht ihr denn hier?«, stieß ich hervor.

»Na, das nenn ich einen freundlichen Empfang für deine älteste und engste Freundin«, stellte Hannah fest.

»Wir dachten, du freust dich vielleicht über ein bisschen Gesellschaft«, sagte Sam. »Schließlich bist du heute das erste Mal allein zu Hause, im neuen Heim, ohne die Kinder. Sowas kann durchaus eine kleine Krise auslösen.«

»Aber … Woher wusstet ihr, dass …?«, stotterte ich.

»Jane hat Sophie erzählt, dass sie dieses Wochenende bei Simon ist«, berichtete Sam. »Und da dachten wir, was könnte es Schöneres geben, als uns an einem Samstagabend mit der lieben Ellen zu besaufen und dabei ordentlich gegen Simon vom Leder zu ziehen. Sieh es als Unterstützungsmaßnahme.«

»Das klingt in der Tat verlockend«, musste ich zugeben.

»Ich werde auch ganz laut ›Wichser!‹ grölen«, versprach Hannah.

»Und außerdem haben wir dein neues Zuhause noch nicht besichtigt, und ich kann es kaum erwarten, an der Inneneinrichtung rumzumäkeln, wie es sich für eine Tunte gehört«, meldete sich Colin zu Wort. »Aber das, was Sam gesagt hat, trifft auch zu.«

Colin ist großartig. Sam hat ihn in seinem Fitnessstudio aufgegabelt (»Ich wage kaum, den Leuten zu erzählen, wie wir uns kennengelernt haben, es ist so derart *klischee*haft«, sagt er immer). Nachdem ihn sein niederträchtiger Ex Robin verlassen hatte, war er zunächst mehrere Jahre alleinerziehender Vater gewesen. Dann hatte er eine ganze Weile vergeblich in Supermärkten auf der Lauer gelegen, weil er in einem Artikel gelesen hatte, Supermärkte seien ideal, um Männer kennenzulernen. Allerdings dürften die Fischstäbchen und Fruchtzwerge in seinem Einkaufswagen auf die schwulen Singles, die in der Obst- und Gemüseabteilung auf die Pirsch gingen, abschreckend gewirkt haben. Danach kam ein kurzer Ausflug in die Tinder-Welt (bei dem Hannah und ich uns wohl nicht als sonderlich hilfreich erwiesen mit unserem ständigen »Nein! WISCHEN!«, wann immer uns Sam Fotos von potenziellen Bettgenossen zeigte), gefolgt von einer Phase, in der er kundtat, er habe jegliche Hoffnung aufgegeben, die wahre Liebe zu finden, und werde sich fortan ganz auf sein inneres Selbst konzentrieren. Beim Yoga zog er sich dann gleich in der ersten Woche eine Muskelzerrung zu und flog aus der Stunde, weil er »Verfluchte Scheiße, ich glaub, ich hab mir den Arsch verrenkt!« jaulte. Und kaum hatte er sich damit abgefunden, dass sein inneres Selbst mehr Interesse an Tequila Slammers als am herabschauenden Hund hatte, lief ihm Colin über den Weg. Im Fitnessstudio.

»Und ich musste mitkommen, weil Hannah meinte, ich könnte mich bestimmt irgendwie nützlich machen«, sagte Charlie. »Ich vermute mal, das bedeutet, dass ich beim Italiener oder beim Inder Essen holen und am Ende des Abends Taxi spielen soll, was ich überaus nützlich finde.«

Hach, Charlie, du Seele von einem Menschen! Hannahs reizender zweiter Ehemann hat so gar nichts gemein mit seinem fiesen Vorgänger Dan, dem größten Kotzbrocken unter der Sonne. Zu meinem größten Entsetzen ertappte ich mich zum ersten Mal in meinem Leben dabei, dass ich mir ausmalte, wie mein Leben wohl verlaufen wäre, wenn ich klügere Entscheidungen getroffen und nicht Simon, sondern Charlie geheiratet hätte. Es gab nämlich mal eine Zeit, damals, an der Uni, vor ungefähr einer Million Jahren, als wir alle noch jung und dumm und unbekümmert waren, da war der gute, alte, verlässliche Charlie in mich verliebt, doch ich hatte ihm in meinem jugendlichen Leichtsinn die kalte Schulter gezeigt und stattdessen den attraktiven, romantischen und leicht gefährlich wirkenden Simon Russel genommen. Simon hat damals aber auch *echt* umwerfend ausgesehen. Ich glaube, allein die Tatsache, dass er überhaupt von mir Notiz genommen hat, war bereits Grund genug, um mich in ihn zu verknallen und dem armen Charlie das Herz zu brechen.

Tja, und was hat es uns auf lange Sicht gebracht? Was ist geblieben von all unseren Hoffnungen und Erwartungen, von all der *Liebe*, die Simon und ich einmal füreinander empfanden? Ein Instagram-Feed, mit dem ich seine Eifersucht zu erregen versuche. Was, wenn ich mich nicht von Simon, seinem schelmischen Grinsen und seinem verführerischen Schlafzimmerblick hätte einwickeln lassen? Wenn ich eine etwas wohlüberlegtere Wahl getroffen und mich für Charlie entschieden hätte? Nein. *Pfui, Ellen, schäm dich.* Niemand hatte Charlie mehr verdient als Hannah, die tatsächlich meine älteste und engste Freundin war. Schon die Vorstellung, dass ich mit Charlie anbandeln könnte, war höchst verwerflich und verabscheuungswürdig, und ich war wild entschlossen, aus dieser vermaledeiten Scheidung als ein besserer Mensch hervorzugehen, damit sie wenigstens ein Gutes hatte und ich nicht mutterseelenallein und ungeliebt sterben musste, sondern mich dank meiner barmherzigen Großtaten allgemeiner Beliebtheit erfreute. Wildfremde Kinder sollten mir auf der Straße »Gott schütze Sie, Ma'am!« zurufen … Okay, mit meiner kleinen Instagram-Vergeltungsmission vorhin war ich etwas vom rechten Weg abgekommen, aber vielleicht ließ sich diese Scharte mit einem Retweet irgendeines weisen Spruches auswetzen. Wenn ich es recht bedachte, war auch Charlie kein Heiliger. Er vergötterte Hannah, aber im Laufe seiner ersten Ehe hatte er sich die gleiche Arschloch-Tour erlaubt wie Simon, er war also auch nicht gerade Mister Perfect.

»Sag mal, wie lange willst du noch hier rumstehen und Löcher in die Luft starren, Ellen?«, schalt mich Colin. »Wie wär's, wenn du schon mal den leckeren Sekt entkorken würdest, den ich mitgebracht hab? Und während du die Gläser holst, sehe ich mir mal an, welche deiner Bilder dringend umgehängt werden müssen.«

»Deine Meinung zur Positionierung meiner Bilder ist völlig unerheblich«, informierte ich ihn. »Die hängen mit gutem Grund da, wo sie hängen, nämlich, um eine Vielzahl von Flecken zu überdecken. Es muss also leider alles an seinem Platz bleiben.«

Colin seufzte. »Du verdirbst mir den ganzen Spaß. Ich kann mich doch gar nicht wie eine richtige Tunte aufführen, wenn du mir gleich bei meinem ersten Versuch, mich kreativ zu entfalten, einen Strich durch die Rechnung machst!«

»Colin, Süßer, du bist Firmenanwalt«, erinnerte ihn Sam. »Du entfaltest dich kreativ, indem du für böse Großkonzerne obszöne Summen herausschlägst, und nicht, indem du hier herumscharwenzelst und Ellens Bilder umhängst. Wenn du unbedingt deine tuntige Ader ausleben willst, dann leg Madonna auf.«

Colin machte einen Schmollmund. »Du weißt genau, dass ich Madonna nicht ausstehen kann«, murrte er. »*So* tuntig bin ich dann auch wieder nicht. Na, egal. Prost, Ellen! Auf dein neues Haus, dein neues Leben, dein neues Ich und den Neuanfang! Wie fühlst du dich?«

»Ein bisschen verloren ...«, gab ich zu.

»Ach, herrje«, sagte Hannah. »Aber das ist normal, Ellen. Ruf dir einfach in Erinnerung, was für eine tolle Gelegenheit das ist, wenn die Karten neu gemischt werden. Denk doch nur – wenn mich Dan nicht verlassen hätte, dann hätte ich ihn jetzt noch am Hals.«

»Aber Simon ist nicht Dan«, wandte ich bekümmert ein. »Ich meine, er konnte echt ein faules Aas sein, aber er war kein *schlechter Mensch*. Er hat auch ziemlich viele gute Eigenschaften, und dafür liebe ich ihn, sehr sogar. Äh, ich meine, dafür habe ich ihn geliebt.«

Hannah nickte. »Das ist der schwierigste Teil der Trennung – wenn man überzeugt ist, dass man nie wieder einen neuen Partner findet und am Ende einsam und ungeliebt in einem feuchten Kellerloch krepiert, umringt von siebzehn Katzen. Die Phase hab ich auch durchgemacht, weißt du noch?«

»Ich erinnere mich vage, ja. Tja, *ich* werde alleine und ungeliebt in einem baufälligen, feuchten Cottage krepieren, in dem alle Bilder völlig unorthodox aufgehängt sind, um die Schimmelflecken an den Wänden zu kaschieren, und statt der Katzen wird sich ein Rudel Border Terrier um meine Leiche balgen.«

»Vielleicht ist es an der Zeit, dass du dich wieder ins Spiel bringst«, bemerkte Colin.

»Au ja. Du solltest schleunigst wieder in den Sattel steigen«, pflichtete ihm Sam mit einem lasziven Grinsen bei.

»Sattel? Spiel?«, echote ich verwirrt. »Wovon redet ihr? Tennis? Reiten? Rennradfahren? Soll ich etwa für einen Triathlon trainieren wie Fiona Montague?«

Sam gluckste. »Ja, Reiten könnte man es auch nennen«, flachste er und zwinkerte mir vielsagend zu. »Was sagst du da, Fiona trainiert für einen Triathlon? Wow, ich hätte angenommen, dafür hat sie zu viel Angst um ihr Make-up.«

»Schatz, wir sind nicht hergekommen, um über Fiona Montague zu reden. Und deine Andeutungen sind nicht gerade hilfreich, ganz zu schweigen von diesem Geblinzel, das ich ehrlich gesagt höchst irritierend finde, also verschone uns bitte damit, ja?«

Sam brummte etwas Aufrührerisches.

»Nein, Ellen«, fuhr Colin fort, »was wir meinen, ist, dass du dich männermäßig wieder ins Vergnügen stürzen sollst. Leg dir einen Verehrer zu, mach ein bisschen Bettgymnastik. Du bist eine schöne Frau *in den besten Jahren*, und du hast es verdient, etwas Spaß zu haben.«

Ich starrte sie entgeistert an. »Was? Nein! Ich ... nein. Das geht nicht. Ich kann unmöglich ... Völlig ausgeschlossen. Und bezeichnet mich bitte nie wieder als Frau in den besten Jahren! Da muss ich an den Film über diese neurotische, sexbesessene Faschistin denken, mit der es ein schlimmes Ende nahm. Wie hieß der noch gleich? Ach ja, *Die besten Jahre der Miss Jean Brodie*.«

»Aber Ellen, fehlt dir der Sex denn gar nicht?«, fragte Colin sanft.

»Nein«, sagte ich rundheraus. »Überhaupt nicht. Was

mir fehlt, ist Simon; oder vielmehr der Mann, für den ich ihn gehalten habe. Mir fehlt jemand, der mich abends zu Hause erwartet und dem ich von meinem Tag berichten kann, selbst wenn er mir gar nicht zuhört. Jemand, der mir am Sonntagmorgen eine Tasse Tee ans Bett bringt. Jemand, mit dem ich mein halbes Leben verbracht habe, und dem ich, wenn ich etwas Lustiges beobachte, davon erzählen oder in einer SMS davon berichten kann, weil ich weiß, dass er der einzige Mensch auf der Welt ist, der meinen Humor kennt und versteht, warum ich es lustig finde, ohne, dass ich es lange erklären muss. Mir fehlt jemand, der dabei war, als unsere Kinder sprechen und gehen gelernt haben und als sie eingeschult wurden. Jemand, der mich so gut kennt, wie man nur einen Menschen kennt, mit dem man fünfundzwanzig Jahre lang zusammen war. Und Simon hat nicht die ganze Zeit genervt. Wir hatten auch schöne Zeiten, und nicht zu knapp. Wir haben viel miteinander gelacht. Mir fehlt jemand, der meine Entrüstung teilt, wenn mir der erste Seniorenreisekatalog ins Haus flattert. Jemand, der mit mir eine Kreuzfahrt auf dem Nil macht, wenn ich erst alt und grau bin. Jemand, mit dem ich all das tun kann, was ich immer auf später verschoben habe, auf die Zeit, wenn die Kinder außer Haus sind und ich endlich genug Zeit und Geld dafür habe. Aber der verfickte SEX - verzeih mir das derbe Wortspiel –, der fehlt mir kein bisschen, nein!«

Und dann fing ich an zu weinen, wie ich seit Monaten nicht mehr geweint hatte – seit dem Abend, an dem ich heiße Tränen der Wut vergossen hatte, nachdem mir Simon eröffnet hatte, dass er »Abstand« brauchte. »Okay, Ellen«, hatte ich mir damals gesagt, »du kannst jetzt weiterheulen bis in alle Ewigkeit oder aber nach vorn blicken.« Beides zugleich war unmöglich – hätte ich mich für Ersteres entschieden, dann wäre ich in meinen Tränen ertrunken. Tja, aber wie es schien, waren sie noch da, all die Tränen, die ich die ganze Zeit über mühsam zurückgehalten hatte, und nun bahnten sie sich einen Weg nach draußen.

Während ich herzzerreißend schluchzte, tätschelte mir Sam verlegen den Rücken und murmelte »Aber nicht doch ...«, wie man das von Männern gemeinhin kennt, bis Colin übernahm und ihm auftrug, Taschentücher suchen zu gehen. »Und bring ihr einen ordentlichen Drink – einen, der mehr Wumms hat als dein dämliches Pitzelwasser, ja? Aber um Himmels Willen keinen Gin, sonst kriegt sie erst recht das heulende Elend!« Ich greinte noch etwas von wegen »zwölf Packungen Mansize-Taschentücher im Schrank unter der Treppe«, ehe mich Colin fest in die Arme nahm und mich einfach weinen ließ, so lange, bis die Sintflut allmählich versiegte und mir bewusst wurde, dass sein Hemd über der Brust vollkommen durchnässt war von meinen Tränen und – oh Graus – meinem Schnodder.

Schließlich wich mein Geplärr einem betretenen Schniefen, garniert mit jenem Hicksen, das häufig das Ende eines heftigen Weinkrampfs markiert, und als ich mich wieder einigermaßen gefangen hatte und von Colin löste, reichte er mir ein dickes Bündel Taschentücher und einen Wodka Tonic, der mir gleich noch einmal die Tränen in die Augen trieb, so stark war er.

»Na, besser?«, fragte Colin sanft.

Ich schluckte. »Mhm.«

»Ich schätze, das war mal dringend nötig, hm?«, stellte er fest.

Wohl wahr. Ich fühlte mich seltsam befreit, und dazu ruhiger, als ich es seit Monaten gewesen war.

»Sag mal, Ellen, liebst du Simon noch?«, wollte Hannah wissen. »Bereust du es, dass du die Scheidung eingereicht hast?«

»Keine Ahnung«, gab ich zu. »Es ist alles furchtbar verwirrend. Wir waren so lange zusammen, und ich war nach seinem Seitensprung unglaublich verletzt und wütend auf ihn, und dennoch dachte ich, wir kriegen schon irgendwie die Kurve. Aber dann fing er an mit diesem Schwachsinn von wegen ›Ich brauche Abstand‹ und ›Ich weiß nicht, ob ich dich noch liebe‹, und das war's dann ... Das Leben ohne ihn fühlt sich echt seltsam an. Wir hatten *wirklich* auch gute Zeiten. Ich weiß, in deinen Augen ist er ein Arsch, aber trotzdem liebe ich ihn, oder habe ich ihn geliebt ... Ach, ich weiß auch nicht. Und selbst wenn es mal nicht so toll lief, war ich insgeheim stets sicher, dass er mich auch liebt. Ich war überzeugt, dass wir zusammen alt werden würden, schon immer, vom ersten Tag an. Und jetzt muss ich mich erst mal an die Vorstellung gewöhnen, dass ich den Rest meines Lebens allein verbringen werde.«

»Das ist genau die Art von Gedanken, die wir dir austreiben wollen«, sagte Sam. »Du glaubst, du müsstet fortan das enthaltsame Dasein einer Nonne fristen, aber wir leben im einundzwanzigsten Jahrhundert, Süße! Es kommt verdammt nochmal andauernd vor, dass sich Paare trennen! Na und? Man lässt die Vergangenheit hinter sich und sucht sich einen neuen Partner! So war es bei mir, bei Colin, bei Hannah und bei Charlie! Wir alle haben gescheiterte Ehen oder Langzeitbeziehungen hinter uns, und jeder von uns hat wieder jemanden gefunden – warum sollte dir das nicht ebenfalls gelingen?«

»Weil es nun einmal einfach völlig ausgeschlossen ist«, beharrte ich.

»Aber wieso denn?«, hakte Colin verwundert nach. »Liebst du Simon etwa doch noch? Hast du das Gefühl, dass die Scheidung ein schrecklicher Fehler war? Dann solltest du ihm das sagen. Es ist bestimmt noch nicht zu spät. Denk an Scarlett O'Hara und Rhett Butler in *Vom Winde verweht*, die beide zu stolz sind, um sich ihre Gefühle zu gestehen. Wenn du Simon wiederhaben willst, dann unternimm etwas. Noch ist die Scheidung nicht durch. Ihr könnt einfach einen Schlussstrich ziehen und es noch einmal miteinander versuchen.«

»Das ist es nicht«, winkte ich ab und dachte an die ausgesprochen irritierende Kaffeeunterhaltung mit Simon vor ein paar Stunden, daran, wie er tatenlos dagesessen und mir zugesehen hatte, statt dafür zu sorgen, dass seine Kinder endlich den Arsch hochkriegten, obwohl er zu dem Zeitpunkt bereits hochoffiziell für sie zuständig gewesen wäre. Ich rief mir auch in Erinnerung, dass er womöglich just in dieser Sekunde eine supersexy Schlangenfrau vögelte (ich schätze mal, Jane hat er in sein Büro verbannt und Peter im Schrankbett eingeschlossen), damit er hinterher auf Instagram damit prahlen konnte. »Was mir fehlt, ist das kameradschaftliche Gefühl, das sich in einer Beziehung mit den Jahren einstellt, die Tatsache, dass man sich oft ohne Worte versteht, wenn man so lange zusammen ist. Wie dem auch sei, ich kann euch nicht sagen, warum ich keinen neuen Partner finden werde. Ihr müsst mir einfach glauben.« Damit nahm ich einen großen Schluck von meinem Drink.

Zwei riesige Gläser Wodka Tonic später gelangte ich zu dem Schluss, dass ich ihnen eventuell doch verraten konnte, warum ich verdammt war, künftig ein einsames, zölibatäres Leben zu führen.

»Ich kann mit keinem anderen Mann schlafen«, verkündete ich.

»Und warum nicht?«, wollte Colin wissen.

»Natürlich kannst du! Du warst bei der Heirat mit Simon weiß Gott auch keine Jungfrau mehr, im Gegenteil: Du hast dich ordentlich ausgetobt, ehe du dich deinem Mr Russell hingegeben hast. Ich meine, du hast ja sogar Charlie vernascht!«

»Was? *Deinen* Charlie?«, rief Colin verblüfft. »Wann hat sie Charlie vernascht?«

»Hallo? *Sie* ist auch anwesend«, erinnerte ich ihn mit frostiger Miene. Zum Glück war Charlie zum Inder gefahren, um diverse Currygerichte zu holen. »Und vielen Dank auch, Hannah; ich dachte, wir hätten uns darauf geeinigt, nie wieder ein Wort darüber zu verlieren, nachdem ihr endlich zusammengefunden hattet? Im Übrigen ist das Jahrzehnte her, Colin. Ich war damals noch nicht mit Simon zusammen, und dass Hannah und Charlie mal ein Paar werden würden, hat sich noch nicht einmal ansatzweise abgezeichnet.«

Colin wirkte enttäuscht; er hatte wohl auf schmutzige Details gehofft. »Also, wenn du in jungen Jahren durchaus promiskuitiv unterwegs warst, verstehe ich erst recht nicht, was für dich jetzt gegen ein bisschen Gelegenheitssex spricht.«

»Na, dass ich mich dafür nackig machen müsste!«, platzte

ich heraus. »Ich kann mich nicht mehr vor einem Mann ausziehen. Nie wieder!«

»Süße, ich weiß, die Vorstellung ist erschreckend«, sagte Sam. »Aber glaub mir, der Gegenseite geht es nicht anders. Viele Männer haben panische Angst, sie könnten ausgelacht werden, weil ihr Schniedel so klein ist – nicht, dass *mir* das je passiert wäre …« Colin grunzte belustigt. »Oder weil … was weiß ich, ihre Klöten asymmetrisch sind oder so.« Erneutes Grunzen von Colin.

»Würdest du bitte damit aufhören, *Schatz?*«, wies Sam ihn zurecht. »Jetzt bist *du* es nämlich, der sich ganz und gar nicht hilfreich verhält. Abcr du weißt, was ich meine, Ellen. Es fällt niemandem leicht, sich das erste Mal vor einem neuen Partner auszuziehen. Denk einfach immer daran, dass deinem Gegenüber vermutlich genauso mulmig zumute ist wie dir.«

»Das wage ich zu bezweifeln!«, rief ich. »Für Männer ist das ETWAS VÖLLIG ANDERES!«

»Unsinn«, widersprach Colin sanft. »Wir sind genauso nervös, wir lassen es uns nur nicht so deutlich anmerken.«

»Du hast ja KEINE AHNUNG! Ganz im Ernst, ihr Männer könnt das einfach nicht nachvollziehen – eure Körper sind nicht von mehreren Schwangerschaften gezeichnet. Mein Bauch sieht aus wie ein ungebackener Focaccia-Fladen …«

»Also, deine Methapern zeugen eindeutig von deiner Zugehörigkeit zur Mittelschicht«, unterbrach mich Colin anerkennend.

»Naja, es STIMMT – er ist total schlaff und faltig und voller Dellen und Dehnungsstreifen. Und daran wird sich auch nichts mehr ändern, selbst wenn ich noch so oft ins Fitnessstudio pilgere. Ich kann Crunches machen, so viele ich will, die verheerenden Folgen einer Schwangerschaft lassen sich nicht rückgängig machen. Und mein Busen hat seinen Zenit auch längst überschritten. Der orientiert sich inzwischen so weit in südlicher Richtung, dass ich mich im Winter kaum noch traue, den BH auszuziehen, weil es in Bodennähe oft so kalt ist!«

»Ach, komm, du übertreibst doch«, sagte Sam. »In angezogenem Zustand siehst du ganz okay aus.«

»Genau deshalb will ich mich ja nicht AUSziehen!«, lamentierte ich. »Ist ja alles gut und schön, wenn sich der ganze Horror mit edlem Zwirn von Zara und Co. kaschieren lässt, aber darunter lauert trotzdem das blanke Grauen!«

»Das bildest du dir bestimmt bloß ein«, beruhigte mich Colin. »Du bist viel zu selbstkritisch. Mach dir deswegen nicht so viele Gedanken.«

Statt einer Antwort hob ich den Saum meines Pullovers an und entblößte meinen von Dehnungsstreifen entstellten Bauch. Die beiden wichen entsetzt etwas zurück, hatten sich aber gleich wieder im Griff.

»Alles halb so schlimm«, versicherte mir Sam.

»Sieht tatsächlich aus wie eine ungebackene Focaccia, mit den ganzen Dellen an der Oberfläche«, bemerkte Colin fasziniert. »Probier's doch mal mit Selbstbräuner, Ellen. Ein knusprig gebackenes Brot wirkt erfahrungsgemäß appetitlicher als ein roher Teigfladen.«

»Colin!«, rief Sam.

Colin zuckte die Schultern. »Ich versuche nur zu helfen.«

»Ich hab mich vor Charlie anfangs auch geniert, Ellen«, beharrte Hannah, »aber ihn hat es nie gestört.«

»Aber ihr kennt euch schon seit Jahren, das ist etwas anderes! Charlie war kein *Fremder* für dich.«

»Trotzdem hatte er mich vorher noch nie nackt gesehen.«

»Okay, aber wir reden hier von Charlie, dem herzensguten,

liebenswerten Charlie. Du wusstest bereits, dass er dich vergöttert, und dass er ein supernetter Mensch ist, der das Herz am rechten Fleck hat. Sollte ich je wieder mit einem Mann ins Bett gehen, dann wird der Betreffende quasi ein Fremder für mich sein. Also, relativ gesehen, meine ich – wenn man fünfundzwanzig Jahre lang denselben Kerl gevögelt hat, kommt einem hinterher doch jeder andere wie ein Fremder vor. Und was ist, wenn ich etwas falsch mache? Wenn beim Sex heute alles ganz anders läuft als früher? Ich bin doch überhaupt nicht mehr auf dem Laufenden! Ich habe so lange nur Simons Schwengel zu Gesicht bekommen; ich kann mich gar nicht mehr an die der ganzen Typen davor erinnern!«

»Wie, nicht einmal an Charlies Schwengel?«, hakte Hannah nach.

»*Insbesondere* an Charlies Schwengel nicht. Die Erinnerung daran habe ich bewusst verdrängt, und ich will nach wie vor nicht darüber nachdenken, wie er aussieht.«

»Wieso denkt Ellen über meinen Schwengel nach?«, fragte Charlie, der ausgerechnet in diesem Augenblick hereinkam.

Super Timing, Charlie. Ganz toll.

»Das tue ich eben *nicht*«, beteuerte ich. »Und auch nicht über die Schwengel irgendwelcher anderer Typen. Ich meine, soweit ich weiß, hat mich der Anblick von Simons bestem Stück nicht sonderlich geschockt oder überrascht, deshalb gehe ich mal davon aus, dass die meisten Exemplare ähnlich gebaut sind, aber die Vorstellung, mir den Lümmel eines anderen Mannes anzusehen, oder ihn zu berühren, ganz zu schweigen von … naja, ihr wisst schon … Das wäre einfach zu schräg. Zu intim. Es würde sich bestimmt total falsch anfühlen.«

»Oder vielleicht auch total richtig«, meldete sich Colin zu Wort. »Du wirst es nie erfahren, wenn du es nicht ausprobierst.«

Ich verdrehte die Augen. »Na, jedenfalls gibt es da noch ein ganz anderes Problem …«, fuhr ich mit finsterer Miene fort.

»Du willst uns jetzt aber nicht deine Pampelmusen zeigen, oder?«, beschwor mich Colin.

»Nein, keine Sorge«, versicherte ich ihm. »Die Problemzone, die ich meine, liegt tiefer, und ich werde mich tunlichst hüten, sie jemals wieder einem Mann zu zeigen, außer vielleicht meinem Gynäkologen.«

Sam und Colin musterten mich alarmiert, und Charlie murmelte: »Ich leg schon mal das Naan-Brot zum Aufwärmen in den Ofen«, während er bereits in die Küche flüchtete.

Ich nickte. »Jep, ich rede von meinem Schmuckkästchen. Ich meine, da haben sich zwei menschliche Schädel durchgezwängt, und beide Male musste ich hinterher genäht werden. Ist euch schon mal aufgefallen, was für einen Quadratschädel Simon hat? Tja, den hat er zweifellos an seine Kinder vererbt. Ich seh da unten aus wie die reinste Patchworkdecke, und … äh … die entsprechenden Muskeln sind auch nicht mehr so gut in Schuss, wie sie früher mal waren, und deshalb ist es völlig ausgeschlossen, dass ich mich untenrum je wieder vor einem anderen Mann entblöße, geschweige denn mit einem schlafe. Bei Simon war das etwas anderes, der hat die Veränderungen an meinem Körper live miterlebt, und er war ursächlich beteiligt an den Ereignissen, bei denen ich derart zugerichtet wurde. Aber ich kann unmöglich einen anderen Mann mit meiner Grotte des Grauens und ihren unansehnlichen, ausgeleierten Hautlappen konfrontieren!«

»Es behauptet ja auch niemand, dass du bei Tinder wahllos Typen aufreißen und sie spätnachts zu dir nach Hause bestellen sollst«, sagte Colin streng. »Aber wenn du irgendwann einen Mann kennenlernst, mit dem du auf einer Wellenlänge bist und den du so sympathisch findest, dass du mit ihm ins Bett gehen willst, dann ist er vermutlich ein netter Mensch, den ein paar kleine Schönheitsfehler nicht abschrecken werden. Wahrscheinlich ist er ohnehin abgelenkt, weil er sich wegen seiner eigenen körperlichen Makel schämt. Wie auch immer, im Normalfall geht man doch erst miteinander ins Bett, nachdem man sich besser kennengelernt hat, und du bist nicht verpflichtet, mit einem Mann zu schlafen, wenn du keine Lust hast.«

»Und was ist, wenn mir jemand Pimmelfotos schickt?«, wimmerte ich.

»Nun, die können auch ganz hilfreich sein. Sieh es doch mal so: Wenn dir einer ein Bild von seinem Pimmel schickt, dann kannst du ihn von vornherein aussortieren und musst keine Zeit mehr an ihn verschwenden. Es sei denn, dir gefällt, was du siehst.«

»Okay, okay.« Ich seufzte. »Ich überleg's mir, obwohl ich mir fest vorgenommen habe, eine starke, selbstbestimmte Frau zu sein, die keinen Mann braucht. Andererseits ist man als Single-Mutter, die alles allein wuppen muss, echt verflucht einsam.«

»Du *bist* eine starke, selbstbestimmte Frau«, versicherte mir Hannah. »Das warst du seit jeher. Ganz im Ernst – du musstest doch *von Anfang an* alles allein wuppen, weil Simon immer so viel gearbeitet hat und ständig unterwegs war.«

»Ich weiß, ich weiß, aber allmählich geht mir auf, dass er mir doch so einiges abgenommen hat, selbst wenn es nur Kleinigkeiten waren. Es war schön, wenn er mir nach einem Scheißtag eine Flasche Wein aufgemacht hat, oder wenn ich mir im Bett die Füße an ihm wärmen durfte. Auf den Hund kann ich diesbezüglich nicht zählen, der knurrt mich gleich an, wenn ich es versuche. Ich brauche gar keinen Ritter in glänzender Rüstung, ich brauche nur dann und wann jemanden, der mir nach einem anstrengenden Tag einen Drink bringt.«

Sam nickte. »Du hast immer noch uns, vergiss das nicht. Du bist nicht allein.«

Montag, 16. April

Endlich! Die Osterferien sind vorbei und die Kinder müssen wieder in die Schule. Ich hatte ja eigentlich angenommen, es würde alles leichter werden, wenn Peter und Jane erst die Grundschule hinter sich haben. Ich dachte, wenn sie älter sind, werden sie auch selbständiger und können ohne mich aufstehen, sich anziehen und zur Schule aufbrechen – sprich, ohne, dass ich alles Mögliche für sie suchen muss (keine Ahnung, wie ich auf die Idee kam, dass sie mit fortschreitendem Alter die geheimnisvolle Fähigkeit erwerben würden, ihren Kram zu finden, denn bei ihrem Vater war diesbezüglich ja auch nicht die geringste Veränderung zu bemerken gewesen). Ich hatte sogar die verwegene Hoffnung gehegt, sie würden sich selbst ihr Frühstück und ihre Lunchpakete zubereiten, und bisweilen vielleicht sogar das Abendessen ... Wie hoffnungslos naiv von mir! Zwei Kleinkinder aus dem Haus zu kriegen ist ja schon echt schwierig, aber mit zwei Teenagern gestaltet sich die Angelegenheit mitunter noch weit nervenaufreibender.

Es fing schon gestern Abend damit an, dass die beiden partout nicht schlafen gehen wollten. Dabei hatte ich sie pflichtschuldigst frühzeitig ins Bett geschickt, schließlich benötigen sie ausreichend Schlaf – zum einen, um sich in der Schule konzentrieren zu können, zum anderen, weil sie noch wachsen. Darauf hatten sie dasselbe Protestgeheul wie in den vergangenen zehn Jahren angestimmt (»Alle anderen Kinder dürfen aber aufbleiben, solange sie wollen!«), womit sie bei mir jedoch wie üblich auf Granit bissen. Dann hatte Jane argumentiert, es sei *total unfair*, dass sie wie Peter schon um zehn Uhr ins Bett müsse, obwohl sie doch zwei Jahre älter sei als er – eigentlich müsse ich ihr also erlauben, *deutlich länger* aufzubleiben. Mein einziges Gegenargument lautete: »Du wirst jetzt gefälligst ins Bett gehen, weil ich nämlich auch ins Bett gehe.« Vorher musste ich mich allerdings noch in die Küche setzen und den Kühlschrank bewachen, bis ich sicher sein konnte, dass Peter eingeschlafen war. Tat ich das nicht, konnte es vorkommen, dass er noch schnell eineinhalb Liter Milch exte – und sich morgens beschwerte, weil nichts mehr da war, in dem er seine Monsterportion Frühstücksflocken ertränken konnte.

Bislang war auch Simon beim täglichen Zubettgehritual eine wichtige Aufgabe zugekommen: Nachdem ich die Kinder etliche Male vergeblich angemault hatte, weil sie noch immer nicht in ihren Betten lagen, hatte er sich schließlich eingeschaltet und geröhrt: »AB IN DIE KISTE, UND ZWAR DALLI!«, und da er sonst kaum je laut wird, hatten die Kinder völlig verdattert pariert. Doch jetzt, wo bloß ich es bin, die ausrastet, schalten sie einfach auf Durchzug.

Je länger ich herumbelferte, desto wütender wurde ich, und als um elf NOCH IMMER Licht brannte, marschierte ich nach unten und schaltete den Router aus. Nun waren es die Kinder, die wütend herumbelferten – Peter, weil er sich bei *Fortnite* an die Spitze gekämpft hatte und eben im Begriff gewesen war, die Schlacht zu gewinnen, und Jane, weil sie auf Snapchat noch etwas total Megasuperwichtiges mit Lara und Sophie besprechen musste, und ich ihr mal wieder *das Leben ruiniert* hatte. Weder Peter noch Jane schien es groß zu interessieren, dass sie eigentlich längst im Schlummerland hätten weilen sollen. Im Gegenteil: Ich war mal wieder die Böse, weil Jane bei Simon angeblich viel länger hatte aufbleiben dürfen.

Unter diesen Umständen ist es kein Wunder, wenn die kleinen Scheißer am Montagmorgen keinerlei Anstalten machen, ihre muffigen Kemenaten zu verlassen. Während ich mich für die Arbeit anzog, hämmerte ich immer wieder an ihre Türen. Ich tobte und schrie, drohte sogar damit, ihnen einen Eimer Wasser über den Kopf zu kippen, doch es nützte alles nichts. Könnte bitte mal jemand ein Spezialbett für Teenager bauen, das ihnen Stromstöße verpasst, wenn sie fünf Minuten nach dem Weckerklingeln noch nicht aufgestanden sind? Mag vielleicht ein bisschen krass klingen und verstößt vermutlich gegen die Genfer Konvention und so, aber wer gegen diese Erfindung Einwände erhebt, musste noch nie morgens einen Teenager aus dem Bett werfen.

Eine halbe Stunde, bevor wir fahren mussten, kam Jane endlich aus ihrem Zimmer und schloss sich im Bad ein. Bei mir schrillten sofort sämtliche Alarmglocken – wenn Jane erst einmal im Bad ist, kommt sie allerfrühestens in einer Stunde wieder raus.

Ich klopfte an die Tür. »Jane? Was machst du da drin?«

»Ich muss mir die Haare waschen«, tönte es von drinnen.

»Aber du hast dir doch erst gestern Abend die Haare gewaschen!«

»Na, und? Ich muss sie mir eben NOCH EINMAL waschen, Mutter«, keifte sie.

»Aber wir müssen in einer halben Stunde los, damit ich euch zur Bushaltestelle bringen kann«, heulte ich. »Wenn ich euch nämlich nicht zum Bus bringe, kommt ihr zu spät in die Schule und müsst wieder nachsitzen, und ich kriege vermutlich eine Vorladung von deiner Klassenlehrerin und muss mir anhören, ich sei eine schlechte Mutter, obwohl es *gar nicht an mir lag*, dass ihr schon wieder zu spät dran wart, aber das sieht Mrs Simmons bestimmt anders; sie denkt garantiert, dass ich total inkompetent bin. Womöglich lässt sie euch sogar in ein Heim stecken; unter ihrem herablassenden Blick werde ich nämlich selbst zu einem aufsässigen Teenager, der verächtlich schnaubt und die Augen verdreht. Also, *bitte*, Jane, beeil dich, ja?«

Keine Antwort. Vermutlich hielt sie gerade den Kopf unter die behelfsmäßige Minidusche, die ich als Lösung für ihr Haarwaschproblem besorgt hatte. Jane hatte das Ding naserümpfend betrachtet und angewidert gefragt: »Was zum Teufel soll ich damit, Mutter?« Ich hatte ihr erklärt, das eine Ende des Gummischlauchs werde einfach über den Wasserhahn gestülpt, und schon sei die Dusche einsatzbereit. »Als ich in deinem Alter war, gab es so was in jedem Badezimmer.« Damit hatte ich einen ähnlich verständnislosen Blick geerntet wie mit meinem Versuch, ihr den Sinn und Zweck einer Telefonzelle zu erläutern. »Du wirst sehen, es ist *genau wie eine richtige Dusche*«, hatte ich fröhlich lächelnd beteuert, weil ich verdrängt hatte, dass die Dinger die tückische Angewohnheit haben, im ungünstigsten Moment vom Hahn zu flutschen, sodass binnen Sekunden das gesamte Bad unter Wasser steht.

Inzwischen hatte auch Peter sein Zimmer verlassen und schlurfte in die Küche. Ich gab den Versuch, Jane aus dem Bad zu locken, auf, um ihm nachzueilen und fand ihn an der Anrichte stehend vor, über einen Suppenteller gebeugt, aus dem er eine Riesenportion Weetabix mit Milch in sich hineinschaufelte.

»Ich hoffe, es ist noch Milch für Janes Frühstück übrig.«

»Na, klar«, versicherte er mir. »Ich hab extra zwei Bananen reingetan, damit ich nicht so viel Milch brauche.«

Ich konnte seiner Logik nicht ganz folgen, vor allem, als ich gleich darauf die leere Doppelliterpackung Milch in der Hand hielt, die er wieder in den Kühlschrank gestellt hatte.

»Peter! Die Milch ist alle! Schon wieder!«

»Nein, ist sie nicht, Mum«, widersprach er und hielt mir die aufgeschraubte Packung hin. In der Ecke war ein winziger Rest Milch zusammengelaufen. »Siehst du? Da ist noch was drin.«

»Nein, die ist leer, dabei war sie gestern Abend noch voll.«

»Echt jetzt?«

»Tja, dann wird sich Jane wohl oder übel mit Orangensaft und Toast begnügen müssen.«

»Ähm, O-Saft ist aus. Wollte ich gerade erwähnen.«

»WAS? Wie kann das sein? Den hatte ich doch auch erst gestern Abend aufgemacht!«

Peter zuckte die Schultern. »Keine Ahnung. Ich hatte bloß ein, zwei Gläser.«

Ich seufzte entnervt. Jahrelang hatte ich mir schaudernd ausgemalt, wie mir Peter als Teenager sämtliche Haare vom Kopf fressen würde, und jetzt, da sich meine Ängste bewahrheiteten und ich mit meinem Einkommen drei Leute durchbringen musste, stand ernsthaft zu befürchten, dass ich das Haus würde umschulden müssen. Als errechnet wurde, wie viel Unterhalt Simon für die Kinder zahlen soll, hatte ich leider keine Möglichkeit, geltend zu machen, dass ich ein Riesenkind durchfüttern muss, das hohle Beine und möglicherweise auch einen Bandwurm zu haben scheint und deshalb dieselben Unmengen an Nahrungsmitteln vernichtet wie ein ganzer Heuschreckenschwarm. Also haben die zuständigen Stellen, denen ganz offensichtlich nicht klar ist, wie viel ein männlicher Teenager essen kann, veranschlagt, dass sich die Kosten für Peters Ernährung auf die gleiche Summe belaufen wie bei Jane. Damit sind die Zeiten, da ich bei Waitrose unbeschwert meinen Einkaufswagen mit allem füllen konnte, wonach mein Herz begehrte, definitiv vorbei – mittlerweile bin ich Stammkundin bei diversen deutschen Discountern.

Peter hob die Müslischale zum Mund, um sie bis auf den letzten Tropfen zu leeren. »Ach ja, Mum, meine Sportklamotten sind noch bei Dad.«

»Was? Wieso denn das?«

»Naja, du hast gesagt, dass wir das Wochenende bei ihm verbringen, also hab ich den Beutel mit meinen Sportklamotten in die Kiste mit den Sachen gepackt, die jetzt bei ihm steht. Mir war nicht klar, dass wir am Sonntagabend wieder herkommen. Tut mir echt leid. Es ist ganz schön verwirrend, an zwei Orten gleichzeitig zu wohnen.«

Mein erster Impuls war, mich aufzuregen, aber dann rief ich mir in Erinnerung, dass es mir damals, gleich nach der Scheidung meiner Eltern, ganz ähnlich gegangen war – das, was man brauchte, befand sich immer dort, wo man gerade nicht war.

»Es tut mir leid, Peter«, sagte ich. »Ehrlich. Tut mir leid, dass ihr das durchmachen müsst.«

Er umarmte mich kurz. »Schon okay, Mum. Es ist nur manchmal nicht so einfach, damit klarzukommen.«

»Ich weiß. Wir können jederzeit darüber reden, wenn du willst, okay?«

»Danke, nicht nötig. Aber du könntest mir eine Befreiung für den Sportunterricht schreiben.«

Unter den gegebenen Umständen war das wohl das Mindeste, was ich für ihn tun konnte. Ich trug ihm allerdings auf, es für sich zu behalten, denn wenn Jane erfuhr, dass ich ihm eine Befreiung schrieb, nur weil er seine Sportsachen bei seinem Vater gelassen hatte, war garantiert der Teufel los.

Ich ging nach oben, um noch einmal an die Badezimmertür zu hämmern. »JANE? JANE! LEG MAL EINEN ZAHN ZU! ANDERE LEUTE WOLLEN AUCH INS BAD, UND DU MUSST NOCH FRÜHSTÜCKEN!«

Als ich in die Küche zurückkehrte und Peter auf seinem Handy rumdaddeln sah, kam mir eine Idee.

»Sag mal, folgst du deiner Schwester auf Instagram?«

»Jep.«

»Kann ich mir mal eben dein Handy ausborgen?«

»Wozu?«

»Ich muss nur kurz etwas nachsehen.«

»Meinetwegen.«

Ich rief Janes Instagram-Seite auf. Die ersten sechs Fotos zeigten Jane in inniger Umarmung mit einem Jungen, der als @harryx9876 getaggt war. Ich ging auf seine Seite. Noch mehr Fotos von ihm und Jane, in ähnlich vertraulichen Posen. Kein Wunder, dass sie mich blockiert hatte!

»Wer ist denn Harryx?«, fragte ich Peter.

Er spähte auf sein Handy. »Ach, du meinst Harry. Harryx nennt er sich bloß auf Instagram. Er ist ein Junge aus unserer Schule.«

»Aus Janes Klasse?«

»Nö, aus dem Jahrgang drüber. Ich glaub, er ist ihr Freund oder so.«

Na, das erklärte zumindest, warum sie sich ständig die Haare wusch. Was sollte ich tun? Sie darauf ansprechen? Aber dann war klar, dass ich ihr nachgeschnüffelt hatte. Ich beschloss, vorerst nichts zu sagen und stattdessen dann und wann Peter zu beschwatzen, damit ich sie mit seinem Handy weiter stalken konnte. Nachdem ich ein weiteres Mal an die Badezimmertür gehämmert und Jane angefleht hatte, endlich runterzukommen und zu frühstücken, worauf sie hochmütig kundgetan hatte, das Glätten ihrer Haare sei viel wichtiger als frühstücken (ich hatte ja gehofft, Janes Eitelkeit könnte aufgrund der Tatsache, dass sie weniger Zeit zu essen hatte, ein kleiner Ausgleich für Peters Bandwurm sein, aber leider machte ihr Energieverbrauch meine diesbezüglichen Hoffnungen zunichte, denn man kann bei der Kalkulation der Alimente leider auch nicht ins Feld führen, dass ein weiblicher Teenager unheimlich viel warmes Wasser und ebenso viel Strom für Föhn und Glätteisen verbraucht), schlenderte Jane endlich in die Küche. Sie hatte sich ordentlich aufgedonnert für »Harryx«.

Peter war ebenfalls mehr oder weniger startklar und brach seine Suche nach einem kleinen Snack für den Schulweg widerstrebend ab, als ich brüllte: »Wir müssen los! *Jetzt sofort*! Und wer nicht fertig ist, muss selbst sehen, wie er in die Schule kommt. Los, los, AB INS AUTO, AB INS AUTO! ... Jane! Was hast du denn da an? Wo ist der Rest von deinem Rock abgeblieben? Oh Gott, die Schule hat neue Vorschriften zum Thema Schuluniform eingeführt! Die schicken dich sicher gleich wieder nach Hause!«

»Chill mal, Mutter«, brummte Jane. »Also echt, du bist sowas von altmodisch. ALLE Mädchen haben solche Röcke an.«

»Du gehst jetzt nochmal rein und ziehst einen anderen an! Oder nein, lass gut sein, wir haben keine Zeit mehr. Vielleicht fällt es ja niemandem auf ...«

»Könntest du dich mal entscheiden, Mutter?«, schnaubte Jane. »Du weißt schon, dass Gedächtnislücken und Konzentrationsschwäche ein Anzeichen dafür sind, dass man in die Wechseljahre kommt?«

»JETZT SCHWING ENDLICH DEINEN HINTERN INS AUTO, HERRGOTT NOCHMAL!«

»Stimmungsschwankungen ebenfalls. Und Blähungen«, fügte sie hilfreich hinzu.

»Ich bin verdammt noch mal nicht in den Wechseljahren, ich möchte einfach, dass ihr euch jetzt endlich ins Auto setzt«, flehte ich, während Jane gemächlich durch den Vorgarten schlenderte, nur um ein empörtes Protestgeheul anzustimmen, als sie feststellte, dass Peter schneller gewesen war und mit selbstgefälliger Miene auf dem Beifahrersitz thronte. Ob ich wohl, wenn ich zum Hausarzt gehe und einfach »Teenager« wimmere, Valium verschrieben bekomme? Und Gin?

Als ich die beiden an der Bushaltestelle aus dem Wagen scheuchte, hielt Peter urplötzlich inne.

»Liebes, bitte, was ist denn noch? Hinter mir staut sich der Verkehr!«

»Ich bräuchte noch Geld fürs Mittagessen auf meinem Daumenkonto, Mum.«

»Was?«

»Du weißt schon, mein Daumenkonto. Du müsstest bitte Guthaben draufladen, damit ich mir mittags etwas kaufen kann.«

»Ach, du meinst den ParentPay-Account?«

»Genau, mein Daumenkonto.«

»Ach ja, mein Guthaben ist auch aufgebraucht, Mum«, flötete Jane und lächelte zuckersüß. *Ach, sieh mal an, wenn sie Geld von mir will, kann sie auch mal auf ihr sarkastisches »Mutter!« verzichten.*

»Hättet ihr mir das nicht schon etwas eher sagen können?«, brummte ich und dachte insgeheim: *Mach jetzt keinen Aufstand, Ellen, verabschiede dich mit einem Lächeln! Sie sollen dich schließlich nicht als keifende Kratzbürste in Erinnerung behalten.* Ich fragte mich aber auch, warum sie sich mit derartigen Anliegen nicht wenigstens *einmal* an ihren Vater wenden konnten. Warum musste *immer alles ich* machen?

»Na, wir haben's doch jetzt gesagt«, erwiderten sie überrascht.

»Tja, das wird warten müssen, bis ich im Büro bin. Ich bin ohnehin schon spät dran. Und jetzt raus mit euch!«, zischte ich und schob ein betont heiteres »Bis später, meine Süßen! Schönen Tag, hab euch lieb!« hinterher.

Grrr.

Dieses verdammte neue Bezahlsystem.

Rein theoretisch ist dieses Daumenkonto, wie Peter es zu meiner Verwirrung beharrlich nennt, ja eine sinnvolle und effiziente Angelegenheit – neuerdings wird an ihrer Schule auf der Webseite ParentPay für jedes Kind ein Konto eingerichtet, auf das die Eltern Geld buchen können, und mit diesem Guthaben können die Kinder dann mithilfe ihres Daumenabdrucks in der Schulkantine essen kaufen – daher auch die Bezeichnung Daumenkonto. Ich hege ja ehrlich gesagt datenschutztechnische Bedenken – was, wenn die Regierung ihre Daten klaut und Akten zu allen Schülern anlegt? Gut, im Falle meiner Kinder würde aus diesen Akten hauptsächlich hervorgehen, dass sie in der Schule Unsummen für Pommes und Blechkuchen ausgeben. Man kann nämlich genau nachverfolgen, was mit dem Geld gekauft wurde, aber ich habe rasch gemerkt, dass das viel zu desillusionierend ist und sehe deshalb gar nicht mehr nach. Ich wundere mich bloß immer wieder darüber, dass sie noch nicht an Skorbut erkrankt sind. Ich führe es darauf zurück, dass ihre gesundheitliche Konstitution recht robust ist – ich nehme an, das haben sie von mir.

Sonntag, 22. April

Die geschwätzigen Hühner sind da!

Ich hatte kurz überlegt, sie im Schuppen unterzubringen, habe mich dann aber dagegen entschieden. Manchmal frage ich mich, wie Simon ohne seinen heißgeliebten Schuppen zurechtkommt, nun, da er in einer Wohnung wohnt. Wobei er inzwischen ja eigentlich keinen Schuppen mehr braucht, um mir aus dem Weg zu gehen, und auch die Kinder hat er nur einmal alle vierzehn Tage übers Wochenende, aber ich wette, er hat trotzdem Sehnsucht nach seinem Schuppen. Seltsam, dass ich bis jetzt noch nicht auf die Idee gekommen bin, vor meinem bedauernswerten, da schuppenlosen Exmann mit meinem Schuppen zu prahlen. Vielleicht sollte ich bei Simons nächstem Besuch lachend sagen: »Ehrlich gesagt *vergesse* ich manchmal völlig, dass ich einen Schuppen *habe*, weil ich ihn so selten verwende!«, nur um so richtig Salz in seine Wunden zu reiben. Als Retourkutsche dafür, dass er mich früher, als die Kinder noch klein waren und ich deshalb nur in Teilzeit gearbeitet habe, abends so oft gefragt hat: »Na, Schatz, hast du deinen freien Tag genossen?« – und das, nachdem ich besagten »freien« Tag damit zugebracht hatte, in unserer total vermüllten Bude etwas Ordnung zu schaffen, darum bemüht, nicht den Verstand zu verlieren, während ich seine randalierenden Blagen beaufsichtigte, die prinzipiell genau dann ganz dringend etwas von mir brauchten, wenn ich mal musste, sodass ich oft zwei Stunden nicht zum Pinkeln kam, bis ich das Gefühl hatte, mir müsste jeden Moment die Blase platzen. Hm. Eigentlich ist es nur eine dürftige Revanche, wenn ich Simon das bloße Vorhandensein meines Schuppens unter die Nase reibe. Vielleicht sollte ich den Schuppen in seiner Gegenwart abfackeln und irre lachend johlen, ich hätte ohnehin keine Verwendung dafür gehabt … Okay, vielleicht auch nicht.

Doch zurück zu den Hühnern. Gestern wurde ihre Behausung geliefert – ein hübsches kleines Holzhäuschen mit Sitzstange, Legenestern und so weiter und so fort. Der integrierte Auslauf ist von einem Gewebe aus Spezialdraht umgeben, zum Schutz vor Füchsen. Etwas alarmiert war ich angesichts der ausziehbaren Schublade samt verzinkter Wanne, die »der unproblematischen Reinigung« des Stalles dient, denn mir war nicht klar gewesen, dass man einen Hühnerstall auch mal ausmisten muss. Ich hatte ehrlich gesagt angenommen, sie würden einfach ins Gras kacken und es damit auch gleich düngen, aber da war ich wohl auf dem Holzweg. Vielleicht konnte ich den Kindern das Ausmisten als gesundheitsfördernde Outdoor-Aktivität verkaufen, schließlich hatte ich die Hühner im Grunde genommen ihretwegen angeschafft – ich hatte nämlich gelesen, dass es für Kinder, die durch ein Erlebnis wie beispielsweise die Scheidung ihrer Eltern traumatisiert sind, heilsam sein kann, sich um ein Haustier zu kümmern. Nachdem ich so viel Kohle für diese bescheuerte Eheberatung verpulvert hatte, die rein gar nichts gebracht hatte, war ich zu dem Schluss gekommen, dass es billiger war, mir ein paar Hühner zu halten, als Peter und Jane zu einer Therapeutin zu schicken, und als kleines Extra würde es noch ein paar kostenlose Eier geben.

In einem Anfall von Vorfreude auf die Ankunft meiner geschwätzigen Speckled Sussex und in dem Bestreben, eine Umgebung zu schaffen, die ihrer würdig ist, habe ich den Großteil des gestrigen Tages damit zugebracht, das Hühnerhaus zu streichen. Ich hatte Farbe besorgt (ein entzückendes Enteneierblau) und versucht, die Kinder davon zu überzeugen, dass das doch eine schöne Gelegenheit wäre, etwas Zeit miteinander zu verbringen, doch Jane informierte mich knapp, sie sei beschäftigt, und Peter verteilte die Farbe gute zehn Minuten lang hingebungsvoll auf dem Rasen, der Gartenbank, dem Apfelbaum und sich selbst (nur das Hühnerhaus blieb unbefleckt), bis ich sagte, den Rest könne ich auch allein schaffen, vielen Dank.

Als ich später ins Haus ging, um mir eine Tasse Tee zu machen, entdeckte ich in sämtlichen Räumen große blaue Fußabdrücke, was mich gelinde gesagt verblüffte, weil Peter an der Hintertür die Schuhe ausgezogen hatte. Wie zum Henker war die Farbe *in* seine Schuhe gekommen? *Egal*, sagte ich mir, *irgendwann geht sie bestimmt wieder ab, außerdem liebe ich Enteneierblau. Hm. Vielleicht sollte ich ja auch Enten halten. Das würde perfekt zu meinem angestrebten Image als rundum glückliches und kerngesundes Mädchen vom Lande passen …* Ich sah schon meinen Instagram-Feed vor mir: überall Hühner und Enten und Tröge mit appetitlich aussehendem Gemüse, und mittendrin ich in einer frechen Latzhose, genau wie Felicity Kendal in der Fernsehserie *The Good Life*. Dazu müsste es mir allerdings noch gelingen, in Latzhosen nicht auszusehen wie eine Mechanikerin aus der Sowjetära.

Dann trafen die Speckled Sussex ein, und die Kinder begaben sich in den Garten, um sie zu bewundern. Die Hühner sind eine Augenweide; selbst Jane wirkte höchst angetan von ihnen. Ich hatte den Kindern versprochen, jedes von ihnen dürfe sich einen Namen für eines der Hühner ausdenken, ich selbst wollte mir einen für das dritte überlegen. Natürlich schwebten mir Namen von Shakespearescher Erhabenheit vor, oder alternativ ein, zwei Klassiker aus der griechischen Mythologie, doch als ich Letztere als Quelle der Inspiration erwähnte, kicherte Jane hinterhältig und fragte: »Sowas wie Jason, meinst du?«, worauf ich sie darauf hinwies, dass es sich um weibliche Hühner handelte, weshalb Jason schon mal ausschied, und dass das definitiv *nicht* die Art von Namen war, an die ich gedacht hatte.

»Also, wie sieht es aus, wisst ihr schon, wie eure Hühner heißen sollen?«, fragte ich schließlich betont vergnügt.

»Ja, Mum.« Sie sahen sich vielsagend an, und mich beschlich ein ungutes Gefühl, wie so oft, wenn die beiden ausnahmsweise mal gemeinsame Sache machen.

»Ich nenne meines Maggi«, verkündete Jane.

»Und ich meines Knorr«, kicherte Peter.

»Was? Das geht nicht! Ihr könnt die Hühner doch nicht nach Brühwürfeln und Suppenwürze benennen! Da leben sie doch in ständiger Angst, im Kochtopf zu landen und werden paranoid!«

»Es sind Hühner, Mum«, erinnerte mich Peter. »Ich bezweifle, dass sie kapieren, was ihre Namen bedeuten.«

»Es ist *geschwätzige* Hühner«, beharrte ich. »Und woher willst du wissen, was sie kapieren und was nicht? Ich wette, sie finden das total verstörend.«

»Du hast gesagt, wir dürfen uns einen Namen für sie ausdenken, und wir haben uns für diese Namen entschieden«, sagte Jane fest. »Wie wirst du dein Huhn nennen, Mum?«

»Na gut, scheiß drauf«, stöhnte ich entnervt. »Wenn ihr es euch partout nicht ausreden lasst, dann nenne ich meines eben Dr. Oetker, damit es sich nicht diskriminiert fühlt.«

Zumindest hatte mich Jane zur Abwechslung »Mum« genannt und nicht »Mutter«. Konnte es sein, dass die Hühner bereits ihre therapeutische Wirkung entfalteten? Ich sah uns schon zu dritt am Esstisch sitzen, über ein Brettspiel oder Puzzle gebeugt, oder um das Klavier versammelt ein Liedchen trällern, wie es sich für eine normale, intakte Familie gehört.

Als ich dem Hund die Hühner vorstellte, kam es mir so vor,

als wäre er mit den Namen mehr als einverstanden. Ich konnte praktisch die diversen Geflügelteile in seinen Augen sehen.

Das kann ja hEIter werden ...

Mittwoch, 25. April

Heute hatte ich mal kurz das Gefühl, alles *voll im Griff* zu haben – eine berufstätige, alleinerziehende Mutter von zwei Teens, die sich virtuos darauf versteht, ihre häuslichen Pflichten mit ihrem anspruchsvollen Job unter einen Hut zu bringen. Zum Glück habe ich bereits die eine oder andere Sprosse auf der Karriereleiter erklommen und ein eigenes Büro; das macht es deutlich einfacher, meine Zeit mit Dingen zu verplempern, die nichts mit der Arbeit zu tun haben – Guthaben auf das ParentPay-Konto meiner Kinder zu überweisen beispielsweise. Ich hätte vermutlich ein schlechtes Gewissen deswegen, wenn ich nicht haargenau wüsste, dass sich mein ehemaliger Chef Ed (dessen Job und Büro ich bei meiner Beförderung im Vorjahr übernommen habe, da er nach Kalifornien versetzt wurde und nun dort wichtig und beschäftigt ist) jeden Nachmittag ein zweistündiges Nickerchen unter seinem Schreibtisch gegönnt hat. Offiziell hat er in dieser Zeit wichtige Anrufe getätigt und durfte deshalb nicht gestört werden. Da ich, wie ich finde, nicht nur ziemlich kompetent bin, sondern auch so effizient, dass ich meine Arbeit locker in der vorgeschriebenen Zeit erledige, ist es meiner Ansicht nach völlig okay, wenn ich dann und wann eine halbe Stunde mit der Organisation meines Privatlebens zubringe.

In einem Anfall soeben erwähnter Effizienz habe ich heute eine Bestellung bei Sainsbury's aufgegeben, denn bei so einem Online-Einkauf erliegt man nicht ständig der Versuchung, Geld für allerlei Unnötiges auszugeben, das zwar nützlich oder appetitlich aussieht, das man aber eigentlich nicht braucht – die deutschen Discounter sind gut und schön, solange man nicht den Verlockungen der Mittelgänge erliegt.

Ich ließ meine Einkäufe nach Hause liefern und trug Peter und Jane auf, sie ordnungsgemäß zu verstauen, sobald sie aus der Schule kamen. Ganz flüchtig hatte ich ein schlechtes Gewissen, weil ich meine armen Schlüsselkinder nach einem anstrengenden Tag in der Schule für so etwas einspannte, aber dann rief ich mir in Erinnerung, dass die Tiefkühlkost auftauen würde, bis ich Feierabend hatte, und dass es ohne Frage ein Luxusproblem war, wenn ich mir Vorwürfe machte, weil meine Kinder den Parmesan und den Risottoreis von Arborio wegräumen sollten.

Als ich nach Hause kam, wurde ich von Mr. Wuffington mit dem üblichen Prozedere begrüßt: Erst kommt das freudige »Mein geliebtes Frauchen! Du bist für mich der Nabel der Welt! Komm und setz dich hin, damit ich dir auf den Schoß springen und dir zeigen kann, wie sehr ich dich liebe!«, und nach zwei Minuten fällt ihm dann wieder ein, dass er mich hasst, weil ich es gewagt habe, ihn zu verlassen, und dass ich dafür bestraft werden muss, obwohl ich haargenau weiß, dass er einen schönen Tag mit der Hundesitterin hatte, die ihn morgens abholt und abends zurückbringt (sie hat mir gegen Mittag ein Foto geschickt, auf dem der Hund auf ihrem Sofa herumlümmelte, nachdem er sämtliche Kissen auf den Fußboden befördert hatte, was er zu Hause auch immer macht). Es ist jeden Tag das gleiche Spiel, deshalb zerbreche ich mir deswegen inzwischen nicht mehr den Kopf, zumal er mir verzeiht, sobald er eine Chance auf etwas zu futtern wittert.

Das Haus war ordentlich aufgeräumt gewesen, als wir es morgens verlassen hatten; jetzt sah es aus, als hätte eine Bombe eingeschlagen. Ich absolvierte einen Hindernislauf über Schuhe, Jacken und Schultaschen, die kreuz und über den Flurboden verstreut waren, und ging ins Wohnzimmer, wo auf sämtlichen Ablageflächen Teller und Gläser standen. Jane lag auf dem Sofa und starrte hochkonzentriert auf ihr Handy.

»Hallo, Liebes«, sagte ich laut.

Jane hob in Zeitlupe den Blick vom Display ihres Telefons und grunzte etwas.

»Sind die Sachen von Sainsbury's gekommen?«

»Mhm.«

»Und, habt ihr alles weggeräumt?«

»Nö. Das ist deine Aufgabe, nicht unsere.«

»Ich kann nicht alles machen, Jane. Ich habe auch nur zwei Hände. Es wäre wirklich schön, wenn ihr mich ein bisschen unterstützen und ein wenig im Haushalt mithelfen würdet.«

»Tja, wenn du keine Lust hast, alles allein zu machen, dann hättest du dich eben nicht von Dad scheiden lassen dürfen«, schnarrte Jane. »Dann hättest du jetzt jemanden, der dir hilft.«

Ich warf das Handtuch und ging in die Küche. Die Tüten mit den Einkäufen lagen mitten im Raum auf dem Boden.

Jane kam hinter mir herein.

»Und du hast die Sachen in Plastiktüten liefern lassen!«, sagte sie vorwurfsvoll. »Ich meine, mach dir bloß keine Gedanken um unsere Zukunft – ist ja nicht so, als würden wir diesen Planeten noch brauchen …«

»Mist«, murmelte ich. »Da hab ich wohl das falsche Kästchen angekreuzt. Naja, man kann die Tüten ja mehrfach verwenden und dann recyceln.«

Jane schnaubte verächtlich.

»Wann gibt es Abendessen, Mum?«, fragte Peter. »Ich hab

einen Mordshunger, und wir haben überhaupt nichts zu essen da«, fuhr er mit kläglicher Miene fort, obwohl er direkt neben dem Berg Tüten stand.

»Wir essen in einer halben Stunde. Und Peter, du bist quasi umzingelt von Lebensmitteln, weil ihr nämlich zu faul wart, die Sachen, die ich bestellt habe, wegzuräumen.«

»Ich hab sehr wohl was weggeräumt«, protestierte Peter. »Ich habe alles, was gekühlt werden muss, in den Kühlschrank gestellt, aber bei den anderen Sachen wusste ich nicht, wo sie hingehören.«

Ich öffnete den Kühlschrank. Von »stellen« konnte keine Rede sein – er hatte alles wahllos hineingestopft. Ich zeigte auf ein Stück Cheddar, von dem jemand ein großes Stück abgebissen hatte. »Wer war das?«, fragte ich streng.

Peter zuckte die Schultern. »Ich sag doch, ich hab Hunger.«

»Okay«, knurrte ich wütend. »Es gibt erst Abendessen, wenn ihr alles weggeräumt habt. ALLES. Schaltet gefälligst euer Hirn ein und überlegt, wo die Sachen hingehören; das ist nun wirklich keine Wissenschaft. Ich werde mir inzwischen ein Glas Wein und fünf Minuten Ruhe gönnen. Peter, du sollst die Sachen NICHT ESSEN, SONDERN WEGRÄUMEN, hörst du? Du wirst es überleben, wenn du mal eine Viertelstunde lang nichts isst. Jane, du hilfst ihm, ist das klar? UND NEIN, ich will jetzt nichts von Rollenklischees oder deinem GOTTVERDAMMTEN KAMPF GEGEN DAS PATRIARCHAT hören!«

Ich schenkte mir ein großes Glas Wein ein und ging hinaus in den Garten, um ein wenig mit meinen geschwätzigen Hühnern zu plaudern, gefolgt von meinem Hund, der mir nicht von der Seite wich, obwohl er noch sauer auf mich war. Wahrscheinlich hatte er Angst, ich könnte ihn mit den Hühnern betrügen. Ich habe dem Hund bereits mehrere Vorträge darüber gehalten, dass es mir sehr, sehr schwerfallen würde, ihn so inbrünstig zu lieben wie bisher, sollte er sich an meinen Sussex-Hühnern vergreifen (die bis jetzt noch kein einziges Ei gelegt haben – ich nehme mal an, sie müssen sich erst eingewöhnen).

Die Hühner musterten mich mürrisch, meiner freundlichen Begrüßung zum Trotz. Bis jetzt haben sie sich als ausgesprochen ungeschwätzig erwiesen. Ob sie sich damit für die Namen rächen wollen, die wir ihnen verpasst haben? Außerdem geben sie sich große Mühe, möglichst wenig instagramfähig auszusehen, wann immer ich versuche, ein Foto von ihnen zu machen. Kaum zücke ich mein Smartphone, kauern sie sich verängstigt in einer Ecke zusammen, gerade so, als wollten sie für ein Werbeplakat des nationalen Tierschutzvereins RSPCA posieren, obwohl sie hier weiß Gott ein Luxusleben führen. Glücklicherweise scheint Jane sie tatsächlich ins Herz geschlossen zu haben. Sie hat sich sogar schon dazu herabgelassen, sie zu füttern. Das ist immerhin etwas. Trotzdem frage ich mich, ob es ein Fehler war, teure Rassehühner zu kaufen. Vielleicht hätte ich mir stattdessen lieber ein paar aus einer Legebatterie gerettete Hennen zulegen sollen; die hätten sich garantiert dankbar für ihr neues Zuhause gezeigt und mir keine derart finsteren Blicke zugeworfen. Hm. Ich könnte ja zusätzlich ein, zwei befreite Batteriehühner besorgen ... Aber was, wenn sie von den Speckled Sussex schikaniert wurden?

»Na, was meint ihr dazu? Hättet ihr gern ein paar Freundinnen?«, fragte ich die Hühner. Sie funkelten mich bitterböse an, und Maggi ließ ein empörtes Krächzen hören. Hmpf. Das hieß dann wohl nein.

Ich beschloss, die Hühner links liegen zu lassen, trank meinen Wein und sann eine Weile über die Tatsache nach, dass sich Peter zumindest *bemühte*, mich zu unterstützen, wenngleich seine Bemühungen meist wenig hilfreich waren. Aber was, wenn sein Bestreben, mich zu unterstützen, auf der irrigen Annahme beruhte, er sei dazu verpflichtet, weil er ja nun der Mann im Haus war? Jane würde garantiert auf die Barrikaden gehen, sollte er je Anstalten machen, sie herumzukommandieren. In letzter Zeit bringt sie sehr häufig die Unterdrückung der Frau durch das Patriarchat zur Sprache – soweit ich das beurteilen kann allerdings nicht, um aktiv etwas dagegen zu unternehmen oder für mehr Gleichberechtigung zu kämpfen. Vielmehr dient ihr diese Argumentation als Ausrede, um keinen Finger rühren zu müssen, und um mir zu signalisieren, dass ich ja keinen blassen Schimmer habe, was es bedeutet, wie sie in einer von Männern dominierten Gesellschaft zu leben.

Ich gab den Versuch, die verworrenen Denkprozesse meiner Teenager-Kinder nachvollziehen zu wollen auf, trank meinen Wein aus und ging wieder ins Haus, nachdem ich die Hühner für die Nacht eingeschlossen hatte (der Hund würde mir niemals verzeihen, wenn ich es einem meuchlerischen Fuchs ermöglichte, sich über seine Hühner herzumachen).

In der Küche herrschte mittlerweile mehr Chaos denn je; die Kinder standen mit verzagter Miene vor den geöffneten Küchenschränken, als bestünde Anlass zu der Hoffnung, dass die diversen Lebensmittel quasi wie von Zauberhand bewegt an die richtige Stelle schwebten.

Ich seufzte und ging ins Wohnzimmer, wo ich erst eine Bananenschale und das Kerngehäuse eines Apfels vom Sofa entfernte (und mich mit dem Gedanken *Immerhin essen sie Obst!* zu trösten versuchte), ehe ich mich darauf niederließ, um mir noch ein paar Minuten Pause zu gönnen. Dann befasste ich mich mit dem Gedanken, mal wieder eine kreative Pastavariation zu zaubern. Ich frage mich ernsthaft, was unsere Großmütter und Urgroßmütter ihren Kindern so vorgesetzt haben, bevor die Nudel Großbritannien erobert hat. Kartoffeln vermutlich. Aber mal im Ernst – gibt es irgendein Gericht, das so gehaltvoll und vielseitig ist wie Nudeln? Dass wir nun quasi jeden Abend Nudeln essen können, ist ein weiterer Vorteil der Scheidung, für Simon sind Nudeln nämlich kein richtiges Abendessen. Seiner Ansicht nach gehören in ein richtiges Abendessen Kartoffeln. Einzige Ausnahme hiervon ist die Lasagne. Es grenzt echt an ein Wunder, dass ich Simons Marotten so lange und mit solcher Engelsgeduld ertragen habe.

Jane stürmte herein. »Wo gehört das Pesto hin?«

»Vielleicht in den Schrank mit den ganzen anderen Konservendosen und -gläsern?«

»Und welcher ist das?«

»Ich bin sicher, du findest es raus, Jane.«

Dann kam Peter und fragte, ob er das Brot in den Kühlschrank legen solle. Ich regte an, er möge es doch lieber in der Brotdose verstauen, worauf er wissen wollte, ob der Reis ebenfalls dort hingehört. Ich zwang mich, tief durchzuatmen und die beiden einfach weiterwerkeln zu lassen, statt entnervt aufzuspringen und sie mit einem »Ach, lasst gut sein, ich mach das schon« abzulösen. Denn genau darauf spekulierten sie zweifellos mit ihrem »Da siehst du's, wir sind einfach zu nichts zu gebrauchen!«-Gehabe. *Irgendwann müssen sie es lernen*, rief ich mir in Erinnerung.

Mein Handy meldete mit einem »Pling!«, dass ich eine Nachricht erhalten hatte. Von Simon. Was wollte der denn? Mir mitteilen, dass er angesichts meiner Schnappschüsse im Felicity-Kendal-Look auf Instagram erkannt hatte, was für einen schrecklichen Fehler er gemacht hatte? Hoffentlich, denn dann konnte ich ihn blasiert darauf hinweisen, dass diese Einsicht zu spät kam und es für mich kein Zurück gab, und dann war er bestimmt am Boden zerstört und verzehrte sich bis an sein Lebensende nach mir und meinen sexy Latzhosen, während er allein in seiner dämmrigen Bude hockte.

Vielleicht aber auch nicht …

Hi! Wie macht man Lasagne? Sx

Hä?

Ich versuche gerade, Lasagne zu machen. Sx

Du willst Lasagne machen?

Ja, zum Abendessen. Ich möchte etwas kochen, das nicht allzu aufwändig ist, aber trotzdem lecker schmeckt. Schickst du mir dein Lasagne-Rezept? Sx

Such dir doch eins bei Google.

Hab ich schon. Die sind mir alle zu kompliziert. Da steht, man soll zwei Saucen machen und am Ende alles im Ofen überbacken. Das ist mir zu viel Arbeit. Ich will etwas Einfaches. Also, wie machst du deine Lasagne? Sx

Genau wie in den Rezepten. Man macht eine Bolognese-Sauce und eine Bechamel-Sauce, und dann schichtet man die Nudelblätter mit den Saucen in eine Auflaufform, streut Käse drüber und schiebt alles in den Ofen. Lasagne machen dauert EWIG, das versuche ich dir seit Jahren klarzumachen!

Hm. Ich dachte, nur die Rezepte im Internet sind so kompliziert und du hast eine einfachere Variante auf Lager.

Nein. Eine Lasagne ist verdammt viel Arbeit. Was glaubst du denn, warum ich JEDES MAL RUMGEJAMMERT HAB, WENN DU DIR LASAGNE GEWÜNSCHT HAST?

Ich dachte, du übertreibst mal wieder, wie üblich.

Fick dich ins Knie, Simon.

Was soll ich denn jetzt kochen?

Mir doch schnuppe.

Ach, komm, gib mir einen Tipp! Irgendetwas Einfaches.

Nudeln mit Pesto.

Das schmeckt mir nicht. Ich will etwas Leckeres.

Dann bestell dir was oder besorg dir was Fertiges.

Aber ich war eine Woche unterwegs, jeden Abend Hotelessen, mir hängen die Fertiggerichte zum Hals raus. Ich will etwas Hausgemachtes.

Dann koch dir etwas.

Und was?

Ist mir SCHEISSEGA-HAL!

Was bist du denn gar so garstig?

WEIL ICH FÜR DEIN ABENDESSEN NICHT MEHR ZUSTÄNDIG BIN! WEIL WIR UNS NÄMLICH SCHEIDEN LASSEN! WANN KAPIERST DU DAS ENDLICH?

Ich hab dich bloß um einen Tipp gebeten. Kein Grund, gleich pampig zu werden.

Leck mich, Simon.

Du bist echt so was von kindisch!

Und du bist ein Armleuchter.

Siehst du?

Diese Unterhaltung ist hiermit beendet. Ich muss jetzt das Abendessen für die Kinder machen.

Was gibt's denn bei euch?

Lasagne.

Ernsthaft?

Jep. Und ich mache eine ganze Menge. Wahrscheinlich muss ich den Rest einfrieren.

Kann ich vorbeikommen?

Nein.

Peter und Jane erschienen in der Tür.

»Wir sind fertig«, verkündeten sie mit einem tugendhaften Lächeln.

»Danke«, sagte ich höhnisch. »Dann gehe ich wohl mal und mache das Abendessen.«

Am Ende gab es dann Nudeln mit Pesto, weil ich trotz langer und verzweifelter Suche nicht in der Lage war, irgendetwas von dem zu lokalisieren, was die Kinder weggeräumt hatten. Ich hörte mein Handy im Wohnzimmer noch etliche Male piepsen – zweifellos weitere flehentliche Nachrichten von Simon – und war sehr stolz auf mich und meine Finte. Mein Rachedurst war zwar nicht so groß, dass ich tatsächlich Lasagne gemacht hätte, aber man soll sich ja auch an kleinen Triumphen erfreuen. Und Simon musste noch so einiges dazulernen, genau wie seine Kinder. Sollte er allerdings lernen, wie man Lasagne macht, dann wäre ich höchst beeindruckt.

Freitag, 27. April

Heute habe ich mal wieder den halben Abend damit zugebracht, die Bilder umzuhängen, weil sich die Flecken an den Wänden mehren. Vielleicht wandern sie aber auch bloß. Ich habe schon nach Lösungen für das Problem der feuchten Wände gegoogelt, aber die kamen mir alle ziemlich aufwändig und teuer vor, also bleibe ich bei meiner schlauen Taktik, bei Bedarf einfach Bilder und Möbel neu zu arrangieren.

Kaum war ich fertig und im Begriff, mich auf das Sofa sinken zu lassen, da flitzte unter selbigem plötzlich eine Maus hervor.

Es war nur eine sehr kleine Maus, dennoch tat ich es der Dame aus der Zeichentrickserie *Tom und Jerry* nach, die, wann immer Jerry auftaucht, auf einen Stuhl klettert und »Thoooooomaaaas!« kreischt, nur dass ich aufs Sofa hüpfte und nach dem Hund schrie, in der naiven Annahme, mein stolzer, edler Border Terrier würde diese Gelegenheit, sich seinen Unterhalt zu verdienen, beim Schopf packen, indem er der Maus den Garaus machte.

Mr. Wuffington, der normalerweise mörderische Tendenzen gegenüber so ziemlich jedem lebendigen Geschöpf an den Tag legt, öffnete widerwillig ein Auge, streckte sich träge und gab mir zu verstehen, dass er nach Feierabend keine Bluttaten mehr begeht und sich deshalb auch nicht bequemen würde, aufstehen und mit der Maus kurzen Prozess zu machen.

»Du verfluchte, nutzlose Töle!«, schimpfte ich, zerrte ihn vom Sofa und zischte: »Ratte! Na, los, RATTE!« Er spitzte kaum merklich die Ohren, und als ich begann, das Sofa (unter dem die Maus, verschreckt von meinem Geschrei, wieder verschwunden war) von der Wand abzurücken, stob er mit eingezogenem Schwanz davon; es jagt ihm nämlich Angst ein, wenn Möbel verschoben werden. Klassischer Fall von »Große Klappe, nichts dahinter«.

»Komm gefälligst zurück!«, rief ich und nahm die Verfolgung auf.

Im Flur kam mir Peter entgegen, der den Tumult erstaunlicherweise gehört hatte und heruntergekommen war, um nachzusehen, was los war.

»Eine Maus! Unter dem Sofa!«, stieß ich hervor. »Und der Hund, dieser Nichtsnutz …«

Peter seufzte.

»Fallen!«, rief ich. »Wir brauchen Mausefallen! Und Käse! Vielleicht sind ja welche draußen im Schuppen. Ich geh gleich mal nachsehen. Wenn nicht, bestell ich welche bei Amazon Prime.«

»Wir brauchen keine Fallen, Mum. Fallen sind grausam«, sagte Peter.

»Ich brauche aber auch keine Mäuse im Haus.«

Peter rückte das Sofa noch etwas weiter von der Wand ab und spähte dahinter. »Es ist bloß eine süße kleine Feldmaus, Mum. Kann ich sie behalten?«

»Was? Nein, du kannst sie nicht behalten! Wer weiß, womöglich hat sie ja eine Familie, die auf sie wartet.«

»Eben wolltest du Fallen aufstellen; da war dir ihre Familie noch egal«, erinnerte er mich missbilligend, griff sich die Maus und trug sie in den Garten.

Ich ging den Hund suchen und fand ihn schließlich auf Peters Bett vor (die anderen Schlafzimmertüren waren zu).

»Ich frage mich, was ein Psychologe dazu sagen würde, dass deine Kinder die Pflichten deines Hundes übernehmen müssen, weil sich dein Hund für einen Menschen hält«, bemerkte Peter.

»Pst!«, zischte ich. »Er nimmt es sich bestimmt sehr zu Herzen, wenn er dich sagen hört, dass er sich bloß für einen Menschen *hält*.«

Oh Gott. Mit derlei Problemen musste sich Felicity Kendal sicher nie herumschlagen.

MAI

Freitag, 4. Mai

Vom Datum inspiriert kalauerte Peter heute in einer Tour hysterisch kichernd »May the fourth be with you« und versuchte mehrfach, mich in ein langes, nervenzehrendes Gespräch über die computergenerierten Szenen in *Der letzte Jedi* zu verwickeln, die seiner Meinung nach nicht realistisch genug rüberkommen. Aber ich ließ mir davon nicht die Laune verderben, hatte ich doch mit Hannah, Sam und Colin vereinbart, abends mal wieder ordentlich einen draufzumachen. Eigentlich sollte es keine große Sache mehr sein, wenn wir ausgehen, schließlich ist es mittlerweile nicht mehr erforderlich, einen Babysitter kommen zu lassen oder unsere Sprösslinge ins Bett zu stecken, ehe wir uns auf den Weg machen (was wir allzu oft mit einem schlechten Gewissen taten, weil wir beim Vorlesen ihr flehentliches »Nur noch *eine* Geschichte, Mami, *bitte*!« ignoriert hatten, um uns nicht noch mehr zu verspäten). Dennoch erfüllt mich die Aussicht auf einen Abend im Pub mit meinen Freunden nach wie vor jedes Mal mit einer geradezu ekstatischen Vorfreude; zum einen, weil mir die Wochenenden immer noch sehr lang erscheinen, wenn die Kinder außer Haus sind, zum anderen, weil es sich jahrelang höchst kompliziert gestaltet hat, einen Termin zu finden, an dem wir alle vier Zeit hatten. Ich bin gespannt, ob meine überbordende Euphorie ob dieser neuen Entwicklung anhalten wird oder ob sie irgendwann wieder abflaut, denn mittlerweile kann ich einfach verkünden: »Kinder, ich gehe jetzt in den Pub; seid so gut und schlagt euch nicht gegenseitig die Köpfe ein, ja? Im Tiefkühlschrank ist eine Pizza, die könnt ihr euch in den Ofen schieben, aber seht zu, dass ihr nicht das Haus abfackelt.«

Okay, zumindest theoretisch könnte es so laufen; in der Praxis müssen Peter und Jane entweder bei Simon sein, oder es sind langwierige Verhandlungen mit Jane wegen etwaiger Taxidienste vonnöten. Naiv, wie ich bin, hatte ich, nachdem ich die Kinder jahrelang zu ihren mittelschichttypischen außerschulischen Aktivitäten gekarrt habe, fälschlicherweise angenommen, wenn sie erst Teenager wären, müsste ich diesbezüglich aus dem Schneider sein, doch weit gefehlt – jetzt geht es erst richtig los. Heute Abend sind die beiden bei ihrem Vater, und Jane hat mich bereits süffisant lächelnd informiert, sie habe seine Erlaubnis, bis halb drei Uhr morgens auf einer Party zu bleiben. Ob Simon wohl von Harryx weiß? Selbstredend kann ich Simon nicht fragen, ob Jane ihn ebenfalls blockiert hat; er darf auf keinen Fall erfahren, dass ich ihr nur noch über Peters Account nachschnüffeln kann.

Im Pub haben wir uns zunächst einmal eine Stunde lang über unsere Kiddies ausgelassen – über ihre Körperausdünstungen und Attitüden, ihre ständigen Widerworte und ihre allgemeine Nichtsnutzigkeit in jeglicher Hinsicht.

»Und Emilys Make-up!«, rief Hannah. »Was das alles kostet! Weißt du noch, Ellen, in ihrem Alter waren wir schon selig, wenn wir uns ein paar Sachen von Boots Seventeen leisten konnten, oder auch mal etwas von Rimmel, wenn wir gut bei

Kasse waren. Der gesamte Inhalt meines Kosmetikbeutels hat garantiert nicht mehr gekostet als einen Zehner, und daran hat sich vermutlich bis heute nicht viel geändert. Aber Emily ist die Eigenmarke von Boots natürlich nicht gut genug. Oh nein, bei ihr muss alles von MAC und Benefit und Urban Decay sein. Ich hatte EINEN Make-up-Pinsel. Sie hat ungefähr fünfzig, verdammt noch mal! Und was sie mit ihren Augenbrauen aufführt! Die werden mit Stiften und Puder und Bürstchen bearbeitet und mit allem Möglichen betupft, und danach sehen sie exakt aus wie vorher, wie ganz stinknormale Augenbrauen nämlich.«

Ich nickte bestätigend. »Und dann dieses ganze Contouring! Wie kann man nur so viel Zeit darauf verschwenden und sich so viel Mist ins Gesicht schmieren, wenn man so wunderschöne zarte Haut hat! Kein Wunder, dass sie Pickel kriegen. Und wofür? Damit sie hinterher im Grunde gleich aussehen wie vorher, nur leicht orange getönt. Sie sind viel zu jung, um sich derart zuzuspachteln.«

»Oh Gott!«, stieß Hannah hervor.

»Was ist?«, fragte ich alarmiert.

»Merkst du was?«, wimmerte sie. »Hör dir doch mal an, wie wir daherreden. Wir haben uns in unsere Mütter verwandelt!«

»Oh nein!«, heulte ich auf. »Wie kann das sein? Als wäre es nicht schon schlimm genug, dass ich mich manchmal frage, warum mir meine Mutter vom Handydisplay entgegensieht, wenn ich, ohne es zu merken, den Selfie-Modus aktiviert habe. Dabei habe ich mir immer geschworen, dass ich nicht so werden würde wie sie. Und trotzdem bin ich plötzlich eine verbitterte geschiedene Frau mit zwei Kindern im Teenager-Alter. Oh Gott, jetzt muss ich einen Typen wie Geoffrey heiraten und der konservativen Partei beitreten ... mich zur Königin des Tennisclubs hochstilisieren ... in der Pfarrgemeinde das Kommando übernehmen und den Vikar wegen der Blumendeko in der Kirche nerven ...«

»Nein!«, stöhnte Hannah. »Wie konnte das passieren? Wir waren doch eben noch hip und cool und voll dabei! Unsere Generation *wird* nicht alt! Eigentlich müsste es doch völlig ausgeschlossen sein, dass wir werden wie unsere Eltern! Ich esse *Tofu*, verdammt noch mal!«

»Also, ich wage zu bezweifeln, dass der Verzehr von Tofu ein Garant für ewige Jugend ist ...«, schaltete sich Colin ein.

»Du hast im Grunde keinen Grund zur Klage, Hannah«, warf ich ein, »deine Mutter ist wenigstens ein netter Mensch. Meine ist ein kaltherziges Miststück. Aber ich vermute, das muss man sein, wenn man mit meinem Stiefvater Geoffrey verheiratet ist.«

»Trotzdem!«, jammerte Hannah. »Wann immer ich mir Emily, Jane und Sophie so ansehe, frage ich mich, wie es sein kann, dass ich bereits eine Frau mittleren Alters bin. Eben war ich doch noch fünfzehn!«

»Wir sind keine Frauen mittleren Alters!«, protestierte ich. »Nie und nimmer! Schließlich hocken wir nicht rum und schwachsimpeln über Politik und Wirtschaft. Wir sind noch genauso respektlos und unverantwortlich wie früher. Aber irgendwie sind wir offenbar trotzdem erwachsen geworden und im Begriff, uns in unsere Mütter zu verwandeln ... Dabei fühl ich mich nach wie vor jung genug, um wahllos irgendwelche Typen mit Vorhanghaarschnitt zu knutschen ...«

»Naja, *du* könntest das jetzt tatsächlich wieder, Ellen«, erinnerte mich Colin.

»Irrtum«, sagte ich düster. »Mit Mitte vierzig kann man nicht mehr mit wildfremden Typen knutschen. Wo sollte ich die denn überhaupt aufgabeln? Ich werde ja nicht mehr auf Partys eingeladen, bei denen man sich mit Cider volllaufen lässt und sich einfach auf den Erstbesten stürzt, der vorbeikommt.«

»Oh Gott, dieser dämliche Cider.« Hannah schüttelte den Kopf. »Jede Woche der gleiche Gewissenskonflikt: Ich will Alkohol nicht zum Tabuthema machen, aber bin ich nun liberal und aufgeschlossen, wenn ich Emily erlaube, Cider auf eine Party mitzubringen, um der Sache den Reiz des Verbotenen zu nehmen, und damit sie sich nicht stattdessen mit Wodka betrinkt, nur um herauszufinden, wie sich das anfühlt? Oder macht es mich zu einer Rabenmutter, wenn ich Minderjährigen den Alkoholmissbrauch ermögliche, und wenn sie später bei der *Jeremy Kyle Show* einem anderen Reality-TV-Gast mit einem Stuhl eins überbrät, dann ist das womöglich alles meine Schuld.«

Sam nickte. »Mir geht es ähnlich – ich will nicht, dass Sophie die einzige ist, die keinen Alkohol trinkt, und ich versuche mir zu sagen, dass sie wegen zwei Dosen Kopparberg nicht gleich in die Entzugsklinik muss – ehrlich gesagt habe ich in ihrem Alter schon deutlich mehr getrunken. Trotzdem habe ich Angst, das Falsche zu tun.«

Ich nickte. »Ich glaube, das ist ein Teil des Problems – wir waren viel schlimmer in ihrem Alter und wissen genau, wie sehr Teenager über die Stränge schlagen können, wenn sie das wirklich wollen ... Aber irgendwie fehlt sie mir auch, meine verschwendete Jugend. Ich finde es total öde, erwachsen zu sein.«

»Da bist du nicht die Einzige«, tröstete mich Colin. »Wir haben doch alle das Gefühl, dass wir immer noch auf Raves gehen und die ganze Nacht durchtanzen sollten. Wir haben nur dummerweise ständig Rückenschmerzen oder schlafen um halb elf ein.«

»Von wegen«, seufzte Hannah. »Ihr Männer könnt euch doch glücklich schätzen – wenn ein Mann graue Schläfen und ein paar Fältchen bekommt, tut das seiner Attraktivität keinen Abbruch, er wird bestenfalls als ›Silberfuchs‹ tituliert, während es bei einer Frau gleich heißt, sie hätte sich gehen lassen. Und dann müssen wir uns auch noch mit diesen idiotischen Wechseljahren rumplagen, als wäre es nicht schon schlimm genug, dass wir über dreißig Jahre lang unsere dämliche Periode hatten, von den Qualen einer Geburt ganz zu schweigen.«

»Oh Gott«, murmelte ich und sah zu Sam und Colin. »Es ist wohl besser, wenn ich euren Rat befolge und bald wieder ins Dating-Business einsteige ...«

»HÖRT, HÖRT!«, riefen die beiden unisono.

»Naja, im Moment habe ich vielleicht noch eine Chance, aber das ist vorbei, wenn ich erst eine vertrocknete alte Schachtel wie meine Mutter bin, für die Liebe und Leidenschaft nur noch längst vergessene Narreteien sind. Dann besteht meine einzige Hoffnung auf männliche Gesellschaft vermutlich darauf, einen Geoffrey 2.0 kennenzulernen.« Ich stöhnte. »Ich habe den Verdacht, Simon hat auch bereits seine Fühler ausgestreckt; er postet andauernd Fotos auf Instagram, auf denen zwei Getränke zu sehen sind. Man kann also davon ausgehen, dass er es wild und hemmungslos mit einer vollbusigen Sexbombe treibt, die vermutlich Stellungen kennt, die noch gar nicht *erfunden* waren, als wir uns alle vierzehn Tage in der Zeitschrift *More* über ›aufregende neue Positionen‹ informiert haben.«

»Wie, Simon *trifft sich mit anderen Frauen?*«, fragte Hannah. »Hat der Typ denn gar keinen Anstand?«

»Also, ich weiß nicht recht ... Ein Foto von zwei Getränken ist doch noch lange kein Beweis dafür, dass er Sex mit einem lebendigen Wesen hat«, wandte Sam ein.

»Es war aber nicht bloß ein Foto, und auf einem der Bilder ist ein Cosmopolitan zu sehen. Das sagt doch wohl alles«, brummte ich.

»Wie viele Posts waren es denn insgesamt?«, erkundigte sich Colin.

»Naja, zwei«, räumte ich ein. »Ich gebe zu, ich habe ihn gestern Abend ein bisschen gestalkt. Wie viele Beweise brauchst du noch? Ich hatte ehrlich gesagt gehofft, er würde mir zumindest höflichkeitshalber ein bisschen nachtrauern, aber es sieht nicht danach aus. Naja, scheiß drauf. Jedenfalls sollte ich es unbedingt noch mal so richtig krachen lassen, bevor mein Körper noch runzliger und schlaffer wird, als er bereits ist. Ich höre von meinen Kindern andauernd, Gedächtnisverlust und geistige Verwirrung seien ein Anzeichen dafür, dass man in die Wechseljahre kommt. Aber was mich *richtig* nervt, sind ihre spitzen Bemerkungen über meinen angeblichen Blähbauch.«

»Sowas schmieren mir meine in letzter Zeit auch immerzu aufs Brot«, sagte Hannah. »Wobei sie recht haben können – bei mir ist jetzt Schluss.«

»Wow, ehrlich? Aber gut, das hat ja auch gewisse Vorteile, nicht?«

»Wie, Schluss?«, schaltete sich Colin verwirrt ein.

»Womit ist Schluss?«, wollte auch Sam wissen. »Mit den wilden Zeiten? Dem Rauchen, dem Kiffen, den Magic Mushrooms?«

Ich schnaubte. »Nein, mit dem allmonatlichen Blutvergießen! Das ist zumindest eine kleine Entschädigung für die Hitzewallungen, die nächtlichen Schweißausbrüche und die zahlreichen anderen unliebsamen Begleiterscheinungen der Wechseljahre. Sei bloß froh, Hannah; ich habe irgendwo gelesen, dass nicht alle Frauen so glimpflich davonkommen – bei manchen wird es nochmal richtig heftig, ehe sie es hinter sich haben. Und, wie geht's dir damit?«

»Ganz gut«, sagte Hannah. »Meine letzte Erdbeerwoche ist erst ungefähr zwei Monate her, ich bin also nicht hundertprozentig sicher, ob es tatsächlich schon vorbei ist, aber ich kann nun wirklich nicht behaupten, dass mir meine Periode fehlen würde.«

»Du hast also nicht das Gefühl, dass du vor dich hinwelkst und allmählich verdorrst?«, fragte ich.

»Kein bisschen, und einmal abgesehen von den Frotzeleien der Kinder zum Thema Blähbauch bin ich bislang vor etwaigen unangenehmen Erfahrungen verschont geblieben«, sagte Hannah.

»Vielleicht bist du ja noch gar nicht in den Wechseljahren, sondern schwanger«, bemerkte Colin beiläufig.

Sie verschluckte sich beinahe an ihrem Sauvignon Blanc. »Sei nicht albern. Ich bin ganz sicher *nicht* schwanger. Wie kommst du denn darauf?«

»Na ja, Süße … deine Periode ist überfällig, deine Kinder behaupten, du siehst ein bisschen aufgebläht aus … Also, ich weiß ja nur sehr wenig über die weibliche Anatomie, aber selbst ich kann zwei und zwei zusammenzählen. Völlig ausgeschlossen ist es nicht, oder? Angeblich kommt es sogar recht häufig vor, dass Frauen glauben, sie wären in die Wechseljahre gekommen, dabei haben sie in Wahrheit einen Braten in der Röhre.«

»Aber ich bin fünfundvierzig!«, wisperte Hannah entgeistert. »Ich bin zu alt!«

»Die Frau von Tony Blair war bei ihrem letzten Baby auch fünfundvierzig«, erinnerte sie Sam.

»Ja, aber die hatte *Angestellte*. Ich kann *unmöglich* schwanger sein. Auf gar keinen Fall! Emily ist fünfzehn; wenn ich noch ein

Baby bekomme, denken bestimmt alle, dass in Wirklichkeit Emily die Mutter ist und ich das Kind nur an ihrer Stelle für sie großziehe.«

»Ich glaube kaum, dass das heutzutage noch so ist«, beruhigte ich sie. »Hast du das Thema eigentlich mal mit Charlie angesprochen?«

»Ja, wir waren uns einig, dass wir zu alt sind, um noch einmal mit diesem Unsinn anzufangen«, sagte Hannah. Es klang leicht panisch. »Wir *sind* zu alt für so etwas. Und überhaupt ist das total lächerlich. Natürlich bin ich nicht schwanger. Was für eine Vorstellung!«, schloss sie und leerte, um ihren Worten Nachdruck zu verleihen, ihr Glas Wein. »Hat jemand eine Zigarette für mich?«

»Hannah, du hast erst einmal in deinem Leben geraucht, und da warst du fünfzehn und hast hinterher gekotzt. Wenn du sagst, du bist nicht schwanger, dann glauben wir dir das; du musst es uns nicht beweisen«, sagte ich.

»Du könntest natürlich auf Nummer sicher gehen …«, schlug Sam vor.

Hannah verdrehte die Augen. »Wie denn?«

»Naja, mach einen Test.«

»Wie, jetzt gleich?«

»Ja.«

»Du meinst wohl, wir Frauen haben für den Fall der Fälle immer einen Schwangerschaftstest in der Handtasche, so ähnlich wie Tampons.«

»Ja, schon. Tut ihr das etwa nicht?«, fragte Sam enttäuscht.

»Nein!«, rief ich. »Wie kommst du denn auf sowas?«

»Keine Ahnung.« Er zuckte die Schultern.

»Die Straße runter gibt es eine Apotheke, die noch auf hat …«, bemerkte Colin.

»Vergiss es!«, fauchte Hannah. »Ich brauche keinen Schwangerschaftstest, weil ich nämlich *nicht schwanger bin.*«

»Ich meinte ja nur, damit du ganz beruhigt sein kannst«, sagte Colin beschwichtigend.

»Ich *bin* ganz ruhig, weil ich nämlich sicher bin, dass ich nicht schwanger bin«, beharrte Hannah. Sie schenkte sich Wein nach und nahm einen großen Schluck. »Aber wenn ihr dann endlich aufhört, mich zu piesacken, bitte sehr, dann pinkle ich meinetwegen auf ein Stäbchen, um es euch zu beweisen. Aber dann wirst gefälligst du losziehen und den Test besorgen«, sagte sie zu Colin. »Es war deine Idee, und außerdem sind die Dinger verflucht teuer. Ich werde inzwischen in aller Ruhe hier sitzen und meinen Wein trinken und *nicht schwanger* sein.«

Colin war aufgesprungen und aus der Tür, ehe einer von uns »ungeplante Schwangerschaft« sagen konnte. Ein paar Minuten später kam er wieder herein und schwenkte stolz eine Tüte mit seiner Beute.

»Ich hab einen Doppelpack genommen«, verkündete er. »Damit du auch wirklich ganz sicher sein kannst.«

»Steck das weg!«, zischte Hannah.

Colin hielt ihr die Tüte hin. »Los, geh und mach den Test.«

»Ich muss aber noch gar nicht.«

»Ich hol dir ein Glas Wasser«, bot Sam an.

»Ich *will* kein Wasser! Ich bin sehr zufrieden mit meinem Wein!«

»Aber Wein ist nicht gut für das Baby«, gab Colin zu bedenken.

»Zum allerletzten Mal: Es gibt kein Baby! Ich hab keinen Kasper in der Schublade, ich mache diesen beknackten Test nur, damit ihr zwei Nervensägen endlich Ruhe gebt. Frauen spüren es, wenn sie schwanger sind, stimmt's, Ellen?«

»Äh, ja … manchmal«, stotterte ich.

»*Ich* würde es spüren«, beharrte Hannah. »Ich war nämlich schon zwei Mal schwanger, müsst ihr wissen. Es gibt *Anzeichen, Symptome*. Man wird müde, der Busen spannt, man fühlt sich einfach anders. Und ich konnte keinen Alkohol mehr trinken; mir wurde schon vom Geruch von Wein schlecht. Ihr seht also, ihr veranstaltet hier vollkommen umsonst ein derartiges Drama. Ich werde meinen Körper ja wohl besser kennen als ihr, oder? Mmmm, sehr süffig, dieser Wein.«

»Ich habe extra einen dieser Frühtests genommen«, sagte Colin.

»HERRGOTT NOCH MAL! Also gut, dann gehe ich eben jetzt gleich aufs Klo und quetsche ein paar Tropfen raus, wenn ich dann endlich meinen Frieden habe … Du kommst mit, Ellen. Ich brauche eine Zeugin. Ich werde auf gar keinen Fall mit einem angepinkelten Plastikstäbchen in der Hand durch den Pub stöckeln, nur um euch zu beweisen, dass ich nicht schwanger bin.«

Damit marschierte sie missmutig grummelnd in Richtung stilles Örtchen. Ich folgte ihr und nutzte die Gelegenheit, um ebenfalls pullern zu gehen, wo ich schon mal da war.

Nebenan gereiztes Grunzen und Schnauben und allerlei Unmutsbekundungen (»Total lächerlich … hirnrissig … Völliger Schwachsinn!«), dann eine ohrenbetäubende Stille, gefolgt von einem entsetzten Aufschrei.

»Heilige Scheiße!«

Oh-oh. Hastig verließ ich meine Kabine.

»Ich seh zwei Striche, Ellen! Das bedeutet ›schwanger‹, oder?«

»Mach den zweiten Test auch noch. Vielleicht stimmt es ja nicht.«

»Verdammter Mist, ich glaube kaum, dass ich noch mal pinkeln kann.«

»Versuch's einfach, Hannah. Gib dir Mühe. Du musst nur ein paar Tröpfchen rauspressen. Mehr braucht es nicht dafür.«

»ICH VERSUCH'S JA SCHON! Also echt – da macht man jahrelang Beckenbodentraining, damit man sich nicht versehentlich einnässt, und jetzt, wo ich pinkeln SOLL, geht gar nichts, verdammt nochmal ... Ah, Moment, ich glaube, es geht doch. Puh, ich hoffe das genügt.«

In den nun folgenden drei Minuten herrschte angespanntes Schweigen. Ich knabberte an meinen Fingernägeln fragte mich, ob ich mich zu Hannah hineinquetschen sollte, verwarf den Gedanken aber gleich wieder. Für zwei Personen war die Kabine definitiv zu schmal.

Dann der nächste Aufschrei, diesmal noch entsetzter. »Wieder zwei Striche!«, greinte Hannah, riss die Tür auf und ließ sich in meine Arme fallen. »Was soll ich denn jetzt machen, Ellen? Ich hab so viel Wein getrunken! Was ist, wenn es behindert wird? Und was wird Charlie sagen? Ich *will* kein drittes Kind! Ich will das nicht noch einmal alles durchstehen müssen!«

Ich tätschelte ihr den Rücken und gab tröstende Laute von mir, genau wie bei der Auflösung von New Kids on the Block vor all den Jahren. »Tief durchatmen, Hannah«, murmelte ich, und dann erinnerte ich sie daran, dass wir bis jetzt noch jedes noch so traumatische Ereignis in unserem Leben zusammen durchgestanden hatten. »Denk daran, wir haben immer noch uns, was auch passiert. Gemeinsam können wir es mit allen Widrigkeiten des Lebens aufnehmen!«, versicherte ich ihr und empfand zugleich eine unheimliche Erleichterung, weil es nicht mich erwischt hatte.

Nach einer Weile holte Hannah tief Luft, schniefte noch ein, zwei Mal und murmelte: »Ich sollte wohl besser nach Hause fahren.«

»Okay. Ich komme mit. Ich bestelle uns ein Uber.«

»Danke, aber ich glaube, ich warte hier noch zehn Minuten ab, und sobald ich mich wieder einigermaßen gefangen habe, fahre ich nach Hause – allein – und erzähle es Charlie. Es ist auch so schon schräg genug, wenn ich vorzeitig und derart angeschickert aus dem Pup komme und ihm beibringen muss, wie ich herausgefunden habe, dass ich schwanger bin.«

»Was ist mit Colin und Sam?«

»Oh Shit. Ich ... Ich schleiche mich durch den Seiteneingang raus. Ich kann unmöglich nochmal zu unserem Tisch zurück. Ich kann mir gar nicht vorstellen, es laut auszusprechen, nicht einmal vor Charlie, geschweige denn vor anderen Leuten. Und überhaupt soll Charlie der erste sein, der es erfährt. Ich meine, du zählst nicht, du bist meine beste Freundin; du wusstest auch bei meinen beiden anderen Kindern als Erste Bescheid, noch vor Dan und meiner Mutter ... Oh Gott, was wird meine Mutter sagen?«

»Zerbrich dir ihretwegen mal nicht den Kopf«, beruhigte ich Hannah. »Sie wird dich unterstützen, wie auch immer du dich entscheidest. Soll ich noch mit rauskommen, dir ein Taxi besorgen oder so?«

»Nein, ich schaff das schon. Ich nehme ein Uber. Aber erst muss ich noch ein paar Minuten allein sein. Mal überlegen – meine Handtasche ist hier, Jacke hatte ich keine dabei; ich kann also jederzeit los. Sag den Jungs für mich auf Wiedersehen, ja?«

»Ich schätze mal, die haben längst erraten, was los ist, nachdem wir so lange weg waren ... Und wenn du jetzt auch noch so sang- und klanglos verschwindest, ohne dich zu verabschieden ...«

»Stimmt. Trotzdem, ich will mit niemandem darüber reden. Nicht, bevor ich es Charlie erzählt habe und weiß, wie er darüber denkt.«

»Charlie liebt dich«, erinnerte ich sie. »Er ist nicht Dan, der größte Kotzbrocken unter der Sonne. Alles wird gut.«

»Meinst du wirklich? Oh Gott, so hatte ich mir den Abend echt nicht vorgestellt. Ich rufe dich morgen an.«

»Du kannst mich auch heute Nacht noch anrufen, falls du jemanden zum Reden brauchst. Ganz im Ernst, jederzeit. Ich liebe dich.«

»Ich dich auch. Ich bin echt verdammt froh, dass ich dich habe.«

»Es gibt eine Menge Leute, die dich lieben«, erinnerte ich sie. »Vergiss das nicht.«

Ich verabschiedete mich von ihr und fühlte mich auf einmal wieder sehr nüchtern, als ich zurückging zu Sam und Colin.

»Shit!«, riefen sie, sobald sie meinen Gesichtsausdruck sahen und feststellten, dass ich allein war.

Ich nickte. »Das könnt ihr laut sagen. Sie ist nach Hause gefahren, um es Charlie zu erzählen. Da liest man in sämtlichen Zeitschriften, wie toll es doch ist, Mitte Vierzig zu sein, dabei muss man sich in dem Alter nicht nur mit den Teenagerproblemen seiner Blagen rumschlagen, sondern auch noch höllisch aufpassen, weil man auf den letzten Metern noch einen Nachzügler kriegen könnte.« Bei diesen Worten kam mir ein entsetzlicher Gedanke.

»Oh Gott – was ist, wenn Simon sein Cosmo Girl schwängert und eine Zweitfamilie gründet, und am Ende muss ich seinen Gören womöglich sogar etwas zu Weihnachten schenken? Das wäre echt total *schräg*. Ich wusste doch, ich hätte auf einer Vasektomie bestehen sollen, aber er hat ja immer nur an sich gedacht und getönt: ›Vergiss es! Mir schnippelt niemand am Alimentenkabel rum!‹ ... Und jetzt wird er hingehen und seinen Samen aussäen und seine beiden Erstgeborenen vernachlässigen, und wer muss es dann wieder ausbaden? Ich!«

»Ähm, kann es sein, dass deine Fantasie ein klitzekleines bisschen mit dir durchgeht, Ellen?«, fragte Sam.

Ich schüttelte bekümmert den Kopf. »Von wegen! Wir sind alle dem Untergang geweiht! Ich hab's *jetzt schon* satt, eine Frau mittleren Alters zu sein! Am liebsten würde ich einfach auf die Vorspultaste drücken – wenn man erst richtig alt ist, darf man wenigstens nach Herzenslust unhöflich sein und schon morgens Sherry trinken.«

»Du magst doch gar keinen Sherry«, erinnerte mich Colin.

»Man gewöhnt sich an alles«, erwiderte ich hochmütig.

Mittwoch, 16. Mai

Also, die wichtigste Neuigkeit ist, dass Hannah das Baby definitiv bekommen wird. Charlie ist total aus dem Häuschen und freut sich tierisch darauf, Vater zu werden. Er würde sie am liebsten in Watte packen, was noch etwas gewöhnungsbedürftig ist für Hannah, die bei ihren ersten beiden Schwangerschaften von Dan (alias DGKUDS) ständig Sprüche wie »Schwangersein ist keine Krankheit« und »Frauen bringen seit Millionen von Jahren Kinder zur Welt, also stell dich gefälligst nicht so an!« zu hören bekam. Charlie dagegen möchte, dass Hannah ihren Job an den Nagel hängt, eine Putzfrau einstellt und »sich ausruht«.

»Er sagt die ganze Zeit, ich soll mehr Milch trinken, als wäre ich sechs Jahre alt«, brummte sie. »Ist ja gut und schön, wenn er sich freut und mich nach Kräften umsorgen will, aber es nervt mich schon jetzt tierisch, und ich habe noch ganze sieben Monate vor mir, ey! Scheiße.«

Ermutigt durch Charlies enthusiastische Reaktion auf die Schwangerschaft habe ich mir einen Ruck gegeben und Colin gestattet, bei einer Online-Singlebörse einen Account für mich einzurichten. Vielleicht lerne ich ja einen Mann kennen, der so nett ist wie Charlie. Wobei ich mich natürlich nicht mit dem Gedanken trage, noch ein Kind zu bekommen, und es wäre mir auch lieber, wenn mich mein Neuer dazu anhalten würde, Wein zu trinken statt Milch.

Colin verfasste einen kurzen Text für mein Profil, in dem er ungeniert behauptete, ich würde Kunstgalerien, Theaterbesuche, ausgedehnte Spaziergänge auf dem Land und exquisite Weine lieben. Ich wandte ein, das sei wohl ein klitzekleines bisschen übertrieben, doch er wischte all meine Bedenken vom Tisch mit dem Argument, so ein Online-Dating-Profil sei wie ein Lebenslauf, da sei es durchaus üblich, dick aufzutragen.

Aber woher weiß ich denn, mit welchen Männern ich mich treffen soll, wenn alle flunkern?

Du hältst Ausschau nach Kandidaten mit Hobbys, die du selbst interessant findest in der Annahme, dass sie diesen Freizeitbeschäftigungen nachgehen würden, wenn sie mal nicht wie festgetackert auf ihrem Sofa sitzen und sich Netflix-Serien reinziehen würden. Und jetzt schick mir ein paar Fotos.

Hab ich doch schon.

Die gehen gar nicht, Ellen. Was zum Henker hast du da an?

Na, eine Latzhose, wie Felicity Kendal in *THE GOOD LIFE*. Hast du meine Bilder auf Instagram nicht gesehen?

Leider nein, sonst hätte ich dir geraten, sie umgehend zu löschen. Mach neue Fotos.

Siehst du dir etwa nie meine Insta-Posts an? Okay, wie wär's mit dem hier?

Da guckst du so verkniffen aus der Wäsche, als hättest du Verstopfung. Versuch mal, dich von oben zu fotografieren.

So in etwa?

Doch nicht von so weit oben! Du siehst aus, als würdest du in einem Brunnenschacht hocken.

So ging das noch eine ganze Weile hin und her, bis ich es endlich geschafft hatte, ein Selfie zu machen, mit dem Colin zufrieden war. Der Hund durfte nicht mit drauf.

Dummerweise waren Peter und Jane hereingekommen, während ich mit der Handykamera zugange gewesen war. Sie waren völlig entgeistert, als sie hörten, was ich vorhatte.

»Oh. Mein. Gott. Mutter. Hast du aus Hannahs Fehlern denn gar nichts gelernt?«, fragte Jane. »Denk doch nur mal an die arme Emily! Ihre Mutter könnte sich genauso gut ein Schild um den Hals hängen, auf dem ›Jep, ich habe noch Sex!‹ steht! Stell dir mal vor, es hätte *dich* erwischt! Diese SCHANDE! Du bist nicht mal verheiratet! Ich könnte mich doch nirgendwo mehr blicken lassen, wenn herauskäme, dass sich meine Mutter bei einem One-Night-Stand hat schwängern lassen!«

»Jane, du bezeichnest dich als Feministin, da möchte man meinen, du wärst für die sexuelle Befreiung der Frau und würdest es gutheißen, dass ich mir rein theoretisch einen Mann für unverbindlichen Sex anlachen kann, wenn mir danach zumute ist! Du solltest froh sein, dass wir in einer Gesellschaft leben, in der Frauen die Möglichkeit haben, ihren Nachwuchs auch ohne männlichen Beistand großzuziehen!«

»Ich bin TOTAL dafür, dass Frauen ihre Sexualität ausleben«, sagte Jane. »Aber du bist meine Mutter, da ist das etwas anderes! Und ich will ehrlich gesagt auch nicht weiter darüber reden, es ist einfach zu widerlich.«

Peters Reaktion fiel etwas anders aus. »Wenn du unbedingt einen Mann willst, warum versöhnst du dich dann nicht mit Dad?«, fragt er bekümmert. »Ich wette, du fehlst ihm auch, Mum. Und ich fände es echt schön, wenn er wieder bei uns wohnen würde. Wozu willst du einen neuen Mann, wo du doch schon einen hast, der total okay ist und der dich liebt? Ich will keinen neuen Dad; ich will einfach, dass wir wieder eine Familie sind.«

Also, ich wage ja zu bezweifeln, dass ich Simon fehle. Sollte es tatsächlich so sein, dann lässt er es sich jedenfalls nicht anmerken (voriges Wochenende waren es Margaritas), aber egal – Peters Plädoyer ließ bei mir sämtliche Alarmglocken schrillen.

Shit, Shit, Shit, Shit!

»Liebes, es geht mir nicht darum, deinen Vater zu ersetzen. Er wird immer dein Dad bleiben, und ich werde ihn immer lieben, einfach, weil er dein Dad ist. Wir können nur nicht mehr miteinander unter einem Dach leben, weil wir nicht mehr dasselbe füreinander empfinden wie früher. Das haben wir euch doch schon erklärt. Aber es ändert nichts daran, dass wir euch zwei mehr lieben als alles andere auf der Welt.«

»Ja, schon klar. Es ist nur ... Es wäre eben schön, das ist alles.«

»Ich weiß, Liebes, aber es ist leider unmöglich. Es tut mir leid. Möchtest du ... Möchtest du, dass ich dich umarme?«

Zu meiner Verblüffung sagte Peter: »Ja, gern ... Mum?«

»Ja, Liebes?«

»Falls du einen neuen Mann kennenlernst, versprichst du mir dann, dass du mit ihm Schluss machst, wenn wir finden, dass er ein totaler Vollhonk ist?«

»Natürlich. Ihr habt für mich absolut oberste Priorität.«

»Okay. Haben wir was zu essen da?«

Ich war so dankbar dafür, mal wieder etwas Körperkontakt mit einem meiner Sprösslinge gehabt zu haben, dass ich ihm gestattete, sich nach Herzenslust den Bauch vollzuschlagen, was ich jedoch bereute, als ich später vor dem geplünderten Kühlschrank stand und überlegte, wie zum Geier ich aus den kümmerlichen Resten ein Abendessen zusammenschustern sollte.

Eine Scheidung ist wahrlich ein Drahtseilakt – dürfen wir unser eigenes Glück über das unserer Kinder stellen, oder sollen wir uns zusammenreißen, durchbeißen, in unser Elend ergeben, nur damit sie eine »richtige« Familie haben? Und was soll das überhaupt sein, eine »richtige« Familie? Gibt es so etwas noch? Man sieht doch allenthalben nur Patchworkfamilien – Stiefeltern und -geschwister, Familien mit zwei Müttern oder Vätern wie die von Sam, alleinerziehende Eltern, Kinder, die von ihren Großeltern aufgezogen werden ... Existiert eigentlich noch eine »Norm«, an der man sich orientieren könnte? Als Peter und Jane mit der Grundschule fertig waren, hatte gut die Hälfte ihrer Klassenkameraden bereits geschiedene Eltern, in einigen Fällen hatte es regelrechte Ehedramen gegeben. Und falls man »wegen der Kinder« zusammenbleibt, wann ist der

Nachwuchs endlich alt genug, um eine Trennung zu verkraften? Wann dürfen Eltern anfangen, an sich selbst zu denken? Was, wenn es am Ende so läuft wie in dem Witz über das Ehepaar, das sich mit achtundneunzig noch scheiden lässt und zum Anwalt sagt: »Wir wollten warten, bis unsere Kinder gestorben sind«?

Ab wann hat die eigene Unzufriedenheit mit der unglücklichen Ehe, mit einem Partner, der einen im besten Fall nicht mehr liebt und im schlimmsten Fall misshandelt, so massive Auswirkungen auf die Kinder, dass es besser für sie ist, wenn man sich trennt? Ich könnte ins Feld führen, dass sich *meine* Eltern auch haben scheiden lassen und ich keinerlei Schäden davongetragen habe. Meine Mutter war nach den Seitensprüngen meines Vaters zwar derart zornig und verbittert, dass sie ihn, wenn sie zusammengeblieben wären, vermutlich irgendwann kalt gemacht hätte, aber ich habe nicht den Eindruck, dass sie glücklicher war, nachdem sie ihn vor die Tür gesetzt hatte. Allerdings ist meine Mutter ziemlich eigen, und ich habe keine Ahnung, *was* sie glücklich macht, das ist also kein besonders hilfreiches Beispiel.

Bin *ich* glücklicher? Schwer zu sagen. Es ist schon merkwürdig, dieses Single-Leben, keine Frage. Selbstredend bin ich glücklicher als in der Endphase meiner Ehe, aber das ist ja auch nicht weiter verwunderlich. Doch genügt das schon? Kann ich es mit meinem Gewissen vereinbaren, wenn ich das Glück meiner Kinder opfere, um selbst glücklich zu sein?

Ich habe immer versucht, das zu tun, was das Beste für sie ist, aber vielleicht hätte ich mich trotzdem noch mehr ins Zeug legen müssen. Unsere Scheidung kann wohl mit Fug und Recht als gütlich und vergleichsweise zivilisiert bezeichnet werden – jedenfalls nach landläufigen Maßstäben – soll heißen, es gab keine läppischen Streitereien darum, wer die *Best of Blondie*-CD bekommt (ich natürlich), und wir geben uns Mühe, vor Peter und Jane einen höflichen Umgangston zu wahren. Ich weiß, dass sich die Angelegenheit bei anderen Paaren weitaus unschöner gestaltet – da gibt es allerlei Anschuldigungen und Unterstellungen, da bezahlen Exmänner keinen Unterhalt, ihre Exfrauen verwehren ihnen dafür das Umgangsrecht (und umgekehrt), da werden Schlösser ausgetauscht und langatmige Gerichtsprozesse angestrengt. Bislang war ich sogar ein klein wenig stolz auf uns, weil wir es geschafft haben, all das zu vermeiden, aber was, wenn Peter und Jane trotzdem leiden und am Ende traumatisiert sind?

Ich meine, sollte es uns tatsächlich gelingen, diese Scheidung auf zivilisierte Art und Weise durchzuziehen, dann wären wir möglicherweise auch in der Lage gewesen, unsere Ehe zu retten. Vielleicht macht sich Peter deshalb noch immer Hoffnungen. Vielleicht sind wir kein bisschen besser als die Eltern, die einen regelrechten Rosenkrieg ausfechten, denn in einem solchen Fall ist für die Kinder zumindest offensichtlich, dass ihre Eltern es nicht mehr miteinander aushalten. Wir dagegen haben darauf bestanden, über die schmutzigeren Details unserer Trennung den Mantel diplomatischen Schweigens zu hüllen, wie es sich für anständige Briten gehört, folglich glauben Peter und Jane ganz offensichtlich, es bestünde doch noch die Chance einer Versöhnung. Vielleicht hätten wir ihnen doch von Miss Madrid erzählen sollen, statt sie mit dem üblichen Gedöns von wegen Mami und Daddy haben sich nicht mehr lieb abzuspeisen. Aber was hätte das gebracht? Scheiße, ey. Ich hasse es, erwachsen zu sein.

Samstag, 26. Mai

Im Laufe der knapp zwei Wochen, seit ich mich in die Welt des Online-Dating gewagt habe, bin ich rasch zu dem Schluss gekommen, dass alle Männer, die sich auf diesen Webseiten herumtreiben, Schweine sind. Was ehrlich gesagt eine Beleidigung für jedes Schwein ist, Schweine sind nämlich ausgesprochen intelligent und verfügen über ein hohes Maß an Empathie – ein Umstand, den ich zu verdrängen versuche, wann immer ich Speck esse.

Aber zurück zu den Männern auf diesen Webseiten. Im Großen und Ganzen scheinen sich dort ausschließlich verlogene, chauvinistische, sexistische Neandertaler zu tummeln, die lediglich auf eine schnelle Nummer aus sind.

Zunächst freute ich mich über die große Aufmerksamkeit, die mir gleich am ersten Tag zuteil wurde. Einige der Kandidaten, die mir »zugewinkt« hatten, sahen durchaus vielversprechend aus, also nahm ich ihre Nachrichten an. Drei von ihnen verlangten gleich mal ein Tittenfoto, einer schickte mir ein Bild von seinem Pimmel, ein weiterer regte in einer »nett gemeinten« Nachricht an, ich solle das Feld »Politische Ansichten« lieber freilassen (ich hatte das »liberal«-Kästchen angekreuzt), da sich Männer seiner Ansicht nach nicht für Frauen interessieren, die eine politische Meinung haben. Püh. Blockieren ... blockieren ... blockieren ... blockieren ... Einer der Typen hatte ein Profilfoto hochgeladen, auf dem bei näherer Betrachtung im Hintergrund ein Banner mit der Aufschrift *Olympische Spiele Athen 2004* zu sehen waren (und seine Teilnahme hatte sich aufs Zusehen beschränkt, pfff!), man kann also davon ausgehen, dass er sich ein klein wenig verändert hat ... Also ehrlich, wenn er schon ein uraltes Foto von sich einstellt, dann sollte er wenigstens nicht so dämlich sein, eines zu verwenden, auf dem im Hintergrund klar und deutlich eine Jahreszahl zu erkennen ist!

Immerhin, eine Zuschrift kam von einem Mann, der einen relativ netten und normalen Eindruck machte. Sein Aussehen passte so ungefähr zum angegebenen Alter, und aus seinen Hobbys schloss ich, dass er mit großer Wahrscheinlichkeit kein Serienmörder war. Im Laufe unseres angeregten Austauschs von Nachrichten ließ er auch keine alarmierenden Kommentare à la »Man kann sagen, was man will, aber ich finde, Hitler hatte auch sein Gutes« vom Stapel, und wir hatten gerade angefangen, ein bisschen zu flirten, als er ganz plötzlich einfach von der Bildfläche verschwand. Totale Funkstille, von einer Sekunde auf die andere. Ich war überzeugt, er müsse ein Problem mit dem Internetzugang haben oder sehr beschäftigt sein. Tags darauf schickte ich ihm folgende Nachricht: »Alles okay? Du bist ja so schweigsam heute.« (Stimmte ja auch, wir hatten davor etwa zwanzig Nachrichten täglich ausgetauscht.) Noch immer nichts. Keine Frage, er hatte sein Handy verloren oder spontan eine Geschäftsreise in die äußere Mongolei oder so antreten müssen und bekam dort kein 4G-Signal … Dann fiel mir der kleine »Derzeit online«-Punkt neben seinem Namen auf, und dachte: *Wahrscheinlich hat er nicht gesehen, dass ich ihm geschrieben habe.* Ich schickte ihm eine weitere Message, in der lediglich »Hi! Na, was treibst du so?« stand. Schweigen im Walde. Dieser Mistkerl ignorierte mich einfach! Aber warum? Er hatte mich doch noch gar nicht in echt *kennengelernt*! Ich hatte mit ihm geflirtet, war geistreich, witzig und charmant gewesen, und er hatte mich einfach abserviert. Wie es schien, musste ich den Männern noch nicht einmal persönlich gegenüberstehen, um sie abzutörnen.

Man versicherte mir, all das sei beim Online-Dating gängige

Praxis, ich könne nicht erwarten, dass mir aus den Pixeln auf Anhieb ein Märchenprinz entgegenspringe. Man muss also erst einmal durch einen riesigen Sumpf voller Kröten waten, bis man auf einen Kandidaten trifft, der zumindest so aussieht, als hätte er das Zeug zum Frosch. Alles in allem eher entmutigend, die Sache. Ich glaube, für mich ist das nichts.

Dennoch gibt es ein neues männliches Wesen in meinem Leben. Und nein, es ist kein Hahn. Ich habe mich über Hähne informiert – sie machen Krach, und sie sind niederträchtig und legen zudem häufig Vergewaltigertendenzen an den Tag. Meine drei ungeschwätzigen Glucken haben ihr übellauniges Krakeelen mittlerweile ganz eingestellt und glotzen mich nur noch grimmig an – mit ein Grund, weshalb ich neulich in akuten Trübsinn verfiel bei dem Gedanken an meine einsame Zukunft und an all die langen Winterabende, die ich ausschließlich in der Gesellschaft meines Hundes verbringen werde (den ich nur noch selten Mister Wuffington nenne, sondern bloß noch Judgy, wegen der tadelnden Blicke, die er mir ständig zuwirft). Aus diesem Grund zog ich spontan los, um mich beim städtischen Tierheim nach einem neuen Gesellen für mich und Judgy umzusehen.

Vielleicht ein Staffordshire Bullterrier, dachte ich noch, *von denen wimmelt es doch in jedem Hundeheim*. Doch dann erblickte ich gleich im ersten Käfig den hässlichsten Vierbeiner, den die Welt je gesehen hatte: die Beine zu lang, die Schnauze zu kurz, die Ohren zu groß, der Schwanz total kahl, und zu all dem passte die Form seines Körpers wie die sprichwörtliche Faust aufs Auge. Er sah aus, als sei er aus ein paar übriggebliebenen Einzelteilen zusammengestöpselt worden, die der liebe Gott vom Fußboden der Hundefabrik aufgesammelt hatte, nachdem er alle anderen Hunde zusammengesetzt hatte.

Ich blieb stehen und betrachtete ihn. Er erwiderte meinen Blick, und seine kahle Rute zuckte vorsichtig. Ein zarter Hoffnungsschimmer ließ seine Augen aufleuchten, die das einzig Schöne an ihm waren.

»Was können Sie mir über den hier sagen?«, fragte ich die Angestellte.

»Barry?«, fragte sie überrascht. »Der ist schon ein paar Wochen hier. Den will irgendwie keiner.«

»Wieso nicht? Ist er krank?«

»Nein, das nicht, aber sehen Sie sich den Burschen doch mal an – er ist nicht gerade ein heißer Kandidat für einen Schönheitswettbewerb, oder?«

»Wie alt ist er denn?«

»Das wissen wir nicht genau, aber noch ziemlich jung.«

»Und ist er schon ausgewachsen?«

»Oh ja, definitiv. Wäre der was für Sie? Er ist ein ausgesprochen liebes Tier. Ganz ehrlich, ein wunderbarer Hund. Ich rühre ständig für ihn die Werbetrommel, aber die meisten Leute stören sich an seinem Aussehen. Er hat übrigens nicht die Räude, sein Fell sieht immer so aus.«

Ich betrachtete Barry erneut. Er war wirklich das unansehnlichste Tier, das mir je untergekommen war. »Was ist, wenn er kein neues Zuhause findet?«

»Dann versuchen wir, ihn in einem anderen Heim unterzubringen, vorausgesetzt, es gibt Platz für ihn und eine realistische Chance, dass ihn jemand nimmt.«

»Und wenn ihn dort auch niemand haben will?«

»Dann wird er früher oder später eingeschläfert. Wir bekommen ständig neue Hunde rein, wir können nicht alle durchfüttern.«

»Wie schätzen Sie Barrys Chancen ein?«

»Nicht überragend.«

»Und wie sieht es bei den Staffordshire Bullterriern aus?«

»Ein bisschen besser. Sie erfreuen sich immer größerer Beliebtheit, weil sich allmählich herumspricht, dass sie eigentlich ein recht liebenswürdiges, freundliches Wesen haben. Die, die bei uns nicht adoptiert werden, können wir meist in einem der auf Staffies spezialisierten Heime unterbringen, die sich über eine Stiftung finanzieren. Aber der gute Barry ist der Inbegriff einer Promenadenmischung, den nimmt garantiert keine der auf Zuchthunde spezialisierten gemeinnützigen Einrichtungen. Wir werden wohl darauf hoffen müssen, dass er in einem der anderen Heime unterkommt, denn ich bezweifle ehrlich gesagt, dass irgendjemand auf seinen Von-allem-etwas-Look steht.«

»Ich nehme ihn«, verkündete ich. »So hässlich ist er dann auch wieder nicht, und er wirkt ausgesprochen gutmütig.«

»Das ist er auch«, versicherte mir die Dame, und dann öffnete sie den Zwinger und holte Barry heraus. »Beschnuppern Sie sich doch erst einmal ein wenig, damit wir sehen, wie Sie miteinander klarkommen.«

Im städtischen Hundeheim ist man heilfroh über jeden Abnehmer – da unheimlich viele Streuner aufgenommen werden müssen, sind die Auflagen für die »Adoption« deutlich weniger streng als bei den anderen Heimen, und so konnte ich schon heute hinfahren und Barry abholen.

Judgys Begeisterung hielt sich merklich in Grenzen. Zur Begrüßung gab er sein charakteristisches ungehaltenes Schnauben von sich. Barry, der hinter mir in Deckung gegangen war, setzte ein »Bitte, bitte, hab mich lieb!«-Gesicht auf, während Judgy mir einen empörten Blick zuwarf, als wollte er sagen: »WER IST DIESER EINDRINGLING? ICH BIN DOCH DEIN

HEISSGELIEBTER SCHATZ!« und sich dann auf dem Sofa breitmachte, um klarzustellen, wem die Polstermöbel im Haus gehörten.

Jane warf einen Blick auf Barry und sagte: »Was hast du dir jetzt wieder einfallen lassen, Mutter?«

»Ich hab uns einen zweiten Hund besorgt.«

»*Das* soll ein Hund sein?«, fragte sie skeptisch. »So einen hab ich aber noch nie gesehen.«

»Er sieht ganz schön freaky aus«, bemerkte Peter.

»Man soll kein Lebewesen nach seinem Aussehen beurteilen«, sagte ich streng.

»Ich bin gespannt, was Dad davon hält«, fuhr Peter fort. »Er hat immer gesagt, noch einen Hund kommt ihm nicht ins Haus.«

»Dein Dad hat diesbezüglich nichts mehr zu melden. Das ist mein Haus, und ich werde mir hier verdammt noch mal so viele Hunde halten, wie ich will!«

Darauf murmelte Peter etwas von wegen Käsehunger und verzog sich in die Küche.

Barry spähte zu Jane hoch, die ihn noch immer misstrauisch beäugte, und wandte dann den Trick mit der zuckenden Rute an.

Ein neuerliches Zucken, ein weiterer flehentlicher Blick. Jane wich etwas nach hinten und zog die Nase kraus. »Und du bist ganz sicher, dass das ein Hund ist?«

»Ähm, *ziemlich*, ja, wobei ich keine handfesten Beweise habe«, räumte ich ein.

Barry schob sich etwas näher an Jane heran und ließ einen eigenartigen Kehllaut hören, eine Mischung aus Winseln und Grunzen.

»Was macht der denn für Geräusche?«, fragte sie.

»Ich glaube, er will damit sagen: ›Würdest du mich bitte mögen, nur ein kleines bisschen? Ich will dir nichts Böses‹«, erklärte ich verhalten optimistisch.

Jane betrachtete ihn erneut prüfend. »Er hat schöne Augen«, musste sie zugeben.

Barry entging nicht, dass sie allmählich schwach wurde. Er schob sich noch näher an sie heran, wobei er wieder seinen Klagelaut von sich gab, und als Jane ihn widerstrebend tätschelte, schauderte er vor Ekstase.

»Er wurde noch nie geliebt«, sagte ich bekümmert. »Er weiß gar nicht, wie es sich anfühlt, wenn man in Sicherheit ist ... wenn man es gemütlich warm hat und mit jemandem auf dem Sofa kuschelt ...«

Jane schnaubte. »Ja, schon gut, Mum. Du kannst jetzt aufhören mit der seelischen Erpressung. So hässlich ist er nun auch wieder nicht.«

Als sie in die Hocke ging, um ihn hinter dem Ohr zu kraulen, warf er sich vor Freude auf den Boden und drehte sich auf den Rücken. Jane rieb ihm den Bauch. »Braver Junge«, murmelte sie. Barry sah selig grinsend zu ihr hoch. »Sieh mal, Mum, er lächelt. Hat er nicht ein hübsches Lächeln?«

Er hatte in der Tat ein hübsches Lächeln.

Jane strahlte ihn an. »Jaaa ... du bist ein gaaanz braver Junge, nicht? Sooo ein *lieber, guter, braver* Junge ... MEIN braver Junge! Und so ein *hübscher* Bursche ... Jaaa, du bist der Schönste von allen, nicht? Dass ich das nicht gleich gesehen hab, ich Dummerchen ...«

Ich atmete erleichtert auf. Somit hatte Barry zumindest eine weitere Verbündete im Haus. Und er konnte wahrlich von Glück sagen, dass Jane ihn auf Anhieb Herz geschlossen hatte, denn Judgy machte keinen Hehl daraus, dass er den Neuzugang gnadenlos terrorisieren würde, obwohl Barry deutlich größer war als er.

Ich führte Barry in den Garten, um ihn den Hühnern vorzustellen, die ihn argwöhnisch beäugten und dann missbilligend zu krächzen begannen, worauf er mit eingezogenem Schwanz zurück ins Haus galoppierte. Als ich ihn kurz darauf suchte, fürchtete ich schon fast, er könnte die Flucht ergriffen haben, weil Judgy und die Hühner so garstig zu ihm gewesen waren, doch siehe da, er war in Janes Zimmer, wo er sich rücklings aufs Bett geflätzt hatte, alle Viere in die Luft streckte und wie vorhin selig grinste.

»Ich musste Lara Armstrong blockieren«, berichtete Jane entrüstet.

»Ach ja?«, sagte ich zurückhaltend, weil ich nicht sicher war, ob ich die nötige Kraft für eines ihrer Teenager-Dramen hatte.

»Jep. Stell dir vor, ich hab ihr vorhin auf Snapchat ein Foto von Barry geschickt, und sie hat doch glatt geschrieben, er sei der hässlichste Hund, den sie je gesehen hat! Ich lasse nicht zu, dass jemand meinen Hund beleidigt! Ach, übrigens, Mum, Barry schläft heute Nacht bei mir, okay?«

Hm. Wie es aussieht, habe ich mir wohl doch keinen zweiten Hund angeschafft; vielmehr habe ich einen Hund für Jane angeschafft. Aber ich kann es den beiden schwerlich übelnehmen, dass sie einen Narren aneinander gefressen haben. Ich bin schon mal gespannt, was mir Peter demnächst aus dem Kreuz leiert. Es dauert garantiert nicht mehr lange, bis er mir unterstellt, ich würde Jane ganz offensichtlich mehr lieben als ihn, weil ich ihr einen Hund besorgt habe, und dann wird er wissen wollen, was *er* bekommt.

Mittwoch, 30. Mai

Der heutige Tag kann bestenfalls als »durchwachsen« bezeichnet werden. Positiv zu verzeichnen war, dass ich einen neuen Arbeitskollegen habe, und der ist nicht nur heiß, sondern auch hetero und in einem Alter, bei dem man nicht mehr fürchten muss, womöglich als Kinderschänder tituliert zu werden, wenn man seinetwegen unreine Gedanken hat. Also, mein neuer Kollege heißt Tom, und er hat die Leitung der Finanzabteilung übernommen, was darauf schließen lässt, dass er ein gutes Händchen für Geldanlagen, Investitionen und dergleichen hat ... Nicht, dass das ein kriegsentscheidendes Kriterium wäre. Ich meine ja nur. Er ist siebenundvierzig, geschieden, kinderlos und im Sternzeichen Waage, und zu seinen Hobbys zählen Wandern sowie diverse Wassersportarten.

Diese Informationen habe ich Debbie aus der Personalabteilung zu verdanken, die sie wiederum aus Toms Lebenslauf bezog (mit Datenschutz hat sie es nicht so), weshalb ich davon ausgehe, dass Debbie diesem Tom auch erzählt hat, was in *meinem* Lebenslauf so steht. Demzufolge bin ich nicht nur ein Theaterfan (ich hab mir mit Jane eine Pantomime angesehen, als sie zehn war), sondern auch eine passionierte Schwimmerin (ich sage nur Jugendschwimmabzeichen Bronze, *und* es ist allgemein bekannt, dass ich mich regelmäßig ins kühle Nass stürze. Ähem. In jedem Urlaub. Vorausgesetzt, es gibt einen dieser Pools mit integrierter Bar, sodass man sich im Wasser sitzend einen Cocktail genehmigen kann).

Es ist also durchaus denkbar, dass es um Toms Naturverbundenheit und Sportlichkeit ebenso bestellt ist wie um die meine. Außerdem besitzt er ein Motorrad, wie mir Debbie, unser Klatschmaul vom Dienst, etwas atemlos verriet. Ein James-

Dean-Verschnitt also. Es gab Zeiten, da hätte der Gedanke an einen verruchten Bad Boy mein Herz höher schlagen lassen, heutzutage jedoch kommen mir bei derlei Details lediglich allerlei Bedenken – etwa, ob ich mich mit meiner bejahrten Hüfte wohl noch mühelos in den Sattel schwingen könnte und ob Motorradfahren denn nicht viel zu gefährlich ist. Debbie versicherte mir, Tom fahre zudem einen Audi (sie verteilt auch die Parkausweise), was vermutlich bedeutet, dass er ein Arsch mit Ohren ist, wie die meisten Audi-Fahrer, die ich kenne.

Angeber-Arsch oder nicht, Tom ist ziemlich attraktiv. Die Beschreibung »heiß« mag zwar ein wenig übertrieben gewesen sein, aber neuerdings wirkt auf mich so ziemlich jeder Mann, der noch seine eigenen Zähne hat, begehrenswert – ein Umstand, dem ich meinen diversen Horrortrips mit LoveMeDo.com und FindTheOne.com und BumsParade.co.uk verdanke (ja, ich gebe zu, der letzte Name ist frei erfunden, aber ganz im Ernst – diese Single-Börsen scheinen ein reiner Tummelplatz für Typen zu sein, die »ein bisschen Spaß, aber keine LZB« wollen, was offenbar für Langzeitbeziehung steht und darauf schließen lässt, dass sie vermutlich zu den verheirateten Scheißtypen gehören, die gern etwas nebenher laufen haben).

Na, jedenfalls sieht Tom ganz annehmbar aus – guter Durchschnitt, würde ich sagen. Er ist jetzt nicht super-mega-heiß, aber in meinem Alter kann ich es mir nicht mehr leisten, wählerisch zu sein, wie mir ein freundlicher Herr bei meinem ersten Besuch auf LoveMeDo.com erklärte.

Bei unserer ersten kurzen Unterhaltung machte Tom schon mal einen ganz vernünftigen Eindruck auf mich, sprich, er sagte kein einziges Mal »Ich bin weiß Gott kein Rassist, aber ...« oder irgendetwas in dieser Richtung. Das ist für den Anfang also schon mal ganz vielversprechend, und wenn er, wie Debbie behauptet, tatsächlich Single ist, dann sollte ich mich künftig morgens vielleicht etwas mehr ins Zeug legen, was mein Äußeres angeht – natürlich nur in Maßen, allerhöchstens etwas mehr Wimperntusche, und ich werde nicht mehr versuchen, einen Fleck auf einem T-Shirt mithilfe einer kunstvoll drapierten Strickjacke zu kaschieren, die ich dann den ganzen Tag nicht ausziehen kann, sodass ich Schweißausbrüche bekomme und mich frage, ob das jetzt schon die Wechseljahre sind und sich meine Teamleiter Alan und James erkundigen, ob alles okay ist, weil ich knallrot im Gesicht bin. Allzu viele Hoffnungen sollte ich mir wegen Tom allerdings nicht machen, meinte Debbie bekümmert, weil ich ja Jungfrau sei (echt beängstigend, wie viel sie über jeden von uns weiß!), und Luft- und Wasserzeichen seien bekanntlich nicht kompatibel. Trotzdem kann ich mir ein kleines Techtelmechtel mit diesem Tom ganz gut vorstellen, schon wegen etwaiger guter Instagram-Gelegenheiten. *Da hast du was zum Kauen, Simon, mit deinen zwei Bierflaschen und deinen verdammten Cosmopolitans*!

Okay, soviel zur positiven Hälfte des Tages. Die weniger erfreuliche Hälfte begann, als ich nach Hause kam, wo mich im Flur die übliche Unordnung erwartete. Von den Kids keine Spur, dafür war die Küche komplett verkrümelt, und Judgy, der mir noch nicht verziehen hat, dass ich Barry angeschleppt habe, bedachte mich mit einem vorwurfsvollen Blick. Ich warf einen flüchtigen Blick in die miefenden Kemenaten meiner Nachkommenschaft, um mich davon zu überzeugen, dass sie noch unter den Lebenden weilte.

»Na, wie war's in der Schule?«

»Ganz okay.«

»Irgendwelche besonderen Vorkommnisse?«

»Nö.«

»Habt ihr Hunger?«

»Na klar!« (Dämliche Frage ...)

Ich ging wieder nach unten und beschloss, mir einen Schluck Wein zu gönnen, ehe ich mit dem Kochen anfing, konnte allerdings kein einziges Glas finden – weder ein Wein- noch ein Whiskeyglas, ja, noch nicht einmal eines der drei, vier Pint-Gläser, die hierzulande alle Erwachsenen im Geschirrschrank stehen haben, obwohl sie schon seit geraumer Zeit zu alt sind, um im Pub Gläser mitgehen zu lassen. *Nada.* Ich fand auch keine Tassen, Müslischalen oder Teller. Dafür gab es nur zwei Erklärungen: Entweder hatten Diebe mit einer seltsamen Vorliebe für nicht zusammenpassendes Geschirr bei uns eingebrochen, oder die stinkfaulen Kanalratten, die unter meinem Dach lebten und sich als meine Kinder ausgaben, hatten wieder zugeschlagen. Wütend vor mich hin keifend stürmte ich wieder nach oben und riss die Türen zu ihren Zimmern auf, und tatsächlich, da war es: UNSER GESAMTES GESCHIRR, in ihren Zimmern, die sie erst vor ein paar Wochen bezogen hatten.

Ich hielt den beiden eine lange Strafpredigt – allerdings im Flüsterton, denn Barry kriegt jedes Mal die Krise, wenn jemand mit erhobener Stimme spricht und beginnt vor Angst zu zittern, und das konnte ja nun wirklich nicht angehen, obwohl ich große Lust verspürte, meine beiden Gören an ihrer verdreckten Unterwäsche am nächstbesten Baum aufzuknüpfen. Schwer beladen mit ALLEM, WAS WIR AN GESCHIRR BESITZEN (Peter war sogar so weit gegangen, seine Frühstücksflocken aus einer Teetasse zu löffeln, statt eine Müslischale abzuwaschen), taumelten sie wenig später hinunter in die Küche, deponierten alles in der Spüle – und versuchten, sich heimlich, still und leise davonzustehlen.

»HIERGEBLIEBEN!«, tobte ich. »Das werdet ihr jetzt verdammt nochmal alles vorspülen, und dann ab in den Geschirrspüler damit, und wählt gefälligst ein Programm, das heißer ist als der Hades, sonst wütet hier demnächst die Cholera!«

»Von dreckigem Geschirr kriegt man doch nicht die Cholera, Mum«, meldete sich Peter zu Wort. »Der Erreger kommt in verschmutztem Wasser vor.«

»Ach ja? Und wie zum Teufel würdest du das hier bezeichnen?« Ich deutete auf ein mit einer schleimigen Flüssigkeit gefülltes Glas auf der Anrichte.

Peter verdrehte die Augen.

»Na, jedenfalls werdet ihr das jetzt alles erst einmal waschen, ehe es zur Desinfektion in die Spülmaschine kommt, und bis die fertig ist, gibt es kein Abendbrot, weil wir dank euch zwei ekelhaften Schmutzfinken keine sauberen Teller haben, von denen wir essen können.«

Just in diesem Augenblick rief meine Mutter an. Es kommt weiß Gott selten vor, dass ich mich über einen Anruf von ihr freue, aber in diesem Fall stellte er eindeutig eine angenehme Ablenkung dar.

»Ellen, ist alles in Ordnung?«, wollte meine Mutter wissen.

Ich ließ den Blick über das Chaos schweifen, das mich umgab. »Ja, klar, warum fragst du?«

»Weil mich Jessica normalerweise am Dienstagabend anruft, aber gestern hat sie nichts von sich hören lassen, also dachte ich, ich frage mal bei dir nach. Warum hat mich deine Schwester nicht angerufen?«

»Keine Ahnung«, erwiderte ich perplex. »Warum fragst du sie das nicht selbst?«

»Du weißt doch, wie beschäftigt Jessica immer ist. Ich will sie nicht stören, wenn sie viel zu tun hat, deswegen dachte ich, ich rufe lieber *dich* an. Also, ist alles in Ordnung?«

Mittlerweile war mir klar geworden, dass sich die Frage meiner Mutter, ob alles in Ordnung sei, nicht auf *mich* bezog, sondern auf das bis auf die letzte Mikrosekunde durchorganisierte, farblich sortierte und zu hundert Prozent instagramfähige Leben meiner Schwester, die ironischerweise jegliche Verwendung von Social Media verweigert, weil man damit »viel zu viel Zeit verschwendet« und sie natürlich viel zu wichtig und beschäftigt dafür ist.

»Ich *weiß es nicht*!«, stieß ich hervor. »Ich habe jedenfalls nichts Gegenteiliges gehört, ich gehe also davon aus, dass es ihr gut geht. Ich bin sicher, wir hätten es erfahren, wenn sich bei Jessica irgendein Desaster ereignet hätte.«

»Vielleicht ist ja irgendetwas mit den Kindern …«, murmelte meine Mutter nachdenklich. »Sie hat letzthin erwähnt, dass Persephone gewisse Schwierigkeiten mit der Vorbereitung auf das vorgezogene Mathe-Abitur hat – natürlich nicht, weil sie der Sache geistig nicht gewachsen wäre, vielmehr sind ihre Mitschüler aus unerfindlichen Gründen nicht gewillt, mit ihr zu reden, obwohl sie sogar angeboten hat, ihnen zu erklären, wie man die Diskriminante eines quadratischen Polynoms ermittelt. Man möchte meinen, sie wären froh, wenn Persephone ihnen ihre Hilfe anbietet. Und Gulliver war natürlich sehr enttäuscht, dass er nicht den ersten Platz bei der Youth Poet Competition gemacht hat, was natürlich nicht mit rechten Dingen zugegangen sein kann. Der Gewinner wurde ganz zweifellos nur deswegen ausgewählt, weil er eine staatliche Schule besucht. Das ist alles auf diesen Unsinn von wegen positiver Diskriminierung zurückzuführen. Gullivers Beitrag war mit Abstand der beste, wenn also jemand diskriminiert wurde, dann er.«

»Mum, so was kannst du doch nicht sagen!«, protestierte ich

und dachte insgeheim: *Nein, schon gut, erkundige dich bloß nicht nach* mir *oder nach* meinen *Kindern – ist ja nicht so, als hätte es bei* uns *in den letzten Monaten nennenswerte Neuerungen gegeben …*

»Und ob ich das kann! Ich habe erst neulich einen hochinteressanten Artikel über derartige Vorkommnisse gelesen …«

»War das zufällig in der *Daily Mail?*«, fragte ich matt.

»Ja, in der Tat, Schatz. Ich meine mich zu erinnern, dass der Verfasser dieser reizende Toby Young war. Der versteht *wirklich* etwas von seinem Metier. Hast du den Artikel etwa auch gelesen?«, fragte Mum lebhaft.

»Nein, das war nur geraten.«

»Na, jedenfalls musst du für mich bei Jessica anrufen. Ich muss wissen, ob alles in Ordnung ist.«

»Warum rufst du sie nicht selbst an?«

»Weil ich sie wie gesagt nicht *stören* will.«

»Ach, und du meinst, wenn *ich* sie anrufe, stört sie das nicht?«, fragte ich, wie so oft erstaunt über die verquere Logik meiner Mutter.

»Aber nein.«

»Vielleicht schicke ich ihr lieber eine Mail.«

»Nein, Ellen, ich möchte, dass du mit ihr telefonierst!«

»Aber heutzutage telefoniert kein Mensch mehr, Mum! Man schickt sich eine E-Mail oder eine Nachricht per SMS, oder über WhatsApp oder den Facebook-Messenger. Manche von uns beherrschen sogar die komplizierte Kunst der Snapchat-Nutzung. Aber es greift niemand mehr zum Festnetztelefon, um ein bisschen zu plaudern. Meines Wissens sind die einzigen Menschen, die Leute meiner Generation heutzutage noch *anrufen*, unsere Eltern, und bis Peter und Jane flügge sind, hat sich das vermutlich auch erledigt. Wahrscheinlich kriege ich dann einmal im Monat eine Meldung von ihrem Fitness-Tracker oder so, damit ich weiß, dass sie noch am Leben sind. Es geht ihnen übrigens gut, danke der Nachfrage.«

»Davon bin ich ausgegangen«, sagte Mum. »Ich kann sie nämlich im Hintergrund rumschreien hören. Und fiel da eben der Name Barry? Hast du etwa einen Handwerker im Haus, um diese Uhrzeit? Oh Gott, *Ellen*! Sag bloß, du hast dir einen neuen Mann angelacht? Noch dazu einen, der Barry heißt?«

»Nein, ich habe mir keinen neuen Mann angelacht! Und was gibt es gegen den Namen Berry einzuwenden?«, fragte ich verdutzt. Dieses Gespräch nahm ja immer noch absurdere Wendungen. »Barry ist mein neuer Hund.«

»Gott sei Dank.« Mum atmete hörbar erleichtert auf. »Aber warum Barry? Das ist doch kein Hundename. Das sorgt doch bloß für Verwirrung. Was ist es denn für einer? Ein richtiger Hund diesmal, hoffe ich, sowas wie ein schwarzer Labrador, und nicht noch so eine bösartige kleine Ratte wie der, den du schon hast.«

»Mister Wuffington ist ein stolzer, edler Border Terrier!«, fauchte ich. »Er ist nicht bösartig, und er ist definitiv keine Ratte. Und nein, Barry ist kein schwarzer Labrador ... Ach, übrigens, neulich habe ich mich bei ein paar Single-Börsen angemeldet, ist das nicht aufregend?«, fügte ich rasch hinzu, um von Barrys fragwürdiger Abstammung abzulenken.

Frostiges Schweigen. Dann: »Wozu denn das?«

»Na, um einen Mann kennenzulernen.«

»Aber das ist so gewöhnlich!«, jammerte Mum. »Da hättest du ja auch gleich eine Kontaktanzeige aufgeben können!«

»Das ist nicht ganz dasselbe.«

»Es wirkt verzweifelt, Ellen! Wie oft muss ich dir noch sagen, dass es auf Männer abschreckend wirkt, wenn man einen verzweifelten Eindruck erweckt?«

Ich holte tief Luft. »Naja, du hast auch behauptet, man könne Männern, die Schuhe aus Lackleder tragen, nicht trauen, weil sie angeblich versuchen, einem damit unter den Rock zu gucken. Und du hast gesagt, ich solle keinen hellblonden Mann heiraten, weil meine Haare so dunkel sind und ich dann rothaarige Kinder in die Welt setzen könnte, und du hast durchblicken lassen, dass dir rothaarige Enkelkinder peinlich wären. Und du hast behauptet, man würde mich für eine Schlampe halten, wenn ich Whiskey trinke, und erst kürzlich hast du mich gebeten, mich nicht von Simon scheiden zu lassen, denn eine geschiedene Tochter könne sich negativ auf deine Chancen bei den Vorstandswahlen im Tennisclub auswirken, dabei hast du dich selbst von meinem Vater scheiden lassen, weil er untreu war, genau wie Simon, dieser Dreckskerl! Du wirst es mir also nachsehen müssen, wenn ich deine Ratschläge nicht ganz ernst nehme. Millionen von Männern und Frauen lernen sich übers Internet kennen, Mum. Das ist heutzutage absolut normal.«

»Das wird kein gutes Ende nehmen«, prophezeite Mum finster. »Auf diesen Webseiten treiben sich nur Mörder und Perverse herum. Du wirst noch an mich denken, Schatz. Du solltest mir dankbar sein, wenn ich dich von meiner Lebenserfahrung profitieren lasse. Ich versuche nur zu helfen. Wenn du unbedingt einen Mann kennenlernen willst, dann werde lieber Mitglied in einem Bridgeclub, schließlich habe ich so Geoffrey kennengelernt. Noch besser wäre es natürlich, du versöhnst dich mit Simon. Er ist Architekt, Schatz, die wachsen schließlich nicht auf Bäumen. Es ist wirklich albern, dass ihr euch scheiden lasst. Nicht zu fassen, dass du es so weit hast kommen lassen.«

Ich verkniff mir den Hinweis, dass Geoffrey den Charme eines gregorianischen Pfarrhauses in Yorkshire versprüht und dass er zwar gut situiert und noch im Besitz sämtlicher Zähne ist, aber leider auch ein schwulenfeindlicher, rassistischer Rüpel. Stattdessen versprach ich, den Beitritt zu einem Bridgeclub in Erwägung zu ziehen, obwohl ich gar nicht Bridge spiele und auch keine Ahnung habe, ob es heutzutage überhaupt noch Bridgeclubs gibt. Dass meine Mutter diesen Effekt auf andere Menschen hat, ist mit ein Grund für ihre eiserne Regentschaft über den Tennisclub, meinem schändlichen neuen Status als alleinerziehende Mutter zum Trotz. Ich ging weder auf ihren Kommentar über Simon und seinen prestigeträchtigen Beruf ein, noch auf die Andeutung, die Scheidung sei ganz offensichtlich meine Schuld. Wenn es nach Mum geht, ist ohnehin alles immer meine Schuld. Trotzdem kränkte mich ihre Bemerkung.

»Und jetzt ruf deine Schwester an, und gib mir hinterher Bescheid, ob alles in Ordnung ist, ja?«

Ich nahm den Weg des geringsten Widerstandes und stöhnte: »Ja, Mum«, um sie abzuwürgen, dann legte ich auf und sank auf einen der Stühle am Küchentisch, den Kopf in die Hände gestützt.

Ich vernahm ein Gluckern, und dann knallte jemand unsanft etwas vor mir auf den Tisch.

»Mum?«, sagte Jane.

Ich hob den Kopf. Vor mir stand ein Marmeladenglas, randvoll mit Rotwein.

»Etwas anderes haben wir nicht gefunden. Der Geschirrspüler läuft noch, und wir wollen ja nicht, dass du Cholera bekommst ...«, erklärte Peter.

»Wir dachten, das könntest du jetzt brauchen. War das Granny?«, fragte Jane.

Ich nickte, zu erschöpft, um etwas zu sagen.

Jane nutzte die Gelegenheit und die Tatsache, dass es ihr gelungen war, mich mittels Rotwein abzulenken, umgehend, indem sie einen Blick auf ihr Handy warf und verkündete: »Ich geh dann mal, Sophie hat geschrieben«, womit sie sich geschickt davor drückte, das restliche Geschirr abzuwaschen.

»Granny kann manchmal ein ganz schön fieses Miststück sein, nicht?«, stellte Peter im Plauderton fest.

»Sprich nicht in dem Ton über deine Großmutter!«, wies ich ihn automatisch zurecht.

»Aber es stimmt doch«, verteidigte er sich.

»Ja, du hast ja recht«, gab ich zu.

»Lass dich von ihr nicht fertigmachen«, riet er mir. »Du weißt doch, dass sie dich nur anruft, wenn ihr langweilig ist und sie dich ärgern will. *Wir* lassen uns von ihr schon lange nicht mehr fertigmachen. Wir haben uns längst damit abgefunden, dass sie Persephone und Gulliver viel toller findet als uns.«

»Red keinen Unsinn, Liebes, eure Granny hat euch alle gleich lieb.«

»Nö, hat sie nicht«, widersprach Peter. »Sie mag Persephone und Gulliver viel lieber, und sie mag Tante Jessica lieber als dich. Das ist ein psychologisches Phänomen, musst du wissen. Es nennt sich Goldenes-Kind-Syndrom. Aber uns ist das schnuppe, weil sie uns zu Weihnachten und zum Geburtstag gleich viel Geld schenkt wie ihren goldenen Enkelkindern und uns ansonsten in Ruhe lässt. Es ist also eine Win-Win-Situation. Du darfst dir ihr bescheuertes Gelaber einfach nicht mehr so zu Herzen nehmen.«

»Ich muss doch sehr bitten, Liebes!«, tadelte ich ihn in dem Versuch, mir meine Position als die Erwachsene in dieser Unterhaltung zurückzuerobern. Wie es schien, war mein Sohn mit einem Mal deutlich klüger und reifer als ich, und er bekam von dem, was um ihn herum vorging, offenbar weit mehr mit, als ich angenommen hatte.

»Ja, schon gut, Mum. Du siehst müde aus. Sollen wir das Abendessen machen?«

Ich war richtig gerührt, nicht nur angesichts der unerwarteten Fürsorglichkeit, die meine Kinder zur Abwechslung mal an den Tag gelegt hatten (okay, Jane hatte mir lediglich ein Glas Wein hingestellt, aber das war immerhin ein Anfang), sondern auch wegen Peters Erkenntnissen, was das Verhältnis zwischen meiner Mutter und mir anging. Doch so überwältigt war ich von diesen Ansätzen geistiger Reife dann auch wieder nicht, dass ich vergessen hätte, welche verheerenden Folgen es hätte, wenn ich Peters gutgemeintes Angebot annahm – da musste ich die Nudeln hinterher womöglich nicht nur vom Plafond in der Küche schaben, sondern auch von den Hunden. Möglicherweise sogar von den Hühnern.

Bei Teenagern weiß man echt nie, woran man ist. Erst schreien sie »Ich hasse dich!«, dann wieder bieten sie einem an, eine Tasse Tee zu machen, als wäre nichts gewesen, und fünf Minuten später hassen sie einen erneut, weil man sich irgendeines vernachlässigbaren Vergehens schuldig gemacht und ihnen damit zum hundertfünfundsiebzigtausendsten Mal an diesem Tag das Leben ruiniert hat. Es ist echt die reinste Achterbahnfahrt, und ich bin unheimlich dankbar für den Hoffnungsschimmer, der dann und wann zwischen all der Feindseligkeit und der Raserei aufblitzt und mir gelegentlich einen Blick auf die Menschen gewährt, in die sie sich eines schönen Tages verwandeln könnten. Ich nehme mal an, das ist auf eine Art Selbsterhaltungstrieb zurückzuführen – würden sie in den vier oder fünf Jahren, die es dauert, bis sie diese hormonell bedingten Anwandlungen hinter sich haben, in einer Tour bloß rumzicken, würden wir sie vermutlich ertränken oder so.

»Danke, Liebes«, erwiderte ich auf Peters freundliches Angebot und nahm einen großen Schluck Wein aus dem Marmeladeglas, wobei ich mir vorkam wie ein alberner Hipster. »Aber ich finde, wir sollten uns heute mal etwas gönnen. Wie wär's, wenn wir etwas zu essen bestellen?«

Daraufhin brach natürlich prompt der Dritte Weltkrieg aus, weil sich die beiden nicht einigen konnten, ob wir beim Inder, beim Chinesen oder beim Thailänder anrufen sollten, aber das war es wert, und sei es nur, weil ich meiner Mutter auf diese Weise mental den Stinkefinger zeigen konnte. In ihren Augen sind Gerichte zum Mitnehmen »entsetzlich gewöhnlich«, es sei denn, man befindet sich in einem Badeort und bei dem Gericht handelt es sich um eine Portion Fish and Chips, die direkt am Strand verzehrt wird. Bei der Vorstellung, dass wir uns an einem ganz normalen Wochentag und ohne ersichtlichen Grund auswärts etwas zu essen holten, hätte sie garantiert einen hysterischen Anfall gekriegt. Ha!

JUNI

Samstag, 2. Juni

Neulich Abend habe ich pflichtschuldigst meine Schwester angerufen, wie Mum es mir aufgetragen hatte, und prompt hatte ich eine leicht hysterische Jessica an der Strippe, denn wie es scheint, haben sich Persephone und Gulliver in regelrechte Teenagerrabauken verwandelt und sind komplett außer Rand und Band: Persephone habe eine Tendenz zur Selbstverstümmelung entwickelt und sei fest entschlossen, sich ihre Zukunft zu verbauen, und Gulliver sei neuerdings Mitglied einer Metal-Band. Ich hakte nach und erfuhr, dass sich Persephone weder eine Gesichtstätowierung noch eine gespaltene Zunge hatte verpassen lassen, sondern bloß ein Nasenpiercing. Zudem weigerte sie sich, jetzt schon die Aufnahmeprüfungen für Oxford und Cambridge zu schreiben, und – Horror über Horror (jedenfalls in Jessicas Augen) – sie war auch gar nicht sicher, ob sie besagte Prüfungen überhaupt je ablegen wolle. Gulliver wiederum war nicht etwa von zu Hause weggelaufen, um mit Megadeth auf Tour zu gehen, er hatte lediglich das Kammerorchester seiner Schule verlassen und spielte nun in der Mittagspause Keyboard in der »Rockband« seines Musiklehrers Mr Bale.

»Meinst du nicht, dass du ein klitzekleines bisschen überreagierst, Jessica?«, fragte ich sanft. »Ich meine, das ist doch alles noch recht harmlos, verglichen mit dem, was rebellische Teens sonst so anstellen.«

»HARMLOS?«, kreischte Jessica. »Gemessen an deinen Kindern vielleicht, aber Gullivers Klavierlehrer meinte, Gulliver könnte es an die Juilliard School of Music in New York schaffen, und wie soll das klappen, wenn er sich nicht *auf seine Karriere konzentriert?*«

»Er ist erst dreizehn, Jessica«, erinnerte ich sie.

»Und Persephone? Die wird in ihrem Politikstudium doch nie und nimmer ernst genommen, wenn sie irgendwelche Metallteile im Gesicht hat!«

»Ach, komm, sogar Justin Trudeau ist tätowiert.«

»Ja, schon klar, dass du das nicht verstehst«, ätzte Jessica. »Du hast Jane ja auch erlaubt, dass sie sich den Bauchnabel piercen lässt.«

»Was? Nein, habe ich nicht.«

»Laut Persephone hat Jane auf Instagram ein Foto davon gepostet. Sag bloß, du hast es nicht gewusst.«

DIESES BESCHISSENE INSTAGRAM! Ich konnte Peter ja nun nicht täglich bitten, mir sein Handy zu leihen – früher oder später sagte er bestimmt nein oder erzählte Jane, dass ich sie stalkte.

»Äh, ja, doch, natürlich«, krächzte ich in dem Versuch, wie eine verantwortungsvolle Mutter zu klingen – eine, die nicht von ihrer Tochter auf Instagram blockiert wurde, weil letztere gern mal Fotos von fragwürdigen Piercings postet, oder von sich selbst, wie sie einem pickeligen Teenager die Zunge ins Ohr steckt.

»Ist alles okay, Ellen? Du klingst irgendwie seltsam.«

»Ja, ja, alles bestens«, schwindelte ich. Es erstaunte mich, dass Jessica überhaupt gefragt hatte, aber ich hätte ehrlich gesagt gar nicht gewusst, wo ich anfangen sollte zu erzählen, zumal für meine Schwester die Aussicht, dass ihr Sohn womöglich nicht die Juilliard School of Music besuchen würde, ganz offensichtlich weit schlimmer war als meine Scheidung, mein baufälliges neues Zuhause – ähm, ich meine, das Cottage meiner Träume – und das Bedürfnis meiner Tochter, das von der Trennung ihrer Eltern ausgelöstes emotionale Trauma zu verarbeiten, indem sie sich piercen ließ. »Ich muss jetzt auflegen, Jessica. Ruf Mum an, okay?«

Dann marschierte ich nach oben, um Jane zur Rede zu stellen. »Dad hat es mir erlaubt«, erklärte sie achselzuckend.

Ich rief Simon an. »Was hast du dir eigentlich dabei gedacht, Jane die Erlaubnis für ein Bauchnabelpiercing zu erteilen, ohne mich zu konsultieren? Als sie sich damals die Ohrlöcher hat stechen lassen, wäre sie beinahe in Ohnmacht gefallen!«

»Sie meinte, du hättest nichts dagegen.«

»Und dir ist nicht in den Sinn gekommen, das nochmal mit mir abzuklären?«

»Wieso sollte ich, wenn sie sagt, du hättest es ihr erlaubt?«

»Und das hast du ihr einfach geglaubt?«

»Klar, warum nicht?«

»Weil Teenager nun mal *lügen*, Simon!«

»Woher sollte ich das denn wissen?«

Ich beendete das Gespräch und widmete mich wieder meiner endlos langen Wochenend-To-Do-Liste. Es kommt mir echt so vor, als käme wie durch einen bösen Zauber jedes Mal, sobald ich einen Punkt abhake, unten ein Dutzend neuer Aufgaben hinzu. Mit gerunzelter Stirn ging ich die Liste durch auf der Suche nach einer Tätigkeit, die möglichst wenig Widerwillen bei mir hervorrief. Zur Auswahl standen A) diverse freudvolle Verrichtungen im Haushalt, darunter Bügeln, das Klo schrubben oder die schmierig-schleimige Masse aus dem Waschmittelfach der Waschmaschine kratzen, B) allerhand Orga-Kram wie Angebote für die KFZ-Versicherung einholen (das ist eine von Simons großen Stärken – teils deshalb, weil er ein solcher Geizkragen ist und es ihm ein diebisches Vergnügen bereitet, der Versicherung eins auszuwischen, indem er zu einem billigeren Konkurrenten wechselt) oder Augen- und Zahnarzttermine für die gesamte Familie vereinbaren (Simon war völlig konsterniert, als ich ihm neulich eröffnete, er müsse sich um die alljährliche Kontrolluntersuchung beim Zahnarzt künftig selbst kümmern – er hatte mir doch glatt eine Nachricht geschrieben, um mich zu fragen, wann denn sein nächster Termin sei ... Wobei, vielleicht sollte ich mich auf einen Deal mit ihm einlassen: Ich könnte für ihn beim Zahnarzt anrufen, was ehrlich gesagt überhaupt kein Aufwand für mich wäre, weil ich ohnehin die Termine für die Kinder und mich vereinbaren muss, und er könnte im Gegenzug für mich das Internet nach günstigen Versicherungsangeboten durchforsten, was er sowieso gerne tut. Oder wäre das ein bisschen eigenartig?) Dann gab es noch C), ein Anruf bei Dad und Natalia. Nach meinen Telefonaten mit meiner Mutter und meiner Schwester diese Woche fand ich die Vorstellung, ein wenig mit meinem Vater und meiner Stiefmutter zu plaudern, sogar recht verlockend. Mein Vater war zwar den Großteil seines Lebens ein notorischer Schürzenjäger, und Jessica wird wohl nie von ihrer Überzeugung abrücken, dass Natalia ihn auf seine alten Tage nur geheiratet hat, weil sie Jessica um das ihr rechtmäßig zustehende Erbe bringen will. Aber Fakt ist: Dad und Natalia sind deutlich netter als der Rest meiner Familie und vor allem einigermaßen normal, jedenfalls verglichen mit Mum und Jessica, diese beiden zwangsneurotischen Zimtzicken. Ich weiß, ich sollte es mir dringend abgewöhnen, sie so zu bezeichnen – die Kinder weise ich immer zurecht, wenn sie etwas in der Richtung sagen – aber die Formulierung ist nun mal absolut zutreffend.

Ich hatte eben zum Telefon gegriffen, als Hannah an die Hintertür klopfte und in die Küche wankte.

»Kaffee«, hauchte sie ermattet und sank auf einen Stuhl. »Gib mir Kaffee, ich flehe dich an!«

»Du klingst ja, als wärst du verkatert!«, stellte ich entrüstet fest. »Hast du dich gestern etwa vollaufen lassen, in deinem Zustand?«

»Neiiiin!«, greinte Hannah verzweifelt. »Alkohol ist *strengstens* verboten, wenn man einen Braten in der Röhre hat. Genau wie alles andere auch! Man darf einfach *überhaupt gar nichts mehr, erst recht*, wenn man Tisch und Bett mit einem Arzt teilt, der eine solche Hochachtung vor dem Wunder des Lebens hat und seine Rolle als werdender Vater derart ernst nimmt. Charlie treibt sich neuerdings sogar auf Mumsnet rum! Ganz im Ernst, Ellen, er lässt mich überhaupt nichts mehr machen. Ich darf auch nur noch koffeinfreie Getränke zu mir nehmen, weil Koffein dem Baby schaden könnte. Ich habe im Haus Nespresso-Kapseln versteckt, genau wie die ganzen Alkis, die überall Wodkaflaschen deponieren, aber heute Vormittag ist Charlie zu Hause, deshalb bin ich nicht an meinen geheimen Vorrat gekommen, und ich *brauche* jetzt verdammt noch mal einen Kaffee!«

»Und warum fährst du denn dann den ganzen Weg hier raus? Bei euch in der Gegend gibt es doch haufenweise hübsche Hipster-Cafés.«

»Aber da könnte mich Charlie sehen«, erklärte sie finster.

»Und überhaupt lässt er mich kaum noch unbegleitet aus dem Haus, aus Angst, ich könnte einen Schwächeanfall erleiden oder etwas Schweres tragen. Ich darf noch nicht einmal mehr einkaufen gehen. Er übertreibt es derart mit seiner Fürsorge, dass ich mir schon beinahe Dan zurückwünsche, und das, obwohl sich diese Kanaille unmittelbar nach der Geburt meiner Kinder meine Portion Toast und meinen Tee einverleibt hat, weil ich angeblich ›nicht so aussah, als hätte ich Lust darauf‹. Ich hab behauptet, dass du eine Art scheidungsbedingten Nervenzusammenbruch hast und meinen Beistand benötigst, und selbst dann hätte mich Charlie am liebsten hergefahren, weil es ja sein könne, dass ich mich von den Kreisverkehren gestresst fühle, und Stress ist schlecht für das Baby und meinen Blutdruck. Arrrrghhhh! Puh, danke.« Sie griff gierig nach der Tasse Kaffee, die ich ihr hinhielt.

Ich zog in Erwägung, ihr zu sagen, dass ich tatsächlich gerade eine Art scheidungsbedingten Nervenzusammenbruch erlitten hatte, weil mein Exmann ständig meine Kindererziehung unterminiert und unsere Bratzenprinzessin mich ansieht, als wäre ich ein dampfender Hundehaufen, in den sie gerade getreten ist, und dass ich leicht beunruhigt war, weil sogar Jessica gemerkt hatte, dass ich etwas neben der Spur war. Aber Hannah hatte auch so bereits genug Ärger, da musste ich sie nicht auch noch mit meinen Problemen belasten, zumal sie, kaum dass sie den ersten Schluck getrunken hatte, »Aua, aua! Heiß, heiß!«, quiekte.

Ich seufzte. »Natürlich ist der Kaffee heiß, du hast mir doch zugesehen, als ich ihn eben aufgebrüht habe! Du bist genau wie Peter – der fällt auch jedes Mal aus allen Wolken, wenn er sich den Mund verbrennt, weil er am liebsten direkt aus dem Topf isst, der gerade noch auf dem Herd stand.«

»Und wenn schon«, seufzte Hannah. »Ein paar Verbrennungen dritten Grades nehm ich gern in Kauf für ein bisschen Koffein. Aber sag mal, hast du nicht noch anderen Kaffee – ich bin schwanger; ich finde, ich habe etwas Besseres verdient als Instantkaffee.«

»Ich besorge für deinen nächsten Besuch anständigen Kaffee«, versprach ich ihr.

»Oh Mann, ich hatte schon völlig vergessen, wie ätzend es ist, schwanger zu sein«, ächzte Hannah. »Man fühlt sich echt wie ein lebendiger Brutkasten. Es kommt mir so vor, als würde mein Körper gar nicht mehr mir gehören. Und dann diese ganzen Klugscheißer, die meinen, sie müssten einem ungefragt allerlei Ratschläge erteilen – ›Tu dies‹, ›Tu jenes‹, ›Oh, das würde ich mal lieber bleiben lassen‹ ... Dabei sieht man mir noch gar nicht an, dass ich schwanger bin! So richtig schlimm wird es ja erst, wenn diese ganzen durchgeknallten Grapscherinnen ankommen, die unbedingt mal meinen Bauch berühren wollen und völlig perplex sind, wenn ich ihnen sage, sie sollen Leine ziehen. Wie zum Teufel kommen diese Weiber darauf, dass das okay ist? Man geht doch sonst auch nicht einfach auf wildfremde Menschen zu und fragt, ob man sie betatschen darf! Woher zum Geier kommt diese Unart, schwangeren Frauen an den Bauch fassen zu wollen?«

»Vielleicht hat es was damit zu tun, dass es Glück bringen soll?«

»Die können mich alle mal kreuzweise! Und wenn sie die größten Pechvögel unter der Sonne sind, sie sollen mich gefälligst in Frieden lassen!«, keifte Hannah und schwenkte ihre leere Tasse. »Noch einen, bitte.«

»Bist du sicher? Den ersten hast du ziemlich schnell gekippt«, wandte ich ein.

»FANG DU NICHT AUCH NOCH AN, ELLEN!«, belferte Hannah. »Ich brauche eine Stimme der Vernunft in diesem ganzen Irrsinn! Ich bin umzingelt von Freaks, die mir sowohl mein Glück als auch den allerletzten klitzekleinen Rest Lebensfreude abspenstig machen wollen. Weißt du, was das Neueste ist? Schwangere sollen nur noch auf der linken Seite schlafen, das ist angeblich besser für das Baby, wegen der Sauerstoffzufuhr oder so. Tja, welches Monster von Mutter würde es da noch wagen, auf der rechten Seite zu schlafen? Charlie hat prompt vorgeschlagen, wir könnten uns ja einen Schaumstoffkeil ins Bett legen, damit ich mich im Schlaf nicht versehentlich auf die rechte Seite drehe! Aber das kann er fett vergessen! Ich hab ihm klipp und klar gesagt, wohin er sich seinen Keil stecken kann.«

»Kuchen?«, sagte ich, um einen besänftigenden Tonfall bemüht.

»Kuchen?«, echote sie verbittert. »Bloß nicht! Fett und Zucker sind schlecht für das Baby, und dann besteht ja auch noch die Gefahr einer Schwangerschaftsdiabetes ... Wenn ich Lust auf Süßes habe, soll ich lieber ein bisschen Obst essen. GIB SOFORT DEN KUCHEN WIEDER HER, ELLEN!«

Sie steckte sich einen großen Bissen in den Mund, ehe sie empört fortfuhr: »Und stell dir vor, neuerdings weigert sich Charlie, mich zum Essen auszuführen!« Ich fand mich widerstrebend damit ab, dass es für mich heute Nachmittag wohl doch kein Stück Kuchen geben würde, während ich leicht alarmiert verfolgte, wie sich Hannah gierig mit beiden Händen meinen mit Marmelade gefüllten Biskuit einverleibte, ohne ihre Tirade zu unterbrechen, sodass etliche Krümel auf dem Fußboden landeten, und nur dann und wann eine Pause einlegte, um mit großen Schlucken von ihrem kochend heißen Kaffee nachzuspülen.

»Huch! Was ist *das* denn?«, stieß sie überrascht hervor, als

Barry wie aus dem Nichts neben ihr auftauchte. Er ist stets zur Stelle, sobald auch nur der Hauch einer Chance besteht, dass etwas Essbares für ihn abfallen könnte, im Gegensatz zu Judgy, der sehr verwöhnt ist und sich erst vom Sofa erhebt, wenn es ein Filetsteak abzustauben gibt.

»Das ist Janes Hund. Er sollte eigentlich mein Zweithund werden, aber die beiden waren vom ersten Tag an ein Herz und eine Seele. Pass um Himmels Willen auf, dass du in ihrer Gegenwart nichts Negatives über Barry sagst. Du magst ihre Patentante sein, aber wenn du ihn beleidigst, bist du für sie gestorben.«

»Ach ja, Emily hat erwähnt, dass Jane seit neuestem einen Wolfshund hat, der ziemlich merkwürdig aussieht ... Der ist echt ganz schön groß. Ich dachte, du magst lieber kleine Hunde?«

Ich betrachtete Barry prüfend. Hannah hatte recht, er war wirklich ein Ungetüm. Er hätte bequem von der Tischplatte fressen können. Hm. War das von Anfang an so gewesen? Aber die Dame im Tierheim hatte mir versichert, dass er bereits ausgewachsen war, und die musste es schließlich wissen, oder?

»Ähm, wo war ich stehengeblieben? Ach ja, Charlie will mich nicht mehr zum Essen ausführen«, fuhr Hannah fort. »Er hat irgendwo gelesen, dass schwangere Frauen nur in Restaurants mit speziellen Hygienevorschriften essen sollen, wegen der Listerien.«

»Pfff. Als wir mit Jane und Emily schwanger waren, haben wir andauernd auswärts gegessen«, sagte ich. »Wir haben es überlebt, und sie auch. Okay, nach der Geburt von Lucas und Peter kam es dann so gut wie gar nicht mehr vor, was aber nur daran lag, dass wir wegen unserer Erstgeborenen pleite waren und es keinen Spaß macht, mit einem kreischenden Wickelkind im Schlepptau essen zu gehen. Ich meine, klar solltest du dubiose Kebab-Buden ebenso meiden wie Lokalitäten mit so fragwürdigen Namen wie Fritty Woman oder Thai Tanic, aber abgesehen davon finde ich seine Vorsicht etwas übertrieben.«

»GENAU DAS HABE ICH AUCH GESAGT!«, rief Hannah. »Gibt's noch Kuchen? Ich muss ständig etwas einwerfen, als vorbeugende Maßnahme – bis jetzt bin ich von der morgendlichen Übelkeit verschont geblieben, aber ich habe Angst, dass es losgeht, wenn ich zu lange nichts esse. Ich hab's SO satt, schwanger zu sein, Ellen! Dabei bin ich noch nicht einmal in der zwölften Woche. Apropos, begleitest du mich nächste Woche zur Ultraschalluntersuchung?«

»Gehst du da nicht mit Charlie hin? Ich will ihm nicht in die Quere kommen. Und ich kann nicht versprechen, dass ich einen Tag Urlaub nehmen kann, aber ich werd's versuchen.«

»Nein, lass mal; du hast recht, Charlie wird dabei sein«, brummte Hannah mit finsterer Miene. »Bei der Erstuntersuchung hat er sich unmöglich aufgeführt. Er hat die Ärztin doch glatt gebeten, das Gel anzuwärmen, weil ›der Kälteschock dem Baby schaden könnte‹. Und jetzt plant er eine große Ankündigung der Tatsache, dass wir Nachwuchs bekommen. Er wollte ernsthaft auf Facebook ein Foto posten, auf dem Emily und Lucas das Ultraschallbild in die Höhe halten, und sie dafür sogar in T-Shirts mit dem Aufdruck ›Großer Bruder‹ und ›Große Schwester‹ stecken! Sie waren total geschockt. Sie haben gesagt, da könnten sie sich ja genauso gut den Schriftzug ›Unsere Mami hat noch Sex‹ auf ihre T-Shirts drucken lassen. Ich kann es ihnen nachfühlen. Solche Fotos sind süß, wenn die Geschwister selbst noch Kleinkinder sind, aber bei Teenagern … Sie konnten mir eine volle Woche lang nicht in die Augen sehen, weil in meinem Bauch der lebende Beweis dafür heranwächst, dass ich mit einem Mann in der Kiste war ... Und ich höre von allen Seiten, was für ein *Glück* ich doch habe, und wie *sehr* ich mich doch über diese Schwangerschaft *freuen* sollte, weil es so viele Frauen gibt, die alles dafür geben würden, ein Kind zu bekommen. Und ich *freue* mich ja auch, und ich *weiß*, dass ich mich glücklich schätzen kann und dass es viele Frauen gibt, die durch die Hölle gehen müssen, um schwanger zu werden, aber ich fühle mich trotzdem gestresst und aufgebläht. Und dann der Gedanke an all die schlaflosen Nächte, die mir bevorstehen, und an die vollgeschissenen Windeln, und die Vorstellung, in den kommenden paar Jahren ständig ein schreiendes Baby am Hals zu haben, wenn ich das Haus verlasse ... Oh Gott, jetzt wird mir doch schlecht. Das ist sie dann wohl, die Morgenübelkeit.«

»Das wage ich zu bezweifeln. Es könnte auch daran liegen, dass du gerade ein halbes Blech Biskuitkuchen verdrückt hast; und dazu dieser ganze Kaffee ...«, sagte ich. »Aber geht's dir jetzt besser, nachdem du dir das alles von der Seele geredet hast?«

»Ja, es geht mir tatsächlich besser.« Sie lächelte. »Du hast nicht zufällig Ingwerkekse da? Die sollen gut gegen Übelkeit sein.«

»Nein!«, sagte ich streng. »Du hast genug Süßkram intus. Ich weiß, du isst für zwei, aber das nimmt ja allmählich ähnliche Ausmaße an wie bei Peter!«

»Du bist gemein«, brummelte sie. »Ich dachte, ich bin deine beste Freundin? Wo stecken Peter und Jane überhaupt? Dan hat sich zur Abwechslung mal bereit erklärt, Emily und Lucas übers Wochenende zu nehmen, eigentlich wäre es bei uns zu Hause also endlich mal herrlich ruhig.«

»Was meinst du wohl? Die liegen alle noch scheintot im Bett.

Jane war gestern Abend auf einer Party; ich musste sie und drei weitere kichernde Teenager um halb zwei abholen. Sie hatten ganz offensichtlich ordentlich Cider getankt, aber zum Glück hat mir keine von ihnen ins Auto gekotzt. Und Peter hat bei Sam und Colin übernachtet und zweifellos die ganze Nacht mit Toby vor dem Computer gehockt und gezockt. Ich vermute mal, die beiden veranstalten gerade eine wahre Pupsorgie, und wenn es ihnen gelungen ist, Tobys Zimmer in eine Art B-Waffen-Sperrzone zu verwandeln, werden sie aus ihrer miefenden Höhle gekrochen kommen, um jeweils eine Familienpackung Frühstückscerealien mit eineinhalb Litern Milch in sich hineinzuschaufeln. Tja, und ich werde mich wohl bald in die Höhle der Löwin wagen und die Mädchen wecken müssen; dieses Wochenende sind die Kinder bei Simon. Jane jagt mir Angst ein, wenn sie verkatert ist ... Wobei sie mir ehrlich gesagt auch sonst Angst einjagt. Wusstest du, dass sie sich den Bauchnabel hat piercen lassen?«

»Ach ja? Das erklärt dann wohl, warum Emily mir damit schon die ganze Zeit in den Ohren liegt.« Hannah seufzte. »Weißt du noch, wie wir uns, ehe wir von Partys abgeholt wurden, zur Tarnung parfümierten Lipgloss auf den Mund geschmiert haben, weil wir felsenfest überzeugt waren, dann würden unsere Eltern nicht merken, dass wir eine Fahne haben? Wie naiv wir damals waren! Und plötzlich haben wir selber Kinder im Teenager-Alter und kontrollieren, ob sie sich auch nicht aus unserer Wodkaflasche bedient haben, und wenn wir sie abholen, tun wir so, als würden wir nicht merken, dass sie beschwipst sind ...«

Wir hingen eine Weile schweigend allerlei Erinnerungen an unsere Jugend nach, bis sich Barry auf der Suche nach weiteren Kuchenkrümeln unter den Tisch zwängte und selbigen dabei um ein Haar hochhob. War er *tatsächlich* letzte Woche auch schon so groß gewesen?

Donnerstag, 14. Juni

Oh Gott, oh Gottogott! Ich fass es nicht. Ich habe ein Date. EIN DATE! Mit Tom, dem semiheißen Audi-fahrenden Leiter der Finanzabteilung. Wir standen vorhin plaudernd vor den Aufzügen, als er plötzlich betont beiläufig sagte: »Du hast nicht zufällig Lust, am Wochenende diesen Italiener im Stadtzentrum auszuprobieren, der kürzlich eröffnet hat?«

Natürlich gab ich mich mega-cool und lässig – ich sagte lediglich: »Ja, gute Idee, wer kommt sonst noch mit?«, worauf er erwiderte: »Ich dachte, wir gehen am besten zu zweit hin; große Gruppen in Restaurants können manchmal echt nerven, findest du nicht?« Ich wickelte mir eine Haarsträhne um den Zeigefinger, flötete »Oh ja, absolut«, und klimperte ein bisschen mit den Wimpern, bis er sagte: »Alles in Ordnung? Hast du was im Auge?«, also schnippte ich mir eine Haarsträhne über die Schulter und sagte: »Nein, nein.« *Shit*, dachte ich, *womöglich glaubt er jetzt, dass ich Schuppen habe und dass mir eine davon ins Auge geflogen ist*, und dann: *Doppel-Shit, meine Flirttechnik ist vermutlich seit zwei Jahrzehnten out*. Ich zog in Erwägung, ein gewinnendes Lächeln aufzusetzen, ließ aber auch das bleiben, weil ich zu Mittag Sushi gegessen hatte, sprich, es stand zu befürchten, dass ich Sesamkörner zwischen den Zähnen hatte und dass mein Atem nach Fisch roch. Also sagte ich bloß: »Okay, und wann?«

»Um acht?«, schlug er vor und fügte dann ganz gentlemanlike hinzu: »Soll ich dich abholen?«

»Nein, nein, am besten treffen wir uns vor Ort«, wehrte ich

ab – erstens galt es, ein Zusammentreffen mit Peter und Jane zu unterbinden, die womöglich irgendwelche Peinlichkeiten von sich geben würden, zweitens konnte ich nicht ausschließen, dass Tom ein Psychopath war und mich auf dem Weg zum Restaurant ermordete, was ich ziemlich ärgerlich fände, denn ich hatte gehört, die Spaghetti alle Vongole bei besagtem Italiener seien zum Niederknien, und es wäre jammerschade, wenn er mich abmurkste, bevor ich sie probiert hatte, und drittens hatte ich Angst, er könnte es cool finden, mich mit seinem Motorrad abzuholen statt mit dem Audi, und dann hatte ich womöglich nicht die richtigen Klamotten an oder kam nicht in den Sattel, und falls doch, ruinierte garantiert der Helm meine Frisur.

»Äh, gut.« Stotterte er etwas überrascht, weil ich sein Angebot abgelehnt hatte.

»Wunderbar, bis dann!«, zwitscherte ich und hechtete in den nächstbesten Aufzug.

Zu spät wurde mir bewusst, dass ich mich bereits auf meiner Etage befunden hatte, und da ich schwerlich postwendend zurückfahren konnte, für den Fall, dass Tom noch vor dem Aufzug stand, stattete ich Debbie in der Personalabteilung einen Besuch ab.

»Oh mein Gott! Du hast ein Date mit Tom!«, quietschte Debbie, sobald ich ihr Büro betreten hatte.

»Woher weißt du das?«, fragte ich verdattert. Es war doch noch keine drei Minuten her! Hatte sie etwa im ganzen Haus ihre Spitzel? Vielleicht tat sie ja nur so, als würde sie unter dem Schreibtisch Frauenzeitschriften lesen, wenn ihre Chefin Gabrielle, diese tyrannische Trulla, nicht hinsah, und war in Wahrheit mit einer Art Überwachungsmission betraut? Bis jetzt hatte ich angenommen, dass sie nur deshalb so erschreckend viel über die Mitarbeiter unserer Firma wusste, weil sie die

Personalakten studierte, während Grusel-Gabrielle in ihren diversen Meetings saß, aber allmählich hatte es den Anschein, als könnte sich selbst Sherlock Holmes noch eine dicke Scheibe abschneiden von Debbie und ihrer geradezu übernatürlichen Spürnase für Klatsch und Tratsch.

»Deine Miene hatte gerade so was Kokettes und zugleich Mysteriöses«, erklärte Debbie. »Und außerdem stand in deinem Horoskop, dass dir eine Frage neue Möglichkeiten eröffnen würde, und in Toms Horoskop stand, es sei an der Zeit, das Grübeln einzustellen und aktiv zu werden. Es war also nicht schwer zu erraten. Wobei ich nach wie vor nicht glaube, dass Waage und Jungfrau langfristig kompatibel sind.«

»Ich kann sehr gut auf langfristige Kompatibilität verzichten, Debbie«, winkte ich ab. »Ich gehe lediglich mit einem Kollegen essen. Und solange nicht in den Sternen steht, dass demnächst eine Jungfrau von einer Waage in einer dunklen, menschenleeren Gasse gemeuchelt wird, habe ich nichts zu befürchten. Warum liest du überhaupt unsere Horoskope?«

»Ich lese die Horoskope aller Angestellten«, sagte sie mit einem Schulterzucken. »Es erleichtert mir die Wochenplanung, wenn ich weiß, wer möglicherweise bei Gabrielle vorspricht. Wäre mal interessant zu wissen, inwieweit die mangelnde Kompatibilität von Sternzeichen zu Bluttaten führt. Das wär doch eine tolle Idee für eine Fernsehserie – eine Astrologin, die der Polizei hilft, herauszufinden, wer das Opfer ermordet haben könnte. Klasse, nicht?«

»Dir ist aber schon klar, dass Astrologie nur Humbug ist?«

Debbie schnaubte. »Sag, was du willst, ich weiß, was Sache ist.« Sie hielt mir eine Dose Quality Street hin. »Praline?«

»Darf ich mir eine mit Kokosgeschmack nehmen?«

»Na, klar, obwohl du an der Macht der Sterne zweifelst. Soweit ich weiß, bist du ohnehin die Einzige im Haus, die diese Kokosdinger mag.«

»Hast du immer Süßigkeiten in der Schreibtischschublade?«

Sie nickte. »Das muss ich, bei meinem Job; Gabrielle ist eine garstige Gewitterziege. Außerdem kann so ziemlich jeder, der aus dem Thronsaal der Tyrannenkönigin kommt, eine kleine Aufmunterung gebrauchen.«

»Verstehe.«

Ich durfte alle Pralinen mit Kokosgeschmack mitnehmen. Alles in allem war heute also definitiv ein guter Tag, Stichwort #winning.

Samstag, 16. Juni

Heute hatte ich mein Date mit Tom. Davor musste ich mir von Jane allerdings ein Gejammer geradezu biblischen Ausmaßes anhören, weil sie unbedingt auf eine Party wollte, und wer sollte sie und ihre Freundinnen hinterher abholen, wenn ich abends ausging? »Das ist *so unfair*!«, motzte sie. »Als wir aufs Land gezogen sind, hast du *versprochen*, mich *jederzeit* abzuholen!«

Ich erinnerte sie daran, dass sie jetzt verdammt nochmal an fünf Samstagen in Folge auf einer Party gewesen war – auch an den beiden Wochenenden, an denen sie eigentlich bei Simon hätte übernachten sollen (Simon hatte sich großmütig damit einverstanden erklärt, dass sie trotzdem hier schlief statt bei ihm, wohl, weil ihm aufgegangen war, dass er anderenfalls die Wahl hatte zwischen einem Trupp fünfzehnjähriger Mädels in seiner Wohnung oder einer stinkigen Jane, die keifte, er habe ihr das Leben ruiniert).

Daraufhin schlug Jane vor, sie könne ja auf die Party gehen und bei einer ihrer Freundinnen übernachten, was an sich eine gute Idee gewesen wäre, denn mir waren ohnehin mehrere Eltern einen Gefallen schuldig, nachdem ich diesbezüglich in letzter Zeit so oft zum Handkuss gekommen war. Dennoch ruinierte ich das Leben meiner Tochter erneut, indem ich ihr erklärte, sie könne jetzt gefälligst mal einen Samstagabend zu Hause verbringen, weil ich meine Zweifel hatte, ob Peter wirklich schon alt genug war, um den ganzen Abend allein zu Hause zu bleiben, vor allem, da ich in dieser Zeit ein Date (mit einem Mann aus Fleisch und Blut!) hatte. Ich sah bereits die Schlagzeile in der *Daily Mail* vor mir: »Dreizehnjähriger in brennendem Haus eingeschlossen, während seine SCHLAMPE VON MUTTER mit einem Mann um die Häuser zieht!« Oder so ähnlich.

Zugegeben, es ist nicht gesagt, dass sich Janes Anwesenheit im Falle eines Brandes als hilfreich erweisen würde. Sie ist zwar älter als Peter und daher offiziell reifer und vernünftiger, verliert in Krisensituationen aber schnell die Nerven, während Peter meist die Ruhe selbst ist (ich frage mich ja bisweilen, ob das nur daran liegt, dass der überwiegende Teil seines Gehirns mit dem Gedanken an die nächste Mahlzeit oder an seine Computerspiele beschäftigt ist und deshalb gar nicht genügend Kapazitäten frei hat, um in Panik zu geraten). Andererseits hat Peter keinen Deut mehr Hausverstand als seine Schwester.

Meine Argumentation erzürnte Jane jedenfalls noch mehr, weshalb sie mir erneut vorwarf, ich würde mit meinem beispiellosen Egoismus absichtlich ihr Leben ruinieren. Dabei wusste sie noch nicht einmal, dass ich ein Date hatte. Ich hatte lediglich gemurmelt, ich träfe mich »mit Freunden« – mir fehlte die Kraft für die unausweichlichen Vorhaltungen von wegen es sei widerlich, dass ich in meinem Alter noch mit Männern ausgehe, ich solle doch lieber etwas stricken oder mich sonst irgendwelchen Tätigkeiten widmen, die viel passender wären für eine alte Schachtel wie mich. Es war natürlich Wasser auf ihre Mühlen, als sie erfuhr, dass sie zudem für sie beide würde Abendessen machen müssen. Den prompt folgenden Anfall zum Thema Patriarchat stoppte ich, indem ich ihr brüsk erklärte, ich habe sie *deshalb* mit der Zubereitung des Abendessens betraut, weil auf diese Weise zumindest die Chance bestand, dass sie auch tatsächlich etwas zu Essen abkriegte. Wenn nämlich Peter das Kommando in der Küche übernahm, müsse sie darben, weil er sich gnadenlos alles, was ihm in die Finger kam, hinter die Kiemen schieben würde, vermutlich sogar, ohne es vorher zu kochen. Darauf knurrte sie lediglich etwas von wegen »zerrüttete Familienverhältnisse«.

Natürlich hätte ich Simon bitten können, die Kinder zu nehmen, aber so gern ich ihm auch unter die Nase gerieben hätte, dass ich ein Date hatte, um ihm seine diversen Instagram-Posts heimzuzahlen (letzte Woche war es ein Foto von einem Abendessen in einem schicken Restaurant), wollte ich doch erst einmal abwarten, wohin die Sache überhaupt führt. Falls nämlich nichts daraus wird, müsste ich früher oder später, wenn Simon fragt, wie es mit Tom läuft, zugeben, dass mich auch andere Männer zum Davonlaufen finden. Zugegeben, es war auch denkbar, dass ich Tom zum Davonlaufen fand. Der langen Rede kurzer Sinn: Ich wollte nicht, dass Simon davon erfuhr, ehe es wirklich etwas zu erzählen gab. Dann konnte ich immer noch via Instagram verbreiten, dass ich ein romantisches Wochenende in einem schicken kleinen Hotel verbrachte und meinen Post mit einem Bild von zwei Sektgläsern garnieren, samt Badewanne im Hintergrund. *Das* wäre Simon, diesem Poser mit seinen dämlichen Schnappschüssen von überteuerten Salaten, bestimmt eine Lehre!

Na, jedenfalls habe ich mich vor meinem Date gut und gern fünfzehn Mal umgezogen – der Grat zwischen einem »Zu allen Schandtaten bereit«-Ausschnitt und einem »Hoppla, da ist mir doch glatt eine Titte rausgepurzelt!«-Dekolletee ist bekanntlich schmal. Es war schwieriger als erwartet, mich für ein Outfit zu entscheiden, und da meine Nerven wegen der Verabredung ohnehin blank lagen, war ich am Ende vollkommen verschwitzt und zerzaust, hatte aber keine Zeit mehr, noch einmal zu duschen, sodass ich mich wohl oder übel damit begnügen musste, erneut zu Deo und Glätteisen zu greifen. Trotzdem war ich schlussendlich recht zufrieden mit dem Resultat: Ein Top aus einem festen Stoff, das verführerische Einblicke gewährte, bei dem aber nicht die Gefahr bestand, dass meine Mädels mal kurz frische Luft schnappen gehen könnten. Schmal geschnittene Jeans – eng genug, um eine Spur sexy zu wirken und zugleich so weit, dass ich dem Essen Gerechtigkeit widerfahren lassen konnte (was auch immer heute Abend passieren mochte, ich würde zumindest mal wieder eine gepflegte Mahlzeit zu mir nehmen, jawoll!). Dazu trug ich Stöckelschuhe, deren Absätze so hoch waren, dass ich gerade noch damit gehen konnte, ohne zu schwanken, und spitz genug, um Tom bei Bedarf einen davon ins Auge rammen zu können, sollte er sich doch als Killer entpuppen. Ich war sogar mit meiner Frisur recht zufrieden, und ich hatte mir die Zeit genommen, Lidschatten in zwei unterschiedlichen Farbtönen aufzutragen und hinterher mit einem Blending-Pinsel drüberzugehen, um die Übergänge zu verwischen, wobei ich sie ehrlich gesagt so gründlich verschmierte, dass eine Art Schlammgrau dabei rauskam, von dem ich mir entschlossen einredete, es falle noch unter den »Smoky-Eyes-Effekt«.

Ich ging ins Wohnzimmer, um mich von den Kindern zu verabschieden – besser gesagt von Jane; Peter war nirgends zu sehen.

»Oh Gott, in *dem* Aufzug willst du vor die Tür gehen?«, rief sie entsetzt.

»Was gibt es denn dagegen einzuwenden?«, fragte ich alarmiert.

»Nichts ... Ich meine, wenn du dir so gefällst, bitte.«

Ich geriet in Panik. »Wieso? Bin ich etwa zu alt für diese Klamotten, oder sehe ich fett darin aus? Sind die Schuhe zu nuttig? Ist irgendetwas mit meinen Haaren?«

Jane betrachtete mich eingehend. »Nein, der Look wirkt bloß ein bisschen ... schlicht«, erklärte sie schließlich lapidar.

»Schlicht? Was zum Teufel soll das heißen, ›schlicht‹? Dieses Top hat neunundachtzig Tacken gekostet! Okay, nicht ganz, ich hab's im Ausverkauf für dreiundzwanzig ergattert, aber *ursprünglich* hat es neunundachtzig gekostet. Wie kann es da ›schlicht‹ wirken?«

Oh Gott.

Mein Outfit verströmte die Message »schlicht«. Ich hatte jedes einzelne Kleidungsstück, das ich besaß, anprobiert, und das war mit Abstand die beste Kombination gewesen, und trotzdem wirkte es »schlicht«. Tom würde bei meinem Anblick denken: *Püh, ganz schön schlicht!* und mich auf der Stelle abschreiben, und wenn ich allein und ungeliebt dahinschied, würden die Hunde wegen meines schlichten Aussehens vermutlich einen großen Bogen um meinen leblosen Körper machen, und der erste Gedanke des Unglücksraben, der einmal meine Leiche fand, würde sein: *Du liebe Zeit, was hat die denn an? Schlichter geht's ja wohl kaum!*

»Ach, egal, ich werde wohl oder übel so gehen müssen. Wo ist dein Bruder?«

»Woher soll ich das wissen? Ich bin nicht für ihn verantwortlich.«

»Ähm, doch, heute Abend gewissermaßen schon …«

Ich ging in den Flur, um vom Fuße der Treppe gefühlte hundertfünfundsiebzigtausend Mal »PETER? PEEETER!« zu brüllen, bis ich endlich ein gedämpftes »Was?« vernahm.

»Ich gehe jetzt!«

»Okay.«

»Bis nachher!«

Nichts. Ich musste mich beeilen, sonst verpasste ich meinen Bus. Ich flitzte wieder ins Wohnzimmer und schnappte mir meine Handtasche.

»Mutter?«

»Nicht jetzt, Jane, ich muss zum Bus«, rief ich.

»Warum nimmst du nicht das Auto? Ich dachte, du hasst Busfahren?«

»Ich nehme den Bus, damit ich mir mit gutem Gewissen ein Glas Wein zum Essen gönnen kann, Liebes.«

»Man sollte keinen Alkohol brauchen, um Spaß zu haben«, ermahnte mich mein Töchterlein.

»Völlig richtig, Liebes. Dann gehst du also ohne Cider auf deine nächste Party?«

»Was? Nein, so war das nicht gemeint! Hör mal, Mutter …«

»BIS SPÄTER, Liebes, ich gehe jetzt«, knurrte ich und hastete zur Tür hinaus, ehe mir Jane einen weiteren Vortrag halten konnte.

Ich schaffte es gerade noch rechtzeitig zur Haltestelle. Im Bus lag ein eigenartiger Geruch in der Luft. Ich versuchte, möglichst wenig anzufassen, und auch nur dann, wenn es sich partout nicht vermeiden ließ, und malte mir angeekelt aus, wer oder was die Quelle des Miefs gewesen sein mochte, was mich zumindest ein wenig von der Tatsache ablenkte, dass mein Outfit so »schlicht« war. Das Gegenteil von »schlicht« ist ja, soweit ich das verstanden habe, »too much«, was in der Sprache der heutigen Jugend so viel bedeutet wie »übertrieben« und, wenn ich es von Jane zu hören bekomme, ebenfalls herabsetzend zu interpretieren ist. Ich habe keine Ahnung, ob es in ihren Kreisen auch einen Ausdruck dafür gibt, wenn jemand die goldene Mitte zwischen »schlicht« und »too much« erwischt hat, und falls ja, wie er lautet – Jane hatte bislang wohl nie die Veranlassung, ihn in meiner Gegenwart zu verwenden.

Abgesehen davon gab es keine Widrigkeiten auf dem Weg zum Italiener, wo ich just in dem Augenblick eintraf, als es zu nieseln begann.

Es folgte der übliche diffizile Dialog mit dem Oberkellner, bei dem man unauffällig den Blick durch das Restaurant wandern lässt, während man erklärt, man sei mit jemandem verabredet – wer sitzt schon gern allein herum und erweckt den Eindruck, er hätte keine Freunde? Ich erspähte Tom, winkte ihm aufgekratzt und quiekte: »Ah, da ist er ja, danke!«, ehe ich zum betreffenden Tisch tänzelte, darum bemüht, meinem sexy Hüftschwung zum Trotz nicht das Gleichgewicht zu verlieren. Bei der Begrüßung gab es prompt eine weitere knifflige Situation, weil wir versuchten, es den Kontinentaleuropäern gleichzutun, die bekanntermaßen wahre Meister der aus Umarmung und Küsschen bestehenden Prozedur sind, zu der wir Briten uns mittlerweile auch verpflichtet fühlen, obwohl wir uns damit so unheimlich schwer tun – die Sache endet unweigerlich mit einer Nasenkollision, und keiner weiß, wie viele Küsschen denn nun Standard sind. Dann fragte Tom: »Möchtest du vorweg einen Cocktail?« (WORAUF DU EINEN LASSEN KANNST!), und damit war die erste Hürde erfolgreich genommen.

Im schummrigen Licht des Restaurants sah Tom sogar noch attraktiver aus als im Büro. Blieb nur zu hoffen, dass die Beleuchtung bei mir einen ähnlichen Effekt hatte. Ich habe ja bei Gewitterziegen-Gabrielle vor einer Weile den Wunsch nach einer etwas dezenteren Bürobeleuchtung deponiert, mit dem Argument, dass wir in einem schmeichelhafteren Licht bestimmt alle viel effektiver arbeiten würden. Natürlich ließ mich die alte Giftnudel abblitzen – O-Ton: »Wie können Sie es wagen, mir mit einem derartigen Mumpitz meine wertvolle Zeit zu stehlen?«, dabei weiß niemand so genau, was sie eigentlich so den lieben langen Tag treibt, denn den Großteil ihrer Arbeit erledigt Debbie, während Gabrielle mit dem Kopf nach unten von der Decke ihres Büros baumelt.

»Na, was hast du heute so getrieben?«, wollte Tom wissen.

Nun konnte ich ihm wohl kaum reinen Wein einschenken und ihm erzählen, dass ich gefühlt tonnenweise Wäsche gewaschen und dazwischen unter anderem den Küchenboden gewischt hatte, weil die Hunde ein Käsefondue ausgekotzt hatten, nachdem eines meiner lieben Kinder die verdammte Kühlschranktür nicht zugemacht hatte. Des Weiteren hatte ich mich mit meiner Tochter gezofft, die sich tätowieren lassen wollte und mir vorwarf, ich würde mit meinem Tattoo-Verbot ihre Menschenrechte beschneiden, ihre Kreativität im Keim ersticken und ihr Leben ruinieren. Danach hatte ich Simon eine Nachricht mit dem Wortlaut »Ganz egal, was unser Zornröschen behauptet; Jane hat *nicht* meine Erlaubnis, sich tätowieren zu lassen!« geschickt, hatte meinen Teenager-Sohn mit roher Gewalt davon abgehalten, die Überreste dessen zu inhalieren, was der Kühlschrank nach der Plünderung durch die Hunde noch enthielt, hatte das Leben meiner Teenager-Tochter erneut ruiniert, indem ich sie gebeten hatte, die Hühner zu füttern, und im Anschluss daran sämtliche Kleidungsstücke in meinem Schrank durchprobiert, nur um am Ende zu hören zu kriegen, dass mein Outfit »schlicht« wirke.

Also sagte ich bloß: »Och, nicht viel eigentlich. War ein ziemlich entspannter Tag ...« Und dann fügte ich in dem Bestreben, intellektuell rüberzukommen, hinzu: »Ich lese gerade dieses Buch, das mit dem Booker Prize ausgezeichnet wurde. Hochinteressant. Kennst du es schon?« Das ist nicht gelogen; ich *versuche* tatsächlich, es zu lesen, ich komme nur leider nicht so recht vorwärts, weil es ziemlich anspruchsvoll ist, weshalb ich inständig hoffte, dass Tom es entweder nicht gelesen hatte oder ein paar schlaue Kommentare dazu vom Stapel ließ, damit ich einfach beifällig nicken konnte.

»Äh, nö, ehrlich gesagt lese ich keine Bücher.«

Oh. Das war ja noch schlimmer, als wenn er mich in Erwartung einer intelligenten Antwort gefragt hätte, was ich von dem Buch hielt. Mir ist zwar schleierhaft, wie jemand keine Bücher lesen kann, aber ich sagte mir, das sei noch lange kein Grund, gleich eine schlechte Meinung von ihm zu haben. Bestimmt hatte er Eigenschaften, die dieses mangelnde Interesse an der Literatur wettmachten.

»Und, wie hast du den Tag verbracht?«, erkundigte ich mich.

»Vormittags war ich laufen, und am Nachmittag war ich im Fitnessstudio, erst ein bisschen Gewichte stemmen und dann Schwimmen. Ich trainiere für den Ironman«, erwiderte er.

»Wow, das klingt ... interessant. Ähm, was genau ist der Ironman?«

Er fing sogleich an zu erklären und wollte schier gar nicht mehr damit aufhören. Es klang grauenhaft. Zunächst schwimmt man knappe vier Kilometer, danach legt man schlappe hundertachtzig Kilometer auf dem Rennrad zurück, und *dann* läuft man, quasi zum Drüberstreuen, noch einen Marathon! Ich kann mir beim besten Willen nicht vorstellen, was einen Menschen dazu bewegt, sich einer derartigen Tortur zu unterziehen, aber für Tom scheint es das Größte überhaupt zu sein.

Während er noch seinen Trainingsplan für diese Ironman-Quälerei erläuterte, wurden die Vorspeisen serviert (Bruschetta für mich, Carpaccio für ihn, aber den Parmesan ließ er übrig). Beim Hauptgang (eine Pasta mit einer köstlichen Sahne-Sauce für mich, Lachs vom Grill für Tom, ohne Sauce, dazu ein Salat ohne Dressing) fragte ich ihn, ob er sich schon auf die neue Staffel von *Game of Thrones* freue.

»Ich sehe mir eigentlich keine Serien an«, sagte er. Nicht zu fassen. Er las keine Bücher und guckte keine Serien, noch nicht einmal *Game of Thrones*!

»Und Filme?«, hakte ich nach.

Seine Miene erhellte sich. »Ja, ich mag Bond-Filme.«

Yippie! »Irgendwelche anderen Filme?«

»Nö. Nur Bond-Filme.«

»Und, was hast du sonst noch für Hobbys?« Was zum Geier machte er in seiner Freizeit? Stand er auf Holzwerken oder Modelleisenbahnen? Oder saß er abends bloß zu Hause und beschäftigte sich still mit sich selbst?

»Nur Sport. Ich liebe Sport. Ehrlich gesagt bleibt mir neben dem Training kaum noch Zeit für etwas anderes.«

»Wow. Aber ... nimmt das denn wirklich so viel Zeit in Anspruch?«

»Naja, ich gehe nach der Arbeit immer direkt ins Fitnessstudio, und wenn ich zwei oder drei Stunden später nach Hause komme, mache ich mir etwas zu essen, und danach bin ich ziemlich erledigt und gehe schlafen. Ich stehe morgens ja auch schon um fünf auf, damit ich eine schöne große Runde laufen gehen kann, ehe ich ins Büro fahre. Und am Wochenende geb ich's mir dann so richtig. Machst du auch Sport?«

»Ich gehe in erster Linie mit meinen Hunden spazieren.«

»Oh, wie viele hast du denn?«, fragte er höflich.

»Zwei. Und drei Hühner. Hast du auch ein Haustier?« Oh Mann, diese Unterhaltung war ungefähr so spannend wie die Korrespondenz zwischen zwei vierzehnjährigen Brieffreundinnen.

»Nein. Ich finde Tiere im Haus unhygienisch.«

»Verstehe. Es gibt aber Studien, die belegen, dass Menschen, die ein Haustier besitzen, gesünder sind als …«

»Schon möglich, aber der Dreck und die Haare überall … das wäre mir echt zuwider. Möchtest du ein Dessert?«

»Ähm, ehrlich gesagt bin ich pappsatt. Und ziemlich müde. Wollen wir zahlen?«

Ich bestand darauf, die Rechnung für unsere Getränke zu übernehmen – das erschien mir nur recht und billig angesichts der Tatsache, dass es ganz augenscheinlich kein zweites Date mehr geben würde, weil wir nicht das Geringste gemeinsam hatten. Tom hatte außer dem Cocktail ja gerade mal ein Glas Rotwein getrunken (»Heut gönn ich mir mal was!«), ein guter Deal also.

Er bestand darauf, mich noch zur Bushaltestelle zu bringen – er hatte sogar angeboten, mich nach Hause zu fahren, aber ich hatte nicht die geringste Lust auf weitere zwanzig Minuten gestelzter Konversation über die Vor- und Nachteile der Paläo-Diät gegenüber der Keto-Diät (ich kapiere ehrlich gesagt nicht, worin der Unterschied liegt). Zum Glück kam der Bus recht bald.

»Danke für den netten Abend«, sagte Tom.

»Ich hab zu danken. Bis Montag!«, zwitscherte ich und sprang in den Bus. Zu meiner immensen Erleichterung hatte sich Tom nicht einmal bemüßigt gefühlt, die üblichen Phrasen von wegen »Gerne bald wieder« zu dreschen.

Das war es also gewesen, mein erstes Date seit fünfundzwanzig Jahren. Ich rief mir in Erinnerung, dass ich »in meinem Alter nicht mehr allzu wählerisch sein durfte« (sehr hilfreich, wenn man das immer wieder gesagt kriegt!) und dass Tom im Grunde ein sympathischer, anständiger Kerl war – er hatte weder meine Möpse sehen wollen noch hatte er behauptet, Frauen bräuchten keine politischen Ansichten. Der *Daily Mail* und den diversen Online-Single-Börsen zufolge konnte ich froh sein, dass sich ein Mann für mich interessiert hatte – mehr noch, ich durfte mir eine solche Gelegenheit auf keinen Fall durch die Lappen gehen lassen. Warum? Warum soll eine Frau, wenn sie mal die Vierzig überschritten hat, dankbar sein für jedes noch so kleine bisschen Aufmerksamkeit, während Männer jederzeit freie Wahl aus einem riesigen Angebot an Frauen jeglichen Alters von ungefähr achtzehn aufwärts haben? Wenn eine Frau mit einem jüngeren Mann zusammen ist, zerreißt man sich über sie das Maul, als wäre das ach-so-peinlich und verwerflich, wenn dagegen ein verhutzelter alter Knacker mit einer hübschen Fünfundzwanzigjährigen am Arm umherstolziert, wird das als vollkommen normal betrachtet.

Es ist so was von ungerecht!, dachte ich. *Ich will doch bloß einen Mann, der mich zum Lachen bringt, in etwa die gleichen Interessen hat wie ich und Hunde mag. Ist das denn wirklich zu viel verlangt?*

Während ich auf dem Heimweg über all das nachsann, kam ich mir direkt ein bisschen vor wie Jane mit ihrer Aversion gegen das Patriarchat (ihrer Ansicht nach sind die wenigen Missstände auf der Welt, an denen ich *nicht* die Schuld trage, auf das Patriarchat zurückzuführen, weshalb sie es im Alleingang zu Fall bringen will).

Zu Hause angekommen fand ich Jane im Wohnzimmer vor.

»Wo warst du?«, blaffte sie mich mit finsterer Miene an.

»Beim Italiener, weißt du doch.«

»Ja, aber mit wem? Ich dachte, du triffst dich mit Sam oder Colin oder Hannah, aber Sophie und Emily haben gesagt, ihre Eltern waren den ganzen Abend daheim. Also?«

»Mit einem Freund.«

»Du hast keine Freunde, mal abgesehen von Hannah, Sam und Colin.«

»Und ob! Ich habe jede Menge Freunde!«

»Wen den?«

»Katie zum Beispiel.«

»Ach, richtig. Hast du Katie überhaupt schon mal besucht, seit du uns hierher verpflanzt hast? Oder hast du sie ebenfalls einfach aus deinem Leben gestrichen?«

»Ich war erst vor ein paar Tagen in der Mittagspause mit ihr Kaffee trinken.«

»Dann ist es ja nicht sehr wahrscheinlich, dass du dich heute schon wieder mit ihr getroffen hast. Warst du mit einem *Mann* unterwegs?«

»Äh, ja.«

»Du hattest ein *Date*? Schämst du dich denn gar nicht?«

»Ich wüsste nicht, wofür ich mich schämen müsste. Es ist mein gutes Recht, mit einem Mann essen zu gehen und mich ein bisschen zu amüsieren.«

»Nein, ist es nicht! Ich finde es unmöglich, dass du in *deinem* Alter noch hinter den Männern her bist! Das ist total *peinlich*! Und was meinst du wohl, was Dad dazu sagen würde, wenn er wüsste, dass du dich mit einem anderen Mann getroffen hast?«

»Das geht ihn überhaupt nichts an. Wir lassen uns *scheiden*!«, wandte ich mit erhobener Stimme ein. »Andere Paare trennen sich doch auch und suchen sich neue Partner. Warum sollte ich nicht auch ein Recht darauf haben?«

»WEIL DAS ETWAS ANDERES IST! DU BIST MEINE MUTTER, und es ist total unfair und *falsch*, dass du mit anderen Männern ausgehst! Der einzige Mann, mit dem du essen gehen solltest, ist *Dad*!«

Barry erschien am oberen Treppenabsatz und winselte beunruhigt. »Und jetzt hast du auch noch dafür gesorgt, dass Barry Angst kriegt!«, zischte Jane verhalten. »Du machst alle total irre, aber das ist dir ja egal. Du denkst nur an dich!«

»Okay, *das* ist unfair!«, stieß ich geschockt hervor. »Ich war mit einem Arbeitskollegen essen. Es ist mein gutes Recht, das zu tun. Es war nur ein Abendessen, mehr nicht. Es stand nie zur Debatte, dass wir ein Liebespaar werden oder so. Und ich habe das Recht, neue Freundschaften zu schließen und ein bisschen Spaß zu haben – und mir einen neuen Partner zu suchen, wenn ich das will. Soll ich vielleicht bis ans Ende meiner Tage enthaltsam leben wie eine Nonne, damit ich dir stets zu Diensten sein kann? Du hast doch auch einen Freund! Also, warum darf ich keinen haben?«

»WOHER WEISST DU DAS? SPIONIERST DU MIR ETWA NACH? WIE KANNST DU ES WAGEN, MIR DAS ANZUTUN? DAS GEHT DICH ÜBERHAUPT NICHTS AN!«

»Also, verstehe ich das richtig – ich bin deine Mutter und habe die Pflicht, mich um dich zu kümmern und dafür zu sorgen, dass dir nichts passiert, aber *dein* Freund geht *mich* einen feuchten Kehricht an? Und sollte *ich* mir einen Freund zulegen, dann geht *dich* das *sehr wohl* etwas an?«

»Ja, ganz recht! Du bist meine *Mutter*, und du *brauchst* keinen Freund. Und Harry geht dich gar nichts an! Wag es ja nicht, noch einmal in meinem Leben herumzuschnüffeln! Du VER-

STEHST MICH NICHT, und DU VERSTEHST ÜBERHAUPT NICHT, WIE DAS ALLES FÜR MICH IST! ICH HASSE DICH! Ich ziehe zu Dad!«

»Nur zu!«, brüllte ich.

Sie raste die Treppe hoch, stürmte, dicht gefolgt von Barry, in ihr Zimmer und knallte die Tür hinter sich zu.

Ich ging in die Küche und schenkte mir mit leicht zitternden Händen ein Glas Wein ein, obwohl ich ihre Drohung, sie werde zu Simon ziehen, nicht weiter ernst nahm. Diese Karte spielte sie mindestens einmal in der Woche aus, aber bis jetzt hatte sie es noch nie durchgezogen, teils deshalb, weil ihr Zimmer bei Simon so vollgestellt ist, und sich das Futonbett, von dem sie anfangs so begeistert war, als hart und unbequem entpuppt hat, aber vor allem, weil sie genau weiß, dass Simon ihren Hund nicht in seiner Wohnung haben will.

Jane ist ein von Hormonen geplagtes Monster; ein kratzbürstiger Teenager. Wie jede andere Fünfzehnjährige hat sie ständig das Gefühl, ungerecht behandelt zu werden und muss zudem mit der Scheidung der Eltern fertigwerden. Trotzdem lag sie falsch mit ihrer Behauptung, ich würde sie nicht verstehen. Ich war schließlich auch einmal ein Teenager. Aber es ist in der gesamten Geschichte der Menschheit noch keinem Erziehungsberechtigten gelungen, das seinen Kindern glaubhaft zu verklickern. Ebenso ist es schlicht unmöglich, Jugendlichen zu vermitteln, dass es a) in der Natur eines Teenagers liegt, sich missverstanden zu fühlen und alles entweder unfair oder furchteinflößend zu finden, dass b) Teenager wider Erwarten beileibe nicht allein sind mit ihrem Zorn und ihrer Angst angesichts der auf der Welt herrschenden Ungerechtigkeit, und dass diese intensiven Empfindungen absolut gerechtfertigt sind, dass c) der Zorn und das Gefühl, ungerecht behandelt zu werden, eines Tages verpuffen werden, und dann werden sich diese jungen Leute leicht beschämt daran erinnern, was für eine idiotische Nervensäge sie mal waren, und dass d) ihre Gedichte weder gefühlvoll noch lebensverändernd sind, sondern gelinde gesagt ziemlich grauenhaft, und dass sie eines Tages eine enorme Erleichterung verspüren werden, wenn sie sie verbrennen, um zu verhindern, dass irgendjemand ihre peinlichen poetischen Ergüsse zu Gesicht bekommt.

Ich nahm mir fest vor, Jane mit mehr Verständnis zu begegnen und bei unseren Auseinandersetzungen nie zu vergessen, wer von uns beiden die Erwachsene war und wer die leidgeplagte Jugendliche. Ihr Verhalten hatte weder mit mir noch mit der Scheidung zu tun, auch wenn es den Anschein haben mochte; sie musste sich erst in der Welt zurechtfinden, und ich musste sie dabei unterstützen, statt mich von ihr provozieren zu lassen. Ein Teenager zu sein, war weiß Gott schon in meiner Jugend kein Zuckerschlecken gewesen, aber die ganzen sozialen Medien heutzutage machen es für die jungen Leute bestimmt noch zehnmal schwieriger – dieser ständige Zwang, sich auszutauschen, und dazu die Sorge, nicht genügend Likes für ihre Posts bekommen. Die Jungs sind ja angeblich allesamt pornosüchtig und verlangen von den Mädchen, dass sie ihnen Obenohne-Fotos schicken ... Von solchen Problemen war in den Mädchenzeitschriften, die ich früher gelesen habe, noch nicht die Rede gewesen. In *Just 17* hatte es immer geheißen: »Sprich mit einem Erwachsenen, dem du vertraust, über deine Probleme; mit der Schulkrankenschwester beispielsweise« – ein Tipp, bei dem wir immer schallend lachen mussten, denn unsere Schulkrankenschwester war ein feuerspeiender alter Drache, und es bereitete ihr eine sadistische Freude, uns bei den Impfungen gegen Röteln und Tuberkulose die Nadel möglichst grob in den

Arm zu rammen. Den Rest des Jahres wachte sie argwöhnisch über ihren wertvollen Vorrat an Pflastern, Paracetamol und Bandagen und behauptete hartnäckig, unsere Kopfschmerzen ließen sich auch mit einem Glas Wasser kurieren, unsere Verstauchungen seien nur eingebildet, und Schürf- und Schnittwunden solle man am besten an der frischen Luft abheilen lassen. Dann und wann verließ sie, ein paar Rollbinden in den Klauen, widerstrebend ihr Kabuff, um missmutig einen Erste-Hilfe-Kurs abzuhalten, bei dem sie uns lediglich zeigte, wie man jemandem eine Armschlinge anlegte, und am Ende keifte sie regelmäßig rum, weil sich eines der Mädchen (meist Hannah oder ich) verbotenerweise an ihren Bandagen vergriffen und versucht hatte, eine Mitschülerin in eine Mumie zu verwandeln. Einfühlungsvermögen war für diese herzlose Spinatwachtel ein Fremdwort; wir bekamen schon bei der bloßen Vorstellung, ihr irgendwelche intimen Probleme zu schildern, Ausschlag. Es war völlig undenkbar, mit ihr übers Knutschen oder über Sex zu sprechen, oder darüber, dass wir uns fragten, ob wir lesbisch waren, weil wir uns ausgemalt hatten, wie es wohl wäre, ein Mädchen zu küssen.

Seit Jahren rede ich mir ein, dass das Muttersein bestimmt irgendwann leichter wird. Wenn die Kinder gehen und reden können, wenn sie mir sagen können, was sie wollen, wenn ich ihnen nicht mehr den Hintern abwischen muss und wenn sie nachts durchschlafen, dann wird alles einfacher, dachte ich anfangs, und später: Wenn sie erst den ganzen Tag in der Schule sind, wenn sie allmählich selbständiger werden und allein mit dem Bus fahren können ... wenn sie lernen, sich ihre Zeit besser einzuteilen und sich zwischendurch auch mal eine Mahlzeit selbst zubereiten können ... wenn du sie nicht mehr als Kinder, sondern eher schon als Erwachsene betrachten kannst ...

Aber es wird nicht einfacher, sondern bloß … anders. Sie haben gehen und reden gelernt und sich den Kopf gestoßen oder die Knie aufgeschürft und im Supermarkt »Verdammte Scheiße, Mami!« gebrüllt, und ich habe dann so getan, als hätte ich keine Ahnung, wo sie diese Ausdrücke aufgeschnappt haben, und sie verarztet oder ihnen behutsam eine Kühlkompresse auf die Beule gedrückt, und sobald sie in die Schule kamen, habe ich mir Sorgen gemacht, sie könnten vielleicht keine Freunde finden oder gar gemobbt werden, und ich habe mich immer wieder gefragt, ob sie glücklich sind und wie zum Teufel es sein kann, dass sie schon wieder Läuse haben, und dann waren sie plötzlich Teenager und fingen an, mich zu verachten, und trotzdem brauchen sie mich nach wie vor, und ich fürchte immer noch, dass sie gemobbt werden könnten, aber auch, dass ihnen auf einer Party jemand K. O.-Tropfen ins Getränk mischen könnte, und ich frage mich, ob ich ihnen erlauben soll, Cider zu trinken, und wie ich bloß verhindern kann, dass sich Jane schwängern lässt und dass Peter Pornos guckt (natürlich wird er es trotzdem tun, aber ich muss versuchen, ihm den respektvollen Umgang mit Frauen beizubringen und ihm einzubläuen, dass »Nein« auch wirklich »Nein« bedeutet), und irgendwann muss ich ihn von diesem vermaledeiten Computer loseisen und ihn dazu bringen, sich mit Menschen aus Fleisch und Blut zu beschäftigen …

Aber was ist, wenn er im Internet all meinen Vorsichtsmaßnahmen zum Trotz irgendwelche mordlustigen Psychopathen kennenlernt? Andererseits lebt er mit Jane unter einem Dach und sollte somit einigermaßen geübt sein im Umgang mit mordlustigen Psychopathen … Und was, wenn die beiden das Abitur versemmeln? Wenn sie danach ein Jahr um die Welt reisen und ich nicht weiß, ob sie noch am Leben sind oder ob eines der unzähligen Horrorszenarien eingetroffen ist, die mir durch den Kopf schwirren, wenn ich nachts wachliege?

Werde ich je aufhören, mir ihretwegen Sorgen zu machen? Oder werde ich es auch dann noch tun, wenn sie längst selbst Kinder haben?

Erst in diesem Moment wurde mir bewusst, dass ich vergessen hatte, für Instagram ein Foto von meiner Pasta zu schießen. Mist. Wie sollte ich Simon jetzt neugierig darauf machen, mit wem *ich* ausgegangen war?

Samstag, 23. Juni

Könnte bitte mal jemand eine Maschine entwickeln, die es einem ermöglicht, sich seine Zeit besser einzuteilen? Meistens bin ich in akuter Zeitnot – ich haste durch mein Leben wie ein aufgescheuchtes Huhn und versuche verzweifelt, sämtliche Bälle in der Luft zu halten, und wenn ich dann mal achtundvierzig Stunden lang tun und lassen kann, was ich will (was alle zwei Wochen der Fall ist, wenn die Kinder bei Simon sind und ich zur Abwechslung mal nicht als ihre persönliche Taxifahrerin oder Köchin fungieren muss), zieht sich das Wochenende immer schier endlos hin. Okay, der Großteil dieser Zeit geht fürs Wäschewaschen drauf, und erstaunlicherweise gelingt es mir trotzdem nie, den Schmutzwäschekorb mal komplett zu leeren, geschweige denn, mir ein sinnvolles, produktives Hobby zuzulegen.

Es wäre echt hilfreich, wenn es eine Möglichkeit gäbe, einen Teil dieser Zeit an die Tage dranzuhängen, die viel zu kurz sind, um alles, was auf meiner endlos langen To-Do-Liste steht, ordentlich zu erledigen.

Zumindest einen Punkt habe ich heute abgehakt: Ich habe

mich mit Dad getroffen. Wir waren mittags essen, ausnahmsweise nur zu zweit, denn Natalia besucht ihre Mutter in Russland. Da es sonst so gut wie nie vorkommt, dass ich meinen Vater mal ganz für mich habe, fand ich es richtig schön, mich ungestört mit ihm unterhalten zu können.

»Na, wie geht es dir, Liebes?«, erkundigte sich Dad.

»Ganz gut«, antwortete ich mit einem strahlenden Lächeln.

»Und wie geht es dir *wirklich*? Ich finde dich ja sehr mutig, musst du wissen.«

»Mutig? Mich? Wieso?«

»Es ist nicht leicht, noch einmal ganz von vorn anzufangen, sich ein neues Leben aufzubauen. Das erfordert Mut. Ich bin stolz auf dich.«

»Da bist du allerdings der Einzige. Mum schämt sich für mich und ist wie Jessica der Auffassung, ich hätte total überreagiert. Statt die Scheidung einzureichen und damit sowohl mein Leben als auch das meiner Kinder zu ruinieren, hätte ich ihrer Ansicht nach Simons Wunsch nach ›etwas Abstand‹ respektieren sollen. Jane findet das ebenfalls, und sie reibt es mir ungefähr fünf Mal täglich rein. Peter gibt überwiegend Grunzlaute von sich und isst und isst, aber dann und wann umarmt er mich spontan, zumindest er scheint mich also nicht abgrundtief zu hassen. Und Simon ... ach, keine Ahnung, was Simon denkt. Wir reden über die Kinder, aber mehr auch nicht, und im Wesentlichen beschränken sich unsere Gespräche auf allerlei Ermahnungen von meiner Seite, wie zum Beispiel ›Sieh zu, dass sich Jane weder tätowieren noch piercen lässt und dass sie, wenn sie vor die Tür geht, einen Rock trägt, der ihr zumindest bis über den Hintern reicht‹.«

»Also, ich finde dich mutig. Ich hätte deine Mutter schon sehr viel früher verlassen sollen, aber ich war zu feige. Ehrlich gesagt hätte ich sie gar nicht erst heiraten sollen. Es war quasi Gruppenzwang – irgendwann brach in unserem Freundeskreis das Hochzeitsfieber aus, und ehe wir es uns versahen, standen wir selbst vor dem Traualtar. Ich hätte niemals zulassen dürfen, dass es so weit kommt. ›Was werden die Leute sagen?‹, dachte ich oft – viel zu oft. Selbst, nachdem mich Yvonne in flagranti erwischt hatte, wäre ich vermutlich geblieben, wenn sie mich nicht rausgeworfen hätte. Deine Mutter ist kein besonders netter Mensch, Liebes, aber sie ist verdammt tough. Ich sehe viel von ihr in dir.«

»Ich bin überhaupt nicht wie Mum!«, protestierte ich.

»Nein, ich weiß, aber du bist genauso tough wie sie, und manchmal auch genauso stur. Vermutlich seid ihr deshalb so oft aneinandergeraten. Ihr seid euch ähnlicher, als ihr zugeben wollt.«

»Ich komme mir weder besonders tough noch besonders mutig vor«, brummte ich.

»Du bist es aber, du musst nur mehr an dich selbst glauben. Und vergiss eines nicht: Du hast immer noch mich, und du hast einige sehr gute Freunde. Sieh zu, dass du dir von ihnen helfen lässt, wenn mal Not am Mann ist. So, jetzt erzähl mal, wie geht es Hannah? Wie ich höre, bekommt sie noch ein Baby. Das ist auch ziemlich mutig …«

Nach dem Essen sagte er: »In der Galerie ein paar Häuser weiter gibt es eine schöne Ausstellung. Hast du Lust?«

»Ich kann nicht«, sagte ich, »ich muss Jane von zu Hause abholen und zum Friseur fahren, und dann muss ich Peter bei einem Freund abliefern. Können wir das vertagen?«

»Natürlich, Liebes. Ich weiß ja, wie hektisch dein Leben ist. Aber lass mich dir noch einmal sagen, wie unheimlich stolz ich auf dich bin. So, genug der Sentimentalitäten, geh nur. Ihr jungen Leute, immer so beschäftigt … Mach's gut und halt die Ohren steif!«

Samstag, 30. Juni

Peter und Jane sind dieses Wochenende bei Simon. Jane ist sauer auf Simon, weil er ihr nicht erlaubt hat, ihre Freundinnen bei sich übernachten zu lassen, und Simon ist genervt, weil Jane pausenlos von Freundinnen umgeben sein will. Ich habe versucht, ihm zu erklären, dass das typisch für Mädchen im Teenager-Alter ist, dass sie nun einmal Rudeltiere sind und niemals allein sein dürfen.

»Gehen Mädels deswegen immer gemeinsam aufs Klo?«, fragte er.

»Teils«, erwiderte ich. »Aber auch, um über Jungs reden zu können. Und damit sie sich im Notfall von einer Freundin Make-up oder Tampons borgen können.«

Simon schüttelte den Kopf und murmelte etwas von wegen »Ich werde euch Frauen wohl nie verstehen …« Mir lagen mehrere wunderbar passende, bissige Erwiderungen auf der Zunge, aber ich beschloss, mich wie eine Erwachsene zu benehmen und sie runterzuschlucken, während sich Simon neben seinem Auto postierte in dem Bemühen, das übliche »Ich will aber diesmal vorne sitzen!«-Schreiduell zu beenden und die Kinder zum Einsteigen zu bewegen. Ich beschloss auch, nicht danach zu fragen, wem der zweite Schatten auf dem Selfie gehörte, das Simon vorige Woche auf Instagram gepostet hatte und das ihn auf einem ziemlich hohen Hügel zeigte.

Als ich meine Kinder endlich los war, fütterte ich erst einmal die Hunde und überlegte dabei, wie es sein konnte, dass Barry mittlerweile drei Mal so groß war wie am Anfang. Leider hatte sich auch sein Appetit verdreifacht. Ich kann es nicht mehr leugnen, nicht einmal vor mir selbst: Barry war mitnichten ausgewachsen gewesen, als er zu uns kam, den Beteuerungen der Dame im Tierheim zum Trotz, und er wird wahrscheinlich noch eine ganze Weile weiterwachsen. Die Frage, wie groß er wohl noch werden könnte, beschert mir schlaflose Nächte. Ich frage mich auch, wann Jane endlich kapituliert und einsieht, dass Barry mittlerweile zu groß ist, um noch bei ihr im Bett zu schlafen. Peter, der inzwischen überrissen hat, dass Barry zu hundert Prozent Jane gehört, will jetzt eine Python haben. Gut, die Viecher haben immerhin den Vorteil, dass man sie nur einmal die Woche füttern muss; selbst Peter dürfte es schaffen, sich daran zu erinnern. Auf der anderen Seite reden wir hier verdammt nochmal von einer Riesenschlange, und so etwas kommt mir nicht ins Haus. Was, wenn sie sich über Judgy oder die Speckled Sussex hermacht? Übrigens haben die Kinder das Interesse an ihnen mittlerweile verloren. Die Versorgung der Hühner obliegt somit mir, aber sollten Peter und Jane später doch mal eine Therapie benötigen, kann ich ihnen zumindest unter die Nase reiben, dass sie selbst daran schuld sind, weil sie sich nicht um die Hühner gekümmert haben, die ich zu Therapiezwecken für sie besorgt habe.

Ich trottete in den Garten, um besagte Hühner zu füttern und wurde von ihnen wie üblich mit verächtlichen Blicken bedacht.

»Was ist?«, fragte ich. »Was wollt ihr von mir? Ich füttere euch, ich räume eure Hühnerkacke weg, ich beschwere mich nicht, weil ihr noch kein einziges Ei gelegt habt, und ich halte Judgy davon ab, dass er euch verspeist. Alles, was ich im Gegenzug will, ist ein bisschen Geschwätzigkeit. Ist das denn wirklich zu viel verlangt? Wisst ihr nicht, wie man plaudert? Ist *das* das Problem? Muss ich öfter mit euch reden, damit ihr ein bisschen gesprächiger werdet? Aber bis jetzt habt ihr mich noch jedes Mal, wenn ich mit euch reden wollte, ignoriert oder versucht, mir die Zehen abzuhacken. Seid ihr so schweigsam, weil ihr traumatisiert seid? Weil ich nicht *genug* mit euch geredet habe? Habe ich nicht bloß das Leben meiner Kinder ruiniert, sondern auch eures? Ist es das?«

Dr. Oetker plusterte sich auf und wandte mir den Rücken zu.

»Aber wisst ihr was? Ich kann euch hören! Ich höre, wie ihr miteinander gackert, wenn ich nicht dabei bin. Aber sobald ich auftauche, haltet ihr eisern den Schnabel, genau wie ein Trupp arroganter Mitschülerinnen auf dem Schulhof. Arrogante Schnepfen, das seid ihr, jawohl. Nichts weiter als arrogante Schnepfen.«

Mir wurde jäh bewusst, dass ich nicht nur mit drei Hühnern redete, sondern selbigen auch noch unterstellte, sie seien absichtlich gemein zu mir. Es traf sich wohl ganz gut, dass ich abends bei Sam und Colin eingeladen war und mal wieder die Gelegenheit haben würde, mich mit Menschen zu unterhalten.

Und heute würde ich zur Abwechslung mal nicht zu tief ins Glas schauen. Jedenfalls nahm ich mir das auf der Fahrt zu Sam und Colin fest vor. Ich würde mich artig an Mineralwasser halten, schon aus Solidarität mit Hannah. Außerdem lege ich Wert auf eine gesunde Lebensweise und benötige, wie Jane immer wieder betont, nicht zwingend Alkohol, um mich zu amüsieren. Aber es war so ein wunderbar lauer Sommerabend, und es wirkte so unheimlich verlockend, wie die Kondenswassertropfen an der kalten Roséweinflasche runterliefen, und irgendwann sagte Hannah: »Herrgott nochmal, Ellen, jetzt trink gefälligst ein Glas Wein, damit wenigstens einer hier ein bisschen Spaß hat! Dein Auto kannst du auch morgen holen.«

»Na, vielen Dank auch«, knurrte Colin, und Charlie ermahnte Hannah zum dritten Mal seit meiner Ankunft, sie solle an ihren Blutdruck denken, und Hannah verdrehte die Augen und schob sich einen weiteren Ingwerkeks in den Mund, und dann brummte Charlie etwas von wegen »Viel zu viel Zucker«, und Hannah schnauzte ihn an, sie müsse sich verdammt nochmal mit Ingwerkeksen vollstopfen, damit sie von der morgendlichen Übelkeit verschont bliebe, und als Charlie zu bemerken wagte, ihre Übelkeit könne möglicherweise auch von ihrem unaufhörlichen Konsum von Ingwerkeksen herrühren, fauchte Hannah: »Solange du weder Wasser in den Beinen noch Dehnungsstreifen hast, lasse ich mir von dir nicht vorschreiben, wie ich mich in der Schwangerschaft zu verhalten habe!«, und spätestens da hielt ich es für eine hervorragende Idee, den Wagen stehen zu lassen und mir ein, zwei Gläschen Wein zu gönnen.

Es klingelte, und Sam eilte zur Tür.

»Sind das Katie und Tim?«, fragte ich.

Es waren in der Tat Katie und Tim, meine ehemaligen Nachbarn, und hinter ihnen erspähte ich einen weiteren Mann. Ohne Begleitung.

»Das ist Jack!«, verkündete Sam. »Jack, das sind Charlie« – Charlie schüttelte ihm kräftig die Hand – »und Hannah.« Hannah nuschelte mit vollem Mund eine Begrüßung. »Katie und Tim hast du ja gerade kennengelernt, Colin kanntest du glaube ich bereits, und das« – er zeigte auf mich – »ist Ellen.« Es klang, als wäre es ihm gerade noch gelungen, das »Ta-daaaa!« runterzuschlucken.

Oh Gott. Ich war hergekommen in Erwartung eines entspanntes Abends mit Freunden, und nun musste ich feststellen, dass ich hier verkuppelt werden sollte! Und ich war vollkommen ahnungslos in die Falle getappt. Ich hatte extra meine bequeme Stretch-Jeans angezogen, damit ich mehr essen konnte, denn Colin ist ein exzellenter Koch. Ich hatte mich darauf gefreut, ein paar Gläschen Wein zu trinken (ja, okay, ich geb's zu, mein Vorsatz, heute abstinent zu bleiben, war ziemlich scheinheilig gewesen ... Ich weiß selbst sehr gut, dass ich keinerlei Willenskraft habe, wenn mir jemand einen Rosé anbietet, der nach Sommer und Sonne schmeckt ... oder irgendeinen anderen Wein ... oder Gin ...) und mal wieder ausführlich mit meinen Freunden zu plaudern, einschließlich Katie und Tim.

Aber da hatte ich mich wohl zu früh gefreut. Und was jetzt? Ich würde das Theater wohl oder übel mitspielen und mich wie eine Erwachsene benehmen müssen, die etwas auf sich hält. Ich würde so tun müssen, als wüsste ich, wie unser Außenminister heißt und versuchen, mir die Namen einiger Bands in Erinnerung rufen, die ich cool finde, falls dieser Jack wissen wollte, welche Musik ich gern hörte.

Und all das unter den aufmerksamen Blicken meiner engsten Freunde, die es bestimmt kaum erwarten konnten, zu verfolgen, wie Jack und ich bei Oliven und überteuerten, ungesalzenen Nüssen eine Art Balztanz vollführten. Aber nicht mit mir, verdammt nochmal – ich dachte gar nicht daran, dieses Spielchen mitzuspielen. Sie konnten mich nicht dazu zwingen. Zweifellos würden sie hinterher behaupten, sie hätten es nur gut gemeint, aber sie hatten mich wissentlich hinters Licht geführt, und ich hatte keine Lust. Ich würde ganz einfach ich selbst sein, und wenn dieser Bildungsprotz wissen wollte, was ich von ... ach, was weiß ich, den Arctic Monkeys hielt, oder von der unerwarteten Wendung, die die politische Fragestunde *Question Time* am Vorabend genommen hatte, dann würde ich ihn einfach informieren, dass ich gedachte, Rick Astley zu heiraten, wenn ich mal groß war, und dass meine Lieblingssendung *Mein Traum in Weiß* war und er sich seine großkotzigen Ansichten zu Gott und der Welt gefälligst sonst wohin schieben sollte.

»Jack ist Tierarzt!«, schob Sam hinterher. »Ellen hat zwei Hunde und drei Hühner.«

Jack setzte eine interessierte Miene auf. Der Ärmste. Ist bestimmt ganz schön nervig, Tierarzt zu sein. Da wurde man auf Partys von den anderen Gästen vermutlich auch immer um Rat gefragt, so wie Humanmediziner ja ebenfalls gerne gebeten werden, einen kurzen Blick auf eine Halluxzehe zu werfen oder so. Sobald ich auf Partys erwähne, dass ich für ein High-Tech-Unternehmen arbeite, fühlt sich garantiert jemand bemüßigt, eine langatmige Geschichte über die Probleme mit Windows zehn zum Besten zu geben, die es bei ihm in der Firma gibt, und zu fragen, ob ich nicht zufällig wisse, wie man diese beheben könnte.

»Ach, tatsächlich?«, sagte Jack. »Ähm, und was sind das für Hunde?«

Ich taute ein klein wenig auf – klar, er interessierte sich für meine vierbeinigen Lieblinge. »Der eine ist ein Border Terrier, der andere eine ziemlich bunte Promenadenmischung; quasi eine Kreuzung aus Pferd und Wolf«, erwiderte ich.

»Ich *mag* Border Terrier«, bekannte Jack. »Klein, aber zäh, und sie haben eine so ausgeprägte Persönlichkeit.«

Was für ein kluger, gebildeter Mann dieser Jack doch war! Und er hatte wunderschöne blaue Augen, die von Lachfältchen umkränzt waren. Ich überlegte bereits, wann ich mich wohl kurz davonstehlen konnte, um mir auf dem Klo den Lidstrich nachzuziehen und ein bisschen Lippenstift aufzutragen und vielleicht die BH-Träger ein bisschen kürzer zu stellen … Oh, Moment, er sagte etwas.

»Aber was ist das für eine Kreuzung aus Pferd und Wolf? Das hab ich glaube ich noch nie gehört.«

»Hahaha, ich auch nicht.« Ich strahlte ihn an. »Er ist aus dem Tierheim. Dort hat man mir zwar versichert, er sei bereits ausgewachsen, aber es hat den Anschein, als könnte er bis in alle Ewigkeit weiterwachsen. Irgendwann ist er bestimmt so groß wie Clifford, der riesige rote Hund aus der Zeichentrickserie, mit dem Unterschied, dass Barrys Fell grau und räudig ist, hahaha ... Haben Sie selbst auch Haustiere?«, fragte ich und schnippte mir kokett eine Haarsträhne über die Schulter.

»Zwei Patterdale Terrier«, sagte er.

»Ah, wie schön, hahaha.«

»Naja, geht so. Die beiden sind leicht psychopathisch veranlagt, aber ich liebe sie trotzdem, solange sie ihre Mordlust im Griff haben, was leider nicht allzu oft der Fall ist. Neulich hat Baxter, der eine von ihnen, meine Tochter gebissen, weil sie sich auf seinen Stuhl gesetzt hat.«

»Hahaha, kein Wunder ... Judgy knurrt mich auch bisweilen an, wenn ich versuche, ihn zum Aufstehen von meinem Sessel zu bewegen.«

Wir tauschten uns ein wenig über unsere Arbeit und unsere Kinder aus (Jack hat eine neunzehn Jahre alte Tochter, die seit kurzem studiert; er ließ sich scheiden, als sie zehn war) und erörterten dann, woher wir die anderen Anwesenden kannten. Sam war mit seinem Staffie bei Jack in der Praxis gewesen und hatte ihn zum Essen eingeladen, nachdem sich herausgestellt hatte, dass sie im gleichen Tennisclub waren (Sam entwickelt jedes Jahr nach Wimbledon eine kurze Leidenschaft für Tennis, und nachdem er drei oder vier Wochen lang obsessiv gespielt hat, behauptet er, er habe einen Tennisarm, und das war's dann für den Rest des Jahres).

Irgendwann sagte Colin dann urplötzlich: »Ellen, könntest du mir mal kurz in der Küche helfen?«

Grrr. Wie unhöflich, wo ich mich doch gerade so nett mit Jack unterhielt!

»Was soll denn das werden, Ellen?«, zischte Colin gleich darauf.

»Was? Ich unterhalte mich mit Jack.«

»Nein, tust du nicht. Dein Kopf eiert hin und her wie bei einem Wackeldackel! Und was soll dieses alberne Gekicher?«

»Das nennt sich Flirten«, erwiderte ich schnippisch. »Nachdem das mit deinen Online-Single-Börsen nichts gebracht hat, bin ich davon ausgegangen, dass ihr Jack meinetwegen eingeladen habt, und ich werde diese Gelegenheit bestmöglich nutzen.«

»Flirten? Ich bitte dich! Du benimmst dich wie eine Geistesgestörte! Und warum starrst du ihn die ganze Zeit an?«

»Ich starre ihn nicht an, ich werfe ihm kokette Blicke zu!«

»Es wirkt total creepy! Hör um Himmels Willen auf damit! Sei einfach du selbst.«

»Und was ist, wenn er dann das Interesse verliert?«

»Dann ist das sein Pech. Ganz im Ernst, Ellen, wenn du so weitermachst, vergraulst du ihn derart, dass er noch vor der Vorspeise die Beine in die Hand nimmt. So, und jetzt geh wieder da raus und versuch, dich ganz normal zu verhalten.«

Ich tat wie geheißen und gab mir große Mühe, normal zu erscheinen. Dennoch wurde ich von Colin unter dem Tisch getreten, als ich das Gespräch auf die Physiognomie der Fischotter lenkte, insbesondere auf ihre opponierbaren Daumen und die kleine Bauchtasche, in der sie ihren Lieblingskieselstein aufbewahren … »Ellen, nicht alle sind so begeistert von Fischottern wie du«, unterbrach er mich, ehe ich näher auf ihre Angewohnheit, pfötchenhaltend zu schlafen, eingehen konnte, dabei hatte ich doch nur versucht, Jack mit meinem Wissen über Fischotter zu beeindrucken, schließlich war er Tierarzt. Also ehrlich, warum hatten sie ihn überhaupt eingeladen, wenn sie mich dann andauernd ausbremsten? Aber der Wein floss in Strömen, und das Essen war hervorragend, und obwohl sich meine sogenannten Freunde ostentativ erkundigten, mit welchen intellektuell anspruchsvollen kulturellen Aktivitäten ich mich in den vergangenen Wochen vergnügt hatte (kannten sie mich denn gar nicht?), gestaltete sich die Unterhaltung amüsant und interessant, und Jack stellte mir weder Fragen zu politischen Themen noch wollte er über Musik oder französische Filme reden.

Nach dem Dessert fing Hannah an zu gähnen und ließ sich von Charlie nach Hause fahren, zur Abwechslung sogar ohne Einwände gegen seine übertriebene Fürsorglichkeit zu erheben.

»So, und was nun?«, fragte Colin, nachdem er uns Kaffee und Brandy kredenzt hatte.

»Ich weiß, ich weiß!«, rief Katie. »Wie wär's mit diesem Kartenspiel vom letzten Mal? Wir haben noch reichlich Zeit – die Kinder sind bei meiner Mutter, wir müssen heute also mal ausnahmsweise nicht den Babysitter ablösen.«

Jack hob fragend eine Augenbraue, und auch ich war leicht besorgt, denn ich fand ihn wider Erwarten überaus sympathisch und wollte einen guten Eindruck bei ihm hinterlassen. Allerdings stand zu befürchten, dass er bei dem von Katie vorgeschlagenen Spiel eine äußerst unvorteilhafte Version meiner selbst kennenlernte, obwohl – oder eher gerade weil – ich ziemlich gut darin bin.

»Ach, du meinst Cards Against Humanity?«, fragte Sam.

»Genau!«, rief Katie. »Das ist doch das Spiel, bei dem man auf theoretische Fragen eine Karte mit einer möglichst witzigen, unanständigen oder politisch unkorrekten Antwort auf den Tisch legen muss, oder?«

»Hahaha, ja, aber das haben wir doch schon letztes Mal gespielt, Katie«, sagte ich. »Wie wär's denn mit Scrabble?«

»LAAAAANGWEILIG!«, rief Katie. »Cards Against Humanity!«

»Trivial Pursuit?«

Sie verdrehte die Augen. »Was ist denn mit dir los, Ellen? Du bist doch sonst keine solche Trantüte!«

Es war ohnehin zu spät, denn Colin hatte bereits die Schachtel mit den Karten geholt, und obendrein eine Flasche Tequila.

Oh Shit. Naja, vielleicht gelang es mir ja, Jack mit meiner Trinkfestigkeit zu beeindrucken. Oder ihn so gründlich abzufüllen, dass er sich hinterher nicht mehr an den Rest des Abends erinnerte.

JULI

Samstag, 1. Juli

Ich erwachte vorhin mit einem grauenhaften Kater und nur sehr bruchstückhaften Erinnerungen an den vergangenen Abend. Unter anderem wusste ich (leider) noch, dass ich mir superwitzig vorgekommen war, als ich auf die Frage »Warum bin ich klebrig?« die Karte »Drei Schwänze gleichzeitig« auf den Tisch geknallt und mir dann einen weiteren Tequila hinter die Binde gegossen hatte.

Ich taumelte nach unten, um die Hunde in den Garten zu lassen und folgte, sobald sie ihr Geschäft erledigt hatten, meiner Spur der Schande durchs Haus, um mich zu vergewissern, dass ich a) meine Schuhe nicht im Taxi vergessen hatte, b) noch im Besitz meiner Handtasche/meines Geldbeutels/meines Mobiltelefons war und c) die Haustür abgeschlossen hatte, wobei ich das Gefühl hatte, mir könnte jeden Moment der Kopf abfallen, und mich fragte, warum zum Geier das Licht so unbarmherzig *hell* war. Die Hunde tappten hinter mir her, Barry leicht verwirrt, Judgy mit einem vorwurfsvollen Blick.

Zum Glück konnte ich die genannten Gegenstände allesamt orten. Zwar erfasste mich zunächst kurz die Panik, weil einer meiner Schuhe zunächst nicht auffindbar war, weshalb ich die Haustür einen Spalt breit öffnete, um verstohlen zur Einfahrt hinauszuspähen, aber sogleich mit schmerzverzerrtem Gesicht die Augen zukniff, als das böse, böse, Sonnenlicht, das mir heute ganz besonders grell und gleißend vorkam, auf meine Netzhaut traf. Zu meiner großen Erleichterung entdeckte ich den Schuh ein paar Minuten später auf der Hutablage der Garderobe. Hoppla. Da hatte ich beim Ablegen meiner Oberbekleidung wohl etwas durcheinandergebracht. Oder aber ich hatte bei der Ankunft zu Hause noch eine Runde Cancan getanzt … *Oh Scheiße.* Der Gedanke an unzüchtige Tänze weckte Erinnerungen: Ich hatte gestern Abend darauf bestanden, einen sehr fragwürdigen Tanz-Move namens »Slutdrop« zu demonstrieren und war prompt in der »Drop«-Stellung steckengeblieben, sodass mich Colin aus der breitbeinigen Hocke hatte hochhieven müssen. Mir wurde ganz heiß vor Scham. Mein Handy war tot, weil das Kabel, mit dem ich es hatte laden wollen, nicht eingesteckt war. Ich fummelte den Stecker in die Dose, und kaum hatte das Gerät wieder genug Saft, trudelten auch schon die zahlreichen unheilvollen WhatsApp-Nachrichten ein, die zu einem komatösen Morgen danach gehören wie die Krone zur Queen.

Pling! »Na, wie geht's uns denn heute so?« Na, wie wohl, Sam? Verdammt dreckig, was sonst?

Pling! »Weiß jemand, wann und wie wir gestern nach Hause gekommen sind?« Katie, ich musste mich vorhin davon überzeugen, dass ich auf dem Heimweg keinen Schuh verloren habe, also wie kommst du auf die Idee, dass ich wissen könnte, wie ihr nach Hause gekommen seid? Kannst du dich eigentlich an meinen Slutdrop erinnern? Und falls ja, weißt du zufällig noch, ob Jack beeindruckt war oder eher das Gegenteil?

Pling! »Das war zum Schreien! Und, wie fandest du Jack?« Das mit dem Tequila war hundsgemein, Colin! Du weißt genau, was für eine verheerende Wirkung Tequila auf mich hat!

Pling! »Hey, sag bloß, ihr habt euch alle die Kante gegeben? Seufz, Neid ...« Aber nicht doch, Hannah. Das holen wir nach, sobald du wieder kannst. Scheiß auf die Baby-Shower-Party mit Cupcakes in Pastellfarben, wir gehen mit dir saufen!

Und dann kam eine weitere WhatsApp-Nachricht.

Pling! »Hi Ellen, hier ist Jack von gestern Abend. Ich wollte nur sagen ...«

Zicke, zacke, Hühnerkacke! Was habe ich getan? Was habe ich gesagt? Habe ich ihn irgendwie beleidigt oder mit einer unbedachten Bemerkung vor den Kopf gestoßen?

Ich setzte Teewasser auf und versuchte, mich nicht ins Spülbecken zu übergeben, während ich abwartete, bis es kochte und überlegte, was mir Jack wohl hatte schreiben wollen. Er schien zu glauben, ich könnte im Suff vergessen haben, wer gestern da gewesen war – eine nicht ganz haltlose Annahme, wie ich widerstrebend zugeben musste. Wieder wurde mir heiß und kalt, als ich an meine kleine Tanzeinlage dachte. Wie würde wohl der restliche Satz lauten? Vielleicht »... dass dein Verhalten total daneben war. Du solltest dich wirklich was schämen!« oder »... dass ich deine Verrenkungen sehr beeindruckend fand und gern mehr davon sehen würde«? Oder »... dass du es wirklich besser wissen solltest, in deinem Alter«? Vielleicht aber auch »... dass du geistreich und charmant bist und dich hervorragend aufs Flirten verstehst, und dass ich dich liebe und den Rest meines Lebens mit dir verbringen will«, oder aber »... dass ich eine einstweilige Verfügung gegen dich beantragt habe und du ins Gefängnis wanderst, wenn du mich nicht in Frieden lässt.« Ganz im Ernst, bei den Mengen an Tequila, die wir konsumiert hatten, gab es unendlich viele Möglichkeiten.

Ich nippte vorsichtig an meinem Tee in der Hoffnung, dass er mir nicht gleich wieder hochkam und zerbrach mir noch immer den Kopf über Jacks unvollendete Nachricht, als urplötzlich die Kinder hereinstürmten.

»Was macht ihr denn hier?«, fragte ich überrascht. »Ich hab euch nicht vor heute Abend erwartet.«

»FRAG DAD!«, schrie Jane und rannte nach oben, gefolgt von einem überglücklichen Barry.

»Was? Wo ist euer Vater? Peter, was ist passiert?«

Mein Sohnemann steckte bereits bis zu den Schultern im Kühlschrank, schaffte es jedoch, noch einmal kurz aufzutauchen, um mich darüber zu informieren, dass Jane sich mit Simon gezofft hatte. »Sie wollte nach Hause, und ich dachte, ich fahre gleich mal mit. Dad hat nie was Anständiges zum Snacken da, und außerdem musst du mir was für die Französischlehrerin schreiben – ›Peter konnte seine Französischhausaufgaben nicht erledigen, weil ...‹ oder so was in der Art.«

»Was? Warum hast du deine Hausaufgaben nicht gemacht?«

In diesem Augenblick kam Simon herein.

»Ach du liebes bisschen!«, sagte er. »Was ist denn mit dir los?«

»Ich habe einen klitzekleinen Kater«, sagte ich so würdevoll, wie es mir unter den gegebenen Umständen möglich war.

»Ach, richtig, die Kinder haben erwähnt, dass du bei Colin und Sam eingeladen warst. Hoffentlich hattest du einen schönen Abend, während ich Babysitten musste.«

»Ich erkläre es dir noch ein allerletztes Mal, Simon«, sagte ich betont ruhig (vor allem deshalb, weil ich in meinem verkaterten Zustand keine erhobenen Stimmen ausgehalten hätte, nicht einmal meine eigene): »Du kannst deine eigenen Kinder nicht babysitten. Sie sind deine Kinder, und du bist ihr Vater, und deshalb ist es deine Pflicht, dich um sie zu kümmern.«

»Meine Güte, das war doch nur so dahingesagt«, erwiderte Simon bräsig. »Du bist genauso pedantisch wie deine Tochter.«

»Apropos *deine* Tochter: Womit hast du sie jetzt wieder auf die Palme gebracht?«

»Ich hab sie überhaupt nicht auf die Palme gebracht, aber du musst mit ihr reden. Ich hab sie beim Chatten mit einem Jungen erwischt!«

»Mit einem Jungen?« Ich hob eine Augenbraue. »Und welche Art von Chat, Texting oder Sexting?«

»Hä?« Er glotzte mich verständnislos an.

»Na, du wirst doch wohl den Unterschied zwischen Texting und Sexting kennen.«

»Natürlich«, sagte Simon kühl.

»Ach, echt? Bist du sicher?«, gluckste Peter, der soeben gut die Hälfte von unserem Wochenvorrat Cheddar mit einem einzigen Haps verspeist hatte. »Texting ist harmlos, Sexting ist unanständig.«

»Erspar mir deine Klugscheißereien, ja?«, fuhr Simon ihn an.

»Von Klugscheißereien kann keine Rede sein«, klugscheißerte Peter.

»Liebes, könntest du vielleicht nach oben gehen und deine Schmutzwäsche holen, damit dein Vater und ich uns hier in

Ruhe unterhalten können?«, schlug ich vor, weil die Adern an Simons Schläfen bereits alarmierend pulsierten.

»Also, dann erzähl mal. Was ist passiert?«

»Naja, Jane wurde den ganzen Vormittag förmlich mit Nachrichten bombardiert ...«

»Ach, sie war schon aufgestanden?«

»Nein, aber ich konnte ihr Handy in einer Tour bimmeln hören, und als ich schließlich in ihr Zimmer gegangen bin, um sie zum Aufstehen zu bewegen, hat sie gerade eine Nachricht gelesen und gekichert, also hab ich über ihre Schulter einen Blick auf das Display geworfen und gesehen, dass ihr ein Junge namens Will geschrieben hat.«

»Will Anderson?«

»Keine Ahnung, da stand bloß Will. Ich habe ihr gesagt, dass sie dafür noch viel zu jung ist, worauf sie meinte, dass mich das überhaupt nichts angeht, und dann habe ich gesagt: ›Ich bin dein Vater, junge Dame und wenn ich finde, du bist zu jung, um mit Jungs Nachrichten auszutauschen, dann bist du zu jung, und damit basta!‹ Und da hat sie dann einen Tobsuchtsanfall gekriegt und gekreischt, dass ich sie unterdrücke und dass sie chatten kann, mit wem sie will, gefolgt vom üblichen Gedöns – dass alles total unfair ist und sie ihr Leben und das Patriarchat hasst, und dann hat sie verlangt, dass ich sie herfahre, und ich dachte, das ist vermutlich das Klügste, weil du viel besser mit ihr umgehen kannst, wenn sie sich so aufführt.«

»Na, toll«, knurrte ich. »Vielen Dank auch. Ich soll also mal wieder die Drecksarbeit für dich erledigen, ja? Herrgott noch mal, Simon, sie ist fünfzehn, und früher oder später wird sie anfangen, sich für Jungs zu interessieren. Wir können sie ja wohl kaum in ein Nonnenkloster stecken. Und überhaupt heißt ihr Freund Harry.«

»Was, sie hat einen Freund? Sie ist noch viel zu jung! Das VERBITTE ich mir!«

»Sie ist FÜNFZEHN, VERDAMMT NOCH MAL! Denk doch mal daran, was du mit fünfzehn schon so alles getrieben hast.«

»Genau DESHALB habe ich ja etwas dagegen!«, röhrte Simon. Er war puterrot angelaufen. »Und ich werde nicht tatenlos zusehen, wenn sich so ein notgeiler kleiner Stinker an meine Kleine ranmacht! Ich weiß nur zu gut, wie fünfzehnjährige Jungs ticken, schließlich war ich selber auch mal einer. Die sollen sich gefälligst von meiner Tochter fernhalten! Ich will nicht, dass sie sich mit ihren dreckigen Pfoten und ihrer dreckigen Fantasie und ihrer Sexbesessenheit an ihr vergreifen! DAS KOMMT MIR GAR NICHT IN DIE TÜTE! In diesem Alter WOLLEN JUNGS DOCH ALLE NUR DAS EINE!«

»Ja, ich weiß«, sagte ich. »Ich war auch mal fünfzehn, wie du dich vielleicht erinnerst. Und ich weiß, Jungs in dem Alter sind sexbesessen bis dorthinaus, aber wir können Jane nun mal nicht in Watte packen und bis ans Ende ihrer Tage vor der Welt da draußen beschützen. Du wirst ihr schon vertrauen müssen, ihrem Urteil und ihrem gesunden Menschenverstand. Und du wirst dich damit abfinden müssen, dass sie erwachsen wird.«

»Und warum hast du nie erwähnt, dass sie einen Freund hat? Warum hat sie *dir* von ihm erzählt und *mir* nicht?«

»Sie hat es mir nicht erzählt, aber wenn du dir ihre Instagram-Seite angesehen hättest, wüsstest du es.«

»Wie, ich soll ihr auf Instagram nachschnüffeln?«

»Nun ja, meiner Erfahrung nach ist das die einfachste Möglichkeit, zu eruieren, was unsere Kinder so treiben. Willst du mir etwa ernsthaft weismachen, dass du Jane erlaubt hast, bis in aller Herrgottsfrüh auf irgendwelchen Partys zu bleiben, ohne sie zu stalken, um herauszufinden, wo sie sich herumtreibt und mit wem? Herrgott noch mal, Simon, genau *das* ist doch der Sinn und Zweck von Instagram! Okay, und das posten von Fotos, die das eigene Leben spektakulärer aussehen lassen, als es in Wahrheit ist.«

»Woher sollte ich das denn wissen? Ich weiß noch nicht einmal, warum ich überhaupt einen Instagram-Account *habe*.«

»Naja, ich dachte, um dein cooles neues Single-Leben zu dokumentieren«, bemerkte ich spitz.

Simon ließ sich stöhnend auf einen Stuhl plumpsen. »Wohl kaum. Es ist ganz schön anstrengend, mich allein um die Kinder kümmern zu müssen. Deutlich anstrengender als erwartet jedenfalls. Ich weiß nie, wie ich mich verhalten soll. Und ich will nicht, dass sie erwachsen werden, vor allem Jane nicht. Ich will, dass sie immer mein kleines Mädchen bleibt. Ich will nicht, dass irgendwelche schmierigen Typen sie betatschen und begrapschen, ganz zu schweigen davon, was sie womöglich sonst noch alles mit ihr anstellen werden.«

»Tja, es tut mir wirklich leid, dass du es so schwierig findest, mit den Kindern zurechtzukommen. Das beweist allerdings auch, was ich schon immer gesagt habe, nämlich, dass ich für dich eher ein Kindermädchen war als deine Ehefrau. Aber wir reden hier von Jane, Simon – ich glaube kaum, dass sie sich gegen ihren Willen begrapschen lässt. Sie ist ziemlich wehrhaft. Trotzdem wirst du dich daran gewöhnen müssen, dass Kinder ständig Grenzen austesten. So sind sie nun mal, und irgendwann haben die meisten von ihnen auch Sex. Übrigens solltest du ein bisschen leiser reden, sie könnte dich hören.«

Simon stöhnte erneut und ließ den Kopf in die Hände sinken. »Oh Gott, ich weiß, aber mir graut bei der Vorstellung. Es wäre mir tatsächlich am liebsten, wenn wir sie in ein Nonnenkloster stecken könnten.«

»Du misst mit zweierlei Maß«, tadelte ich ihn. »Schon sehr bald wird auch Peter zu den Jungs gehören, die Mädchen dazu drängen, ihnen ihre Brüste zu zeigen oder ihnen einen zu blasen ... Moment, ja?« Ich griff nach meinem Handy, das ein weiteres »Pling!« von sich gegeben hatte.

Eine Nachricht von Jack!

Sorry, hab vorhin versehentlich auf Senden gedrückt. Bin etwas verkatert;-) Und dann war der Akku leer und das Ladekabel unauffindbar. Also, ich wollte nur sagen, dass ich es sehr schön fand, dich kennengelernt zu haben. Hast du vielleicht Lust, mal mit mir einen Happen essen oder etwas trinken zu gehen?

JAWOLLLLL! ICH HAB'S NOCH DRAUF! ICH WERDE NICHT ALLEIN STERBEN! MEINE HUNDE SIND NICHT DAZU VERDAMMT, EIN EINSAMES DASEIN IN EINEM TIERHEIM ZU FRISTEN, WEIL SIE MICH ANGENAGT HABEN! Ich fragte mich, womit ich Jack wohl mehr imponiert hatte, mit dem Slutdrop oder mit meiner herausragenden Flirtkunst. Egal.

Pass auf, Simon! Jetzt. Kannst. Du. Einpacken.

Schon bald wird es auf meiner Instagram-Seite nämlich wimmeln vor Schnappschüssen aus dem Pärchenparadies, höhö. Ich lächelte selbstgefällig in mich hinein.

»Was gibt's denn da zu grinsen?«, fragte Simon scharf.

»Ach, nichts«, winkte ich nonchalant ab.

Mir scheint, Jack und ich sind voll auf einer Wellenlänge. Es gefällt mir, dass er in seinen Nachrichten Satzzeichen und ganze Wörter verwendet statt Abkürzungen und Emojis. Einen Mann, der mir »Lass uns ma n Happen essen gehn« schreibt, könnte ich vermutlich nicht so richtig ernstnehmen, selbst wenn er abgesehen davon noch so perfekt wäre. Tja, und was nun? Was besagt die Etikette? Wie bald darf ich ihm antworten? Wirkt es übereifrig, wenn ich gleich zurückschreibe? Glaubt er dann, ich wäre leicht rumzukriegen? Und würde es mich stören, wenn er so von mir denkt? Früher wäre mir das herzlich egal gewesen, aber das war in den Neunzigern, als der Frauentypus taffe Prolo-Braut in war und Bourbon-Komasaufen und Promiskuität für Mädels zum guten Ton gehörten; und das hat ja damals auch echt Spaß gemacht, aber mittlerweile habe ich zwei Kinder und sollte ihnen mit gutem Beispiel vorangehen. Hm. Jane hätte mir bestimmt verraten können, wie lange man einen Jungen in so einem Fall heutzutage auf eine Antwort warten lassen musste, aber leider konnte ich sie unmöglich um Rat fragen, zumal ich Jack wirklich sehr sympathisch finde.

»Ellen? Ellen! Hörst du mir überhaupt zu? Ich versuche hier, eine ernste Unterhaltung über deine Kinder mit dir zu führen, und deine einzige Reaktion ist ein dämliches Grinsen!«

»*Unsere* Kinder. Sie sind nicht nur meine Kinder!«

»Du bist gar nicht richtig bei der Sache!«

»Was gibt es da noch groß zu sagen? Sie werden erwachsen, ob es uns passt oder nicht, und wir müssen zusehen, dass wir unsere Sache möglichst gut machen. So, jetzt entschuldige mich bitte, ich hab zu tun.«

»Wie, das war's?«

»Was hast du denn erwartet?«

»Na, dass du Jane den Umgang mit diesem Jungen verbietest.«

»Vergiss es. Was soll das denn bringen? Wenn du willst, kannst du es ja tun.«

»Sehr hilfreich, vielen Dank.«

»Genauso hilfreich wie du, als du ihr erlaubt hast, sich den Bauchnabel piercen zu lassen und sich bis drei Uhr nachts rumzutreiben, obwohl du genau weißt, dass sie bei mir maximal bis halb zwei Ausgang hat. Tut mir leid, aber du wirst das allein hinkriegen müssen.«

»Das ist alles nicht so einfach für mich, musst du wissen.«

»Ach, echt, Simon? Meinst du etwa, für mich ist es ein Kinderspiel?«, fauchte ich und dachte insgeheim: »Aber wenigstens bin ich jetzt keine ungeliebte, vertrocknete alte Matrone mehr. ICH HABE PRAKTISCH EINEN FREUND, HA!«

Meinem entsetzlichen Kater zum Trotz war es also alles in allem kein so schlechter Tag. Simon nahm mich (etwas widerwillig) mit in die Stadt, sodass ich nicht mit dem Bus reinfahren musste, um mein Auto zu holen, und Jane war, da sich ihr Zorn zur Abwechslung gegen ihren Vater richtete, bedeutend netter zu mir. Vermutlich sollte ich es ihr nicht ungestraft durchgehen lassen, dass sie Simon als aufgeblasenen Affenarsch bezeichnet hat, aber, hey, sie hat damit nicht ganz Unrecht.

Donnerstag, 12. Juli

Ich fürchte, Peter und Jane haben Verdacht geschöpft, was Jack angeht. Nicht, dass ich irgendetwas zu verbergen hätte. Jack und ich haben uns in den vergangenen Tagen eifrig geschrieben (nur Texting, kein Sexting!) – er schickt mir Fotos von seinen Hunden, was ich super finde, denn erstens mag ich Fotos von Hunden, und zweitens kann ich mich dann mit Fotos von Judgy und Barry revanchieren. Okay, in erster Linie von Judgy. Ich liebe Barry (wenngleich dieser elende Verräter Jane zu seinem Frauchen auserwählt hat und, soweit ich das beurteilen kann, *nach wie vor* wächst – wenn das mit ihm und Peter so weitergeht, bin ich bald bankrott!), aber niemand, nicht einmal Jane, könnte ihn als fotogen bezeichnen, und außerdem muss man ihn quasi aus fünfzig Metern Entfernung fotografieren, um ihn ganz aufs Bild zu kriegen. Deshalb soll sich Jack lieber demnächst mal persönlich von Barrys redlichem Charakter und seinem edlen Gemüt überzeugen, ehe er womöglich aufgrund eines unvorteilhaften Schnappschusses einen schlechten Eindruck von ihm bekommt. Zum Glück ist Judgy fotogen genug für beide.

Wir haben es noch nicht geschafft, uns zu treffen, aber wie gesagt, es gab einen regen Austausch von Hundefotos und Nachrichten, die teils lustig, teils rein informativ waren, teils aber auch schon – ich wage kaum, es auszusprechen – als flirty bezeichnet werden konnten. Dummerweise werde ich in der Gegenwart der Kinder jedes Mal feuerrot, wenn sich Jack meldet und versuche dann, die Nachricht möglichst rasch vom Display zu entfernen. Bislang gab es zwar noch gar keinen konkreten Anlass zu erröten, aber natürlich fällt ihnen mein eigenartiges Benehmen auf, und dann wollen sie wissen, wer mir geschrieben hat und so weiter. Bis jetzt habe ich sie auf die Frage nach dem Absender entweder mit schamlosen Lügen abgespeist (mit der Behauptung, es sei Hannah oder jemand aus der Firma gewesen) oder mit einem »Das geht dich gar nichts an«. Insbesondere Jane erinnere ich seit ihrer Auseinandersetzung mit Simon neulich gerne daran, dass sie es ja auch nicht leiden kann, wenn man ihr deswegen Löcher in den Bauch fragt. (Simon hat sich übrigens bei ihr rehabilitiert, indem er ihr ein Paar sündteure Sneakers gekauft hat, ohne die sie angeblich nicht mehr leben konnte; seither herrscht an dieser Front wieder Friede, Freude, Eierkuchen.) Aber das ist laut Jane etwas völlig anderes – ihrer Ansicht nach hat eine Mutter die Privatsphäre ihrer Kinder unbedingt zu respektieren, umgekehrt müssen die Kinder der Mutter gegenüber keineswegs das gleiche Maß an Respekt an den Tag legen.

Ich werde das Gefühl nicht los, dass sie beschlossen haben, etwas zu unternehmen, nun, da sie den Verdacht hegen, ich könnte neuerdings einen Verehrer haben. Obwohl sie anfangs strikt dagegen waren, dass ich mir einen neuen Mann anlache, ganz egal wo und wen, haben sie in den vergangenen Tagen immer wieder darauf gedrängt, ich solle mich für die Speed-Dating-Night anmelden, die der Förderverein ihrer Schule als letzte Spendensammelaktion des Semesters organisiert. Die Zuständigen waren offenbar der Ansicht, das wäre mal eine »amüsante Alternative zu den üblichen Aktivitäten«, da inzwischen so viele der Eltern geschieden oder getrennt sind. Für mich klingt das ja in etwa so verlockend wie ein amouröses Abenteuer mit Donald Trump, aber Peter und Jane wollen unbedingt, dass ich hingehe und lassen zu diesem Zweck allerlei beklemmende Bemerkungen wie »Oscar Watsons Daddy findet dich total heiß« vom Stapel.

Ich nehme an, sie haben sich endlich damit abgefunden, dass ich früher oder später einen Mann kennenlernen werde, mit dem ich mir eine Beziehung oder zumindest eine Bettgeschichte vorstellen kann, und jetzt wollen sie sichergehen, dass meine Wahl auf jemanden fällt, den sie für einigermaßen geeignet halten. Dass sie in diesem Zusammenhang die Väter ihrer Schulfreunde und -freundinnen in Erwägung ziehen, wundert mich gelinde gesagt sehr, aber vielleicht hoffen sie, dass wir die Sache nicht an die große Glocke hängen, weil es sowohl dem Betreffenden als auch mir tierisch peinlich wäre, und dass folglich nicht die Gefahr besteht, uns beim Knutschen an der Bushaltestelle zu erwischen.

Na, jedenfalls habe ich irgendwann kapituliert und mich bereiterklärt, hinzugehen. Was soll schon groß passieren? Im schlimmsten Falle berappe ich einen Zehner für ein kleines Glas lauwarmen Chardonnay, von dem ich höllisch Sodbrennen kriege, und muss einen Abend lang höflichen Smalltalk betreiben, obwohl ich Smalltalk hasse. Wer weiß, vielleicht kann ich ja den einen oder anderen Kandidaten mit meinem faszinierenden Wissen über die opponierbaren Daumen des Fischotters beeindrucken (bei Jack hat es ja auch funktioniert) und lerne auf diese Weise einen weiteren Fischotterfan kennen, selbst wenn sonst nichts dabei rauskommt. Könnte aber auch sein, dass es sich mit den Männern wie mit Bussen verhält – erst kommt ewig keiner daher, und dann erscheinen plötzlich ganz viele auf einmal, und schwupps, habe ich gleich mehrere Bewunderer, die alle um meine Gunst buhlen. Das ist zwar nicht sehr wahrscheinlich, aber immerhin eine schöne Vorstellung. Ich hatte so halb gehofft, ich könnte mich drücken mit dem Argument, dass die Kinder an dem betreffenden Wochenende zu Hause sein würden und Jane dann ja auf die unvermeidliche Party verzichten müsste, um bei Peter zu bleiben, aber die beiden versicherten mir, sie seien mit Emily und Lucas verabredet und könnten bei Hannah und Charlie übernachten, es sei alles bereits arrangiert.

Ich habe das ungute Gefühl, dass irgendwo da draußen ein bedauernswerter alleinerziehender Vater von seinen Kindern ebenfalls gnadenlos drangsaliert wird, als Teil des großen Masterplans, den unsere Teufelsbrut ersonnen hat, um uns zu verkuppeln. Sei's drum. *Immer schön an die Fischotter denken, Ellen.* Peter wirkte etwas verwirrt, als ich ihn fragte, ob er wisse, was Oscar Watsons Vater von Fischottern hält. Ich hoffe sehr, sie wollen mich nicht mit Freddie Dawsons Vater verkuppeln. In Mr Dawsons Gesellschaft wird einem binnen zwei Minuten sonnenklar, von wem Freddie seine ... gewöhnungsbedürftigen Manieren hat. Angeblich ist Mrs Dawson mit einem Fischverkäufer namens Roger durchgebrannt, der mit seinem Kühllaster durchs Land tingelt, aber soweit ich weiß, wurde sie seither nicht mehr gesehen, und Mr Dawson hat kurz nach ihrem Verschwinden hinten im Garten eine Terrasse verlegen lassen. Ja, ich weiß, das beweist gar nichts, aber es gibt mir zu denken. Und außerdem ist er ein notorischer Tittenglotzer.

Freitag, 20. Juli

Tja, heute stand das gefürchtete Speed-Dating auf dem Programm. Ich hätte mir denken können, dass die Kinder etwas im Schilde führen; sie waren verdächtig nett zu mir. Jane bot sogar an, mich zu schminken. Nachdem sie eine halbe Ewigkeit auf ihr geliebtes »Contouring« und das In-Form-Bringen meiner Augenbrauen verwendet hatte, sah ich praktisch genauso aus, wie wenn ich das tue, was ich sonst immer tue, nämlich mit den Fingern etwas Grundierung auftragen und meine Augenbrauen einfach links liegen lassen, aber es war lieb von ihr, sich so ins Zeug zu legen, weshalb ich natürlich wohlwollend genickt und behauptet habe, ich könne einen gewaltigen Unterschied sehen, und selbstredend sei ihre Methode viel besser als meine.

Dann machte ich mich auf die Socken, obwohl ich mich viel lieber mit einem Glas Sauvignon Blanc auf das Sofa gefläzt und Nachrichten mit Jack ausgetauscht hätte, von dem ich gnadenlos aufgezogen wurde, seit ich ihm gestanden hatte, wozu mich die Kinder überredet hatten. Er nahm mir das Versprechen ab, nicht mit dem Geographielehrer anzubandeln, worauf mich das nackte Grauen gepackt hatte – dass sich womöglich auch Lehrer beteiligen könnten, war mir bis dahin gar nicht in den Sinn gekommen.

Zu meiner Überraschung war die Aula der Schule so rappelvoll, dass man sich kaum bewegen konnte. Es wimmelte vor sexuell ausgehungerten alleinerziehenden Eltern, die verzweifelt hofften, endlich die große Liebe zu finden. Ich erspähte die perfekte Mami der perfekten Lucy Atkinson in der gegenüberliegenden Ecke, schaffte es aber nicht, mich zu ihr durchzudrängeln und sie zu fragen, ob sie hier war, weil Lucy sie dazu gezwungen hatte, oder ob sie tatsächlich glaubte, es bestehe eine Chance, heute Abend das große Los zu ziehen. Also kämpfte ich mich stattdessen an den Anfang der Schlange, holte mir pflichtschuldigst mein Glas Fusel und mein Nümmerchen und füllte einen Fragebogen aus, und dann nahm das zweifelhafte Vergnügen seinen Lauf. Unter den ersten paar Kandidaten fand sich kein einziger Fischotterfan, und außerdem stellte sich heraus, dass Mr Dawson nicht der einzige Vater ist, der die Angewohnheit hat, mit den Möpsen seines Gegenübers zu kommunizieren. Und dann ließ sich plötzlich Simon auf dem Stuhl gegenüber von mir nieder.

»Was willst du denn hier?«, zischte ich.

»Das könnte ich dich auch fragen«, erwiderte er.

»Glaub nicht, dass ich freiwillig hergekommen bin«, brummte ich missmutig. »Ich bin hier, weil mich die Kinder gnadenlos beschwatzt haben, bis ich ja gesagt habe.«

»Bei mir war es dasselbe Spiel – sie haben auf mich eingeplappert wie zwei durchgeknallte Wellensittiche.«

Wir sahen uns an, und in diesem Augenblick ging uns ein Lichtlein auf.

»Mir scheint, die beiden haben versucht, Amor zu spielen«, stellte Simon fest.

»Du meinst, sie dachten, wenn es ihnen gelingt, uns hierher zu locken, wird uns bewusst, dass wir doch ganz gut zusammenpassen oder gar füreinander bestimmt sind, jedenfalls verglichen mit den anderen Eltern hier?«

Simon nickte grimmig. »Ich hab mich schon die ganze Zeit gefragt, wieso sie mich unbedingt mit der perfekten Mami der perfekten Lucy Atkinson verkuppeln wollen.«

Ich grunzte belustigt. »Ha! Die würde kurzen Prozess mit dir machen. In meinem Fall war es Oscar Watsons Vater. Oh Gott, das ist ja wie in dem Film *Ein Zwilling kommt selten allein*! Und ich dachte schon, schlimmer könnte es nicht mehr werden.«

»Tja, falsch gedacht«, sagte Simon. »Hör mal, unsere Zeit ist fast rum, und jetzt, wo wir wissen, was Sache ist, gibt es eigentlich keinen Grund mehr, noch länger zu bleiben, oder? Wollen wir einfach etwas trinken gehen?«

»Wie jetzt, wir zwei? Zusammen? Du hast vielleicht Ideen, ey.«

»Du verbringst eindeutig zu viel Zeit mit Teenagern«, stellte Simon fest. »Ja, wir zwei, zusammen. Warum auch nicht? Trennung hin oder her, wir sind beide erwachsen und durchaus in der Lage, uns bei einem Getränk freundlich zu unterhalten, oder? Hast du nicht auch Lust auf einen schönen kalten Wodka Martini, und auf eine Umgebung, in der es nicht nach Teenagerausdünstungen, sexueller Frustration und altem Kohl mieft?«

»Das klingt in der Tat verlockend«, musste ich zugeben.

»Echt ganz schön krass, dieses Geruchspotpourri, nicht? Alles andere als förderlich für die Anbahnung romantischer Beziehungen. Ich fürchte, die Aula der Schule ist nicht gerade die ideale Location für eine solche Veranstaltung. Man muss schon ein notgeiler Teenager sein, um unter diesen Bedingungen an Sex denken zu können.«

Das Bimmeln einer Glocke signalisierte uns, dass es Zeit für den nächsten Wechsel war.

»Los, komm mit«, sagte Simon. »Wenn du ganz nett zu mir bist, kaufe ich dir vielleicht sogar eine Tüte Chips.«

»Salt and Vinegar?«

»Was sonst?«

Wir stahlen uns hinaus und saßen bald darauf in einer sehr gepflegten Bar. Simon holte mir den versprochenen Wodka Martini, und ich versuchte, den Gedanken an den Tag zu verdrängen, an dem wir uns zuletzt in einer Bar gegenüber gesessen hatten und er mir verkündet hatte, er wolle ausziehen.

»Gut siehst du aus«, stellte er fest. »Schickes Top.«

»Oh, danke«, sagte ich. »Das hab ich schon ewig.« Es stimmte; wozu ein neues Top an eine solche Veranstaltung verschwenden?

»Und, was tut sich so bei dir in letzter Zeit? Wir reden ja nur noch über die Kinder.«

»Ach, das Übliche – Arbeit und so ... Ich lese gerade das Buch, das kürzlich den Booker Prize bekommen hat.«

»Oh Gott, das hab ich auch gelesen. Und, wie findest du es?«

»Keine Ahnung; ich kann der Geschichte irgendwie nicht ganz folgen.«

»Ging mir genauso, aber ich dachte, das liegt an mir. Vielleicht ist das ja das Geheimnis, wenn man den Booker Prize gewinnen will – man muss bloß irgendeinen Nonsens schreiben, den kein Mensch versteht. Es will ja niemand zugeben, dass man zu dämlich ist und es nicht kapiert.«

»Schon möglich.«

»Vielleicht sollte ich auch ein Buch schreiben; schließlich habe ich in jungen Jahren so einiges an unverständlicher Lyrik produziert.«

»Ich erinnere mich«, sagte ich trocken.

»Wie jetzt? Du fandest meine Gedichte toll!«

»Nein, ich fand es toll, dass jemand Gedichte für mich schreibt. Die Gedichte selbst waren ... ähm ...«

»Beschissen.« Simon schnaubte. »Du musst kein Blatt vor den Mund nehmen. Meine Gedichte waren gequirlte Scheiße, glaub mir, das weiß ich inzwischen. Ich hab beim Umzug einen ganzen Schuhkarton voll gefunden. Ich musste sie verbrennen, so peinlich war es mir, dass ich mir damals so viel darauf eingebildet habe.«

»Naja, das Schreiben von Gedichten ist ein Muss, wenn man den *Poète maudit* mimen will, und du hast ja unverkennbar einen auf Lord Byron gemacht.«

»Hör bloß auf! Ich versinke gleich im Boden vor Scham«, stöhnte Simon. »Oh Gott, ich habe keine Ahnung, was ich mir dabei gedacht habe.«

»Ich fand deine peinliche Lord-Byron-Phase klasse«, protestierte ich.

Simon seufzte. »Na, wenigstens eine, die daran Gefallen fand.«

»Sie war deutlich besser als die Jahre, in denen du daheim nur noch verschlissene Fleecepullis getragen und *Die Gebrauchtwagen-Profis: Neuer Glanz für alte Kisten* geguckt hast. Und, was treibst du immer so?«, erkundigte ich mich.

»Ach, nicht viel. Hin und wieder gehe ich nach der Arbeit mit Geoff einen heben, aber er will immer in irgendwelche Schickimicki-Bars, in denen man kein richtiges Bier kriegt. Und ich habe beschlossen, etwas für meine Fitness zu tun. Neulich war ich mit einem anderen Arbeitskollegen wandern. Es war grauenhaft. Ich hatte ganz vergessen, wie sehr ich Wandern hasse.«

Konnte es sein, dass wirklich nicht mehr hinter seinen geheimnisvollen Instagram-Posts steckte – zwei Arbeitskollegen, von denen der eine auf tuntiges Craft-Bier stand und der andere gern wanderte? Aber was war mit all den Fotos von Cocktails und teuren Salaten?

»Ist das schon alles?«, fragte ich lässig. »Klingt ja nicht sonderlich aufregend.«

»Ich gehe neuerdings ins Fitnessstudio.«

»Du hasst Fitnessstudios.«

»Tja, das ist mir leider erst wieder eingefallen, als ich schon den Vertrag für eine einjährige Mitgliedschaft unterschrieben hatte. Ich habe auch kurz in Erwägung gezogen, an einem Ironman teilzunehmen ...« Ich verschluckte mich an meinem Drink und hustete. »Aber dann hab ich erfahren, was man da so alles machen muss. Wer zum Geier tut sich so etwas an? Das ist total krank!«

»Allerdings.«

»Ach ja, und ich gehe weiterhin jede Woche zu Christina.«

»Christina?«

»Ja. Die Eheberaterin.«

»*Unsere* Eheberaterin? Wozu denn das? Wir lassen uns scheiden! Was soll denn das jetzt noch bringen?«

»Christina macht ja nicht *nur* Eheberatung«, sagte Simon steif. »Ich finde die Sitzungen bei ihr ehrlich gesagt sehr hilfreich.«

Ich wusste es! Dieses Miststück hat ihn von Anfang an bevorzugt. Es war so was von offensichtlich, dass sie insgeheim auf seiner Seite stand!

»Sie hat mir sogar geraten, mich wieder mit Frauen zu verabreden.«

»Miststück!«

»Was?«

»Äh, nichts.«

»Tja, wie gesagt, Christina fand, es sei an der Zeit, herauszufinden, ob ich bereit bin für etwas Neues.«

Ich schluckte die bissige Bemerkung herunter, die mir auf der Zunge lag, nämlich, dass er ganz offensichtlich bereit gewesen war, als er mit Miss Madrid angebandelt hatte, und ich fragte mich, ob ich Christina wegen OFFENKUNDIGER BEVORZUGUNG eines Klienten verklagen konnte. Stattdessen erkundige ich mich höflich: »Und, wie läuft's damit?«

»Nicht besonders gut, ehrlich gesagt. Ich hab mich bei diversen Online-Dating-Portalen angemeldet, aber die Frauen da sehen nie so aus wie auf ihrem Profilfoto, wenn sie einem in Fleisch und Blut gegenüberstehen, und keine von ihnen interessiert sich für Mies van der Rohe – nicht einmal die, die in ihrem Profil angegeben haben, sie hätten ein Faible für die Architektur des zwanzigsten Jahrhunderts«, brummte er.

»Ach herrje«, gluckste ich, vergeblich um einen teilnahmsvollen Tonfall bemüht. Die Klientel der Portale, in denen sich Simon herumtreibt, ist zweifellos deutlich gebildeter als bei den Single-Börsen, die ich ausprobiert hatte. Was vielleicht auch ganz gut so ist – man stelle sich vor, wie peinlich es gewesen wäre, wenn sich unsere Wege online gekreuzt hätten!

»Eine von ihnen hat mir doch glatt gleich beim ersten Date eröffnet, dass sie einen Mann sucht, mit dem sie möglichst bald ein Kind zeugen kann.«

»Willst du denn noch ein Kind?«

»Lieber Himmel, nein! Aber warum schreibt sie das nicht in ihr Profil?«

»Naja, hättest du dich dann mit ihr getroffen?«

»Ganz sicher nicht!«

»Na, also.«

»Und eine andere hat mir den ganzen Abend nur Fotos von

ihrer Katze gezeigt. Sie sah *toll* aus, und ich muss zugeben, ich war angenehm überrascht, als sie gefragt hat, ob ich ein Bild von ihrem ›Miezekätzchen‹ sehen will, aber nachdem ich eine gute Stunde lang Interesse an ihrer Miss Fluffy Bottom in unterschiedlichsten Posen vorgetäuscht hatte (auf den meisten davon hat das Vieh nämlich besagtes flauschiges Hinterteil in die Kamera gestreckt), fand ich sie dann nicht mehr ganz so attraktiv.«

Ich musste wider Willen lachen.

»Und es kostet mich ein Vermögen«, beschwerte er sich. »Sie wollen alle teure Cocktails trinken.«

Ich kippte den letzten Rest *meines* teuren Cocktails und hob das Glas. »Tja, irgendeine Form der Entschädigung muss es schon geben für einen Abend in deiner Gesellschaft, mein Lieber. Noch einmal das Gleiche, bitte.«

Während Simon an der Bar stand, sann ich über seine Enthüllungen nach. Also doch keine heißen Nächte mit einer dreiundzwanzigjähren Schlangenfrau – oder war er nur so taktvoll, es nicht zu erwähnen? Aber er hätte sein Leben wohl kaum als »ziemlich langweilig« beschrieben, wenn er mit schöner Regelmäßigkeit von irgendwelchen Lüstern baumelte, oder? War es tatsächlich denkbar, dass Simon derjenige von uns beiden war, der allein und ungeliebt sterben würde? Schließlich hatte ich einen Freund, jedenfalls so gut wie. Ach, scheiß drauf, ich werde Jack jetzt einfach mal als meinen Freund betrachten, schon deshalb, weil es mir im Duell Ellen gegen Simon fette Punkte einbringt. #WINNING!

Trotzdem ist es ungerecht, dass es Simon mithilfe dieser Online-Portale scheinbar mühelos gelingt, sich mit so vielen Frauen zu verabreden, während ich bloß unverschämte Nachrichten oder Fotos von irgendwelchen Schwänzen erhalte oder komplett ignoriert werde. Ich beschloss, ganz nebenbei mein Date mit Tom, dem Ironman, zu erwähnen. Simon sollte ruhig wissen, dass er nicht der Einzige war, der noch eine gewisse Wirkung auf das andere Geschlecht hatte, und dass meine Verehrer deutlich fitter waren als er. Ich musste Simon ja nicht auf die Nase binden, dass Tom leider auch der größte Langweiler der Nation ist, oder?

Nach einem weiteren Drink schlug Simon vor, etwas essen zu gehen, und da ich einen Bärenhunger hatte, willigte ich ein. Zum Dinner gab es Wein, und hinterher einen Brandy, (okay, drei Brandys), und als wir uns auf den Heimweg machten, meinte Simon, wir könnten uns das Taxi ja eigentlich teilen, und als wir vor meiner Haustür standen, fragte er, ob er noch auf einen Absacker mit reinkommen dürfe, und ich sagte »Meinetwegen«, weil ich nach diesem wider Erwarten recht erfreulichen Abend noch nicht gleich wieder allein sein wollte im Cottage meiner Träume, das so dunkel, kalt und leer war, einmal abgesehen von den Hunden, die mich mit vorwurfsvollen Blicken empfangen würden.

Also kam Simon noch mit rein, und wir tranken noch einen Whiskey, und ich erzählte von Tom und seinem Ironman-Training, worauf Simon einen finsteren Blick aufsetzte, der zweifellos an den zynisch-misanthropischen, aber charismatischen Antihelden Heathcliff aus *Sturmhöhe* erinnern sollte, und dann küsste er mich. Und es fühlte sich nach all der Zeit so schön an, geküsst zu werden – richtig geküsst –, umso mehr, als ich von jemandem geküsst wurde, der mir so vertraut war und genau wusste, wie ich geküsst werden wollte, dass über kurz oder lang eins zum anderen führte, und, nun ja, was soll ich sagen, es blieb nicht beim Küssen ... Ähem. Die große Packung Kondome, die ich schon vor geraumer Zeit gekauft hatte mit der Absicht,

Jane einen Vortrag zum Thema Safer Sex zu halten, wenn sie mal in gnädiger Stimmung war, kam mir in dieser Situation wie gerufen. Nicht, dass wir alle Gummis aufgebraucht hätten, Simon ist schließlich schon sechsundvierzig, aber es kamen immerhin drei Stück zum Einsatz.

Und jetzt liegt er neben mir und schläft tief und fest, während ich mich unruhig im Bett herumwälze, denn inzwischen hat die Wirkung der diversen Alkoholika nachgelassen, und allmählich kehrt meine Urteilsfähigkeit zurück (um die es zugegebenermaßen seit jeher schlecht bestellt ist), und ich frage mich, was zum Teufel ich mir eigentlich dabei gedacht habe, mit meinem Ex ins Bett zu hüpfen, nur weil ich ein paar Gläschen zu viel getankt habe. *Gott, was bin ich nur für ein strunzdummes, verkommenes Flittchen*, denke ich, und dann: *Mein lieber Schwan, mir war gar nicht klar, wie dringend ich das nötig hatte.* Aber was, wenn Simon jetzt annimmt, dass eine Versöhnung im Raum steht? Das wäre mir höchst unangenehm. Und zugleich überlegt die Hure von Babylon in mir, ob es wohl möglich wäre, das hier zur regelmäßigen Einrichtung zu machen – eine Art Freundschaft-Plus-Arrangement, zumindest bis ich ein besseres Angebot bekomme, denn es war verdammt nochmal *echt gut*.

Aber was ist mit Jack? Habe ich ihn betrogen, obwohl wir doch bislang bloß Nachrichten ausgetauscht haben? Soll ich Simon auf der Stelle wecken und nach Hause schicken? Andererseits hätte ich nichts gegen einen morgendlichen Quickie, bevor ich ihn vor die Tür setze ... Und ist das Ganze überhaupt ein Betrug an Jack, wenn man bedenkt, wie oft ich schon mit Simon geschlafen habe? Da fällt es doch eigentlich gar nicht weiter ins Gewicht, wenn wir noch drei weitere Male ... Oder vier? Oh Gott.

Höchst ärgerlich auch, dass wir im Grunde genommen tatsächlich auf den nicht gerade subtilen Plan unserer Kinder reingefallen sind. Aber darüber zerbreche ich mir heute nicht mehr den Kopf. Wie sagte schon Scarlett O'Hara? »Verschieben wir es auf morgen.« Jawohl. Morgen. Ich kann nicht fassen, was ich getan habe. Und ich kann nicht fassen, dass ich in Erwägung ziehe, es noch einmal zu tun.

Herrje, was für ein *Desaster*! Ich darf auf keinen Fall zulassen, dass sich das wiederholt. Vor ein paar Stunden noch habe ich mich Simon gegenüber so überlegen gefühlt, und dann gehe ich hin und lasse mich von ihm flachlegen, als wäre es das Normalste der Welt. Hm. Vielleicht sollte ich ihn doch wecken und bitten zu gehen. Oder wäre das unhöflich? Ich wünschte, ich könnte die Zeit zurückdrehen und das alles ungeschehen machen.

Und draußen im Flur sitzt Judgy, schäumend vor Wut, und stiert Löcher in die Tür. Ich sehe es förmlich vor mir. Er wurde immer fuchsteufelswild, wenn er beischlafbedingt aus dem Schlafzimmer verbannt wurde. Dank dieser Aktion ist Simon in seiner Gunst garantiert nicht eben gestiegen. Und der arme Barry wusste vorhin gar nicht, wie ihm geschah – mir scheint, er war noch nie in einer derartigen Situation.

Samstag, 21. Juli

Simon war noch da, als ich morgens aufgewacht bin. Es war total bizarr, neben ihm zu erwachen. Es fühlte sich sehr vertraut an, und zugleich erfasste mich eine unerklärliche Befangenheit. Welche Benimmregeln kommen zur Anwendung, wenn man versehentlich seinen Ex gevögelt hat? Ist es in Anbetracht der Tatsache, dass Simon zwei Mal mit angesehen hat, wie ein menschlicher Kopf aus meinem Schmuckkästchen rausgeflutscht ist, noch okay, wenn ich wie früher im Bett pupse, oder muss ich die Arschbacken zusammenkneifen, wie man es bei einem neuen Partner tut, dem man glaubhaft vermitteln will, dass man eine Dame ist?

Irgendwann sind wir aufgestanden und haben Frühstück gemacht. Simon war hocherfreut, als er erfuhr, dass er künftig keinen drei Jahre alten Instantkaffee aus dem Glas stemmen muss, weil ich in eine Bialetti-Espressomaschine investiert und eine Packung anständigen Kaffee besorgt habe, den Hannah klammheimlich (und eimerweise) in sich hineinkippt. Wir saßen am Küchentisch und unterhielten uns, was sich weniger unersprießlich gestaltete als erwartet. Ich fand es sogar schön, beim Frühstück mit einem menschlichen Wesen plaudern zu können statt bloß mit den Hunden.

Nach einer Weile sah sich Simon um und bemerkte: »Diese Küche ließe sich mit wenig Aufwand erweitern und zu einer Art Mehrzweckraum für die ganze Familie umgestalten. Und hinter der Spülküche könnte man noch ein kleines Bad mit Dusche einbauen. Dann hättet ihr alle ein bisschen mehr Ellbogenfreiheit.«

Und zack, war es mit meinem Wohlwollen ihm gegenüber auch schon wieder vorbei. Es war echt typisch Simon, sich gleich wieder in mein Leben einmischen zu wollen. »Ja, genau das habe ich vor«, sagte ich. »Es fehlt mir bloß an der nötigen Zeit, vom Geld ganz zu schweigen.«

»Ich kann gern die Planung übernehmen«, schlug er vor. »Schließlich bin ich Architekt. Ich meine, warum solltest jemanden bezahlen für etwas, das du von mir kostenlos haben kannst? Eventuell kann ich dir sogar eine der Baufirmen vermitteln, die für uns tätig sind, einen anständigen Preis für dich aushandeln ...«

Ich hob verwirrt eine Augenbraue. »Warum solltest du das

tun? Als eine Art Gegenleistung für den Sex, oder wie? Das ist echt nicht nötig.«

»Aber nein! Ich würde es aus reiner Nettigkeit tun, für dich, *und* für unsere Kinder. Du bist mir nach wie vor sehr wichtig, Ellen.« Er ergriff meine Hand. Ich entzog sie ihm mit einem unverbindlichen »Hm«, spähte auf mein Handy, das soeben gepiepst hatte, und lief feuerrot an, als ich sah, dass ich eine Nachricht von Jack erhalten hatte.

Ich hoffe, der Geographielehrer hatte keine Schweißhände.;-) XX

»Warum wirst du plötzlich rot? Wer hat dir da geschrieben?«

»Ach, bloß eine dieser Firmen, die für mich die Restschuldversicherungsprämie zurückfordern will.«

Dann klingelte zum Glück mein Handy, und Natalias Nummer erschien auf dem Display. Ich ging ran, teils erleichtert über die willkommene Ablenkung in dieser heiklen Situation, teils von neuen Schuldgefühlen geplagt, weil ich mich schon seit einer Ewigkeit bei Dad und Natalia hatte melden wollen.

»Hallo Natalia!«, rief ich überschwänglich, »wie geht's, wie steht's? Euch will ich schon die ganze Zeit anrufen.«

Natalia gab einen eigenartigen Laut von sich, und dann sagte sie mit einer erstickten Stimme, die ganz und gar nicht nach der forschen jungen Frau klang, als die ich sie kannte: »Ellen, ist jemand bei dir? Mal abgesehen von den Kindern, meine ich?«

Shit, sie wusste Bescheid. Wie konnte das sein? Und hielt sie mich jetzt für eine Schlampe? Wohl kaum. Ihr Göttergatte war ein unverbesserlicher – wenn auch mittlerweile bekehrter – Casanova, der mehr Ehefrauen gehabt hatte als so mancher andere Mensch warme Mahlzeiten. Herrje, vielleicht lag meine Veranlagung zur Liederlichkeit ja in den Genen?

»Ähm, Simon ist gerade vorbeigekommen«, sagte ich vorsichtig.

»Okay, du bist also nicht allein. Das ist gut. Ellen, dein Vater liegt im Krankenhaus. Ich bin bei ihm. Er ist zusammengebrochen; die Ärzte glauben, dass er einen schweren Schlaganfall hatte. Es sieht nicht gut aus. Du solltest kommen, Ellen. Jetzt gleich.«

»Daddy? Aber …«, murmelte ich verwirrt. »Das kann nicht sein. Der kommt schon wieder auf die Beine. Er war sein Lebtag lang nie ernsthaft kran-«

»Ellen, du musst herkommen, um dich von ihm zu verabschieden«, unterbrach mich Natalia sanft.

Ich ließ das Telefon fallen.

Wie in Trance registrierte ich einen schauderhaften, quäkenden Laut, der, wie sich herausstellte, aus meinem Mund kam. Simon hob mein Handy vom Boden auf und leitete die erforderlichen Schritte ein: Er fragte Natalia, in welchem Krankenhaus sie sich befanden, dann verständigte er die Kinder und fuhr mich zu Hannah, um sie abzuholen. Gott sei Dank standen sie zur Abwechslung bereits parat und kamen aus dem Haus gerannt, sobald wir vorfuhren, denn ich war beim besten Willen nicht in der Lage, mit jemandem zu reden, nicht einmal mit Hannah. Und dann traten wir alle zusammen den langen Weg ins Krankenhaus an.

Jane saß sehr blass auf der Rückbank. »Wird Grandpa sterben?«, flüsterte sie.

Ich öffnete den Mund, um ihr zu versichern, dass er bestimmt nicht sterben würde, dass die Ärzte im Krankenhaus alles in ihrer Macht Stehende für ihn taten, aber ich brach bloß wieder in Tränen aus.

Simon schaltete sich ein. »Nach dem zu urteilen, was Natalia vorhin gesagt hat, sieht es wohl ganz danach aus, Liebes. Es tut mir schrecklich leid. Ihr müsst jetzt alle sehr tapfer sein, du und Peter und eure Mami, und ihr müsst füreinander da sein.«

Peter sagte nichts, er stierte lediglich aus dem Fenster und biss sich auf die Unterlippe.

Simon ließ uns vor dem Eingang des Krankenhauses aussteigen und begab sich dann in die Fänge des teuflischen Parkleitsystems. So was gibt es ja mittlerweile in fast jedem Krankenhaus – wer nämlich, aus welchen Gründen auch immer, ins Krankenhaus muss, der hat ja zweifellos noch nicht genügend Probleme am Hals und wünscht sich nichts sehnlicher, als einem komplizierten Netz aus Einbahnstraßen zu einem Parkplatz in eineinhalb Kilometern Entfernung zu folgen, auf dem noch genau ein Stellplatz frei ist.

Ich bugsierte derweil die Kinder durch die unzähligen Korridore. So viele Korridore … und in den älteren Krankenhäusern sind sie alle in diesem eigenartigen Beige gestrichen, das man sonst nirgends sieht. Ich bin nicht sicher, was deprimierender wirkte, die beige getünchten Gänge der Gebäudeteile im viktorianischen Baustil oder das Licht der Neonröhren in den modernen.

Natalia saß allein an Dads Bett. Zum ersten Mal wurde mir bewusst, wie viel sie für ihn aufgegeben hatte. Sie war so viel jünger, und sie hatte ihre Freunde und Verwandten zurückgelassen, um ihr Leben mit einem Mann zu verbringen, der ohne Weiteres ihr Vater sein könnte.

Als wir hereinkamen, fuhr sie herum und stand auf. Ihre Augen waren gerötet, ihr Gesicht leichenblass. *Was für ein dämlicher Ausdruck*, dachte ich in meinem Zustand inneren Aufruhrs und sah von Natalia zu meinem Vater, der, obwohl er doch derjenige war, der im Sterben lag, keineswegs leichenblass war, vielmehr war seine Haut von einem entsetzlichen Blaugrau, bei dessen Anblick ich mich flüchtig fragte, ob sich dieser Farbton wohl auf den Farbpaletten von Farrow & Ball fand und falls ja, welchen fantasievollen Namen man ihm gegeben haben mochte.

»Ich geh mal eben raus«, murmelte Natalia heiser. Es war offensichtlich, dass sie stundenlang geweint hatte und sich in unserer Gegenwart zusammenzureißen versuchte.

»Nein, du solltest jetzt nicht allein sein«, sagte ich. »Warte, bis Simon kommt. Er musste nur noch rasch das Auto parken.«

Wie auf ein Stichwort tauchte in diesem Augenblick Simon auf. »Wie wär's mit einer Tasse Tee?«, schlug er ihr vor.

Natalia lachte. »Ihr Briten mit eurem Tee. Tee ist euer Allheilmittel. Wodka wäre mir ehrlich gesagt lieber, aber gut, gehen wir Tee trinken.«

»Willst du wirklich Wodka?«, fragte Simon.

»Mein Ehemann stirbt. Im Grunde ist er bereits so gut wie tot. Sie erhalten ihn nur noch am Leben, damit sich Ellen und Jessica von ihm verabschieden können. Klar hätte ich lieber etwas Stärkeres als diesen verdammten Tee, den mir hier jeder einflößen will. Er steht mir bis hier, euer Tee. Und dann ist es auch noch so ein *schlechter* Tee; kein Vergleich mit dem, den wir in Russland trinken. Er schmeckt wie Spülwasser, euer Tee«, erwiderte sie grimmig.

»Na schön«, sagte Simon gewichtig, »dann habe ich hier etwas für Dich.« Er zog einen Flachmann aus der Hosentasche und sah mit einem entschuldigenden Schulterzucken zu mir. »Ich war so frei und hab das Ding vorsorglich befüllt, während du dich angezogen hast. Ich dachte, es könnte nicht schaden, zur Schockbekämpfung und so.«

Natalia schnappte sich den Flachmann und folgte Simon in den Flur.

»Was sollen wir tun?«, flüsterte Jane.

»Ich weiß es nicht, Liebes«, flüsterte ich zurück. »Ich glaube, wir sollten ihm sagen, dass wir ihn liebhaben, und dass er uns fehlen wird. Angeblich ist der Gehörsinn der letzte, der versagt.«

»Meinst du, er hat gehört, dass Natalia Wodka wollte?«, fragte Peter, der bis jetzt kein Wort gesprochen hatte, seit wir ihn von Hannah abgeholt hatten.

»Gut möglich«, sagte ich. »Und wenn, dann hat es ihn bestimmt erheitert. ›Ich kann flennende Weiber nicht ausstehen‹, hat er immer gesagt. Ihr Geheul und Gezeter und ihre Tränen waren ihm ein Graus. Wenn ich als kleines Mädchen mal geweint habe, hat er mir eine Fünf-Pfund-Note zugesteckt, damit ich aufhöre. Erinnerst du dich, Daddy?«, sagte ich und ließ mich auf dem Stuhl neben dem Bett nieder.

Und plötzlich war es ganz einfach. Der Abschied am Totenbett gestaltete sich sehr ruhig und friedlich, ganz ohne theatralisches »Oh, Daddy, mein DADDY!« und dergleichen mehr. Die Kinder setzten sich zu mir ans Bett, und dann hielten wir reihum seine Hand und erzählten abwechselnd Geschichten, ich aus meiner Kindheit, sie aus der ihren. Ein oder zweimal lachten wir dabei sogar. Ich konnte noch immer nicht glauben, dass ich tatsächlich hier saß und Abschied nahm von meinem Vater, der stets so voller Leben gewesen war und dessen ungehöriges Benehmen geradezu legendär war. Mein Dad, der Martinis mixen konnte, bei denen es einem die Socken auszog, der nie auch nur einen Funken Reue verspürt hatte, wenn er beim Fremdgehen erwischt wurde und dessen Mantra stets gelautet hatte, das Leben sei einfach zu kurz, um es nicht zu genießen.

»Tja, Daddy«, sagte ich, »du hast dich wirklich an den Spruch gehalten, dass es besser ist, das zu bereuen, was man getan hat, als das, was man nicht getan hat, weil man Letzteres ewig bereuen wird ...«

»*Wie* oft war Grandpa noch gleich verheiratet?«, fragte Peter.

»Vier Mal«, sagte ich. »Glaube ich jedenfalls. Vielleicht auch fünf Mal.«

»Einschließlich Granny und Natalia?«

»Natürlich einschließlich Granny und Natalia, er war schließlich nicht Heinrich der Achte«, antwortete ich unwirsch.

Ich erzählte ihnen gerade von dem Schuljahr, indem ich ein ganzes Semester lang lauter Einsen für meine Aufsätze in Geschichte bekommen hatte, weil Dad beim Elternabend so schamlos mit meiner Geschichtelehrerin geflirtet hatte, als Jessica hereinplatzte und die Stille jäh zerriss.

»Oh, Daddy, MEIN DADDY!«, heulte sie. »Ellen, wie kann es sein, dass du vor mir hier warst? Wo sind die Ärzte? Ich will mit ihnen reden, AUF DER STELLE! Neil? NEIL!«

Mein bedauernswerter Schwager erschien in der Tür.

»Ich wette, Ellen hat noch gar nicht mit einem Arzt gesprochen. Du wirst dich jetzt *sofort* auf die Suche nach einem machen. Und zwar nach einem richtigen Arzt. Komm mir bloß nicht mit irgendeinem Jungspund von Assistenzarzt an, ja? Persephone, Gulliver! Kommt her und verabschiedet euch von eurem Großvater. Wo ist dieses Weib, das er geheiratet hat? Nein, sag nichts – ich vermute mal, sie hält es nicht für nötig, ihm jetzt noch beizustehen, nachdem sie ihn in ein körperliches Wrack verwandelt hat. Ich werde das Testament anfechten. Und ich will eine Autopsie – wer weiß, ob das alles mit rechten Dingen zugegangen ist.«

»Hallo, Jessica. Wie ich sehe, hast du es noch rechtzeitig geschafft«, sagte Natalia, die inzwischen dank Simons Flachmann (okay, genau genommen war es mein Flachmann) nicht mehr ganz so blass war wie vorhin.

»Natalia!«, schnaubte Jessica. »Wo bleiben die Ärzte?«

»Sie sehen regelmäßig nach ihm. Die Maschinen schlagen Alarm, wenn sich etwas ändert«, sagte Natalia.

»So, so. Das genügt mir nicht!«, keifte Jessica. »Ich werde mit ihnen reden und dafür sorgen, dass man sich ordentlich um ihn kümmert. Bleibt nur zu hoffen, dass es noch nicht zu spät ist. Wenn er stirbt, wirst du dich dafür verantworten müssen, Natalia. Und du ebenfalls, Ellen, oder hast du irgendwelche Maßnahmen ergriffen, seit du hier bist? Sag mal ...« Jessica schnüffelte ein paar Mal mit schmalen Augen. »Hier riecht es doch nach *Alkohol!* Hat etwa eine von euch getrunken? Also, das ist doch echt das Letzte!«

»Ich glaube, das ist das Handdesinfektionsgel, Jess«, flunkerte ich. Natalia quittierte es mit einem dankbaren Blick.

Inzwischen hatte Neil die Ärztin aufgetrieben, die meiner ungnädig lauschenden Schwester darlegte, man könne für unseren Vater nichts weiter tun, als ihm Schmerzmittel zu verabreichen, bis es vorbei war.

Wir verließen das Zimmer, damit Jessica und ihre Kinder ein Weilchen mit Dad ungestört waren, und begaben uns mit Natalia in die Kantine.

»Wann hast du zuletzt etwas gegessen?«, fragte ich sie.

»Ich bringe jetzt keinen Bissen runter.« Natalia schauderte. »Tut mir leid, Ellen, aber ich kann beim besten Willen nichts essen. Ich liebe ihn wirklich, von ganzem Herzen. Ich weiß, ihr wolltet es anfangs nicht glauben, du und Jessica, aber für mich war es Liebe auf den ersten Blick, und ich habe keine Ahnung, was ich ohne ihn machen soll.« Sie seufzte. »Tja, das Leben geht weiter, auch für mich. Ralph wäre enttäuscht von mir, wenn ich in Trauer und Selbstmitleid versinken und künftig nur noch Trübsal blasen würde.«

»Er hat keine andere so geliebt wie dich«, versicherte ich ihr. »Ich habe im Laufe der Jahre viele Frauen und Freundinnen kommen und gehen sehen, aber mit keiner war es ihm so ernst wie mit dir. Du hast ihn sehr glücklich gemacht. Ein Jammer, dass ihr euch nicht schon viel früher über den Weg gelaufen seid.«

»Ja, schon, aber wenn ich Ralph bereits vor zwanzig Jahren kennengelernt hätte, wäre er nicht der Mann gewesen, der er war, als wir uns schließlich begegnet sind. Wer weiß, womöglich hätte es dann gar nicht gefunkt zwischen uns. Jedes Paar hat seine Zeit, und unsere ist nun eben zu Ende. Ich wünschte nur, wir hätten mehr Zeit gehabt. Glaubst du, so ist das bei allen Paaren? Glaubst du, selbst Leute, die achtzig Jahre miteinander verheiratet waren, sagen am Ende: ›Nein, du kannst noch nicht gehen, ich brauche noch mehr Zeit mit dir‹?«

»Ich weiß es nicht. Keine Ahnung, ehrlich.«

»Was, wenn du noch mehr Zeit mit Simon hättest? Warum war er überhaupt vorhin bei dir?«

Zum Glück kehrte mein Ex just in diesem Moment mit den Kindern im Schlepptau vom Tresen zurück. Sie deponierten eine Auswahl an Kuchen und Sandwiches sowie mehrere Becher des vorhin arg verunglimpften Gebräus auf dem Tisch. Natalia rührte nichts davon an, Peter dagegen betrachtete das Essen mit sehnsüchtiger Miene.

»Greif ruhig zu, Peter«, sagte ich. »Es ist okay, wenn du etwas isst.«

»Ehrlich?«, fragte er. »Ich dachte, womöglich ist das ja … taktlos oder so.«

Er machte sich mit dem üblichen Heißhunger über eines der

Sandwiches her, während ich sinnierte: »Selbst wenn es um Leben und Tod geht, kann das den Appetit eines männlichen Teenagers nicht bremsen.«

Jane nahm sich ein Rosinenbrötchen mit Zuckerguss. »Glaubst du an den Himmel, Natalia?«

»Nein«, antwortete Natalia ruhig. »Ich kann mit Religion nichts anfangen. Ich weiß, ich werde deinen Großvater nach dem heutigen Tag nicht wiedersehen. Wir haben nur *ein* Leben, und wir sollten nach Möglichkeit das Beste daraus machen. Weißt du noch, was Ralph immer gesagt hat, Ellen?«

»Das Leben ist kurz, also lasst es uns genießen?«

»Genau. Er war der Ansicht, dass das Leben ein Geschenk ist und dass man deshalb immer aus dem Vollen schöpfen muss.«

»Tja, genau das hat er zweifellos getan«, stellte ich fest.

Natalia nickte. »Allerdings. Er war kein Heiliger, dein Vater, aber er hat immer versucht, das Maximum aus seinem Leben herauszuholen. Und es würde ihm bestimmt gar nicht gefallen, wenn wir seinetwegen damit aufhören würden. Er würde wollen, dass wir nach vorn blicken.«

»Sogar Tante Jessica?«, fragte Jane ungläubig. »Nach allem, was sie da oben gesagt hat?«

»Jessica ist auch traurig«, sagte Natalia. »Sie zeigt es nur auf andere Art und Weise. Jedenfalls rede ich mir ein, dass sie sich deshalb so aufführt, denn dieser Gedanke ist das Einzige, was mich davon abhält, ihr eine saftige Ohrfeige zu verpassen.«

Jane spitzte die Ohren. »Wenn du Tante Jessica ohrfeigst, darf ich dann Persephone ohrfeigen?«

Natalia hob eine Augenbraue. »Warum das denn?«

»Ach, das wollte ich schon immer mal tun.«

»Nein«, sagte Natalia. »Heute wird niemand geohrfeigt. Wenn ich mich zurückhalten kann, dann könnt ihr das gefälligst auch.« Sie stemmte sich vom Stuhl hoch. »Wir sollten wieder nach oben gehen. Simon, ist noch Wodka da?«

Simon reichte ihr den Flachmann, und sie schüttelte ihn und hielt ihn mir hin. »Willst du auch einen Schluck?«

Ich hatte große Lust – ich komme immer deutlich besser mit Jessica zurecht, wenn ich mir etwas Mut angetrunken habe, und in derart hochemotionalen Situationen kommt unweigerlich ihre schlimmste Seite zum Vorschein.

Ein Schlückchen Wodka hätte mir vielleicht auch dabei geholfen, das Gedankenkarussell anzuhalten, das sich ohne Unterlass in meinem Kopf drehte: eine Zukunft ohne Dad, die Kinder, die durch diese Krise begleitet werden mussten, und nicht zuletzt Simon, der immer wieder nach meiner Hand griff, wenn keiner hinsah. Doch nein, Natalia hatte den letzten Schluck ohne Frage noch dringender nötig, also schüttelte ich großmütig den Kopf.

Oben in Dads Zimmer googelte Jessica inzwischen medizinische Präzedenzfälle in Amerika. Persephone und Gulliver saßen mit betretener Miene am Krankenhausbett, Neil drückte sich im Hintergrund herum.

Die Ärztin kam herein, studierte kurz die Krankenakte, warf einen Blick auf die Geräte und wechselte dann leise ein paar Worte mit Natalia.

»Sie sagt, es wird nicht mehr allzu lange dauern«, verkündete Natalia.

Ihre Worte brachten verhaltene Bewegung in die Anwesenden. Es waren viel zu viele Leute im Zimmer.

»Ich schlage vor, die Kinder verabschieden sich jetzt, und dann gehen Neil und ich mit ihnen raus«, schlug Simon wie auf ein Stichwort vor. »Und Jessica, Ellen und Natalia bleiben bei Ralph, bis … Naja, ihr wisst schon.«

»Guter Plan«, murmelte Neil sichtbar erleichtert.

»Ich finde ja, es genügt vollkommen, wenn nur Ellen und ich bleiben«, wandte Jessica ein.

Denk daran: Wenn überhaupt, dann ist es Natalia, die heute ein Recht darauf hat, ihr eine zu scheuern, sagte ich mir und zischte deshalb bloß: »Herrgott nochmal, Jess, nun hör endlich auf! Natalia ist seine Frau, und dass wir hier sind und uns von Dad verabschieden können, verdanken wir nur der Tatsache, dass sie den Anstand hatte, uns anzurufen. Also reiß dich gefälligst am Riemen und versuch wenigstens dieses eine Mal, dich nicht aufzuführen wie eine geifernde Giftspritze, ja?«

Jessica sank auf einen Stuhl und hielt tatsächlich den Mund, so verdattert war sie, weil ich ihr Paroli geboten hatte.

Und dann warteten wir.

Sonntag, 22. Juli

Ich hatte immer angenommen, der Tod gehe mit einer gewissen Dramatik einher. Ich hatte angenommen, es müsse irgendwelche handfesten Hinweise darauf geben, dass ein Leben verblasste. Eine Hebamme erzählte mir einmal, für sie sei das Erstaunlichste bei einer Geburt, dass sich urplötzlich eine weitere Person im Raum befinde, jemand, der ein paar Sekunden zuvor noch nicht da gewesen sei. Deshalb dachte ich immer, wenn jemand stirbt, wäre es genau umgekehrt: Ich dachte, man spürt, dass plötzlich ein Mensch weniger im Raum ist. Es soll Menschen geben, die das tatsächlich *spüren* können, aber ich gehöre nicht dazu.

Es wurde ein langer, qualvoller Abend. Ich versuchte, nicht daran zu denken, wie unbequem die Krankenhausstühle waren und wie dringend ich mal musste, denn ich hatte panische

Angst, Dad könnte sterben, während ich auf dem Klo war, und dass das dann auf verstörende Weise symbolisch wäre (keine Ahnung, inwiefern). Die Ärzte versicherten uns, er habe keine Schmerzen, doch ich fragte mich unwillkürlich, woher sie das wissen wollten – ich meine, es ist ja nicht so, als wäre je ein Mensch, der sich in diesem Zustand befand, in der Lage gewesen, sich dazu zu äußern. Ich wagte nicht, nachzuhaken, der Zeitpunkt schien mir unpassend.

Jessica saß einfach nur da und wirkte verloren, sei es, weil sie im Begriff war, den Vater zu verlieren, sei es wegen der schockierenden Erkenntnis, dass sie sich zum ersten Mal in einer Situation befand, die sich ihrer Kontrolle entzog – sie konnte nichts tun, konnte niemanden herumkommandieren, konnte keinen Aufstand machen, um ihren Kopf durchzusetzen. Ich vermute mal, es lag an beidem gleichermaßen. Wahrscheinlich verfasste sie im Geiste bereits einen bitterbösen Brief an den Sensenmann, um sich über die bescheidene Kundenbetreuung zu beschweren.

Natalia hielt Dads Hand, starrte ins Leere und biss sich dann und wann fest auf die Unterlippe. Dad atmete immer langsamer. Die Krankenpflegerinnen kamen und gingen, fragten, ob wir irgendetwas benötigten, und irgendwann flüsterte eine von ihnen Natalia etwas ins Ohr. Natalia murmelte eine Erwiderung, und die Pflegerin nickte.

Natalia hob den Kopf. »Ellen, Jessica, würdet ihr mich zwei Minuten mit ihm allein lassen? Bitte?«

Jessica öffnete den Mund, aber ich war schneller. »Komm mit«, sagte ich brüsk und verdrängte meine Schuldgefühle, weil es eine solche Wohltat war, aufzustehen und die Beine zu strecken, und weil ich nun endlich pinkeln gehen konnte.

»Zwei Minuten, keine Sekunde länger«, schnarrte Jessica.

»Mehr verlange ich auch gar nicht«, entgegnete Natalia ruhig.

Zum Glück saß Neil draußen vor dem Zimmer. Ich schob Jessica in seine Richtung. »Sieh zu, dass sie sich nicht von der Stelle rührt«, befahl ich ihm und raste zur nächstbesten Toilette.

Bei meiner Rückkehr wirkte Jessica wieder etwas gefasster. »Ich werde verdammt nochmal selbst entscheiden, wann ich wieder reingehe. Ich bin die Ältere, ich sollte bestimmen dürfen, was passiert«, zischte sie, so herrisch wie eh und je, während Neil, der sichtlich erleichtert aufgeatmet hatte, als ich um die Ecke gebogen war, daran erinnerte, dass Natalia die nächste Angehörige unseres Vaters war.

Als wir wieder ins Zimmer kamen, beugte sich Natalia gerade über unseren Vater, um ihm einen sanften Kuss zu geben. »Adieu, du alter Sack«, sagte sie mit rauer Stimme.

Jessica heulte auf. »Er ist tot! Du hast uns absichtlich rausgeschickt, und jetzt ist er tot!«

»Nein, ist er nicht. Noch nicht«, widersprach Natalia. »Aber es ist bald so weit, und deshalb wollte ich noch einen Augenblick mit meinem *Ehemann* allein sein. Ich finde, das ist nicht zu viel verlangt.«

»Natürlich nicht«, sagte ich.

»Wollt ihr ihn auch noch einmal kurz für euch haben?«, fragte Natalia.

Ich zögerte.

»Nein!«, stieß Jessica hervor. »Lasst mich bloß nicht mit ihm allein!«

»Also, wenn du nichts dagegen hast, Natalia …«, murmelte ich. »Nur eine Minute, okay?«

Sie nickte und beförderte Jessica unsanft in den Flur, und dann war ich mit meinem Vater allein. Was sagt man in so einer

Situation? Da lässt man manche Dinge sein Leben lang ungesagt, schiebt Gespräche immer wieder auf, stets in der Annahme, dass der andere schon wissen wird, was man denkt oder empfindet, und dann ist der Zug ganz plötzlich abgefahren.

Ich setzte mich und drückte seine Hand. Am Ende gab es nur eines zu sagen: »Ich liebe dich, Daddy«, wisperte ich. »Mach's gut und halt die Ohren steif!«

Das war Dads Standardverabschiedung in jeder Lebenslage gewesen. Als Mum ihn vor die Tür gesetzt hatte, als er mich zu Beginn meines Studiums nach Edinburgh gefahren hatte, als er mich bei der Hochzeit zum Altar geleitet hatte, wo ich bereits von Simon erwartet wurde, und auch, nachdem er uns eröffnet hatte, dass er nach Portugal auszuwandern gedachte ... Wie oft war er mit diesen Worten und einem Lächeln auf den Lippen in sein Auto gehüpft und davongebraust! Mindestens ebenso oft hatte er einen zu seinem Lebensmotto passenden Song zitiert: »*Long hellos and short goodbyes*, Liebes. Schau immer nach vorn statt zurück, das ist für alle Beteiligten das Beste.« Er hatte natürlich vollkommen recht. Es war nichts gewonnen, wenn man sich an die Vergangenheit klammerte. Die gegenwärtige haarsträubende Situation mit Simon war das beste Beispiel dafür.

Ich öffnete die Tür und bedeutete meiner Schwester, wieder hereinzukommen. »Ich finde, du solltest dich auch kurz verabschieden, Jess«, sagte ich sanft.

»NEIN!«, wehrte Jessica ab. »Ich kann das nicht, und überhaupt wäre es gar nicht nötig, wenn eine von euch beiden sichergestellt hätte, dass er die nötige medizinische Versorgung bekommt!«

Natalias Hand zuckte verräterisch. Ich konnte es ihr nicht verdenken, hätte ich Jessica doch selbst zu gern eine Ohrfeige verpasst, weil sie es nicht lassen konnte, sich sogar am Sterbebett unseres Vaters noch in den Mittelpunkt zu drängen. Aber noch ehe Natalia und ich aktiv werden konnten, schaltete sich Neil ein. Ich hatte es erst ein einziges Mal erlebt, dass mein Schwager Jessica die Stirn bot, und zwar damals, als sie Persephone auf eine Schule für hochbegabte Kinder in der Schweiz schicken wollte. Persephone war damals fünf gewesen.

»SCHLUSS DAMIT, JESSICA!«, polterte Neil. »Es zwingt dich keiner, mit deinem Vater allein zu sein, wenn du es nicht willst, aber hör gefälligst mit diesem Theater auf! Das ist jetzt wirklich nicht der richtige Zeitpunkt dafür.«

Jessicas Groll verebbte jäh, und wir kehrten im Gänsemarsch in das Zimmer zurück.

Dad atmete jetzt noch langsamer, die Abstände zwischen den einzelnen Atemzügen wurden länger und länger, bis es schier undenkbar schien, dass noch ein weiterer folgen würde. Ich atmete mit ihm ein und aus, ohne zu wissen, warum. Irgendwann blieb schließlich der nächste Atemzug aus. Die Ärztin kam herein und legte Natalia eine Hand auf die Schulter. Dad war von uns gegangen.

Der Morgen graute bereits, als uns Simon nach Hause brachte. Auf der Fahrt herrschte Schweigen, jeder hing seinen trüben Gedanken nach.

Zu Hause ließ ich mich auf das Sofa plumpsen in dem Bewusstsein, dass ich jetzt eigentlich meine Kinder trösten sollte, doch ich war nicht dazu in der Lage. Simon machte Tee für mich, obwohl es mir in diesem Moment ging wie Natalia – ich hatte den Tee gründlich satt. Peter kam herein und setzte sich zu mir.

»Mum?«

»Hmmm?«

»Mum, ich … ich will nicht, dass ihr sterbt, du und Dad. Bitte versprich mir, dass ihr nicht sterben werdet. Bitte! Ihr dürft nicht sterben.« Er brach in Tränen aus.

»Oh, Peter …« Wenn es für eine Mutter etwas gibt, was noch schlimmer ist als ihr eigener Kummer in einer solchen Situation, dann ist es der Kummer ihrer Kinder. Peters Tränen rissen mich aus meiner Trance. Ich schloss ihn in die Arme und drückte ihn an mich, als wäre er wieder ein kleiner Junge, obwohl er mich inzwischen um einen Kopf überragte und Schuhgröße dreiundvierzig trug. »Ich werde nicht sterben, Liebes, versprochen.«

»Doch, das wirst du«, schluchzte er. »Alle Menschen sterben!«

»Ja, schon, aber bei mir dauert es bestimmt noch eine ganze Weile, und bei Daddy ebenfalls, okay? Wir sind für euch da, solange ihr uns braucht.«

»Das kannst du mir gar nicht versprechen. Du könntest einen Autounfall haben oder von einem Bus überfahren werden, oder du könntest beim Sockenanziehen hinfallen und sterben. Jedes Jahr sterben zwischen fünf und zehn Menschen beim Sockenanziehen, und noch viel mehr beim Anziehen der Hose! Und inzwischen bereue ich es, dass ich Atheist bin. Es ist bestimmt eine schöne Vorstellung, jemanden im Himmel wiederzusehen.«

»Liebling, du kannst nicht andauernd über all das nachdenken, was womöglich passieren könnte! Das ist doch kein Leben! Du musst das Beste hoffen und Spaß haben, damit du möglichst wenig zu bereuen hast, falls dir etwas zustößt. Ich habe diese Sockenstatistik auch gesehen, und seither setzte ich mich immer hin, wenn ich mir die Socken anziehe. Eine Sorge weniger also. Und ich weiß, es ist eine traurige Vorstellung, jemanden für immer zu verlieren, aber ein Mensch, der stirbt, verschwindet nicht so einfach. Er ist hinterher immer noch da.«

»Komm mir jetzt nicht mit ›Solange wir uns an einen Menschen erinnern können, ist er bei uns‹«, schniefte Peter. »Das ist nämlich nicht das Gleiche, Mum. Erinnerungen sind nicht das Gleiche wie ein Mensch aus Fleisch und Blut.«

»Nein, Liebling, ich rede vom Ausspruch eines Physikers, den ich mal gehört habe. Du bist doch so ein großer Physik-Fan, nicht?«

Er schluckte und nickte.

»Also, dieser Physiker – ich glaube, er hieß Aaron Freeman – hat über das erste Gesetz der Thermodynamik gesprochen, laut dem Energie weder aus sich heraus entstehen noch spurlos verschwinden kann. Das heißt, die Energie, die einen Menschen ausmacht, war schon immer da, und sie bleibt auch nach seinem Tod erhalten. In gewisser Weise lebt also jeder von uns weiter, nur eben in etwas anderer Form. Du sagst doch so oft: ›Die Physik hat immer recht, Mum‹ – tja, es stimmt tatsächlich.«

Das schien Peter ein wenig zu trösten; er wirkte gleich deutlich ruhiger.

»Mum?«

»Ja?«

»Kann Dad heute Nacht hierbleiben?«

»Ich weiß nicht, ob das eine so gute Idee ist.«

»Bitte! Nur heute Nacht. Er kann in meinem Bett schlafen. Ich schlafe auf dem Fußboden. Ich will einfach, dass wir heute Nacht alle zusammen sind. *Bitte*, Mum!«

»Also, gut, meinetwegen, wenn dein Vater einverstanden ist …« Mir wäre es ehrlich gesagt lieber gewesen, wenn Simon nach Hause gefahren wäre, aber Peters Bedürfnis, die Familie um sich versammelt zu wissen, hatte Vorrang.

Simon, der eben ins Wohnzimmer gekommen war, nickte. »Natürlich bleibe ich, wenn Peter das will.«

Ich nickte und dachte an die komplexen Ökosysteme, die in Peters Zimmer lauerten, ganz zu schweigen von den ominösen Flecken, die sich womöglich in seinem Bett fanden, obwohl ich jede Woche seine Bettwäsche auskoche. »Ich mache dir nachher das Sofa zum Schlafen zurecht.«

Dann ging ich nach oben, um nach Jane zu sehen. Sie saß mit geröteten Augen auf ihrem Bett und hatte die Arme um Barrys Hals geschlungen, war aber nicht völlig in Tränen aufgelöst.

»Wie fühlst du dich?«, fragte ich.

»Ganz okay. Ich hab Barry.«

»Willst du drüber reden, Liebes?«

»Lieber nicht, Mum. Ich ... Ich hab mit Barry geredet. So mache ich das immer. Barry versteht so einiges. Wenn es für dich okay ist, würde ich lieber weiter mit ihm reden. Ich weiß nicht genau, was ich fühle oder was ich sagen will, und mit Barry zu reden hilft mir, alles besser zu verstehen. Wenn ich mit einem Menschen darüber reden würde, müsste ich viel zu viel erklären. Bei Barry kann ich mir die langen Erklärungen sparen, der spürt auch so, was los ist und wie es in mir aussieht.«

Barry sah zu mir hoch und zuckte mit dem Schwanz. Er war zwar deutlich größer, aber kein bisschen hübscher geworden, trotzdem glaubte ich in seinen großen braunen Augen weit mehr Weisheit und Einfühlungsvermögen zu erkennen als bei so manchem Zweibeiner, was aber auch daran liegen konnte, dass ich so erschöpft und überemotional war. Jane drückte ihn noch fester an sich.

»Na gut«, sagte ich, »das Wichtigste ist, dass du jemanden zum Reden hast.«

Jane nickte. »Hab ich.«

Und dann rappelte sie sich auf, trat zu mir und umarmte mich kräftig. »Mum, kümmer dich auch mal um dich selbst, nicht nur um die anderen, ja? Und Mum? Ich ... ich hab dich lieb. Aber behalt gefälligst für dich, dass ich das gesagt hab, ja? Und ... Naja, du solltest vielleicht auch mit jemandem reden.«

Da ging er hin, mein Vorsatz, in der Gegenwart der Kinder nicht zu weinen. Ich drückte meine Tochter an mich und schniefte unter Tränen: »Danke, Liebes.«

»Selbst wenn es Judgy ist, mit dem du redest«, flüsterte sie. »Oder die Hühner. Okay, die eher nicht, sie hassen dich. Aber es ist wichtig, dass du auch mal alles rauslässt.«

»Okay.« Ich schluckte.

Jane ließ abrupt die Arme sinken, als hätte sie eben erst registriert, dass wir uns berührten, und schlurfte zurück zu ihrem Bett und Barry.

»Ach, übrigens, Mum ...?«

»Ja, Liebes?«, sagte ich gerührt, voll Stolz auf meine reife, empathische Tochter.

»Was meinst du, wie viele Tage kriegen Peter und ich schulfrei, weil Grandpa gestorben ist?«

Jane ist und bleibt eben doch Jane, dachte ich erleichtert.

Mit einem Extrakissen und einer Decke unter dem Arm für Simon kehrte ich kurz darauf ins Wohnzimmer zurück.

»Möchtest du drüber reden?«, fragte er.

Ich überlegte kurz. »Nein, ehrlich gesagt nicht. Ich glaube, ich muss jetzt zur Abwechslung mal an etwas anderes denken. Vielleicht rufe ich morgen Hannah an und rede mit ihr.«

»Möchtest du dann zumindest umarmt werden?«

»Definitiv nicht. Mein tägliches Kontingent an Körperkontakt mit anderen menschlichen Wesen ist mehr als ausgeschöpft.«

»Okay.«

»Weißt du, was ich jetzt gerne hätte?«

Simon hob vielsagend eine Augenbraue.

»Nicht das, Herrgott noch mal! Einen verdammt großen Gin-Tonic«, sagte ich.

»Das lässt sich einrichten.«

Ich trank meinen Gin Tonic in großen Schlucken und stierte eine Weile vor mich hin. Dann fiel mir plötzlich etwas ein.

»Du hast mein Auto gefahren! Mehrfach!«, sagte ich anklagend.

»Und? Du warst nicht in der Verfassung, selbst zu fahren.«

»Aber du bist in meinem Versicherungsvertrag nicht mehr als Zusatzfahrer eingetragen.«

»Egal, dank meiner KFZ-Versicherung darf ich auch mit anderen Autos fahren, sofern ich die Einwilligung des Fahrzeughalters eingeholt habe«, erwiderte Simon. »Ist das wirklich alles, was dir gerade durch den Kopf geht? Deine Autoversicherung?«

»Es ist ein harmloses, neutrales Thema«, gab ich zurück. »Jane wollte vorhin bereits wissen, wie lange sie schulfrei bekommt. Da ist es doch wohl weniger deplatziert, über Autoversicherungen zu reden … Kriege ich noch einen Gin Tonic?«

Ich schwieg erneut eine Weile, dann sagte ich: »Simon? Was fällt dir als Erstes ein, wenn du an meinen Dad denkst?«

»An dem Tag, an dem ich ihn kennengelernt habe, hat er mich beiseite genommen und mit mir eines dieser Von-Vater-zu-Schwiegersohn-Gespräche geführt.«

»Ach ja? Das hast du nie erwähnt.«

»Ja, er sagte: ›Also, Simon, falls es dir mit meiner Tochter wirklich ernst ist, dann solltest du eines wissen: Wenn du sie je verletzt, dann wird alles, was ich zur Strafe mit dir anstellen könnte, ein Klacks sein verglichen mit dem, was sie dir antun wird. Ich habe meine Töchter dazu erzogen, sich nichts gefallen zu lassen. Ellen ist also weiß Gott nicht darauf angewiesen, dass ich ihren Verehrern drohe. Aber wenn es sein muss, werde ich ihr helfen, deine Leiche zu entsorgen, ganz egal, in wie viele Teile sie auch zerstückelt sein mag‹.«

Ich musste wider Willen lachen. »Warum hast du mir das nie erzählt?«

»Keine Ahnung. Vielleicht hatte ich Angst, die Worte deines Vaters könnten sich bewahrheiten.«

Ich wusste, ich sollte ins Bett gehen, aber es war gemütlich und warm auf dem Sofa, und nach all dem Gin auf nüchternen Magen war mir ein bisschen schwummrig. Wir unterhielten uns noch eine Weile und tranken noch mehr Gin, und irgendwann schlief ich an Simons Schulter gelehnt ein. Wie durch einen Nebelschleier hindurch registrierte ich, dass er mich zudeckte und mir ins Ohr flüsterte: »Lass mich für dich sorgen, Liebling.« Ich meine mich zu erinnern, dass ich daraufhin lallte: »Brauch kein' Mann, der für mich sorgt ... Starke, selbstbestimmte Frau! ... Scheiß aufs Patriarchat!« Aber vielleicht habe ich das auch nur geträumt. Simon war noch da und bot mir die x-te Tasse Tee an, als ich ein paar Stunden später mit einem trockenen Mund und einem steifen Genick erwachte und mich reichlich benebelt fühlte. Judgy lag neben mir und hauchte mir seinen Hundeatem ins Gesicht.

»Soll ich noch bleiben?«, fragte Simon.

»Nein«, sagte ich. »Es geht schon wieder. Außerdem ist inzwischen Sonntagvormittag –« ich warf einen Blick auf die Uhr – »halb elf, und du warst jetzt seit Freitagabend nicht zu Hause, was bedeutet, dass du immer noch die gleiche Unterhose anhast, und das ist widerlich.«

»Es grenzt wirklich an Besessenheit, wie viel Wert du auf saubere Unterwäsche legst«, stellte er trocken fest.

»Diese Besessenheit ist dem Umstand geschuldet, dass ich seit dreizehn Jahren mit Peter unter einem Dach wohne. Der muss auch ständig daran erinnert werden, mal die Unterhose zu wechseln«, protestierte ich. »Ich gehe jedenfalls davon aus, dass er sie dann und wann wechselt ... Neuerdings verbringt er ziemlich viel Zeit im Bad. Und die Deo-Wolken, in die er sich tagtäglich hüllt! Ich hoffe mal, die dienen nicht als Ersatz für frische Unterwäsche. Sind die Kinder schon wach?«

»Nein, sie schlafen noch. Ich hab die Waschmaschine angeworfen«, berichtete Simon nicht ohne Stolz.

»Oh, äh, danke«, stotterte ich etwas konsterniert und überlegte, wie ich es fand, dass mein Exmann *meine* dreckigen Unterhosen in der Hand gehalten hatte.

Ich schlurfte zur Hintertür, um die Hunde in den Garten zu lassen und spürte, wie Ärger in mir aufstieg, als ich an der Waschmaschine vorbeikam und hinter dem Bullauge eine kunterbunte Mischung herumwirbeln sah, darunter weiße T-Shirts, Janes kariertes Hemd (die Bezeichnung »Holzfällerhemd« ist ja mittlerweile out und verboten) sowie *mein heißgeliebter, sündteurer hellrosa Kaschmirpulli*. Und das alles bei sechzig Grad, dabei habe ich Simon garantiert hundertfünfundsiebzigtausend Mal erklärt, dass lediglich Bettwäsche und Handtücher bei sechzig Grad gewaschen werden müssen, und auch die nicht zwingend jedes Mal, und dass das Vierzig-Grad-Programm im Normalfall vollkommend ausreichend ist, und vor allem, dass man Wäsche VOR DEM WASCHEN SORTIEREN MUSS! Das verdankte ich nur seiner verdammten Mutter, die ihn wie einen Prinzen verhätschelt und nie von ihm verlangt hat, ihr im Haushalt zur Hand zu gehen, und dann hat sie ihn in die Welt entlassen mit der höchst unrealistischen Erwartung, dass es irgendwelche fleißigen Feen oder Elfen sind, die seine Wäsche waschen, hinter ihm herräumen und seine Kommodenschubladen mit sauberen Unterhosen füllen, während er nicht hinsieht. Ich schluckte meinen Groll hinunter und rief mir in Erinnerung, dass es heute Wichtigeres gab als meinen ruinierten Kaschmirpullover. Schließlich hatte Simon nur helfen wollen.

»Ich habe auch deinen Kühlschrank aufgeräumt«, verkündete er just in diesem Augenblick selbstgefällig. »Du hast offenbar immer noch ein Problem damit, verdorbene Lebensmittel zu entsorgen. Ich hab ein Glas Senf gefunden, bei dem das Mindesthaltbarkeitsdatum um zwei Monate überschritten war!«

»War der Senf schimmlig?«

»Keine Ahnung, ich hab nicht reingeschaut. Er war abgelaufen, also ist er in der Tonne gelandet.«

»Aber wenn der Senf nicht schimmelt, ist er doch noch gut!«

»Er war ABGELAUFEN. Sowas ist hygienisch bedenklich.«

»Nein, ist es nicht, im Gegenteil – es ist Verschwendung, Essen wegzuwerfen, das noch einwandfrei ist! Wie oft haben wir uns deshalb schon in die Haare gekriegt?«

»Naja, wenn du keine abgelaufenen Lebensmittel im Kühlschrank hättest, müssten wir uns deswegen nicht in die Haare kriegen.«

»Es ist *mein* Kühlschrank, und ich kann darin aufbewahren, was ich will, und im Übrigen heißt es nicht umsonst MINDESTHALTBARKEITSDATUM! Das ist nur ein RICHTWERT, mehr nicht! Wenn etwas noch gut aussieht und gut riecht, *ist* es mit großer Wahrscheinlichkeit auch noch gut!«

Simon schnaubte verächtlich, während ich in meinen Kühlschrank spähte, in dem nun gähnende Leere herrschte. Zugegeben, er ist auch sonst nie sonderlich voll, aber die wenigen Lebensmittel, die den Plünderungen durch Peter und seine Freunde entgangen waren – Kartoffeln, Karotten, Senf und

Thaicurrypasten –, waren nun Simons idiotischem Hygiene-Feldzug zum Opfer gefallen.

Ich fluchte verhalten, dann atmete ich ein paar Mal tief durch und teilte meinem Ex mit, es sei an der Zeit, dass er nach Hause fuhr. Mittlerweile ging er mir nur noch auf den Senkel. Ich sehnte mich nach etwas Ruhe und Frieden und einer Gelegenheit, über alles Mögliche nachzudenken, zum Beispiel darüber, ob es wohl okay war, wenn wir wie geplant in zwei Wochen in Urlaub fuhren, denn das Hotel war bereits gebucht und bezahlt – ja, ich weiß, ich bin schrecklich oberflächlich ... Ich zog in Erwägung, Natalia zu fragen, ob sie das pietätlos fände. Nein, lieber nicht, womöglich empfand sie schon die Frage an sich als pietätlos.

»Hörst du mir überhaupt zu, Ellen?«, fragte Simon. »Du wirkst total abwesend. Meiner Ansicht nach solltest du jetzt wirklich nicht allein sein.«

»Was? Keine Sorge, ich komm schon zurecht. Und ich bin nicht allein; die Kinder sind hier, und die Hunde. Und früher oder später muss ich allein sein, warum also nicht jetzt gleich? Das Leben geht weiter.«

»Ich mache mir aber Sorgen um dich«, protestierte er, während ich ihn zur Tür bugsierte.

Als er endlich weg war, atmete ich erleichtert auf. Das Letzte, was ich jetzt um mich haben wollte, waren Leute, die ein derartiges *Theater* machten. *Es geht mir gut,* dachte ich entschlossen. Es war an der Zeit, nach vorn zu blicken; Trübsal blasen brachte mich kein bisschen weiter. Dennoch war ich niedergeschlagen und antriebslos. Ich machte mir eine Tasse Tee und kehrte damit ins Wohnzimmer zurück, doch kaum hatte ich mich hingesetzt und die Tasse zum Mund geführt, sprang Judgy zu mir aufs Sofa und stieß mich mit dem Kopf an, sodass ich mich ankleckerte.

»Herrgott noch mal, Judgy, was soll denn das?«, herrschte ich ihn an. Er tat, als hätte er es nicht gehört und ließ sich schnaubend auf meinem Schoß nieder. Dann nieste er und musterte mich mit einem nachdrücklichen Blick.

»Ach, Judgy«, murmelte ich. »Wie geht es denn jetzt weiter? Ich weiß nicht, was ich tun soll. Ich weiß ja noch nicht einmal, was ich empfinden soll … Ich schätze mal, ich sollte am Boden zerstört sein und mir vor Kummer die Haare raufen oder so, aber ehrlich gesagt fühl ich mich bloß irgendwie … leer.«

Judgy nieste erneut.

»Du hast recht«, sagte ich. »Wahrscheinlich habe ich es noch gar nicht richtig kapiert.«

Und dann führten wir ein langes Gespräch, mein Hund und ich. Wir unterhielten uns über eine ganze Menge, nicht nur über die guten Eigenschaften meines Vaters, sondern auch darüber, was für ein egoistischer Mistkerl er bisweilen gewesen war, und obendrein supernervig bis unverschämt und ansatzweise sexistisch. Am Ende heulte ich Rotz und Wasser, während sich Judgy unter mir wand, weil er es nicht mag, wenn sein Fell nass wird. Trotzdem tat es gut. Jane hatte recht, so eine Unterhaltung mit einem Hund hat eine ausgesprochen therapeutische Wirkung.

Freitag, 27. Juli

Heute war Dads Beerdigung. Ich bin auf Beerdigungen immer schrecklich befangen – ich frage mich in einer Tour, ob meine Schuhe auch nicht zu nuttig wirken und ob es wohl deplatziert ist, Lipgloss zu tragen. Außerdem tendiere ich dazu, im falschen Moment in hysterisches Gekicher auszubrechen (nicht, dass es dafür auf einer Beerdigung einen richtigen Moment gäbe), und zwar ohne die geringste Veranlassung. Je krampfhafter ich mich um ein feierliches, respektvolles Benehmen bemühe, desto höher die Wahrscheinlichkeit, dass ich es am Ende gründlich vermassle.

Jane wollte für die Beerdigung ein neues Kleid haben, das ich ihr jedoch nicht gekauft habe, weil ich es etwas unpassend fand. Ihre Wahl war auf ein superkurzes, hautenges Minikleid gefallen, von dem sie behauptete, es sei eine sinnvolle Investition, weil sie es hinterher auch auf Partys tragen könne, es würde also bestimmt noch häufig zum Einsatz kommen, aber ich hatte doch den leisen Verdacht, dass sie dabei mehr an die Partys dachte als an die Beerdigung. Als sie sich beschwerte, das sei unfair, schließlich habe ihr Bruder ein neues Hemd und eine neue Hose bekommen, wies ich sie darauf hin, dass Peter genau *ein* schickes Outfit besessen hatte, und das hatte ich ihm im Vorjahr für die Schulweihnachtsfeier gekauft, und da er seither gut dreißig Zentimeter gewachsen war, hatte er darin ausgesehen wie ein viktorianischer Gassenjunge auf dem Weg zum Armenhaus. Jane dagegen hat so viele Klamotten, dass ihr Zimmer quasi aus sämtlichen Nähten platzt, und ich ging davon aus, dass sich darunter etwas finden würde, das sie anziehen konnte.

Und tatsächlich trug sie, als sie am Tag der Beerdigung ins Auto stieg, eine recht respektabel wirkende Kombi aus schwarzem Rock und schwarzem Pullover.

»Gut siehst du aus, Liebes«, stellte ich angenehm überrascht fest.

»Und? Ist das so erstaunlich?«

»Entschuldige, so war es nicht gemeint. Also, können wir?«

»Darf ich auf Radio 1 umschalten?«

»Meinetwegen.« Lieber lauschte ich den überdrehten Moderatoren von Radio 1, als mir die ganze Fahrt lang das Geläster meiner Sprösslinge über Ken Bruce anzuhören, der meiner Ansicht nach ein viel besseres Händchen für chilligen Sound hatte. Es war schon ein Wunder, dass sich die beiden überhaupt dazu herabgelassen hatten, ihre Kopfhörer abzulegen.

Erst als wir kurz vor dem Ziel an einer roten Ampel warten mussten, fiel mein Blick nach unten, und ich stellte entsetzt fest, dass Jane zu ihrer adretten Kombi ihre knalllila Glitzer-Doc-Martens trug.

»Jane!«, rief ich. »Deine Schuhe!«

»Was ist denn damit?«, fauchte sie. »Die hat mir Grandpa gekauft. Weil du gesagt hast, sie wären zu teuer.«

»Okay, aber die sind doch nicht sehr passend für eine Beerdigung, oder?«

»Ihm haben sie gefallen. Das sollte doch wohl reichen, oder nicht?«

Ich gab auf. Jetzt war es ohnehin zu spät. Jessica hatte mich eine Woche lang mit Anrufen und E-Mails bombardiert, weil sie fand, dass sich Natalia bei der Organisation der Beisetzung »nicht genug ins Zeug gelegt hatte«. Jess hatte einfach an allem etwas auszusetzen – am Sarg, an der Blumendeko, an der Länge und Gestaltung des Gottesdienstes, an den Liedern, die gesungen werden sollten … Irgendwann erhielten wir dann von Natalia einen eingescannten Brief, den ihr Dad geschrieben hatte.

Liebste Natalia,

eben wurde mir bewusst, dass ich vermutlich früher oder später den Löffel abgeben werde, und dass du dich dann vermutlich mit einer Menge Scheißkram wirst herumschlagen müssen (hoffentlich nur im übertragenen Sinne!). Ich weiß, es ist furchtbar morbide von mir, aber ich dachte, ich halte mal besser schriftlich fest, was danach mit mir geschehen soll. Also: Ich möchte kremiert werden.

Die Vorstellung, vor mich hin zu modern und von Würmern aufgefressen zu werden, behagt mir nicht. Gib um Himmels Willen bloß kein Vermögen für den Sarg aus, er wird ohnehin verbrannt. Nimm das billigste Modell, das es gibt, und steck die Kohle, die du damit sparst, in ein anständiges Besäufnis zu meinen Ehren. Wahrscheinlich erwarten die Leute eine Art Trauerfeier – sorg dafür, dass die Angelegenheit kurz und schmerzlos über die Bühne geht. Auf Beerdigungen langweilt man sich ja gerne mal zu Tode, wenn du mir das platte Wortspiel erlaubst. Du und meine Mädels, ihr müsst für einander da sein, wenn es so weit ist. Ich bin sehr stolz auf euch alle! Ach ja, beim Leichenschmaus müssen natürlich alle Anwesenden darüber reden, was für ein toller Bursche ich doch war. Mit meiner Asche düngst du am besten den Rittersporn, auf diese Weise erfülle ich wenigstens noch einen allerletzten Zweck. Ich liebe dich, mein Herz, und ich hoffe inständig, es wird noch sehr, sehr lange dauern, bis du diese Zeilen liest. Mach's gut und halt die Ohren steif!

Dein Ralph

Nachdem ich das gelesen hatte, heulte ich ziemlich lange, während mir Jessica eine ganze Reihe erboster Nachrichten auf den Anrufbeantworter sprach.

Bei unserer Ankunft bei Natalia gab es zunächst eine Tasse Tee und eine Lektion in Sachen Begräbnisetikette von Jessica, die sich sowohl an Janes als auch an meinem Schuhwerk störte (die Hoffnung, Jessica damit ärgern zu können, hatte für mich jedoch nur eine kleine Rolle bei der Auswahl gespielt).

Als es klingelte, erhob sich Natalia verwundert. »Für den Wagen des Bestattungsinstituts ist es doch noch viel zu früh«, sagte sie und ging zur Tür.

Einen Augenblick später stürmte auch schon Mum in die Küche, gefolgt von Natalia, der, vielleicht zum ersten Mal überhaupt, die Worte fehlten.

»Hallo, meine Lieben!«, rief Mum.

»Mum!«, rief Jessica. »Du bist tatsächlich gekommen!«

»Natürlich, Schatz, schließlich beerdige ich heute meinen Ehemann.«

»Er wird kremiert«, bemerkte ich.

»Was?«

»Dad wird kremiert.«

»Aber ... das ist so gewöhnlich!«, stieß Mum entgeistert hervor. »Warum hat mich niemand in dieser Angelegenheit konsultiert?«

»Weil du dich vor dreißig Jahren hast scheiden lassen und Dad wie die Pest gehasst hast, und weil du zuletzt *auf meiner Hochzeit* mit ihm geredet hast, wo du ihm, wenn ich mich recht entsinne, aufgetragen hast, mir zu sagen, ich solle endlich aufhören, mich in den Mittelpunkt zu drängen, denn es sei ebenso sehr *dein* großer Tag.«

»Ich hätte trotzdem konsultiert werden müssen«, beharrte Mum kühl. »Schließlich bin ich die Mutter seiner Kinder.«

»Was macht Granny hier?«, fragte Jane, die eben auf der Suche nach Keksen in die Küche gekommen war. »Und warum ist sie so aufgedonnert?«

Mum war von Kopf bis Fuß in Schwarz gehüllt und trug einen riesigen Hut. Wie es aussah, war sie wild entschlossen, so viel Theatralik und Anteilnahme aus dem Tag herauszuquetschen wie nur irgend möglich. Ihre tief verwurzelte Abneigung gegen Dad stellte für ihren Drang, sich die ungeteilte Aufmerksamkeit sämtlicher Anwesenden zu sichern, in keinster Weise ein Hindernis dar.

»Jane, Herzchen, komm her und gib deiner Granny einen Kuss«, gurrte sie. »Lieber Himmel, was sind denn das für Galoschen? Die kannst du nicht tragen. Das lasse ich nicht zu. Bestimmt hat diese Frau« – sie sah mit säuerlicher Miene zu Natalia – »ein anständiges Paar Schuhe, das du dir borgen kannst. Das Gleiche gilt für dich, Ellen. In diesen Highheels siehst du ja aus wie eine billige Nutte.«

»Gegen Janes Stiefel gibt es nicht das Geringste einzuwenden, und Ellen sieht sehr elegant aus in ihren Stöckelschuhen«, widersprach Natalia mit fester Stimme. »Ralph würde nicht wollen, dass sich heute jemand unwohl fühlt. Er wollte keinen Tag voller Traurigkeit und Formalitäten, sondern, dass wir sein Leben feiern.«

Mum ließ sie einfach links liegen und machte unerbittlich weiter: »Ellen, meinst du wirklich, das ist der richtige Lippenstift für dich? Ich weiß, du bist in Trauer, aber dieser Farbton macht dich schrecklich blass. Und mit deiner Frisur hättest du dir auch etwas mehr Mühe geben können.«

»Ich trage gar keinen Lippenstift«, presste ich hervor. Wenn Natalia nicht gleich austickte und meiner Mutter eine knallte, dann würde ich es tun.

»Tja, wahrscheinlich wirkst du *deswegen* so blass, Schatz.«

»Mum sieht gut aus«, fauchte Jane. »Warum musst du immerzu auf ihr herumhacken, Granny?«

Mum schnaubte. »Von Auf-ihr-Herumhacken kann keine Rede sein. Ich habe ihr lediglich einen hilfreichen Tipp gegeben.«

Und da explodierte Jane. »Also hör mal, Granny, ihr Dad wird heute beerdigt, und dir fällt nichts Besseres ein, als sie wegen ihrer Schuhe und ihrer Frisur und ihres Lippenstifts zu kritisieren! Sei verdammt nochmal nicht so gemein zu ihr!«

»Ellen, willst du es deiner Tochter etwa straflos durchgehen lassen, wenn sie so mit mir redet?«, keifte Mum.

Ich war schon wieder den Tränen nah, weil mir Jane so völlig unerwartet den Rücken stärkte.

»Könnten wir vielleicht alle versuchen, uns zu vertragen, zumindest für ein paar Stunden?«, flehte ich matt. »Der heutige Tag wird auch so schon schwer genug; wir müssen ihn nicht noch schlimmer machen.«

»Na gut, dann sage ich einfach gar nichts mehr, da ganz offensichtlich niemand Wert darauf legt, meine Meinung zu hören«, maulte Mum. »Ich habe nur versucht zu helfen.«

»Oh, gut, die Autos des Bestattungsinstituts sind da«, bemerkte Jessica. Sie hatte darauf bestanden, dass wir uns mit zwei Limousinen zum Krematorium fahren ließen. Natalia hatte eingewilligt und dabei kaum hörbar »Man muss auch mal eine Windmühle auslassen« geknurrt.

»Hervorragend«, zwitscherte Mum. »Jessica, wie wär's, wenn ich mit dir, Neil und euren Kindern im ersten Wagen mitfahre?«

»Natalia sollte im vorderen Auto sitzen«, meldete ich mich zu Wort.

»Und was ist mit mir, bitteschön?«, fragte Mum aufsässig. »Du kannst doch auch mit deinem eigenen Auto fahren«, schlug ich vor. »Ich nehme mal an, damit bist du hergekommen?«

Sie lachte. »Sei nicht albern. Geoffrey hat mich abgesetzt. Wir haben beschlossen, übers Wochenende zu bleiben, wenn wir schon mal hier sind. Er spielt jetzt eine Runde Golf und holt mich später wieder ab. Ich *muss* also in einem der Autos vom Bestattungsinstitut mitfahren, Schatz. Also, Jessica, du und ich und Neil ... wo steckt Neil eigentlich, Jessica?«

»Im Arbeitszimmer; er musste noch etwas erledigen.« Jessica seufzte. »Er wird sich noch irgendwann zu Tode schuften.«

Neil zieht sich bei Familienzusammenkünften des Öfteren in eine ruhige Ecke zurück, als könnte der Aktienmarkt zusammenbrechen, wenn er ihn auch nur eine Stunde lang aus den Augen ließ. In Wahrheit spielt er dann auf seinem Smartphone Tetris – ich hab ihn einmal *in flagranti* erwischt. Offen gestanden war ich in erster Linie neidisch, weil ich nicht selbst auf die Idee gekommen war, meiner nervigen Verwandtschaft auf diese Weise eine Weile zu entkommen ...

»Aber es haben in jedem Auto nur vier Personen Platz«, erinnerte ich Jessica. »Wir haben ja bloß mit acht Angehörigen gerechnet, und jetzt sind wir zu neunt.«

»Ich fahre einfach selbst«, verkündete Natalia. »Wenn es Yvonne so verdammt viel bedeutet, in einer der Limousinen mitzufahren, bitte. Ich persönlich lege mehr Wert darauf, mich von meinem Ehemann zu verabschieden.«

»Du kannst nicht selbst fahren, Natalia«, protestierte ich. »Ich fahre dich.«

»Können wir bei euch mitfahren?«, fragte Jane. »Ich will nicht in dieses gruselige Totenauto steigen.«

»Herrgott noch mal! Okay, meinetwegen. Jane, hol Peter. Komm mit, Natalia. Ihr anderen könnt euch ja ausschnapsen, wie ihr euch aufteilt. *Wir* machen uns jetzt jedenfalls auf den Weg zum Krematorium.«

Simon wartete bereits auf dem Parkplatz auf uns.

Er legte mir eine Hand auf den Arm, sah mir tief in die Augen und fragte: »Wie *geht* es dir, Liebes?«

»Hör auf damit«, fauchte ich.

»Womit denn?«

»Mit diesem salbungsvollen Getue. Das nervt.«

»Entschuldige. Ich versuche bloß, dir eine Stütze zu sein.«

»Spar's dir einfach, okay?«

»Dad, setzt du dich zu uns?«, fragte Peter. »Du kannst zwischen mir und Mum sitzen.«

Simon nickte. »Aber natürlich, sofern deine Mutter nichts dagegen hat.«

»Ich habe nichts dagegen. Benimm dich einfach normal.«

Die Trauerfeier gestaltete sich dann überraschend schön. Dad wäre bestimmt sehr zufrieden gewesen, der ernsten Trauermusik zum Trotz, die anfangs gespielt wurde, und obwohl der Geruch im Inneren des Gebäudes und die verstaubten Plastikblumen dem Ganzen eine leicht sowjetisch angehauchte Atmosphäre verliehen. Überdies ging mir irgendwann während des Gottesdienstes auf, woher die grauen Flecken auf dem Teppich rührten – es waren plattgetretene Kaugummis, kein Zweifel. Also ehrlich, was sind das für *barbarische Sitten*, in einem *Krematorium* den Kaugummi auf den Fußboden zu spucken?

Jessica hatte darauf bestanden, dass Gulliver und Persephone (die aussah wie Wednesday Addams aus der *Addams Family*) in den Gottesdienst eingebunden wurden, also trug Gulliver ein ziemlich bizarres Gedicht vor, das er selbst geschrieben hatte, und Persephone spielte ein Stück auf dem Klavier, was ich ehrlich gesagt ziemlich schön fand. Natalia hatte auch Peter und Jane gefragt, ob sie ein paar Worte sagen wollten, doch sie hatten verneint – die Vorstellung, vor versammelter Mannschaft (»vor lauter alten Säcken«, wie Jane es formuliert hatte) aufstehen und etwas sagen zu müssen, hatte sie gelinde gesagt entsetzt. Stattdessen erhob sich irgendwann Dads bester Freund, ein ehemaliger Kommilitone namens Christopher, und gab anstelle einer konventionellen Trauerrede einige höchst unschickliche Anekdoten zum Besten, garniert mit einigen reichlich schlüpfrigen Witzen. Die Anwesenden machten sich beinahe in die Hosen vor Lachen, nur Mum fand es nicht sonderlich erheiternd – Christopher hatte nämlich nicht gemerkt, dass sie auch da war und gescherzt, Dad sei ja ein ziemlich tollkühner Draufgänger gewesen, denn »warum sonst hätte er wohl eine so durchgeknallte Xanthippe wie Yvonne geheiratet?« An dieser Stelle lachte Natalia besonders laut.

Als wir wieder im Auto saßen, fragte Peter: »Wir gehen also nicht ans Grab?«

»Welches Grab, Liebes?«

»Naja, wenn im Fernsehen eine Beerdigung gezeigt wird, dann stehen immer alle um das Grab herum und schaufeln Erde auf den Sarg. Ist das nur im Fernsehen so?«

»Peter, wo waren wir gerade?«

»In einem Krematorium?«

»Und was passiert in einem Krematorium?«

»Na was wohl, da werden tote Leute verbrannt.«

»Genau, wenn ein Toter also verbrannt wird …«

Peter starrte mich verständnislos an.

»Dann kann man ja wohl keine Erde auf seinen Sarg schaufeln, oder?« Manchmal frage ich mich wirklich, wie sich der gute Junge mal in der Welt da draußen zurechtfinden soll, wenn er mit seiner Kombinationsgabe ganz auf sich gestellt sein würde.

Für den Leichenschmaus hatte Natalia einen Saal in einem Hotel gebucht. Obwohl ich nichts trinken durfte, weil ich noch fahren musste, erlebte ich das ganze wie in Trance. Hannah und Charlie waren da, und natürlich Simon (Sam und Colin waren gerade auf Ibiza – ich hatte ihnen versichert, es sei nicht nötig, dass sie frühzeitig aus dem Urlaub zurückkehrten) sowie jede Menge Menschen, die ich gefühlt noch nie gesehen hatte, die jedoch behaupteten, sie würden mich von früher kennen. Ich hörte verschiedentlich, ich hätte mich ja kein bisschen verändert, was mir zu denken gab, da mich manche von ihnen zuletzt als Fünfjährige gesehen hatten, und zu der Zeit hatte ich einen grauenhaften Topfschnitt. Ich hoffe doch sehr, dass ich mich frisurentechnisch seither etwas weiterentwickelt habe!

Na, jedenfalls gab es Sekt und Canapés *en masse*, und irgendwann ließ Natalia mit einer grimmigen Zufriedenheit den Blick über die in Grüppchen herumstehenden Gäste schweifen und konstatierte: »Es sieht so aus, als hätten alle ihren Spaß.«

Dummerweise hatte Mum ihre Bemerkung gehört. »Wir sind hier auf einem *Leichenschmaus*, Natalia!«, stieß sie empört hervor. »Da geht es nicht um Spaß! Bei einem Leichenschmaus sollte eine ernste, ehrwürdige Atmosphäre herrschen.«

»Schwachsinn«, erwiderte Natalia abfällig. »Ralph wollte, dass wir auf seine Kosten ein rauschendes Fest feiern, an das sich alle noch lange erinnern. Wann immer wir auf einer Beerdigung waren, hat er gesagt: ›Gott, ist das deprimierend! So soll es bei mir auf gar keinen Fall werden.‹ Er wollte, dass die Leute noch Jahre später sagen: ›Erinnerst du dich an Ralph Greens Leichenschmaus? Das war vielleicht eine Hammerparty!‹ Früher oder später sterben wir doch alle! Niemand entkommt dem Sensenmann. Da ist so ein Leichenschmaus doch eine gute Gelegenheit, um die schönen Momente noch einmal Revue passieren zu lassen, statt mit Leichenbittermiene herumzusitzen und auf das eigene Ende zu warten.«

Die schönen Momente Revue passieren lassen … Tja, schöne Momente hatte Natalia mit Dad in der Tat zuhauf gehabt. Und ich mit Simon natürlich auch, keine Frage, aber in meiner Erinnerung an unsere letzten Ehejahre dominierten die Kabbeleien – sei es wegen der Kinderbetreuung oder weil Simon immer wieder vergessen hatte, die Krümel von der Arbeitsplatte in der Küche zu wischen, nachdem er sich ein Sandwich gemacht hatte –, und es kam mir so vor, als hätte ich unablässig Wäsche in die Waschmaschine gestopft oder wutentbrannt durchs Haus rennend gekeift: ›Nein, LASS GUT SEIN, ICH MACH DAS SCHON, genau wie alles andere auch, verdammt noch mal!‹. Ja, der Auslöser war meist irgendeine Kleinigkeit gewesen, aber es sind genau diese kumulierten Kleinigkeiten, die einer Ehe über kurz oder lang das Genick brechen. Okay, der Sex war gut gewesen (ich errötete, als ich daran dachte, dass ich mich davon erst kürzlich noch einmal hatte überzeugen können), wobei die Schäferstündchen in den letzten Jahren unserer Ehe eher eine Seltenheit geworden waren, wie so vieles andere auch. Dafür hatte es reichlich Sticheleien gegeben, und viele, viele Abende vor der Glotze, wo gefühlt in Endlosschleife *Die Gebrauchtwagen-Profis: Neuer Glanz für alte Kisten* gelaufen war.

Mitten in meinen düsteren Erinnerungen wurde mir bewusst, dass sich Natalia und Mum ein Schreiduell lieferten, in dem es offenbar darum ging, wen Dad mehr geliebt hatte.

»Sag es ihr, Ellen!«, zeterte Mum. »Ich war die Mutter seiner Kinder. Ich war seine große Liebe, keine Frage.«

»Er hat seit Ellens Hochzeit nicht mehr mit dir geredet, Yvonne!«, zischte Natalia. »Und wenn er dich überhaupt mal erwähnt hat, dann hat er dich ›die bekloppte alte Schabracke‹ genannt.«

Dann stürzte sich eine füllige ältere Dame, die, wenn ich mich recht erinnere, Jean hieß, auf mich und umarmte mich so fest, dass ich unwillkürlich nach Luft rang, weil sie dabei mein Gesicht an ihre dralle Oberweite drückte, die sie zuvor mit reichlich Chanel No. 5 besprüht hatte. Kaum hatte ich mich mühsam aus ihrem Griff befreit, rieb sie mir den Arm und säuselte mit schief gelegtem Kopf: »Wie *geht* es dir, meine Liebe?«

Ich öffnete den Mund, aber noch ehe ich antworten konnte, baute sich Jessica vor mir auf. »Persephone ist *betrunken*!«, tat sie aufgebracht kund. »Das ist zweifellos Janes Werk. Also, was gedenkst du jetzt zu unternehmen?«

»Mum?« Peter zupfte mich am Ärmel. »Mum, mir ist ein bisschen übel.«

»Ellen, dein Onkel Edward möchte wissen, ob es abgesehen von den Canapés noch etwas anderes zu essen geben wird. Er sagt, er mag keine Canapés«, berichtete Simon.

»Hab Perschephone nich abgefüllt, Mum«, lallte Jane, die eben hinter Jessica aufgetaucht war, gefolgt von ihrer Nichte, die ziemlich grün um die Nasenspitze war. »Sie wollte bloß ma den Sekt probieren. Leckeres Seug, dieser Sekt. Aber ich kann nix dafür, dassie so hackedicht is.«

»War deine Idee, Wodka reinzutun«, nuschelte Persephone. »Oh Gott, mir geht's gar nich gut. Ich glaub, ich ...« Statt den Satz zu beenden, beugte sie sich vornüber, und dann erbrach sie sich auch schon auf Jessicas Schuhe.

»Heilige Scheiße!«, krähte meine alarmierend schwankende Tochter.

Natalia gackerte los, Mum und Jessica begannen zu kreischen, und die Dame, die wenn ich mich recht entsinne, Jean hieß, wich angewidert zurück und machte sich unauffällig aus dem Staub.

»Oh Gott, ich wünschte, Ralph wäre hier. Er hätte sich garantiert krummgelacht«, ächzte Natalia, und dann brach sie jäh in Tränen aus.

»Okay, das war's«, knurrte ich. »Ich muss hier raus.« Damit drehte ich mich um und suchte das Weite.

Ich saß eine Weile allein auf einem Mäuerchen draußen vor dem Hotel, bis sich Hannahs Mutter zu mir gesellte.

»Hallo, meine Liebe«, sagte sie. »Ich hab dir einen großen Gin mitgebracht. Kippe?«

»Ist da etwa jemand rückfällig geworden?«

»Ach, weißt du, Ellen, in meinem Alter muss ich meine Laster in vollen Zügen genießen. Aber verpetz mich nicht bei Hannah, ja? Die Ärmste ist zurzeit etwas empfindlich, was das Thema Laster angeht. Na, egal. Ich wollte unter vier Augen mit dir reden, mal hören, wie's dir so geht. *Tolle* Schuhe übrigens.«

»Ich darf nichts trinken, ich muss noch fahren.«

»Ich habe bereits alles organisiert: Hannah fährt euch nach Hause, Charlie folgt euch mit ihrem Wagen. Also, trink das und gönn dir eine Fluppe. Du wirst sehen, danach ist alles nur noch halb so schlimm ... So, und jetzt erzähl mal – wie geht es dir wirklich?«

Ich liebe Hannahs Mutter. Sie ist genau so, wie eine Mutter sein sollte – genau die Art von Mutter, die ich meinen Kindern zu sein *versuche*. Mrs P., wie ich sie stets genannt habe und noch immer nenne, hat ein unglaublich großes Herz, einen herrlich frechen Sinn für Humor und eine wunderbar despektierliche Art. Sie hat mich über weite Strecken meines Lebens mit Schokolade, Gin oder Zigaretten versorgt, jeweils abhängig von meinem Alter und der Art der Krise, die ich gerade durchlebte. Wenn man nicht über seine Probleme reden will, fragt sie einem keine Löcher in den Bauch, und wenn doch, hört sie einfach zu, einfühlsam, aber ohne ungebetene Ratschläge zu erteilen. Sie hat mich ganz selbstverständlich als Quasi-Tochter adoptiert, und Hannah hat sich nie auch nur im Geringsten daran gestört, ihre Mutter mit mir zu teilen, was beweist, was für ein wunderbarer Mensch sie ist.

»Ganz ehrlich?«, fragte ich.

»Wenn du mit mir nicht offen reden kannst, mit wem dann, Liebes?«

»Also, wenn mir noch *ein* Mal jemand die Hand auf den Arm

legt und mit diesem traurigen Hundeblick fragt: ›Wie *geht* es dir?‹, dann schreie ich.«

»Oh ja, ich erinnere mich. Das musste ich nach dem Tod meiner Eltern auch über mich ergehen lassen.« Sie seufzte. »Grauenhaft, nicht? Und das Schlimmste ist: Du weißt ganz genau, dass ihnen scheißegal ist, wie es dir geht. Sie wollen sich hinterher bloß selbst dazu beglückwünschen, dass sie sich nach deinem Befinden erkundigt und damit Fürsorglichkeit demonstriert haben. Aber wehe, du wagst es, etwas anderes zu erwidern als »Danke, es geht schon wieder« oder »Naja, was uns nicht umbringt ...«, dann suchen sie wieselflink das Weite. Aber gut. Willst du drüber reden?«

»Eigentlich nicht«, gestand ich. »Ich wüsste nicht, was ich sagen soll. Ich weiß noch nicht einmal genau, was ich empfinde. Natürlich bin ich traurig, aber es kommt mir so vor, als müsste ich noch viel trauriger sein. Und ... Ach, keine Ahnung. Was sollte ich denn empfinden?«

»Tja, es gibt leider keine Statistiken, die man konsultieren kann, um zu eruieren, ob unsere Trauer über den Verlust eines Elternteils im Normbereich liegt oder nicht«, sagte sie. »Manche Leute raufen sich schon vor Kummer die Haare, wenn der Wellensittich der Großmutter der Tante ihres Cousins gestorben ist, andere fressen ihren Kummer in sich rein und benehmen sich nach außen hin, als wäre nichts passiert. Ich vermute mal, du hast dich für die zweite Bewältigungsmethode entschieden, die ich ehrlich gesagt nicht empfehlen kann, wenngleich sie für das persönliche Umfeld deutlich angenehmer ist – ganz im Gegensatz zum Betragen deiner Mutter da drin.«

»Tobt sie noch immer wegen Persephone?«

»Nein, inzwischen ist dank Simon wieder Ruhe eingekehrt. Er ist wahrhaft zu Höchstform aufgelaufen: Er hat Yvonne angeschnauzt, sie soll sich gefälligst wieder einkriegen, und dann hat er Jessica mit Persephone auf die Toilette geschickt und Peter aufgetragen, ebenfalls aufs Klo zu gehen, falls ihm das Essen hochkommt. Wie sich herausgestellt hat, ist Peter nämlich nicht betrunken, er hat lediglich ein ganzes Tablett von diesen Mini-Filet-Wellington-Dingern verdrückt, und danach noch einen Teller Macarons. Reife Leistung, wenn du mich fragst.«

»Und Jane?«

»Der hat er ein Glas Wasser in die Hand gedrückt und befohlen, sich hinzusetzen. Natalia hatte ein Auge auf sie, während er die Spuren der Verwüstung beseitigt hat. Als ich vorhin an den beiden vorbeikam, hat sie deiner Tochter gerade russische Schimpfwörter beigebracht. Ich war ziemlich beeindruckt von Simon, muss ich sagen. Apropos, was läuft da zwischen euch beiden?«

Ich wurde rot. »Äh, nichts!«

»So, so. Hannah hat erwähnt, dass ihr zwei neulich mal was miteinander hattet. Wie nannte Emily das noch gleich ...? Ach ja, Hook-up. Hannah war nicht gerade begeistert, aber ich schätze mal, das hat sie dir bereits verklickert. Also, habt ihr euch versöhnt?«

»Nein!«

»Möchtest Du dich denn mit ihm versöhnen?«

»Keine Ahnung ... Ich weiß es nicht. Es ist alles so verwirrend!«

»Nur du kannst entscheiden, wie es weitergeht. Aber mir ist nicht entgangen, wie er dich ansieht. Ich könnte wetten, er liebt dich noch, aber ich gehöre ja nicht zu den Leuten, die einen Hang zum Glücksspiel haben.«

»Von wegen! Wer hat denn Hannah und mir das Pokerspielen

beigebracht und uns bei der Gelegenheit drei Wochen Taschengeld abgeknöpft?«

»Ach richtig. Na gut, also, Simon liebt dich noch. Wenn du ihn wiederhaben willst, dann brauchst du nur mit den Fingern zu schnipsen. Die Frage ist: Willst du ihn wiederhaben?«

»Manchmal ... Es war schön ... neulich Nacht. Es war schön, Gesellschaft zu haben.«

»Gesellschaft im Allgemeinen? Oder Gesellschaft in Gestalt von Simon?«

»*Keine Ahnung*! Genau das ist ja das Problem. Manchmal läuft es richtig gut zwischen uns, und manchmal treibt er mich schier zur Weißglut. Natalia hat vorhin gesagt, man soll sich die schönen Momente in Erinnerung rufen, aber bei uns gab es in den letzten Jahren vor allem eine ganze Menge *un*schöner Momente.«

»Tja, der Blick in die Vergangenheit wird dir bei dieser Entscheidung nicht helfen«, sagte Mrs P. »Schließ die Augen und stell dir deine Zukunft vor. Mal dir aus, wie dein Leben weitergehen soll. Oder nein, lass die Augen lieber offen, sonst glauben die Leute noch, wir haben nicht mehr alle Tassen im Schrank. Denk einfach an deine Zukunft. Kommt Simon darin vor?«

Ich überlegte. Ziemlich lange.

»Keine Ahnung«, sagte ich. »Ich hätte gerne einen Mann in meinem Leben, und sei es nur als Urlaubsbegleitung, aber ich weiß nicht, ob es Simon ist.«

»Tja, das ist für den Moment doch schon mal ganz aufschlussreich. Hör weiterhin bisweilen in dich hinein, – mit geschlossenen Augen, sofern du dich nicht in der Öffentlichkeit befindest –, und zwar nicht nur, wenn dich Zweifel plagen, sondern auch, wenn du mal einen richtig guten Tag hast. Früher oder später wirst du Gewissheit haben. So, und jetzt komm mit, wir gehen wieder rein und besorgen dir noch einen Gin. Mal sehen, welche neuen Dramen sich gerade ereignen. Wer weiß, vielleicht gibt es ja noch eine Schlägerei«, sagte sie grinsend. »Schließlich hat dein Vater immer gesagt: ›Eine richtig gute Party erkennt man daran, dass es hinterher mindestens eine Schlägerei, eine Scheidung und eine ungeplante Schwangerschaft gab.‹ Wobei ich auf die letzten beiden Punkte durchaus verzichten kann – das, was die arme Hannah gerade durchmacht, genügt mir vollauf.«

AUGUST

Freitag, 3. August

Immer wieder freitags ... sitze ich in meinem Auto und sehe betrunkenen Teenagern beim Herumstolpern zu, während ich auf Jane und ihre Freundinnen warte und hoffe und bete, dass sie sich weder komplett die Festplatte gelöscht noch mit Drogen experimentiert noch mit Jungs rumgemacht haben und sich vor allem nicht haben schwängern lassen.

Eigentlich hatte ich Jane ja Hausarrest erteilt, weil sie sich beim Leichenschmaus ihres Großvaters nicht nur hat volllaufen lassen, sondern zudem in der Gegenwart ihrer Großmutter »Heilige Scheiße!« gerufen *und* ihre behütete Cousine derart abgefüllt hat, dass diese göbeln musste. Im Laufe der saftigen Strafpredigt, die ich ihr deswegen gehalten habe, stellte sich jedoch heraus, dass es zwar ihre Idee gewesen war, den Sekt mit Wodka aufzupeppen, allerdings hatte Persephone den Wodka besorgt – sie hatte ihn aus Jessicas Spirituosenschrank geklaut.

»Persephone kann einem echt leidtun«, hatte Jane bei der Gelegenheit bemerkt. »Sie darf echt gar nichts. Tante Jessica lässt sie noch nicht einmal mit dem Bus ins Kino fahren! Sie bringt sie hin, wartet vor dem Kino, bis der Film aus ist, und dann fährt sie sie wieder nach Hause! Als ich das gehört habe, dachte ich: ›Verglichen mit Tante Jessica ist Mum eigentlich gar nicht sooo übel‹.«

In meiner unbändigen Freude darüber, von Jane als »nicht so übel wie Tante Jessica« eingestuft zu werden, gab ich schließlich doch nach und erlaubte ihr, auf Leah Wrights Geburtstagsparty zu gehen. (In Janes Klasse gibt es so viele Laras, Leahs und Olivias, dass man sie alle stets bei ihrem vollen Namen nennen muss; dasselbe gilt übrigens für die zahlreichen Oscars, Ollies und Reubens in Peters Klasse). Mit der Bedingung, dass ich sie um halb eins abholen würde, ruinierte ich Jane natürlich umgehend erneut das Leben, dafür ließ ich mich im Laufe der erbitterten Verhandlungen breitschlagen, nach der Party ihre Freundinnen bei uns zu beherbergen.

Diese eskalativen Teenager-Partys von heute haben für mich etwas geradezu Postapokalyptisches an sich. Aus dem Haus drang eine schauderhafte Mucke an mein Ohr, während ich vom Auto aus verfolgte, wie mehrere Gestalten durch den Garten schlingerten, knutschten und sich in die Dahlien übergaben. Und erst ihre Kraftausdrücke! Ich fluche ja selbst für mein Leben gern, aber mein Vokabularium in diesem Bereich ist geradezu nonnenhaft harmlos verglichen mit dem steten Strom an Obszönitäten, den man aus dem Mund besoffener männlicher Teenager vernimmt. Ich hoffe sehr, Peter flucht nicht ganz so vulgär in meiner Abwesenheit. Okay, ich bin fast sicher, dass er es tut, aber ich werde die bewährte Vogel-Strauß-Taktik anwenden, die jeder Mutter seit Anbeginn der Zeit wohlvertraut ist, und so tun, als wären es bloß die Kinder *anderer Leute*, die fluchen, was das Zeug hält/aus dem elterlichen Spirituosenschrank Wodka klauen/viel zu früh Sex haben und mir schön weiter einreden, dass MEINE Kinder ja viel braver sind.

Haben wir es in diesem Alter auch so wild getrieben? Nein, wohl kaum. Wir haben höchstens ein paar Dosen Cider gekippt und waren danach etwas angeheitert. Zugegeben, da war diese Party bei Rebecca Philips, bei der sich Lizzie Edwards derart mit Malibu volllaufen ließ, dass sie kotzen musste, und Rebecca bekam prompt einen hysterischen Anfall, weil ihre Eltern (die übers Wochenende verreist waren) erst kürzlich einen neuen Teppich im Flur hatten verlegen lassen. Hannah hat dann in einer noblen, aber im Endeffekt leider sinnlosen Geste versucht, den Schwall mit den Händen aufzufangen, was natürlich dazu geführt hat, dass auch Hannah zu reihern anfing, und am darauffolgenden Morgen haben wir verzweifelt den Teppich mit Shampoo bearbeitet, um sämtliche Spuren des Konsums von Malibu, Wodka und Cola zu beseitigen. Danach konnte über Jahre hinweg keine von uns mehr Malibu trinken. Ach ja, und einmal bin ich auf einer Party aus einem Fenster im Obergeschoss gefallen – ich hatte eigentlich am Vordach entlangrobben wollen, um auszuspähen, mit wem Caroline Roberts im Gästezimmer Zungenhockey spielte, aber mein Plan war dummerweise nicht sonderlich gut durchdacht gewesen. Zum Glück bin ich damals auf dem Rasen gelandet und war derart ralle, dass ich mir keine Gliedmaßen dabei brach. Okay, und wir haben uns mit gefälschten Ausweisen Zutritt zu Nachtclubs und Bars verschafft, haben mit Jungs geknutscht, die ohne Frage nicht der richtige Umgang für uns waren, und auf Tischen getanzt, in diesen entsetzlichen hautengen Bodys mit den Häkchen im Schritt, die so schwer aufzukriegen waren, wenn man mal musste. Mich schaudert jedes Mal, wenn ich in einer Modezeitschrift lese, dass die Dinger ein Comeback feiern – an sich bin ich ja immer Feuer und Flamme, wenn irgendetwas aus den Neunzigern wieder *in* ist, aber auf dieses langwierige Gefummel kann ich echt verzichten, wenn es mal eilt.

Mittlerweile war es schon sehr spät, und ich war versucht, ein kleines Nickerchen zu machen, während ich auf Jane und ihre Freundinnen wartete. Alle reden ja immer darüber, wie wenig Schlaf man als Mutter eines Neugeborenen bekommt, aber kein Schwein erwähnt, dass man fast genauso wenig Schlaf bekommt, wenn die lieben Kleinen erst Teenager sind, weil sie dann erwarten, dass man sie jedes Wochenende mitten in der Nacht von einer Party abholt, und hinterher liegt man dann noch ewig wach und fragt sich, ob man mal nach ihnen sehen soll, nur für den Fall, dass eines der Kids in die stabile Seitenlage gebracht werden muss, denn selbst wenn sie nur ein klein wenig angesäuselt wirkten, könnte es doch sein, dass sie irgendwelche dieser gefährlichen »Legal Highs« (was auch immer das sein mag) genommen haben, von denen man immer wieder in der *Daily Mail* liest; die sollen ja teils heftige unerwünschte Nebenwirkungen haben. Und am nächsten Morgen wacht man dann um acht Uhr morgens auf und ärgert sich zu Tode, weil man nicht mehr in der Lage ist, auszuschlafen, im Gegensatz zum Jungvolk, das bis in den Nachmittag hinein pennt. Und stürmt man schließlich in die Zimmer der geliebten Sprösslinge, um sie zu belehren, sie würden doch den schönsten Teil des Tages verpassen, und sie sollten sich dringend ein interessantes Hobby zulegen, statt den ganzen Tag zu schlafen, dann wird man von ihnen zum Staatsfeind Nummer eins erklärt.

Endlich kam Sophie schwankend angedackelt und setzte sich ins Auto. »löchen, Ellen«, flötete sie. »Jane un Emily un Leah kommen auch gleich!«

»Hervorragend«, brummte ich sarkastisch. »Sophie, ist das ein Knutschfleck da an deinem Hals?«

»Oh, Shit!«, stieß Sophie hervor und lief feuerrot an. »Das darf mein Dad auf keinen Fall erfahren!«

»Dein Vater war auch mal ein Teenager«, erinnerte ich sie. »Ich glaube, ihm ist zu Ohren gekommen, dass Teenager dann und wann Knutschflecken haben.«

»Ja, aber er ist auch mein *Dad*, und er wird austicken und mir wieder einen Vortrag über Selbstrespekt und diesen ganzen Kram halten.«

»Ich werde schweigen wie ein ägyptisches Pharaonengrab, Sophie«, gelobte ich. »Aber meinst du nicht, es könnte ihm auffallen?«

»Nie und nimmer«, winkte sie ab. »Ich trag morgen einfach einen Schal, oder einen Rollkragenpulli oder so.«

Ich gluckste in mich hinein, weil sie Sam in ihrer grenzenlosen Naivität nicht zutraute, dass er zwei und zwei zusammenzählte, wenn sie einen Tag nach der Party mit einem bunten Schal um den Hals herumlief, obwohl sonnenklar war, dass sie den ganzen Abend mit einem pickeligen Teenager geknutscht hatte (blieb nur zu hoffen, dass nicht noch mehr passiert war!).

Dann erschienen Jane und Emily mit Leah, die zu meinem Entsetzen zwischen den beiden hing wie ein nasser Sack und leicht grün um die Nase war. Kein Zweifel, sie war blau wie ein Veilchen.

»Ach du liebe Zeit!«, stöhnte ich.

»Hi Mum!«, sagte Jane. »Leah is' ein klitzekleines bisschen schlecht. Schässe mal, sie hat was Verdorbenes gegessen.«

»Was du nicht sagst, Sherlock«, brummte ich und half ihnen, die sichtlich angeschlagene Leah in den Wagen zu verfrachten.

»Moment noch …« Leah beugte sich aus der Tür, und ein verdächtig nach Kokosnuss riechender Schwall Erbrochenes ergoss sich sturzbachartig aus ihrem Rachen in den Rinnstein.

Oh nein! Bitte nicht! »Was hat sie getrunken?«, fragte ich mit einem flauen Gefühl im Magen.

»Bloß ein bisschen Malibu«, erwiderte Jane.

Oh SHIT! Wenn mir da mal nicht das nächste Teppich-Gate blühte!

Und so begann eine der längsten Autofahrten meines gesamten Lebens. Ich nahm die Schnellstraße, weil ich den Eindruck hatte, dass es Leah besser ging, zumal sie sich, wie mir Jane versichert hatte, vorhin bereits die Seele aus dem Leib gekotzt hatte. Doch kaum hatte ich keine Möglichkeit mehr, seitlich ranzufahren, setzte sich Leah aufrecht hin und lallte: »Oh-oh ... 'sgehwiederlos.«

»Nein!«, rief ich. »Nicht jetzt! Denk an etwas anderes, Leah!«

»Mirisaberschlecht«, beharrte Leah.

»Warte, ich hab eine Plastiktüte«, rief ich triumphierend und begann im Handschuhfach zu kramen, während ich mit der Linken das Lenkrad umklammerte.

»Plastiktüten sind Gift für die Umwelt, Mum!«, tönte Jane vorwurfsvoll.

»Tja, Liebes, im Moment interessiert mich in erster Linie, welche Auswirkungen es auf meine unmittelbare Umwelt, sprich, *das Innere meines Wagens* hätte, falls Leah sich nochmal übergeben muss!«, fauchte ich und pfefferte die Tüte nach hinten.

Schließlich waren wir bei Leah zu Hause angekommen und hievten sie aus dem Auto. Zum Glück übernachtete sie nicht wie die anderen Mädchen bei uns, weil sie mit ihrer Familie tags darauf in aller Herrgottsfrühe in den Flieger nach Lanzarote steigen sollte. Angeblich hatte sie ihren Eltern versprochen, auf der Party nichts zu trinken. Ich wusste nicht recht, für wen ich mehr Mitleid empfand – für Leah, die zweifellos bis zur Halskrause in der Scheiße saß, nachdem sie sich am Abend vor dem Urlaub hatte vollllaufen lassen und auf der Reise nun ziemlich in den Seilen hängen würde, oder ihre Mutter, die sich morgen früh mit einer total verkaterten Fünfzehnjährigen herumschlagen musste, wo es doch auch so garantiert schwierig genug war, dafür zu sorgen, dass alle rechtzeitig abmarschbereit waren. Nicht gerade der ideale Start in den Familienurlaub …

Bei dem Versuch, Leah aufzurichten, wurde offensichtlich, dass ich vergeblich gehofft hatte, sie sei mittlerweile wieder etwas ausgenüchtert – sie bekam gefährlich Schlagseite, als Jane sie einen Augenblick losließ.

»Herrgott noch mal, Jane, du sollst sie doch *festhalten*!«, zischte ich.

»Ach so, stimmt ja.« Jane packte Leah kichernd am Arm und konnte gerade noch verhindern, dass sie zu Boden ging.

Nur eine Minute später mussten wir sie dann aus einem Lavendelstrauch fischen, in den sie sich mit den Worten »Ah, mein Heiabettchen« hatte plumpsen lassen. Als es uns endlich gelungen war, sie zur Tür zu bugsieren, drückte ich auf die Klingel und widerstand tapfer der Versuchung, Janes sternhagelvolle Freundin einfach unter dem Vordach abzusetzen und mich heimlich, still und leise zu verkrümeln – ein Teenagertrick, für den ich mir in meinem Alter allerdings wohl Verantwortungslosigkeit vorwerfen lassen müsste. Also tat ich das Nächstbeste: Ich wartete ab, bis Leahs Mutter mit einer Zornesfalte auf der Stirn die Tür aufriss, dann deutete ich auf Leah, die gerade versuchte, unter den Fußabstreifer zu kriechen, um dort ein Nickerchen zu machen, und trällerte: »Wunderschönen guten Abend! Ich glaube, Leah ist ein bisschen müde!«. Damit hastete ich zurück zu meinem Wagen, ehe ihre Mutter unangenehme Fragen stellen konnte.

Als ich wieder ins Auto stieg, stellte Sophie fest: »Das war echt vooooll cool, Ellen! Mein Dad wäre total ausgetickt.«

»Tja, es mag euch überraschen, aber ich war auch einmal ein Teenager.« Ich gluckste und freute mir schier ein Loch in den Pelz. Die beste Freundin meiner Tochter fand mich »vooooll cool«! »Wenn ihr wüsstet, was wir in eurem Alter alles angestellt haben. Ich war nicht immer erwachsen und vernünftig. Auch ich habe dann und wann ein bisschen zu tief ins Glas geschaut und mit Jungs geknutscht, von denen ich lieber die Finger hätte lassen sollen ... Hab ich euch schon erzählt, dass ich sogar mal auf einer Party aus dem Fenster gefallen bin?« *Ha! Ich hab echt voll den Draht zur Jugend von heute, ey! Coolest Mum ever!*

»OH MEIN GOTT, MUTTER, würdest du *bitte* den Mund halten! Du bist sowas von peinlich! *Mir wird auch gleich schlecht*, wenn du weiter davon redest, mit wem du geknutscht hast! Kannst du nicht einfach mal ganz normal sein?«, ätzte Jane.

Grrr! Teenager. Ich frage mich, wie lange ich dieses anstrengende Hin und Her zwischen Liebe und Hass wohl noch aushalten muss.

Es ist ein schwacher Trost (oder höchst ärgerlich, wie man's nimmt), dass Emily und Sophie stets ein ausgesucht höfliches, freundliches Benehmen an den Tag legen, wenn sie bei mir zu Hause sind, dabei beklagen sich Hannah und Sam andauernd, wie ungezogen sich ihre jeweiligen Töchter ihnen gegenüber verhalten – und äußern sich im selben Atemzug lobend darüber, wie charmant und wohlerzogen Jane verglichen mit ihnen doch ist. Womit bewiesen wäre, dass meine Sprösslinge zumindest in der Gegenwart anderer Leute ihre gute Kinderstube unter Beweis stellen können. Schade nur, dass sie es zu Hause nicht schaffen, sich einigermaßen zivilisiert zu benehmen.

Den verbliebenen Mädchen war glücklicherweise nicht

schlecht, dafür plapperten und kreischten sie die gesamte restliche Fahrt lang aufgekratzt durcheinander wie eine Schar geistesgestörter Wellensittiche. Irgendwie beneide ich sie ja – es muss schön sein, wenn man wie sie sein ganzes Leben noch vor sich hat und so voller Hoffnungen und Erwartungen ist. Wenn man sich über nichts anderes den Kopf zerbrechen muss als über sich selbst. Sie liegen nachts garantiert nicht wach und fragen sich, ob sie mit ihren Entscheidungen das Leben der Menschen ruiniert haben, die sie am meisten lieben, oder ob sie ihre besten Jahre verschwendet haben und ob ihnen wohl noch genügend Zeit bleibt, um all die Dinge zu tun, die sie sich vorgenommen hatten.

Ich frage mich, was mein Teenager-Alter-Ego wohl von mir hielte angesichts der Tatsache, dass der Erwerb eines neuen Kleiderständers für mich das Highlight dieser Woche darstellte. Würde die Ellen von damals mich genauso verachten, wie meine Tochter es tut, die, als sie eben aus dem Auto stieg, schnarrte, es sei mir künftig nicht mehr gestattet, in der Gegenwart ihrer Freundinnen den Mund aufzumachen?

Würde die Ellen von damals den Kopf schütteln und fragen: »Was ist bloß aus dir geworden?« Oder wäre sie viel zu baff, weil es mir *endlich* gelungen war, mein widerspenstiges Kraushaar zu bändigen, das mir als Teenager das Leben ordentlich schwer gemacht hatte.

Es muss großartig sein, noch derart durchdrungen zu sein von diesem Gefühl der Unverwundbarkeit, das so typisch ist für Teenager, und der festen Überzeugung zu sein, dass alles möglich ist, und so viel Begeisterung für das Leben zu empfinden, dass man die ganze Nacht wach bleibt und redet, weil man sich so auf die Zukunft freut und weil man so viel zu sagen hat (dabei hilft es natürlich, dass Teenager gleich Faultieren die Fähigkeit haben, den ganzen Tag zu verschlafen und am Wochenende auch kaum je gezwungen sind, aufzustehen ...)

Vielleicht ist es an der Zeit, den furchtlosen Teenager in mir zu reaktivieren und meinen Flirt mit Jack wieder aufzunehmen. Nach dem Tod meines Vaters habe ich ihm eine kurze Zusammenfassung der Ereignisse geschickt, worauf er seine aufrichtige Anteilnahme bekundete und wissen wollte, ob er irgendetwas für mich tun könne. Darauf folgten noch etliche weitere Nachrichten, in denen er nach meinem Befinden fragte und schrieb, ich könne mich jederzeit melden, wenn ich darüber reden wolle, aber irgendwie war die Luft raus. Es ist nun mal unpassend, alberne oder doppelbödige Witzchen an jemanden zu verschicken, der kürzlich den Verlust eines nahen Angehörigen hinnehmen musste. Da es mir ebenso unpassend erschien, auf Jacks höflich-fürsorgliche Nachrichten mit anzüglichen Gifs zu reagieren, ist der Kontakt ein wenig eingeschlafen, aber ich habe mir vorgenommen, demnächst den Stier bei den Hörnern zu packen und Jack ein Treffen vorzuschlagen, jawohl. Die fünfzehnjährige Ellen wäre stolz auf mich.

Hoffentlich ist mir diesmal mehr Erfolg beschieden als bei meinem allerersten Versuch, eine starke, selbstbestimmte Frau zu sein. Mein Teenager-Alter-Ego besuchte damals eine Mädchenschule und kannte deshalb keine Jungs (einmal abgesehen von etwaigen »Freunden der Familie«, die nicht nur Schweißhände hatten, sondern auch Mundgeruch wie ein Mammut), und so kam es, dass Hannah und ich keine männliche Begleiter für unseren allerersten Schulball fanden. Als ich Dad mein Leid klagte, meinte er, wir sollten uns gefälligst nicht so anstellen und versicherte uns, wir *bräuchten* keine Begleiter. »Wir leben in den 1990ern, verdammt nochmal; ihr könnt sehr gut auch allein hingehen«, so seine Worte. Also gingen wir allein hin. Wir waren die Einzigen, die ohne Begleitung gekommen waren, und wir hockten den ganzen Abend wie zwei Häufchen Elend am Rand der Tanzfläche und waren in Nullkommanichts als frigide Loser-Bräute verschrien bei den beliebten Mitschülerinnen, die sich von ihren coolen, gutaussehenden Brüdern mit deren Freunden hatten verkuppeln lassen. Hannah und ich bekommen noch heute nervöse Zuckungen beim Rascheln von Taft, beschwört es für uns doch unweigerlich allerlei unschöne Erinnerungen herauf, gepaart mit dem Duft von Betty Barclay, dem Angstschweiß schüchterner Teenager und dem kaum wahrnehmbaren Odeur des strengstens verbotenen Wodkas, mit dem wir wie etliche weitere Schlaumeier unsere Cola aufgepeppt hatten. Als ich mich nach der Party bitterlich bei Dad beschwerte, winkte er ab und sagte schulterzuckend: »Sei nicht albern, Liebes. Wer will schon sein wie alle anderen?« Er hatte natürlich recht, aber damals dachte ich: *ICH! Ich will so sein wie alle anderen!*

Als ich bereits im Begriff war, einzudösen (zweifellos würden mich wieder einmal Albträume von mit großen Schleifen versehenen Taftkleidern und Bolerojäckchen in Knallfarben plagen), konnte ich die Mädchen nebenan noch immer quasseln hören, aber ich blieb liegen. Ich brachte es nicht über mich, noch einmal aufzustehen, um an Janes Tür zu hämmern. Ich werde wohl weich auf meine alten Tage.

Donnerstag, 9. August

Hurra, heute geht es AB IN DEN URLAUB! Ich hatte ja ernsthaft in Erwägung gezogen, unsere Reise zu stornieren, weil es mir irgendwie gefühllos erschienen war, so bald nach dem Tod meines Vaters wegzufahren, aber erstens war, wie bereits erwähnt, schon alles bezahlt, zweitens hatte Natalia gesagt: »Ralph würde wollen, dass ihr fahrt!«, drittens haben sich die Kinder schon unheimlich darauf gefreut, und viertens freute ich selbst mich ebenfalls tierisch auf eine Woche, in der sie a) nicht ständig meine Küchenschränke plünderten und sich dann beschwerten, wir hätten nichts zu essen zu Hause (jetzt konnten sich die beiden zur Abwechslung mal am All-inclusive-Buffet austoben) und b) tagsüber nicht das Haus verwüsteten. Ich freute mich außerdem darauf, nicht ständig von Menschen mit besorgter Miene nach meinem Befinden befragt zu werden. Ich hatte ja gehofft, dass mir wenigstens in der Arbeit das nervige »Wie *geht* es dir?«-Spielchen erspart bleiben würde, doch weit gefehlt – im Büro war alles nur noch schlimmer: gedämpfte Stimmen und mitfühlende Blicke von allen Seiten, und Alan entblödete sich nicht, mich zu fragen, ob ich mit ihm darüber reden wolle, nachdem ich ihm einen Einlauf verpasst hatte, weil er etwas nicht rechtzeitig erledigt hatte.

Andererseits war das mal eine willkommene Abwechslung von ihrer Annahme, ich hätte PMS, wann immer ich an die Decke gehe, weil sich eine dieser nichtsnutzigen Nulpen mal wieder vor der Arbeit drückte. Zu meiner Überraschung benahm sich Debbie, bei der ich die allerschlimmsten Befürchtungen gehegt hatte, bemerkenswert zurückhaltend. Sie brachte mir lediglich eine ganze Dose Quality Street vorbei. Geht doch.

Ich freue mich also wie gesagt sehr darauf, mal nicht rund um die Uhr von *Leuten* umgeben zu sein. Ich meine, mir ist klar, dass im Hotel auch andere Gäste sein werden, aber ich hoffe mal, die konzentrieren sich voll und ganz darauf, das Maximum aus dem All-Inclusive-Angebot an Cocktails und Canapés herauszuholen. Genau das werde ich nämlich auch tun. Natürlich werde ich außerdem dafür sorgen müssen, dass sich Jane nicht mit Gratisdrinks volllaufen oder von einem spanischen Kellner schwängern lässt, und Peter werde ich daran erinnern müssen, dass es sich nicht gehört, die Touristinnen anzustarren, die barbusig am Pool liegen.

Am Flughafen wimmelte es vor gereizten Familien. Ich gluckste in mich hinein, als mich eine entnervte Mutter passierte, die ihrem Ehemann »Hey, warte gefälligst auf uns!« nachbrüllte, ehe sie loshastete, schwer bepackt mit Taschen, Trinkflaschen und etlichen lebenswichtigen Plüschtieren, nicht zu vergessen die beiden Bambini auf ihren Rollkoffern, die sie hinter sich her zerrte in dem Versuch, ihren Gatten einzuholen, der eine furchtbar wichtige Mission zu erfüllen hatte, nämlich die Suche nach dem Gate. Ach ja, ich erinnere mich nur zu gut an diese grässlichen Zeiten. Bei uns galt ein Urlaub schon als Erfolg, wenn es uns gelungen war, ins Flugzeug zu steigen, ehe ich Simon mit der Scheidung gedroht hatte.

Mit meiner Selbstgefälligkeit war es nicht mehr ganz so weit her, als mir zum sechsten Mal ein Kind auf seinem gottverdammten Rollkoffer in die Hacken gefahren war, nachdem ich ein mittleres Vermögen für den »kleinen Snack« hingeblättert hatte, den mir Peter bei Pret à Manger aus dem Kreuz geleiert hatte. Außerdem redete Jane nicht mehr mit mir, weil ich mich geweigert hatte, ihr bei Accessorize einen weiteren Bikini zu kaufen. Und auch im Flieger ging mein Wunsch nach etwas Ruhe und Abstand von all diesen *Leuten* nicht in Erfüllung. Da ich mich geweigert hatte, Geld für die Auswahl unserer Sitzplätze auszugeben (jedenfalls hatte ich das den Kindern offiziell als Grund genannt) wurden wir getrennt – genau darauf hatte ich insgeheim auch spekuliert, in der Annahme, auf diese Weise nicht ständig von meinen Kindern mit ihren unzähligen Bedürfnissen genervt zu werden. Stattdessen fand ich mich unversehens neben Doris wieder, die jedes Jahr nach Teneriffa flog und immer im gleichen Hotel wohnte, wobei sie im Vorjahr schon befürchtet hatte, sie müsse mit einem anderen Hotel vorlieb nehmen, weil sie mit der Buchung so spät dran gewesen war, aber die Sache war noch einmal gut ausgegangen – dank einer Stornierung hatte sie doch noch ein Zimmer in ihrer üblichen Unterkunft ergattert, und sie könne mir ein Lokal empfehlen, in dem es »das beste Full English Breakfast auf der ganzen Insel« gab, und außerdem die besten Irish Pubs, aber vor den Tapas-Bars solle ich mich lieber in Acht nehmen, denn da wurde bekanntlich ungewaschener Salat serviert, und außerdem sei in jedem, aber auch wirklich *jedem* Gericht Knoblauch drin.

»Alles klar«, sagte ich matt.

Dann ging Doris dazu über, mir ihre gesamte Lebensgeschichte zu erzählen: vier Kinder, sechs Enkelkinder, zwei Ehemänner, zwei Scheidungen, Ostern verbringt sie immer mit ihrer Schwester in Whitby, sie steht nicht auf Bingo, die Schule meint, ihr jüngster Enkel könnte an Dyslexie leiden, aber es steht noch nicht endgültig fest, sie war auch einmal in der Türkei, fand es aber nicht so schön dort, weil Teneriffa einfach nicht zu überbieten ist, von Gin kriegt sie Durchfall, aber Wodka ist kein Problem, im Fernsehen kommt viel zu viel Fußball, und Netflix ist für sie ein Buch mit sieben Siegeln. »Aber jetzt erzählen Sie doch mal«, sagte sie dann. »Ein hübsches junges Ding wie Sie ist doch bestimmt verheiratet, oder? Haben Sie Kinder?«

Ich murmelte, ich habe zwei Kinder, sei aber nicht verheiratet.

»Ah. Geschieden, hab ich Recht?«, fragte sie.

Ich nickte. »Naja, getrennt. Die Scheidung ist noch nicht durch.«

»Hat sich wohl nicht benommen, der Drecksack, wie?«

Ich zuckte zurückhaltend die Schultern.

»Sie sind ohne ihn besser dran, meine Liebe«, versicherte mir Doris mit fester Stimme. »Das sind wir alle. Scheiß auf die Typen. Wir brauchen keine Männer. Ich habe meine Freundinnen, meine Katzen und meine Kinder, und ich war noch nie glücklicher.«

Und schwupps, war sie mir gleich viel sympathischer.

Montag, 13. August

Jane redet schon wieder nicht mit mir, weil ich mir, nachdem ich mich am Flughafen geweigert hatte, ihr einen neuen Bikini zu kaufen (sie hat bereits acht Stück, und wir sind nur sieben Tage hier), in einer Filiale von Zara unweit des Hotels selbst einen Neuen zugelegt habe, der in ihren Augen total unpassend ist für eine Frau meines Alters.

Peter redet auch nicht mehr mit mir, doch das hat andere Gründe: Bei der Partie Wasservolleyball, zu der er uns angemeldet hatte, weil er dachte, es wäre schön, wenn wir mal was zusammen machen, trug ich meinen neuen Bikini von Zara, der, wie sich herausstellte, leider nur für absolut regloses Rumliegen am Pool geeignet ist. Es kam, wie es kommen musste: Meine linke Titte hüpfte aus dem Oberteil, und ich hätte sie einem netten Deutschen Namens Karl beinahe ins Auge gerammt.

Im Gegensatz zu meinen Kindern redet Karl seither sehr viel mit mir. Er erwähnt immer wieder, dass wir uns mal abends auf einen Absacker verabreden sollten, während Peter uns bitterböse Blicke zuwirft, doch ich halte es mit den weisen Worten meiner Sitznachbarin Doris.

Da ich nicht am laufenden Band von den Kindern vollgelabert

werde, komme ich nun zum allerersten Mal dazu, sämtliche Bücher zu lesen, die ich mitgeschleppt habe. Bisher bin ich im Urlaub kaum je über das erste Kapitel des ersten Buches herausgekommen, und selbst davon musste ich jede Zeile vier oder fünf Mal lesen, weil ich immer wieder von meinen lieben Kinderlein unterbrochen wurde – mal wollten sie etwas trinken, mal ein Eis, dann wieder sollte ich mit ihnen im Pool plantschen oder ihre Luftmatratze noch fester aufblasen, oder sie jammerten, es sei zu heiß oder zu kalt oder kreischten »Iiih, da krabbelt ein Krabbelvieh!« Das bedauernswerte Ehepaar neben mir hat die ganze Woche über insgesamt ungefähr dreißig Sekunden auf seinen Sonnenliegen verbracht. Ständig müssen die beiden mit ihren von der Sonnencreme flutschigen Knirpsen ringen, abgeworfene Sonnenhütchen einsammeln, ihnen die Schwimmflügel wieder anziehen oder sie trösten, weil die Sonne zu sonnig ist. Der riesige Buggy, mit dem sie jeden Morgen hier anrücken, ist mit so viel Kram beladen, als wollten sie die Sahara durchqueren, und spätestens gegen halb elf fangen sie unweigerlich an, sich zu kabbeln, weil trotzdem immer irgendetwas Superwichtiges fehlt. Eben zischte die junge Mutter, an ihren Mann gewandt, vorwurfsvoll: »Ich hatte dich um EINE EINZIGE SACHE gebeten!«

Und da heißt es immer: »Genießen Sie jeden Augenblick, solange die Kinder noch klein sind«, und »Sie werden sich voller Wehmut an diese glücklichen Zeiten erinnern, wenn sie erst vorbei sind.«

Das war in diesem Fall wohl ernsthaft zu bezweifeln. Ich spähte zu der jungen Frau hinüber, die mit ihrem Buch *Eleanor Oliphant* noch keine Seite weiter war als am ersten Tag und nun fauchte: »Herrgott noch mal, Richard! Warum hast du nicht nachgesehen, ob die verdammten Feuchttücher in der Wickeltasche sind? Jetzt ist seine Schwimmwindel bis oben hin voll, und wir haben keine Feuchttücher! Warum muss ich immer an alles denken? Ganz im Ernst, manchmal kommt es mir so vor, als hätte ich drei Kinder.« Ihr Angetrauter knurrte: »Tja, *Schatz*, du hättest bloß was *sagen* müssen, dann hätte ich nachgesehen, ob die Feuchttücher in der Wickeltasche sind.« Es war offensichtlich, dass sie ihn gern angebrüllt hätte, aber keine Szene machen wollte, weshalb sie verhalten, aber vor Wut schäumend flüsterte: »Ich hatte dich gebeten, nachzusehen, ob wir alles haben, was wir brauchen!«, worauf er antwortete: »Aber du hast die Feuchttücher mit keinem Wort erwähnt!« Darauf sie: »Ich sollte sie verdammt nochmal auch nicht erwähnen *müssen*! Du solltest inzwischen selbst wissen, dass wir sie brauchen würden, Herrgott noch mal!«

Ja, auf die Erinnerung an Augenblicke wie diese können Eltern weiß Gott verzichten. Ehrlich gesagt ist es ohnehin erstaunlich, wenn es ein Paar schafft, sich in diesen ersten Jahren des Elterndaseins nicht zu erdolchen. Vielleicht haben Simon und ich uns ja gar nicht so schlecht geschlagen, schließlich haben wir es ganz schön lange miteinander ausgehalten. Will sagen, ich habe es ganz schön lange mit ihm ausgehalten, ohne dass ich auch nur ein einziges Mal versucht hätte, ihn in einem ausländischen Pool zu ertränken, weil er ein nichtsnutziger Torfkopf war, der prinzipiell irgendetwas Wichtiges vergaß, wenn wir uns auf den Weg zum Pool machten, seien es die Feuchttücher, die Schnabeltassen oder die Sonnencreme. Oder weil er den Kindern hinter meinem Rücken den Konsum von mehreren Dosen Cola erlaubte und das ahnungslose Unschuldslamm mimte, wenn sie zu grenzdebilen, hoffnungslos überdrehten Zuckerzombies mutierten, die einander bis aufs Blut sekkierten in dem Versuch, sich gegenseitig in den Wahnsinn zu treiben.

Simon fühlt sich aus unerfindlichen Gründen bemüßigt, mich mit Updates zum Wetter zu Hause zu bombardieren, jeweils garniert mit passenden Emojis (zumeist betrübt dreinblickenden, offenbar gießt es in Strömen). Keine Ahnung, was das zu bedeuten hat oder wie er darauf kommt, dass es mich kratzen könnte – eine der positivsten Begleiterscheinungen unserer Trennung ist, dass er mich jetzt endlich nicht mehr mit seinem geradezu krankhaften Interesse an Wetterberichten tyrannisieren kann. Simon muss nämlich alle drei Minuten seine hundertfünfundsiebzigtausend Wetter-Apps checken, um nachzusehen, ob es regnen wird. Er scheint zu glauben, er könnte irgendwie über das Wetter bestimmen, wenn er nur genügend Satellitenbilder studiert.

Sonntag 19. August

Seit wir am Donnerstag aus dem Urlaub zurückgekommen sind, habe ich gefühlt nichts anderes getan, als ganze Berge von sandigen, nach Chlor stinkenden, sonnencremefleckigen Kleidungsstücken zu waschen. Doch nicht so heute! Heute war ein besonderer Tag, denn ich habe es endlich geschafft, mich mit Jack zu treffen, und zwar zum Brunch. Ehrlich gesagt geht mir dieser Brunch-Trend ja tierisch auf den Zeiger, aber er sollte denken, dass ich zu der Spezies kultivierter Menschen gehöre, die brunchen gehen, und deshalb habe ich natürlich nicht »Lieber nicht, ich hasse Avocados« geschrieben, als er es vorgeschlagen hat.

Ich erwachte also morgens voller Vorfreude auf einen schönen Erwachsenentag. Leider gestalten sich meine Sonntagvormittage bisher nicht ganz so instagramfähig, wie ich es mir erhofft hatte – ich hatte mir ausgemalt, ich würde nach der

Scheidung allein auf blütenweißen Laken in einem riesigen Bett liegen, genüsslich alle Viere von mir gestreckt, aber die Realität sieht anders aus. Vor allem, wenn die Kinder nicht da sind, muss ich mich mit jener kleinen Ecke zufriedengeben, die noch frei bleibt, nachdem die Hunde es sich in meinem Bett gemütlich gemacht haben. Barry benötigt naturgemäß den Großteil des Platzes, aber auch Judgy beansprucht viel mehr Raum für sich, als man es einem so kleinen Vierbeiner zutrauen würde. Außerdem liebt er es, den Kopf auf meinem Kissen abzulegen, und er schnarcht. Dank seines unaufhörlichen Schnaubens und Grunzens und der Tatsache, dass ich mich insgesamt im Bett kaum rühren kann, fühlt es sich eigentlich fast so an, als würde Simon neben mir liegen. Fehlt nur noch, dass sich einer meiner Bettgenossen morgens hoffnungsvoll von hinten an mich schmiegt.

Nachdem Jack und ich das übliche peinliche Begrüßungsritual einschließlich Küsschen-auf-die-Wange-hoppla-ach-so-zwei-Küsschen hinter uns gebracht hatten (Warum? Warum tun wir uns das an?), fragte er: »Wollen wir uns eine Bloody Mary gönnen?«, und ich bejahte begeistert, ist doch die Bloody Mary in meinen Augen mit Abstand das Beste an so einem Brunch, einmal abgesehen vom Frühstücksspeck natürlich.

Dann überflog er die Speisekarte und schnitt eine Grimasse. »Ganz schön viel Avocado, nicht?«, stellte er in neutralem Tonfall fest.

»Mmmmm«, erwiderte ich, um einen ebenso neutralen Tonfall bemüht.

»Und, was nimmst du?«

»Ähm, ich glaube die Eggs Benedict.«

»Keine Avocadocreme?«

»Für mich nicht, danke, aber das soll dich nicht abhalten.«

»Gott, nein. Ich hasse Avocadocreme.«

»Ha! Ich auch. So appetitlich wie des Leibhaftigen Nasenschleim, das Zeug. Das verdanken wir alles den sozialen Medien – nicht nur die Popularität der Avocado, sondern auch das Brunchen an sich.«

»Ah ja?« Jack musterte mich etwas verunsichert.

»Ja! Ich meine, hat das Konzept des Brunchens überhaupt existiert, ehe Instagram und Facebook erfunden wurden? Klar gibt es diesen Trend schon eine ganze Weile, aber früher waren die Leute, die sich zum Brunchen trafen, entweder hyperambitionierte amerikanische Ehrgeizlinge oder prätentiöse Hipster aus der Medienbranche. Und dann kam Facebook, dicht gefolgt von Instagram, und ehe man sich's versah, haben wir uns plötzlich *alle* aufgeführt wie prätentiöse Hipster aus der Medienbranche, und jeder musste unbedingt mit seinem Pseudowissen über Bauernhofeier und alte Tomatensorten glänzen, und überall, aber auch wirklich ÜBERALL gab es plötzlich Avocados. Landauf, landab, waren sie auf jeder gottverdammten Speisekarte vertreten, und zwar stets in Form von ›Creme‹, warum auch immer – soll mit dem Ausdruck Creme suggeriert werden, dass es sich um eine Art raffiniertes Schönheitselixier handelt? Es ist verdammt nochmal bloß eine zu Brei zermatschte Avocado!«

»Wow, du hast *echt* was gegen Avocados, oder?«

»Allerdings. Aber was mich am Brunchen und an diesen beknackten Avocados *am allermeisten* nervt, ist, dass so ein Brunch ja nur dann einen Sinn hat, wenn man auf seiner Timeline ein Foto davon postet – WAR man denn überhaupt Brunchen, wenn kein Mensch davon erfährt?«

»Ähm, keine Ahnung? Tut mir leid, ich hätte kein Brunch vorgeschlagen, wenn ich geahnt hätte, dass du eine derart tief verwurzelte Abneigung dagegen hegst.«

»Das tue ich gar nicht – wie könnte ich auch? Ein Brunch ist schließlich die einzige gesellschaftlich akzeptierte Art und Weise, schon vor zwölf Uhr mittags Wodka zu trinken. Ich bin bloß ein klein wenig verbittert, denn just zu dem Zeitpunkt, als die Leute anfingen, aus der Vogelperspektive aufgenommene Schnappschüsse von grünem Schleim und undefinierbaren Kräutern auf halbgarem Toast zu posten, war ich quasi ans Haus gefesselt als Mutter von zwei aufsässigen Kleinkindern, mit denen ich keine schicken Chi-Chi-Cafés frequentieren konnte, weil sich die beiden dort unweigerlich in plündernde, Amok laufende Miniaturwikinger verwandelt und eine Spur der Verwüstung hinterlassen hätten. Jahrelang musste ich mich an den Samstag- und Sonntagvormittagen damit begnügen, wie eine Besessene durch meine Timeline zu scrollen und diese ganzen SELBSTGEFÄLLIGEN SCHNÖSEL zu verfluchen, die beim Brunchen Berge von überteuertem Rührei in sich hineinschaufelten, ehe sie sich einen französischen Film oder ein modernes Theaterstück reinzogen oder etwaigen sonstigen kulturell stimulierenden Aktivitäten frönten, gefolgt von einem kleinen Spaziergang, bei dem sie in schmucken kleinen Lädchen irgendein hübsches, geschmackvolles Unikat kauften, um ihr Zuhause NOCH INSTAGRAMFÄHIGER zu gestalten. *Meine* kulturellen Aktivitäten dagegen beschränkten sich darauf, mir alte Folgen von *Lazy Town* reinzuziehen und mir allerlei unkeusche Gedanken über Sportacus zu machen, zum Beispiel, ob er den spitzen Schnurrbart wohl auch beim Sex anbehält und ob er sich mit einem Salto rückwärts ins Bett katapultiert. Und sämtliche Einkäufe wurden selbstredend online erledigt, wegen besagter Miniaturwikinger, die auch in Geschäften unweigerlich eine Spur der Verwüstung hinterließen. Kein Wunder also, dass ich gegenüber der brunchenden Bevölkerung jahrelang nur

Hass und Wut empfand. Aber jetzt, wo ich selbst zu den brunchenden Massen gehöre, ist natürlich alles anders. Warte kurz, ich muss mal eben ein Foto von meiner Bloody Mary auf Instagram posten.«

»Du … du stehst also auf Sportacus?«, erkundigte sich Jack etwas matt, und erst da wurde mir bewusst, dass ich womöglich ein *klitzekleines bisschen* zu viel geredet und ihm einen etwas zu tiefen Einblick in mein Seelenleben gewährt hatte.

»Stand«, berichtigte ich. »Zu meiner Verteidigung muss ich anführen, dass ich damals ein enormes Schlafdefizit hatte. Es hätte weit schlimmer sein können – angeblich stehen ziemlich viele Mütter auf Mr Tumble, was ich *echt* schräg finde.«

»Auf den gruseligen Clown? Wow! Wobei ich sagen muss, Justin Fletchers andere Kindersendung gefiel mir ganz gut; die mit dieser Blondine mit den unnatürlich prallen Hupen.«

Ich tat empört. »Du kannst doch nicht mit deinen lieben Kleinen eine Kindersendung angucken und dabei der Moderatorin auf die Hupen stieren!«

»Ach so, aber wenn du dir vorstellst, dass Sportacus mit einem Salto rückwärts in deinem Bett landet, dann ist das okay, oder wie?«, konterte Jack.

Meine Sorge, uns könnte der Gesprächsstoff ausgehen, erwies sich als gänzlich unbegründet. Wir hörten überhaupt nicht mehr auf zu reden. In erster Linie ging es natürlich um unseren Nachwuchs. Jack berichtete, er sei sehr stolz auf seine Tochter gewesen (die demnächst ins zweite Uni-Jahr startet), als sie ihm erzählte, sie verbringe die Freitag- und Samstagabende »in der Bibliothek«, bis er herausfand, dass es sich dabei um eine Studentenbar namens »The Library« handelt, in der es meist ziemlich hoch hergeht. Ich streifte kurz das Thema Jane und ihr enervierendes Oszillieren zwischen Liebe und Hass, und er versicherte mir, seine Tochter sei in dem Alter genau gleich gewesen. Ich erzählte auch von Peter, und Jack verschluckte sich beinahe an seinem Rührei, als ich das verhängnisvolle Wasservolleyballturnier erwähnte, im Zuge dessen ich einem sympathischen deutschen Touristen namens Karl beinahe meine freiheitsliebende Brust ins Auge gerammt hätte.

Nach dem Brunch machten wir einen Spaziergang und klapperten ein paar hübsche Antiquitätenläden ab, aber ich verkniff es mir, etwas zu kaufen, weil alles so sauteuer war und weil man in Secondhandläden genauso hübsche Sachen für einen Bruchteil des Preises kriegt. Und dann sagte ich, ich müsse dann mal nach Hause und die Hunde rauslassen.

Auf dem Rückweg durch den Park bemerkte Jack: »Das war sehr schön.«

»Fand ich auch«, pflichtete ich ihm bei. »Hat echt Spaß gemacht.« Oh Gott, das klang ja, als kämen wir gerade vom Rummelplatz oder so. Warum zum Teufel hatte ich das gesagt? Jane hat recht – ich sollte mal versuchen, die Schnauze zu halten und mich mit einer geheimnisvollen Aura zu umgeben.

»Und, wie sieht es aus, wollen wir das demnächst mal wiederholen? In nicht allzu ferner Zukunft?«

»Sehr gern«, sagte ich, um einen nicht allzu übereifrigen Tonfall bemüht.

»Prima. Ähm … ich melde mich, okay?«

»Wunderbar!«

Und dann beugte er sich zu mir rüber und küsste mich, ehe ich noch weitere geistlose Höflichkeitsfloskeln vom Stapel lassen konnte. Ich habe in den vergangenen Monaten viel Zeit damit zugebracht, mir vorzustellen, wie es sich wohl anfühlen würde, von einem Mann geküsst zu werden, der nicht Simon war (Simon war nämlich ein herausragender Küsser) und dabei mit Grausen an so etliche ausgesprochen feuchte Erlebnisse in meiner Jugend gedacht – was, wenn ich an einen Mann geriet, der genauso sabberte wie einige der Jungs damals? In besonders unangenehmer Erinnerung habe ich eine Knutschorgie, bei der sich der betreffende Teenager ungelogen die *ganze* Zeit an meinem Kinn festgesaugt hat, was sich unangenehm und höchst merkwürdig angefühlt und auch meiner Fünfzehnjährigen-Haut nicht eben gutgetan hat. Doch siehe da, Jack verstand sich hervorragend aufs Küssen – sogar noch besser als Simon, ehrlich gesagt, wobei ich natürlich in dem Moment keine Vergleiche anstellte. Ich bereute es lediglich, dass ich nicht ein klein wenig vorausgedacht und auf die pochierten Eier verzichtet hatte. Außerdem fragte ich mich, wie es wohl um meine eigenen Knutschfähigkeiten bestellt war. Woher weiß man, ob man gut küssen kann? Ich meine, es kamen diesbezüglich nie Beschwerden, aber das beweist gar nichts – dem Kinnsauger habe ich damals ja auch nicht die Meinung gegeigt, und in *Just 17* kam diese Problematik leider nie zur Sprache. Ich gab mir große Mühe, alle diese Gedanken zu verdrängen und mich ganz auf den Kuss zu konzentrieren, der wirklich sehr schön war.

Judgy wusste es sichtlich kein bisschen zu schätzen, dass ich mein Date um seiner Blase willen beendet hatte, doch zumindest Barry signalisierte mir seine Dankbarkeit, indem er mir die Hand leckte. Aus *seinem* Atem schloss ich, dass er mal wieder Hühnerkacke gefressen hatte.

Mein Bloody-Mary-Foto hatte mittlerweile einen Like von Simon bekommen, samt dem Kommentar: »Sieht lecker aus, hätte ich jetzt auch nichts dagegen! Hoffe, du amüsierst dich gut.« Heißt das jetzt, er würde gern mit mir brunchen gehen, oder treiben ihn seine geliebten Kinderchen derart in den Wahnsinn, dass er sich nach einem Drink sehnt? Vielleicht hatte er es aber auch bloß höflichkeitshalber geschrieben. Ich beschloss, mir nicht länger den Kopf darüber zu zerbrechen, sondern lieber noch ein Weilchen über die Knutscherei mit Jack nachzudenken. Gott, ich hoffe wirklich, ich hatte keine allzu schlimme Eierfahne!

Freitag, 24. August

Ich bin auf einem Festival. Meine Beine sind leuchtend orangegrün, denn ich hatte beschlossen, meine verblassende Urlaubsbräune etwas aufzufrischen, damit ich in meinen Shorts, die so kurz sind, dass sie beinahe als Hotpants durchgehen könnten, auch gut aussah und deshalb am Donnerstagabend ein bisschen Selbstbräuner aufgetragen, der jedoch schon vor geraumer Zeit abgelaufen war. Leider war das Zeug definitiv hinüber, und so sehr ich hinterher auch an meiner Haut herumschrubbte, es war nichts mehr zu machen. Andererseits laufen ziemlich viele der Leute hier mit einem ziemlich absonderlichen Look rum, ich passe also ganz gut ins Bild.

Wie ich auf dem Festival gelandet bin? Nun, einer von Colins Arbeitskollegen hatte schon vor Monaten Tickets für sich und seine Familie gekauft, doch dann wurde seine Frau ungeplant schwanger (Scheint gar nicht so selten vorzukommen ... Jack hat neulich erzählt, er habe sich einer Vasektomie unterzogen; eine Sorge weniger also, sollten wir je miteinander im Bett landen), und der Geburtstermin ist dieses Wochenende, deshalb hat er Colin die Karten geschenkt, vier Stück an der Zahl. Sam hat sich geweigert mitzukommen, weil Campen »Gift für seinen Rücken« ist, und die von Sophie vorgeschlagene Alternative, sie könne ja mit Jane, Emily und Lara Watson hinfahren, stieß bei uns allen auf wenig Gegenliebe. Also regte Sam an, Colin solle mit mir und Jane und Sophie hinfahren, was wiederum Jane und Sophie nicht eben mit Begeisterung erfüllte. Die beiden bemühten sich wortreich, uns darzulegen, sie seien mit fünfzehn weiß Gott alt genug, um ohne elterliche Aufsichtspersonen einer Veranstaltung beizuwohnen, bei der jede Menge Drogen, Glitzer und Hallodris im Spiel waren, mussten am Ende aber einsehen, dass sie entweder mit Colin und mir auf dieses Festival gehen würden oder gar nicht, also haben sie am Ende kapituliert und eingewilligt, in unserer Begleitung hinzufahren.

Ich musste mir nur noch den Freitag freinehmen und einige Online-Blitzeinkäufe tätigen, und dann konnte es losgehen.

Jane riss entsetzt die Augen auf, als ich vorhin in meinem Festival-Outfit aus dem Haus gehopst kam. »Du lieber Himmel, Mutter, wie siehst *du* denn schon wieder aus?«, stieß sie hervor.

»We proudly present: Festival Chic à la Kate Moss und Jo Whiley in Glastonbury«, erwiderte ich stolz und drehte mich einmal um mich selbst, damit sie meine abgeschnittenen Denim-Shorts und meine Glitzergummistiefel (die noch einigermaßen erschwingliche Variante von Hunters – ich war nicht gewillt gewesen, einen Hunderter für ein Paar Gummistiefel zu bezahlen) bewundern konnte.

»Jo wer? Du siehst total *bescheuert* aus!«, stellte Jane entsetzt fest. »Warum kannst du nicht einfach normal sein? Du bist zu alt, um so rumzulaufen!«

»Papperlapapp«, winkte ich ab. »Jo Whiley ist über fünfzig, und sie läuft auch noch so rum.«

»Tja, aber du bist *nicht* Jo Whiley, wer auch immer das sein mag! Du bist meine Mutter! So kannst du nicht aus dem Haus gehen.«

»Und ob ich das kann«, beharrte ich ungehalten. »Ich habe

ohnehin keine Zeit mehr, um mich noch einmal umzuziehen. Wir sollten schon längst bei Colin und Sophie sein.«

Peter schlurfte aus dem Haus, um sich von uns zu verabschieden, und auch er reagierte entgeistert auf mein Outfit. »Diese Hose ist aber *sehr* kurz, Mum«, zischte er. »Nein, ist sie nicht«, erwiderte ich.

»Oh doch. Das gibt bestimmt wieder das gleiche Drama wie im Urlaub beim Wasservolleyball, nur diesmal mit deinem Hintern!«

Just in diesem Augenblick fuhr Simon vor, um Peter abzuholen. Ich hatte vergeblich versucht, auch die Hunde bei ihm unterzubringen; Judgy und Barry verbrachten das Wochenende nun bei der netten Hundesitterin. Simon fielen beinahe die Augen aus dem Kopf, als er mich erblickte.

»Wow«, sagte er und musterte mich von Kopf bis zu den Zehen.

»Fang du nicht auch noch an!«, knurrte ich missmutig.

»Ich wollte ... Das sollte nicht heißen ...«, stotterte er. »Du siehst toll aus. Ganz ehrlich. Aber meinst du nicht, es könnte ein bisschen frisch werden? Laut meiner Wetter-App soll es regnen.«

»Ach, verschone mich mit deiner bescheuerten Wetter-App, Simon. Mir ist scheißegal, wie das Wetter werden soll, und es interessiert mich auch nicht die Bohne, ob ich Frostbeulen am Hintern bekomme oder ob mir beim Tanzen der Hintern aus der Hose purzelt. Ich werde dieses Wochenende zur Abwechslung mal alle Vorsicht in den Wind schlagen und mich verdammt noch mal amüsieren!«

»War doch nur ein gut gemeinter Rat«, verteidigte sich Simon und machte einen Schmollmund. »Amüsier du dich ruhig auf deinem Festival. Wir machen es uns auch schön, stimmt's,

Peter? Wie wär's, wenn wir Laser Quest spielen gehen und uns danach eine Pizza gönnen? So kann man sich schließlich auch *amüsieren*, nicht?«

»Tut mir leid, Dad, ich bin schon mit Lucas verabredet, und Hannah hat gesagt, ich kann abends bei ihnen essen. Kannst du mich auf dem Weg in die Stadt dort absetzen? Ich sag dir Bescheid, wenn ich abgeholt werden will«, sagte Peter.

»Und was soll *ich* den ganzen Tag machen?«, klagte Simon.

»Keine Ahnung«, sagte ich fröhlich. »Wir müssen jetzt jedenfalls los. Also, steig ein, Jane. Peter, wir sehen uns am Sonntagabend. Friss Hannah nach Möglichkeit nicht die Haare vom Kopf, ja? Bye, Simon!« Damit klemmte ich mich hinters Lenkrad und drückte aufs Gas.

Colin warf mir etliche erstaunte Blicke zu, als er wenig später seine und Sophies Sachen im Kofferraum meines Wagens verstaute, und beim Ausladen des Gepäcks auf dem Parkplatz des Festivalgeländes schnalzte er missbilligend mit der Zunge.

»Ellen, was zum Teufel hast du alles mit?«

»Na, meine Festivalausrüstung.«

»Du hast einen Picknickkorb dabei.«

»Ja, da sind Teller und Gläser und Besteck drin, alles schön ordentlich mit Gurten festgezurrt. Süß, nicht? Gab es bei TK Maxx, für nur fünfundzwanzig Pfund!«

»Oh Gott.« Er seufzte. »Du warst noch nie auf einem Festival, oder?«

»Nein. Was ist denn gegen meinen Picknickkorb einzuwenden?«

»Auf ein Festival nimmt man keinen Picknickkorb mit, Süße.«

»Warum denn nicht? Den können wir bestimmt gut brauchen.«

»Dir ist aber schon klar, dass wir das alles zu Fuß zum Campingplatz schleppen müssen?«

»Und? Das ist ein Weidenkorb, der wiegt doch kaum etwas. Das ist der Sinn und Zweck von Weidenkörben.«

Doch Colin hörte mir gar nicht richtig zu, sondern kramte weiter in meinem Kofferraum. »Sind das etwa ... Du hast allen Ernstes *Liegestühle* mitgenommen?«, stieß er ungläubig hervor. »Und eine ganze Tüte voller Lichterketten!«

»Genau. Batteriebetriebene«, sagte ich stolz.

»Was zum Geier willst du damit? Wir sind verdammt noch mal auf einem Festival, und nicht auf einem Space-Shuttle-Landeplatz!«

»Schon mal was von Glamping gehört? Unser Zelt soll doch hübsch und unverwechselbar aussehen«, beharrte ich.

»Ich nehme an, aus demselben Grund hast du auch Sitzkissen mitgenommen?«

»Ganz recht.«

»Oh Gott, Mutter!«, keifte Jane. »Warum musst du *ständig* derart übers Ziel hinausschießen?«

»Lieber too much als zu schlicht, ey«, konterte ich und war sehr stolz auf mich und meine Jugendslangkenntnisse.

»Das glaubst aber auch nur du«, brummte Jane.

Die Mädchen willigten widerstrebend ein, ihr Zelt neben dem unseren aufzustellen, jedoch unter strengen Auflagen: Wir hatten stets einen Abstand von mindestens zwei Metern zu ihnen einzuhalten, und es war uns strengstens untersagt, mit ihnen zu sprechen. Wir hatten von jedweder Kontaktaufnahme oder etwaigen sonstigen Aktivitäten, aus denen man hätte schließen können, dass wir zusammengehörten, abzusehen. Das kam Colin und mir allerdings ganz gelegen, unter anderem deshalb, weil es zweifellos besser für meine Glaubwürdigkeit war, wenn ich nicht ständig eine mürrische Fünfzehnjährige im Schlepptau hatte, zumal mich das auch ganz schön alt aussehen lassen würde.

Beim Aufbau der Zelte waren uns die Mädchen keine große Hilfe. Sie glotzten hauptsächlich auf ihre Handys und schnippten sich Haarsträhnen über die Schultern. Ehe sie sich auf den Weg machten, hielt ich ihnen noch einen meiner zahlreichen Vorträge zum Thema Alkoholkonsum und warnte sie eindringlich vor der Einnahme *jedweder* Substanzen, die ihnen andere Festivalbesucher womöglich zustecken würden. Außerdem machte ich sie für den unwahrscheinlichen Fall, dass es ihnen gelingen sollte, alkoholische Getränke käuflich zu erwerben, darauf aufmerksam, dass der hier erhältliche Cider vermutlich deutlich stärker sein würde als die Marke, an die sie gewöhnt waren.

Kaum waren sie losgezogen, unterbreitete mir Colin einen exzellenten Vorschlag: »Wie wär's, wenn wir uns etwas zu trinken holen und uns dann ein paar Bands anhören?«

Bedauerlicherweise ist es ziemlich schwierig, auf einem Festival einen einigermaßen anständigen, gut gekühlten Sauvignon Blanc zu kriegen, weshalb ich mich dazu überreden ließ, wie alle anderen Cider zu trinken, der in Pint-Bechern ausgeschenkt wurde. Eine gute Entscheidung, wie ich zugeben musste, wenngleich das Zeug wie befürchtet ordentlich Umdrehungen hatte. Ich kippte trotzdem zwei weitere Becher, und in dem angenehm angesäuselten Zustand, in dem ich mich danach befand, ließ ich mich von einer freundlichen Lady mit Glitzerpulver bestäuben. Eigentlich hatte ich bloß etwas Glitzer auf die Wangen haben wollen, aber am Ende glitzerte dann auch mein Dekolletee, was mir ausnehmend gut gefiel. Ich weiß nicht mehr genau, welche Bands wir uns angehört haben, aber ich meine mich zu erinnern, dass ich beherzt mitgesungen habe, und dann musste ich leider in mein Bettchen kriechen. Aufgrund meines Cider-Konsums trieb mich meine Blase nachts mehrfach raus, und ich muss zu meinem Bedauern berichten, dass die Klosituation auf Festivals genauso schlimm ist, wie ich das bereits befürchtet hatte, wenn nicht sogar noch schlimmer. Ich glaube, wenn ich wieder zu Hause bin, verbrenne ich einfach sämtliche Klamotten, die ich dieses Wochenende getragen habe, nur für den Fall, dass sie irgendwie mit einem dieser unsäglichen Dixi-Klos in Berührung gekommen sind. Übrigens ist es ganz schön erstaunlich, wo dieser Glitzer überall hinkommt – bei einem meiner zahlreichen Ausflüge in die Bombenabwurfzone funkelte mir das Zeug sogar aus der Unterhose entgegen. Mir graut, wenn ich daran denke, wo es sich sonst noch befinden könnte. Und ganz allgemein kann ich mir gerade nicht vorstellen, dass ich mich je wieder sauber fühlen werde.

Samstag, 25. August

Warum war ich eigentlich noch nie zuvor auf einem Festival? Es ist echt ein Riesenspaß. Wir starteten mit einem »Breakfast-Burrito« (der auf eine verquere Art und Weise überraschend lecker war) in den Tag und hörten uns dann noch einige weitere Bands an. Ehrlich gesagt geht mir die ständige Beschallung mittlerweile ziemlich auf den Senkel, aber mal abgesehen von der Musik ist so ein Festival im Grunde genommen wie Weihnachten, sprich, es ist absolut akzeptabel, sich schon zum Frühstück zu besaufen. Enttäuschend ist nur, dass es weit und breit keine strategisch platzierten Strohballen gibt, auf denen ich in Jo-Whiley-Manier posieren könnte. Aber zumindest ist das Wetter bislang trocken geblieben, was allerdings auch bedeutet, dass meine Füße in den Gummistiefeln ganz schön schwitzen. Wir hatten eigentlich angenommen, die Mädchen würden sich bis zu unserer Abreise nicht mehr blicken lassen, doch zu unserer Überraschung tauchten sie in regelmäßigen Abständen auf, was wir den horrenden Preisen an den Essensständen verdanken durften, denn die beiden drückten sich immer nur so lange mit hoffnungsvoller Miene in unserer Nähe herum, bis sie Geld für Essbares erhalten hatten, ehe sie wieder in der amorphen Masse jugendlicher Festivalbesucher verschwanden. Über Nacht war der Großteil der Glitzerschminke abgegangen, deshalb ließ ich mich, nachdem ich mir einige weitere Becher des exzellenten Ciders zu Gemüte geführt hatte, erneut von der freundlichen Dame mit Glitzer verschönern, und zwar diesmal auch mein Dekolleté.

Colin blinzelte ein paar Mal ungläubig, als ich zurückkam. »Um Himmels willen!«, stieß er hervor. »Du gleichst einer menschlichen Discokugel!«

»Ich sehe gut aus!«, erwiderte ich würdevoll. »Ich *mag* Glitzer. Los, komm, wir holen uns noch eine Runde Cider, und dann stürzen wir uns wieder ins Vergnügen.«

»So, so, du magst Glitzer«, wiederholte Colin. »Das ist wohl auch gut so, du wirst nämlich noch wochenlang aus allen möglichen und unmöglichen Körperstellen glitzern, und ich vermutlich ebenfalls, da wir uns das Zelt teilen …«

»Das will ich doch hoffen. Glitzer ist großartig! Huch, was ist denn das für ein grauenhafter Krach?«

»*Das* ist die Lieblingsband von Jane und Sophie und der Grund, warum wir überhaupt hier sind«, klärte mich Colin auf.

»Es klingt, als würde jemand eine Katze abmurksen.«

»Ich könnte schwören, dass meine Mutter genau das Gleiche über Oasis gesagt hat.«

»Shit … Aber hey, ich wette, deine Mutter hat keine Shorts getragen, die so kurz waren, dass sie beinahe als Hotpants durchgingen, und sie hat bestimmt auch keine Festivals besucht und sich die Hupen mit Glitzer verschönern lassen, oder?«

»Nein, zum Glück nicht.« Colin schauderte. »Das hätte mir gerade noch gefehlt.«

»Meinst du, ich füge meinen Kindern bleibende seelische Schäden zu?«

»Alle Eltern fügen ihren Kindern bleibende seelische Schäden zu, das gehört quasi zum Berufsrisiko. Aber ich glaube, in deinem Fall sind die Schäden positiver Natur.«

»Im Ernst? Obwohl ich mich scheiden lasse und Shorts anhabe, die so kurz sind, dass sie beinahe als Hotpants durchgehen könnten? Ganz zu schweigen von meinen Glitzertitten und der Tatsache, dass ich um vier Uhr nachmittags schon einen sitzen habe und mein Gesicht kaum noch spüre?«

»Dein Gesicht ist mit Glitzer bedeckt; glaub mir, das willst du gar nicht spüren. Aber jedenfalls bist du hier, auf einem Festival, und zwar eigentlich nur deshalb, weil Jane so scharf darauf war, oder? Du bist nicht perfekt, aber du bist auch keine schlechte Mutter.«

»Ich hoffe nicht.« Ich seufzte. »Colin?«

»Ja, Miss Glitzertitte?«

»Warum war ich noch nie auf einem Festival? Ich finde es großartig hier.«

»Weil Simon es dir immer wieder ausgeredet hat, schon vergessen? Ihm waren Festivals immer zu laut, zu unhygienisch und vor allem zu überlaufen.«

»Ach, richtig. Simon hat gegen alles, was Spaß macht, eine Aversion, wegen der ganzen *Leute*. Deswegen wollte er im Urlaub ja auch nie in einem Hotel absteigen. Er hat immer eine Villa gebucht, damit er möglichst wenig *Leute* um sich hatte, was aber auch bedeutete, dass ich jeden Tag kochen musste, genau wie zu Hause, weil die Villas natürlich irgendwo in der Pampa sein mussten, möglichst weit weg von all den *Leuten*, und abends zu einem Restaurant zu fahren war natürlich völlig ausgeschlossen, denn dann hätte er ja kein Bier trinken können. Er ist wirklich ein egoistischer Stinkstiefel.«

»Ja, das ist er, Süße.«

»Aber jetzt kann ich tun und lassen, was ich will. Ich kann überall hin, auch wenn sich dort womöglich *Leute* tummeln. Ich kann in Hotels absteigen und sogar auf FESTIVALS gehen! Und ich werde noch viele weitere Festivals besuchen. Ich kann tun, worauf ich Lust habe und muss keine Angst mehr haben, dass Simon jammert oder sich beschwert.«

»Ja, das kannst du.«

»Ja, das kann ich. Ich kann tun und lassen, was ich will!« Ich kletterte auf meinen Liegestuhl, warf die mit Glitzer bedeckten Arme in die Luft und röhrte: »ICH KANN TUN UND LASSEN, WAS ICH WILL!«

»Na, na, nicht so wild, Ellen!« rief Colin, weil ich bedenklich schwankte, und dann ertönte hinter mir eine entsetzte Stimme: »*Mutter!* Was zum Teufel *soll* das? *Steig gefälligst von diesem Stuhl runter*, die Leute gucken schon!«

»Ich erlebe gerade einen lebensbejahenden Moment der Emanzipation von der Diktatur des Patriarchats, Jane«, erklärte ich und kletterte von meinem Stuhl. »Man möchte meinen, du wärst stolz auf mich.«

Jane schnaubte angewidert. »Ja, schon gut. Spendiert ihr uns einen Becher Cider?«

»Nein, ihr seid noch nicht volljährig«, sagte ich streng.

»Und du bist zu alt für Glitzer-Schminke, aber das interessiert dich ja auch nicht«, stellte sie verdrossen fest.

»Das ist biologisch abbaubares Glitzerpulver«, sagte ich. »Darum geht es doch gar nicht. Nun komm schon, Mum … Bitte. Nur einen Becher.«

»Bitte!«, bettelte Sophie.

»Ach, scheiß drauf«, sagte Colin und reichte den Mädels unsere zwei Becher.

»Aber verrat es bloß nicht deinem Vater, Sophie.«

»Colin! Minderjährige sollen keinen Alkohol trinken!«, rügte ich ihn, darum bemüht, eine verantwortungsbewusste Mutter zu mimen.

»Sonst trinken sie doch auch jedes Wochenende Cider«, erinnerte mich Colin.

»Schon, aber nur in der fruchtigen Light-Version von Kopparberg. Das Zeug ist deutlich weniger stark.«

»Der hier ist aber auch ganz lecker«, stellte Jane fest, nachdem sie einen ordentlichen Schluck genommen hatte.

»Ich hol schomal Nachschub«, lallte Colin und schlurfte davon.

»Und wag es ja nicht, das *deinem* Vater zu erzählen, Jane«, sagte ich.

Nun, da sie von uns mit alkoholischen Getränken versorgt wurden, waren die Mädchen bereit, großzügig darüber hinzuwegsehen, dass es eigentlich gegen die von ihnen aufgestellten Regeln verstieß, wenn wir zusammen gesehen wurden. Erschwerend hinzu kam, dass ihre Festival-Bändchen sie eindeutig als Minderjährige auswiesen, weshalb wir jedes Mal, wenn jemand von der Security in der Nähe war, ihre Becher halten mussten. Infolge des Cider-Konsums taute Jane sogar so weit auf, dass sie sich zu mir setzte und sich mit mir unterhielt.

»Danke, dass ihr mit uns hergefahren seid, Mum«, murmelte sie.

»Gern geschehen, Liebes. Is schön hier. Hat euch der Auftritt eurer Lieblingsband gefallen?«

»Jaaa, war echt cool. Wobei die Jungs kleiner waren als erwartet.«

»Das sind sie alle. Immer. Ed Sheeran ist ein Zwerg. Sogar noch kleiner als Justin Bieber!«

»Mum, Leute in meinem Alter hören nur Ed Sheeran, wenn sie mit ihren Eltern im Auto mitfahren. Der Typ schreibt seine Songs doch bloß noch nach Schema F, lauter Schnulzen, zu denen fantasielose Trantüten dann auf ihrer Hochzeit den ersten Tanz tanzen.«

»Aber er hat verdammt viel Kohle, für einen rothaarigen Zwerg jedenfalls.«

»Mum, du solltest ihn nicht nach seinem Aussehen beurteilen, sondern nach seiner Musik. Das ist weiß Gott schon schlimm genug.«

»Ich *mag* Ed Sheeran.«

»Ich weiß, ich fahre öfter mal mit dir im Auto mit.«

»Wobei er es nicht mit Rick Astley aufnehmen kann. *Das* nenn ich einen sexy Rotschopf!«

»Oh. Mein. Gott. Mutter, jetzt hätten wir beinahe einen ganz besonderen Mutter-Tochter-Moment gehabt, und dann gehst du hin und verdirbst alles, indem du darüber redest, wie sexy du Rick Astley findest! Du bist echt krank!«

»Meinst du jetzt ›krank‹ im Sinne von ›cool‹?«, fragte ich hoffnungsvoll.

»Nein, ich meinte ›krank‹ im Sinne von *du hast sie nicht mehr alle.* Du bist echt total besessen von Rick Astley.«

»Aber er ist inzwischen wieder cool! Er geht mit den Foo

Fighters auf Tour! Und ich bin eine Single Lady. ALL THE SINGLE LADIIIEEEES«, johlte ich. »Vielleicht heirate ich ja doch noch irgendwann Rick Astley.«

»Hör auf zu singen, Mutter! Die Leute gucken schon.«

»Aber das ist von Beyoncé. Beyoncé ist auch hip.«

»Heutzutage ist gar nichts mehr ›hip‹ oder ›cool‹, Mutter. Und die Mukke von Beyoncé und den Foo Fighters ist was für alte Leute.«

»Was sagt man denn dann heutzutage als junger Mensch statt ›hip‹ und ›cool‹?«

»Das verrate ich dir nicht, sonst versuchst du wieder, vor meinen Freundinnen damit anzugeben, und das ist so was von peinlich. Kann ich noch einen Cider haben?«

»Nur, wenn du mir verrätst, wie die neuen Jugendslang-Ausdrücke für ›hip‹ und ›cool‹ lauten.«

»Vergiss es. Und dass du Rick Astley heiratest, kannst du auch vergessen.«

»Man kann nie wissen«, brummelte ich.

»Du sagst doch immer, eine Frau *braucht* gar keinen Mann.«

»Rick Astley ist die berühmte Ausnahme von der Regel.

In diesem Augenblick kam Colin mit einer weiteren Runde Cider zurück. »Voilà!«

»Meinst du nicht, die Mädels hatten genug?«, fragte ich skeptisch.

»Nein!« Jane schnappte sich einen Becher und trank gierig.

»Oh! Ich liebe diesen Song«, rief ich aufgekratzt. »Kommt, wir tanzen!«

»Mum!«, zischte Jane entsetzt. »Das ist Ed Sheeran, und die Musik kommt aus den Lautsprechern der Bar da drüben. Du kannst auf einem Festival doch nicht auf so etwas tanzen!«

»Und ob ich das kann!«, widersprach ich gut gelaunt.

Später, viel später, als die Mädchen längst in ihren Schlafsäcken lagen, begab ich mich mit Colin ins Rave-Zelt. Dort flutschten mir aus unerfindlichen Gründen immer wieder meine bunten Knicklichter aus den Fingern und flogen in hohem Bogen durch die Luft. Irgendwann waren die Leute um uns rum schon leicht genervt, aber ich konnte nichts dafür, ehrlich; es lag an diesen blöden Dingern! Danach setzten wir uns vor unser Zelt und betrachteten noch eine Weile die Sterne, und ich gab ein paar sehr tiefgründige, bedeutungsvolle Weisheiten über die Beständigkeit des Universums von mir, die der Menschheit garantiert den Weltfrieden bringen könnten, wenn ich mich denn daran erinnern könnte, was leider nicht der Fall ist. Dann fing es irgendwann an zu schütten, sodass wir uns in unser Zelt flüchten mussten.

Als ich vorhin aufgewacht bin, fühlte sich mein Mund scheußlich pelzig an, und meine Haut war glitzerbedingt an etlichen Stellen wundgescheuert. Zum Glück waren auch die Mädchen ziemlich verkatert und erhoben keine Einwände, als wir beschlossen, die Heimreise schon etwas früher als geplant anzutreten. Bei anhaltendem Regen macht so ein Festival nämlich nur noch halb so viel Spaß, und außerdem ist meine Glitzerschminke nicht wasserfest.

Jetzt ist mein Auto voller Glitzer, mein Haus ist voller Glitzer, und meine Haut trotz ausdauerndem Schrubben ebenfalls. Ich verteile das Zeug munter weiter auf sämtliche Oberflächen, gerade so, als hätte ich mich in eine Glitzerversion von König Midas verwandelt. Ich bräuchte bitte dringend eine griechische Gottheit, die dafür sorgt, dass das wieder aufhört …

SEPTEMBER

Sonntag, 2. September

Morgen müssen die Kinder wieder in die Schule, und dann wird es mir so vorkommen, als hätte ich diesen Sommer, den Urlaub und das Festival nur geträumt. Der einzige Beweis dafür, dass ich wirklich auf dem Festival war, ist die zarte Schicht Glitzer, mit der nach wie vor sämtliche Flächen im Haus überzogen sind.

Ich habe gegenüber Simon im Verlauf des Sommers mehrfach angedeutet, dass er doch zur Abwechslung mal die vergnügliche Aufgabe übernehmen könnte, die Schuluniformen für die Kinder zu besorgen, statt das wie sonst immer mir zu überlassen. Er hat mir nämlich mehrfach eine pseudofürsorgliche Nachricht geschickt, um sich nach meinem Befinden zu erkundigen und zu fragen, ob er etwas für mich tun könne, und ich habe jedes Mal geantwortet, dass es sehr hilfreich wäre, wenn er sich darum kümmern würde, aber ganz offensichtlich waren das alles nur leere Worte gewesen. Jedenfalls kam er bis gestern nicht in die Puschen, und da war naturgemäß bereits das meiste ausverkauft. Als er dann vorhin mit Peter und Jane hier aufgeschlagen ist, war er vollkommen erschöpft und tat zudem, als wäre er ein gottverdammter Superheld, nur weil er zum ersten Mal seit zehn Jahren die Schuluniformen für die Kinder besorgt hat.

»Es war der reinste Spießrutenlauf, Ellen!«, klagte er. »Jane hatte sehr spezielle Anforderungen an ihren Schulrock, und ehrlich gesagt waren einige dieser Modelle geradezu obszön kurz. Wie kann es sein, dass so etwas als Teil einer Schuluniform verkauft wird? Und womit rechtfertigen diese Halsabschneider den Preis von sage und schreibe siebenundzwanzig Pfund neunundneunzig für ein so winziges Stück Stoff? Eine Unverschämtheit ist das. Ich habe ihr natürlich gesagt, dass sie sich das abschminken kann und versucht, ihr stattdessen einen hübschen Faltenrock von John Lewis schmackhaft zu machen, aber sie wollte partout keinen Fuß in den Laden setzen. Sechs Geschäfte mussten wir abklappern, bis wir endlich den richtigen Rock gefunden hatten! Und bei den Hosen für Peter war es genau das gleiche Theater! Sie durfte weder zu eng noch zu weit sein, und eine Hose hat er rundheraus abgelehnt mit den Worten ›Das ist das falsche Grau‹! Grau ist grau! Wie kann es das falsche Grau sein? Na egal, wir haben es geschafft.«

»Ja, das ist das Problem, wenn man mit Teenagern shoppen geht. Sie haben ihre ganz eigenen Vorstellungen, und sie halten damit nicht hinterm Berg. Du kannst von Glück sagen, dass du der Hölle von Hollister entgangen bist.«

»Und was das alles kostet!«, stöhnte Simon. »Hast du eine Ahnung, wie teuer so eine Schuluniform ist? Entschuldige, Ellen, langweile ich dich, oder warum guckst du immer wieder auf dein Handy? Also ehrlich, ich hätte ein bisschen mehr Dankbarkeit erwartet, nachdem ich den ganzen Samstag damit zugebracht habe, deine Kinder für die Schule auszustatten, wofür ich wie gesagt ein kleines Vermögen hinblättern musste.«

Ich riss mich von der Nachricht los, die mir Jack geschickt

hatte und sagte: »Willkommen in meiner Welt, Simon. Ich mache das nun schon seit zehn Jahren mit, *und* ich kaufe zusätzlich noch sämtliche anderen Klamotten für Jane und Peter. Außerdem sorge ich dafür, dass sie etwas zu essen und ein Dach über dem Kopf haben und bezahle ihren Urlaub. Mir ist also durchaus bewusst, wie teuer und zeitaufwändig es ist, für *deine* Kinder zu sorgen.«

»Darf ich dich daran erinnern, dass ich meinen Beitrag dazu leiste?«, erwiderte Simon aufbrausend.

»Das stimmt«, räumte ich ein. »Aber dieser Beitrag macht nur einen relativ kleinen Anteil von deinem Gehalt aus, und mit dem Rest deines Geldes kannst du machen, was du willst. Ich dagegen stecke alles, was ich verdiene, in ihre Unterbringung und Verpflegung, und wenn am Ende des Monats nichts für mich übrigbleibt, dann habe ich eben Pech gehabt. Es ist *verflucht* teuer, eine alleinerziehende Mutter zu sein, und der Elternteil, bei dem die Kinder überwiegend wohnen, ist unweigerlich finanziell im Nachteil. Dazu kommt, dass ich sehr viel Zeit damit zubringe, für Peter und Jane Taxi zu spielen, zu kochen und zu waschen. Und du hältst dich für einen Helden, nur weil du sie einmal alle vierzehn Tage übers Wochenende nimmst.«

»Du warst doch diejenige, die die Scheidungsanwälte auf den Plan gerufen hat!«, zeterte Simon. »Also hör gefälligst auf, dich zu beschweren, ja?«

»Ich habe die Anwälte auf den Plan gerufen, weil *du mich* verlassen hast! Hätte ich vielleicht tatenlos rumsitzen und abwarten sollen, was dir als nächstes einfällt? Tut mir sehr leid, wenn dir das nicht in den Kram gepasst hat, aber dann hättest du vielleicht nicht einfach ausziehen sollen! Und wo wir gerade über die Gründe für unsere Scheidung reden: Vielleicht hättest *du* nicht mit einer anderen ins Bett gehen sollen!«

»Oh Gott, wirst du mir das jetzt bis ans Ende meiner Tage vorwerfen?«

»Tja, wenn es dir nicht behagt, daran erinnert zu werden, dass du eine andere gevögelt hast, dann hättest du sie verdammt nochmal eben nicht vögeln sollen! Und ehrlich gesagt war das nur der Tropfen, der das Fass zum Überlaufen gebracht hat. Findest du es nicht bezeichnend, dass du es seit Janes Einschulung vor zehn Jahren noch KEIN EINZIGES Mal geschafft hast, die Schuluniformen für deine Kinder zu besorgen? Und dieses Jahr hast du dich auch bloß deshalb dazu herabgelassen, weil ich dich deswegen GNADENLOS ZUGETEXTET HABE! Und das, obwohl du mir mehrfach scheinheilig deine Hilfe angeboten hast! Weil du in Wahrheit nämlich überhaupt keine Lust hattest, mir zu helfen, du wolltest mir nur den Eindruck vermitteln, dass du ein netter, fürsorglicher Mensch bist – wahrscheinlich hast du gehofft, dass du mich auf diese Weise nochmal ins Bett kriegst, stimmt's?«

»Nein, das stimmt MITNICHTEN! Und ich BIN ein netter, fürsorglicher Mensch!«, echauffierte sich Simon. »Ich dachte eben, du brauchst eher emotionale Unterstützung als praktische Hilfe.«

»Ist dir schon mal in den Sinn gekommen, dass praktische Hilfe Hand in Hand geht mit emotionaler Unterstützung? Nicht, dass ich auf deine Unterstützung angewiesen wäre. Ich komme BESTENS ZURECHT!«

»Das seh ich«, sagte Simon. »Du kommst *ganz offensichtlich* bestens zurecht. So gut, dass du noch genügend Energie hast, um mich anzuzicken, nachdem ich gestern den ganzen Tag damit zugebracht habe, die Schuluniformen für deine Kinder zu kaufen.«

»Ich zicke dich nicht an, ich weise dich auf die Tatsachen hin.

UND ES SIND AUCH DEINE KINDER! Und da du das Besorgen der Schuluniformen bis jetzt hinausgeschoben hast, sind sie vermutlich weder gewaschen noch mit Namensschildchen versehen, hab ich Recht? So läuft das nämlich jedes Mal, nicht wahr, Simon? Du machst nur halbe Sachen und verlässt dich darauf, dass ich den Rest erledige. WIR LASSEN UNS SCHEIDEN, VERDAMMT NOCHMAL, und trotzdem bin *ich* nach wie vor diejenige von uns beiden, die sich für diese Familie den Arsch aufreißt. Und ich BEKOMME KEINERLEI DANK ODER ANERKENNUNG FÜR ALL DAS, WAS ICH MACHE, während du dich seit jeher aufführst, als müsste man dir eine Medaille dafür verleihen, wenn du zur Abwechslung mal den Hintern hochkriegst, um mich zu unterstützen, verdammt noch mal!«

»HERRGOTT NOCHMAL, Ellen, was soll ich denn noch tun? Ich versuche dir zu helfen, ich versuche nett zu sein, aber du willst immer noch mehr. Als nächstes fängst du bestimmt auch noch an, dich über die Diktatur des Patriarchats zu beschweren, genau wie Jane das heute schon den ganzen Nachmittag getan hat.«

»Ja, das ist durchaus möglich, weil ich dank dir jetzt nämlich gezwungen bin, am Sonntagabend noch schnell die Schuluniformen zu waschen, in den Trockner zu stecken und mit Namensschildern zu versehen, und das nur, weil du den ganzen Sommer über zu faul warst, um den Einkauf schon etwas eher zu erledigen. Du hast immer darauf bestanden, dass sich alle nach dir richten, aber so läuft das nicht mehr, Simon. Ich führe jetzt ein eigenes Leben. Und nebenbei hat Jane jedes Recht, sich über die Diktatur des Patriarchats zu beschweren, wenn ihr danach ist. Vielleicht macht ihre Generation dann wenigstens nicht die gleichen Fehler wie die meine – wir haben uns ja einreden lassen, wir könnten ›alles haben‹, was im Grunde genommen nur bedeutet, dass wir ALLES MACHEN müssen, und das ist verdammt nochmal NICHT DASSELBE!«

»Lieber Himmel, beruhige dich, Ellen. Dass du dich auch immer derart irrational aufführen musst!«

»Irrational? IRRATIONAL? Ist dir eigentlich klar, dass ich in all den Jahren, die wir verheiratet waren, nicht ein einziges Mal aussuchen durfte, wo wir den Urlaub verbringen? Und dass du in all der Zeit kein einziges Mal Butter besorgt hast?«

Simon schnaubte. »Was hat denn die Butter damit zu tun?«

»Das war *symbolisch* gemeint! Für deine Angewohnheit, vor dem offenen Kühlschrank stehend zu verkünden: ›Es ist keine Butter mehr da!‹ und zu erwarten, dass ich ein neues Stück Butter aus dem Ärmel schüttle, statt einfach selbst loszuziehen und Butter zu kaufen.«

»Ich kann mich nicht erinnern, dass ich das je getan hätte.«

»Tja, hast du aber. Und bei Joghurt war es dasselbe Spiel.«

»Soll das etwa heißen, dass wir deiner Meinung nach noch verheiratet wären, wenn *ich* öfter mal Milchprodukte besorgt und *dir* die Wahl unseres Urlaubsziels überlassen hätte?«

»Nein.« Ich seufzte. »Egal, vergiss es.«

Als er weg war, stopfte ich einen riesigen Berg weiße Hemden in die Waschmaschine, nicht ohne vorher sichergestellt zu haben, dass ich sämtliche Pappteile entfernt hatte, die die Hersteller ohne ersichtlichen Grund wahllos unter Krägen, in Brusttaschen und dergleichen mehr verstecken (und wenn man eines davon übersieht, ist die Waschmaschine hinterher im Arsch und die komplette Wäsche mit winzigen Kartonflocken übersät, die nach dem Trocknen hart wie Zement werden). Dabei fragte ich mich, ob ich womöglich doch etwas überzogen reagiert hatte und überlegte, ob ich mich bei Simon für seine Mühen bedanken sollte – immerhin hatte er meine Anweisung befolgt und nur bügelfreie Hemden gekauft, und ich konnte mir lebhaft vorstellen, wie anstrengend es gewesen sein musste, mit zwei nölenden Kindern all diese Geschäfte abzuklappern, bis sie endlich die Schuluniformen ihrer Wahl gefunden hatten. Doch dann rieselte mir aus dem Trockner weiteres Glitzerpulver entgegen, und bei der Gelegenheit fiel mir wieder unser unschlagbares Festivalwochenende ein und die Tatsache, dass ich Simon zuliebe all die Jahre auf so vieles verzichtet hatte, und ich dachte: *Scheiß drauf.*

Wie auf ein Stichwort meldete mein Handy, dass eine neue Nachricht eingegangen war. Eine SMS von Simon:

Tut mir leid, dass ich nie Butter gekauft habe. Wenn du Lust hast, könnten wir uns ja mal ohne die Kinder treffen, zum Brunch oder so. Ich sorge auch dafür, dass reichlich Butter da ist …

Vielleicht sollte ich das Angebot annehmen, schließlich kann er echt witzig sein, wenn er sich nicht gerade wie ein totaler Arsch mit Ohren aufführt, und außerdem wäre es gut, wenn wir Freunde sein könnten, sowohl für uns als auch für die Kinder. Wer weiß, womöglich werden wir ja wie diese ganzen Friede-Freude-Eierkuchen-Paare, die nach der Trennung mit der gesamten Sippe einschließlich der neuen Partner Urlaub machen. Hm, ich weiß nicht recht; ich glaube, das fände ich eigenartig. Wie auch immer, es wäre ohne Frage ein Opfer für Simon, mit mir brunchen zu gehen, (zu viele *Leute*), schon deshalb sollte ich ja sagen.

Montag, 3. September

Habe Jane einen leidenschaftlichen Vortrag darüber gehalten, wie wichtig dieses Schuljahr für sie ist, Stichwort »mittlere Reife«, doch all meine Ermahnungen, sie solle sich auf die Schule konzentrieren, sich anstrengen und brav lernen, weil diese Prüfung den weiteren Verlauf ihres Lebens mitbestimmen werde, stießen auf taube Ohren. Sie zuckte lediglich die Schultern und sagte: »Chill mal, Mutter.« Zugegeben, ich war in der Zeit, in der ich für die mittlere Reife hätte lernen sollen, auch meist in irgendwelchen Diskotheken anzutreffen, und aus mir ist trotzdem etwas geworden.

Im Büro gibt es gute Neuigkeiten: Dort scheint man kollektiv beschlossen zu haben, dass meine Trauerzeit offiziell beendet ist, sprich, ich werde wieder normal behandelt, und es fühlt sich niemand mehr bemüßigt, mir mit schiefgelegtem Kopf den Arm zu tätscheln. Somit kann ich mich wieder meiner Arbeit widmen, ohne alle zwei Minuten von jemandem gestört zu werden, der auf Zehenspitzen in mein Büro huscht, um mir eine Tasse Tee zu bringen und »Du weißt ja, wo du mich findest, wenn du jemanden zum Reden brauchst« zu raunen. Die Kehrseite der Medaille ist, dass ich nun keinen Anspruch mehr auf die Kokospralinen aus Debbies Quality-Street-Dose habe. Dieses Privileg ist mittlerweile auf Mike aus der Versandabteilung übergegangen, dessen Herz gebrochen ist, seit seine Gattin mit einem Elvis-Imitator davongelaufen ist, den sie in einer Frittenbude kennengelernt hat. Angeblich zeugte mein Kommentar, das klinge ja wie aus einer bizarren Reality-Soap, nicht eben von Mitgefühl oder Hilfsbereitschaft, aber da hatte Mike gerade die letzte blau eingewickelte Praline aus Debbies Vorrat verdrückt. Kein Wunder, dass seine Frau ihn verlassen hat, diesen egoistischen Mistkerl.

Trotzdem ist es eine Wohltat, dass meine lieben Kolleginnen und Kollegen nun wieder hinter vorgehaltener Hand »PMS!« flüstern, statt mich mit weit aufgerissenen Augen anzustarren und zu fragen, ob ich umarmt werden wolle, wenn ich diesen inkompetenten Spatzenhirnen die Hölle heiß mache, weil sie mal wieder nichts auf die Reihe kriegen. Natürlich verwende ich die Bezeichnung »inkompetentes Spatzenhirn« nicht in ihrer Gegenwart – das habe ich mir abgewöhnt, nachdem mich einer von ihnen bei Gabrielle verpetzt hat. Ich habe damals zu meiner Verteidigung ins Feld geführt, dass ein etwas ruppiger Umgangston in der freien Marktwirtschaft durchaus üblich ist, doch sie erklärte mir, es könne die Gefühle unserer Mitarbeiter verletzen und sei deshalb nicht zulässig. Mein Argument, wenn die Leute ihre Aufgaben gewissenhaft erledigen würden, sähe ich mich nicht gezwungen, sie zu beleidigen, ließ sie nicht gelten. Nun muss ich mich also auf einen eher passiv-aggressiven Ansatz verlegen, ohne die Intelligenz, Kompetenz oder Provenienz meiner Untergebenen in Frage zu stellen. Ehrlich gesagt verstehe ich mittlerweile, wenn sich die Leute beschweren, die Sache mit der politischen Korrektheit laufe ja allmählich total aus dem Ruder. Zudem habe ich zum einen den Verdacht, dass Gabrielle zu der Sorte Mensch gehört, die die Auffassung vertritt, die Verwendung von Kraftausdrücken zieme sich nicht für eine Lady, was verdammt noch mal totaler Bockmist ist, und zum anderen unterstelle ich jetzt mal, dass es all jenen, die ein Problem damit haben, wenn ich sie wegen ihrer Unfähigkeit zur Schnecke mache, lediglich gegen den Strich geht, eine Chefin zu haben, die besser als sie Bescheid weiß, was sie tun und lassen sollten, aber das ist natürlich nur meine ganz persönliche Meinung …

Dienstag, 11. September

Happy birthday to me! Ich hatte im Vorfeld mehrfach betont, es sei nicht nötig, um meinen Geburtstag ein großes Trara zu machen, ich wolle den Abend gemütlich mit Jane und Peter zu Hause verbringen, und zwar bei einem Fertigdinner von Marks & Spencer, das mich gerade mal zwölf Pfund gekostet hat, einschließlich einer Flasche Wein. Da sich Peter und Jane nie auf einen Nachtisch einigen können, habe ich gleich noch ein zweites Dinner bestellt, das Peter mehr oder weniger im Alleingang verzehren wird, und ich komme auf diese Weise an eine zweite Flasche Wein (die ich selbstredend nicht ebenfalls heute Abend leeren werde).

Dass meine lieben Kleinen, nachdem sie morgens endlich aus dem Bett gekrochen waren, meinen Geburtstag *allerdings mit keinem Wort* erwähnten, hat mich dann aber doch geärgert. Ja, ich hatte behauptet, ich wolle kein großes Bohei, trotzdem hatte ich wenigstens eine Glückwunschkarte erwartet, oder eventuell eine Schachtel Pralinen. Oder zumindest eine Tasse Tee und ein »Alles Gute zum Geburtstag, Mum!«, verdammt nochmal! Das war ja wohl echt nicht zu viel verlangt, oder?

»Habt ihr nicht etwas vergessen?«, fragte ich schließlich betont fröhlich, worauf mich die beiden etwas ratlos musterten, bis Jane sagte: »Ach RICHTIG, ich hab ja heute Sportunterricht. Danke, dass du mich daran erinnerst, Mum.« Und Peter sagte: »Ich brauch für den Kochunterricht noch ein paar Zutaten, Mum. Panko-Paniermehl und Sojamilch und Erdbeeren und … Weißt du was, ich maile dir einfach die Liste, okay?«

Minuten später erhielt ich in der Tat eine lange Liste ausgefallener Kochzutaten, die wir allesamt nicht vorrätig hatten, weshalb auf dem Weg zur Schulbushaltestelle noch ein Blitzeinkauf in der kleinen Klitsche im Dorf fällig war, die jedoch keine derart exotischen Lebensmittel führt, und der Feinkostladen, der sie führen könnte, öffnet erst um zehn, weil die Hipster, die ihn betreiben, morgens lieber erstmal Yoga machen, als sich gleich in die schmutzige Welt des Kommerzes zu stürzen. Schließlich lieferte ich Peter mit einer Packung stinknormaler Semmelbrösel (»Das ist doch im Grunde genau dasselbe, Liebes!«), einer Tüte Äpfel, einem Liter H-Milch und diversen anderen Lebensmitteln, die seiner Ansicht nach kein passender Ersatz waren, an der Bushaltestelle ab, nicht ohne zu zischen: »Tja, Liebes, du hättest eben rechtzeitig Bescheid geben müssen, dann hätte ich die Sachen besorgen können, die du brauchst.«

Auf der Fahrt zur Arbeit maulte ich noch eine ganze Weile »Undankbares Pack« und dergleichen mehr vor mich hin. An sich tun mir Leute, die mit Märtyrermiene herumlaufen, weil niemand an ihren Geburtstag gedacht hat, kein bisschen leid – meine Devise lautet: »Wenn du willst, dass deine Mitmenschen an deinen Geburtstag denken, dann musst du sie eben vorher daran erinnern.« Aber genau das hatte ich getan, beispielsweise gestern Abend, als ich ihnen die Speisekarte mit den zur Auswahl stehenden Optionen für das Fertigdinner von Marks & Spencer vorgelegt hatte, das ich mir ANLÄSSLICH MEINES GEBURTSTAGS gönnen wollte. Dennoch hatten sie vorhin keinen Ton gesagt, die kleinen Scheißer. Und das, nachdem ich jahrelang für sie Luftballons aufgeblasen, bunte Wimpel aufgehängt und weiß der Geier was noch alles getan habe, damit ihr Geburtstag ein ganz besonderer Tag für sie wird, an dem es zur Abwechslung einmal nur um sie ging. Und was bekam ich nun dafür? Noch nicht einmal einen feuchten Händedruck, ey!

Natürlich habe ich das alles aus Liebe getan und nicht mit der

Erwartung, dass sie sich eines Tages für all meine Mühen erkenntlich zeigen würden, aber trotzdem. Noch nicht einmal eine mickrige Tasse Tee, verdammt nochmal! Geschweige denn eine Nachricht von Simon, mit dem ich die vergangenen sechsundzwanzig Geburtstage begangen hatte! Dabei weiß er doch ganz genau, wie viel mir mein Geburtstag bedeutet. Da behauptet er immer, er wolle mir helfen und für mich da sein – tja, dann lass verdammt nochmal irgendwelche wie auch immer gearteten Glückwünsche rüberwachsen, du Blödmann! Einzig meine Mutter hatte mir eine Karte geschickt, samt einem Gutschein für eine Gesichtsbehandlung und dem Hinweis, ich solle unbedingt die Variante »Verjüngungskur« nehmen, die hätte ich nämlich dringend nötig.

Bei meiner Ankunft im Büro entdeckte ich dann auf meinem Handy eine Nachricht von Jessica, in der sie mir zum Geburtstag gratulierte. Sie informierte mich außerdem, sie habe statt eines Geschenks in meinem Namen eine Ziege an eine Familie in der Dritten Welt gespendet (»weil wir ja alle viel zu viel materiellen Besitz anhäufen«); an sich eine gute Idee, wie ich fand, bis ich, um meine Ziege zu begutachten, auf den beigefügten Link klickte, der zu der entsprechenden Oxfam-Seite führte, dort aber mitnichten *meine* Ziege sah, sondern bloß ein Beispielfoto von *einer* Ziege. Na, toll. Ich hatte mich bereits darauf gefreut, meiner Ziege beim Heranwachsen zuzusehen und mich mit dem Gedanken getragen, ihr eventuell sogar zu schreiben oder ein Weihnachtsgeschenk zu schicken.

Ach, egal; es ist der Gedanke, der zählt, sagte ich mir. Dennoch wäre es schön gewesen, wenn ich zumindest die Gelegenheit bekommen hätte, einen Namen für meine Ziege auszuwählen. Ich überlegte, wie ich sie wohl genannt hätte und kam zu dem Schluss, dass eigentlich nur ein Name ernsthaft in Betracht kam, nämlich Goaty McGoatface. Wobei die arme Not und Hunger leidende Familie, deren Überleben von Goaty McGoatface abhing, meinem Wortwitz vermutlich nicht viel hätte abgewinnen können.

Debbie, die bei uns für die Organisation der Geburtstagsfeierlichkeiten zuständig ist, huschte den ganzen Vormittag über auffällig unauffällig von einem Schreibtisch zum anderen, bis sämtliche Leute meines Teams mehr oder weniger freiwillig auf der Karte für mich unterschrieben hatten, und dann versammelten sie sich in der Kaffeeküche, um mir ein Ständchen zu singen und sich an meinem Kuchen gütlich zu tun. Selbst Gabrielle ließ sich zur Teilnahme herab. Sie guckte gewohnt sauertöpfisch aus der Wäsche, gerade so, als könne sie es kaum erwarten, sich wieder in ihr Büro zu verziehen. Oder als ließe sie sich lieber von einem Bären in den Arsch beißen, als mir zu gratulieren. Wahrscheinlich kommt daher der Ausdruck bärbeißig. Mein einziger Trost beim Anblick der Hackfresse, die sie tagtäglich zur Schau trägt, ist ja, dass ihr diese permanent verkniffene Miene dereinst weit schlimmere Falten um den Mund bescheren wird als mir die Zigaretten, die ich seit meinem vierzehnten Lebensjahr klammheimlich geraucht habe.

Sobald alle ihren Kuchen verdrückt hatten, trollten sie sich wieder, und auch ich zog mich in mein Büro zurück – offiziell wegen einer Telefonkonferenz, die jedoch nach fünf Minuten beendet war. Den Rest des Nachmittags verbrachte ich damit, Bilanz zu ziehen und mir in Erinnerung zu rufen, was ich mit meinen nunmehr sechsundvierzig Jahren so alles vorzuweisen hatte:

Zwei Kinder, die rein theoretisch das Potenzial haben, zu seelisch ausgeglichenen, anständigen und nutzbringenden Mitgliedern der Gesellschaft heranzuwachsen (es gibt Anzeichen, die mich hoffen lassen, aber noch ist alles offen).

Zwei Hunde, von denen einer definitiv *kein* seelisch ausgeglichenes, anständiges und nutzbringendes Mitglied der Gesellschaft ist, sondern vielmehr leicht psychopathische Tendenzen an den Tag legt, während der andere zwar *furchtbar gern* ein nutzbringendes Mitglied der Gesellschaft *wäre*, aber leider eine Spur der Verwüstung hinterlässt, wo immer er auftaucht, weil er mittlerweile annähernd so groß ist wie ein stattlicher Kaltblüter. Armer Barry. Er hat *wirklich* die allerbesten Absichten ...

Drei biestige Hühner der Sorte Speckled Sussex. Die Viecher sind durchaus geschwätzig – solange sie sich unbeobachtet fühlen, quasseln sie miteinander um die Wette, aber sobald ich mich ihnen nähere, drehen sie mir den Rücken zu und stecken die Köpfe zusammen, wie man es von gehässigen Cliquen-Tussis auf dem Schulhof kennt. Mehr als einmal wäre ich beinahe der Versuchung erlegen, sie nachts einfach nicht einzuschließen – dann würde sich zeigen, wie hoch ihre Überlebenschancen angesichts der hiesigen Fuchspopulation sind! Aber ich fürchte, das käme einer Verletzung meiner Obhutspflicht gleich, und außerdem hätte ich ein ziemlich schlechtes Gewissen, wenn ich direkt oder indirekt für ihr Ableben verantwortlich wäre.

Einen Exmann, über den ich den Mantel des Schweigens hüllen werde.

Eine recht ansehnliche, wenn auch etwas unspektakuläre Karriere, jedenfalls verglichen mit dem klitzekleinen Vermögen sowie den sprichwörtlichen fünfzehn Minuten Ruhm, die mir meine kurzzeitig höchst populäre App *Mami braucht 'nen Drink* vor ein paar Jahren eingebracht hat. Sei's drum, eine Karriere ist fraglos als Leistung zu verzeichnen, da kann ich also ein Häkchen drunter setzen.

Schuhe? Kann ich das Anhäufen von Schuhen als Leistung betrachten? Ich meine, ich habe *echt viele* Schuhe.

Tolle Freunde. Hinter diesen Punkt kann ich definitiv ein dickes, fettes Häkchen setzen. Dafür ist meine Familie weniger toll. Die gehört genau wie Simon zu den Dingen, über die ich besser nicht zu viel nachdenke, einmal abgesehen von Natalia, wobei ich nicht sicher bin, ob sie zählt, weil es ja nicht mein Verdienst ist, dass sie meine Stiefmutter wurde. Scheiß drauf, ich habe Geburtstag; Natalia zählt auch.

Was noch? Mein Haus? Oh ja, absolut. Ich habe hart dafür gearbeitet, und ich habe es mit meinem eigenen Geld gekauft (okay, und mit etwas Geld von der Bank). Mein Auto? Zählt das? Ich schätze mal, wenn ich einen Berg Schuhe in die Liste meiner Errungenschaften mit aufnehmen kann, dann gilt das gleiche für mein Auto, auch wenn es etwas an den Haaren herbeigezogen sein mag.

Gut, fassen wir also zusammen: Ich habe es im Laufe meines Lebens nicht nur zu zwei Kindern und zwei Hunden gebracht, sondern außerdem zu drei Hühnern, die mich hassen, die ich jedoch am Leben erhalte, weil ich kein Monster bin, weiters zu fünf Freunden (Hannah, Sam, Colin, Charlie und Katie – Katies netten, aber langweiligen Ehemann Tim kalkuliere ich jetzt mal nicht mit ein, wenngleich ich damit meine Liste noch etwas pimpen könnte, aber ich hab bereits mit dem Auto geschummelt) sowie einer Stiefmutter.

Nüchtern betrachtet klingt das nicht eben sehr beeindruckend. Ich habe weder die Welt verändert noch habe ich ein Medikament gegen Krebs entwickelt, und ich habe auch kein großartiges Kunstwerk erschaffen, das etliche Jahrhunderte überdauern wird. An den Mauern der Häuser, in denen ich gelebt habe, wird man also eher keine Gedenkplaketten anbringen. Ich hocke in einem Büro und treibe meine Untergebenen zu mehr Eile an, und in ein oder zwei Jahren werden die von ihnen entwickelten Software-Interfaces vergessen oder überflüssig sein. Ja, es ist denkbar, dass sich die beiden hübschen Kinder, die ich in die Welt gesetzt habe, eines Tages dazu entschließen, meine DNA an künftige Generationen weiterzugeben, aber das können Millionen anderer Menschen auch von sich sagen. Es ist weiß Gott nichts Weltbewegendes, außer vielleicht in der Hinsicht, dass die Welt bereits überbevölkert und dem Untergang geweiht ist, und ich bin mit dafür verantwortlich.

Als ich nach Hause kam, musste ich feststellen, dass außer den Hunden niemand da war. Barry begrüßte mich mit seinem üblichen hysterischen Gebaren, als wollte er sagen: »OH MEIN GOTT, ICH DACHTE SCHON, IHR HABT MICH ALLE VERLASSEN UND KOMMT NIE WIEDER ZURÜCK«, dabei hat die Hundesitterin die beiden erst vor einer Stunde abgeliefert. Judgy schenkte mir einen verächtlichen Blick, pupste und ließ sich dann auf meinem Lieblingsplatz auf dem Sofa nieder. Na gut, zumindest Barry freute sich, mich zu sehen.

Von Peter und Jane keine Spur. Hm. Waren für heute irgendwelche außerschulischen Aktivitäten anberaumt gewesen oder hatten sie auf dem Nachhauseweg einen Zwischenstopp bei Freunden eingelegt, ohne mich davon zu unterrichten? Ich schickte beiden eine SMS, um zu eruieren, ob sie bis zum Abendessen zu Hause zu sein gedachten oder nicht, dann ging ich in den Garten, um die Hühner zu füttern. Ehe ich sie für die Nacht einschloss, stürzte sich Maggi noch auf eine Quaste meiner ehedem modischen Mokassins, riss sie ab und machte

Anstalten, sie hinunterzuschlingen. Ich wünschte so halb, sie möge daran ersticken; da ich jedoch hoffte, das Ding wieder annähen zu können, versuchte ich, es ihr zu entwinden, wobei sie mir in die Hand pickte, wohl als Ausgleich für den entgangenen Ledersnack.

Ich warf einen Blick auf mein Handy, in der Hoffnung, dass sich meine herzallerliebsten Kinderlein inzwischen gemeldet hatten, oder vielleicht sogar Jack – ich war ziemlich sicher, dass ich meinen Geburtstag auch ihm gegenüber erwähnt hatte. Doch nein, nichts. Also startete ich den verwegenen Versuch, meine Kinder *anzurufen*, um mit ihnen zu *sprechen*. Natürlich gingen sie beide nicht ran. Mir ist echt schleierhaft, wie es sein kann, dass sie den GANZEN Tag buchstäblich mit ihren Smartphones verwachsen sind und nichts anderes tun als per WhatsApp oder Snapchat Nachrichten oder Bildchen zu verschicken oder Selfies zu machen und weiß der Geier was sonst noch alles, aber wehe, ich versuche *ein* einziges Mal, Kontakt mit ihnen aufzunehmen (denn genau dafür bezahle ich eigentlich ihre Telefonrechnungen!), um sie nach ihrem Aufenthaltsort oder ihren Plänen zu fragen (sie kämen ja nie und nimmer auf die Idee, ihrer betagten Mutter derlei Informationen freiwillig zukommen zu lassen, außer vielleicht, wenn sie Geld oder ein Taxi brauchen) … Da herrscht dann eine beeindruckende Funkstille, und wenn ich mich hinterher darüber beschwere, heißt es bloß, sie hätten »das Klingeln nicht gehört« oder »keinen Empfang gehabt«.

Nachdem ich die beiden mit einer Reihe weiterer Nachrichten bombardiert und mich dabei immer mehr in meine Wut hineingesteigert hatte, erhielt ich schließlich eine Antwort von Jane. Sie lautete schlicht und ergreifend: »K«.

»K«. Also, das war doch wohl wirklich die Höhe! Ich meine,

ist es verdammt nochmal wirklich zu viel verlangt, dass sie wenigstens *zwei Mal* mit dem Zeigefinger auf die Tastatur tippt und mir ein »OK« schickt? Schließlich habe ich sie neun Monate lang in meinem Bauch herumgeschleppt und mir bei der Geburt von ihr die Genitalien schreddern lassen, habe ihr die vollgekackten Windeln gewechselt und mir ins Dekolletee spucken lassen, habe ihr die Tränen von den Wangen gewischt, das Fahrradfahren beigebracht und die Knie mit sterilen Wundverschlussstreifen zusammengeflickt, wenn sie mit ihrem Drahtesel verunglückt ist! Ganz zu schweigen davon, dass ich rund um die Uhr kostenlos als Taxifahrerin, Köchin und Mädchen für alles zur Verfügung gestanden habe!

Aufgebracht entkorkte ich die erste Flasche Wein. Scheiß auf das Geburtstagsdinner. Es hatte ohnehin keinen Sinn, für mich alleine zu kochen (Ja, ich weiß, man konnte es wohl kaum als »kochen« bezeichnen, wenn ich ein von den Herren Marks & Spencer freundlicherweise bereits fertig zubereitetes Gericht in den Ofen oder in die Mikrowelle schob, aber selbst das kam mir plötzlich wie ein unverhältnismäßig großer Aufwand vor, zumal ich bei Maggis Angriff vorhin praktisch einen Finger eingebüßt hatte).

Ich überlegte kurz, ob ich zumindest eine der beiden Fertigmahlzeiten aufwärmen und sie mir mit Judgy und Barry teilen sollte, verwarf den Gedanken aber gleich wieder, weil zu befürchten stand, dass sie nach dem Verzehr des mit Zitrone und Kräutern marinierten Wolfsbarschs womöglich Blähungen kriegen könnten, und es würde mir garantiert den Rest geben, wenn ich an diesem totalen Reinfall von einem Geburtstag auch noch die nach Fisch stinkenden Flatulenzen meiner Hunde ertragen musste. Also holte ich mir stattdessen eine Packung Doritos und kehrte zurück zu meinem Wein, den Hunden und dem

Sofa, wo ich ein paar dicke Krokodilstränen vergoss. Ich gebe mir wirklich alle Mühe, eine starke, selbstbestimmte Frau zu sein, die niemanden braucht, aber das ist leichter gesagt als getan, wenn praktisch kein Mensch außer meiner Mutter an meinen Geburtstag denkt. Judgy, der auf seine alten Tage kein bisschen mitfühlender geworden ist, reagierte, wie er immer auf flennende Frauenzimmer reagiert, nämlich indem er empört schnaubend das Weite suchte. Der arme Barry glaubte fälschlicherweise, er trage die Schuld an meinem Elend und bemühte sich, Buße zu tun, indem er mir erst all seine Spielsachen brachte und mich dann unter sich begrub, um sich bei mir zu entschuldigen, sodass ich noch heftiger weinen musste, und dann bekam ich einen Hustenanfall, weil ich eine Handvoll Hundehaare eingeatmet hatte. Zu dumm, dass es noch nicht dunkel war – Dunkelheit ist für ausgiebiges Suhlen in Selbstmitleid deutlich zuträglicher.

Ich hatte bereits gut die Hälfte der Flasche intus, als ich endlich hörte, wie draußen an der Haustür jemand den Schlüssel ins Schloss steckte. Hastig tupfte ich mir die Augen mit dem mittlerweile blutgetränkten Streifen Küchenrolle, den ich mir um den halb abgetrennten Finger gewickelt hatte, die Augen trocken. Das fehlte mir gerade noch, dass man mich so fand, allein und in Tränen aufgelöst … Es wäre wohl an Peinlichkeit nicht zu überbieten, wenn ich gestehen müsste, dass ich heulte, weil niemand an meinen Geburtstag gedacht hatte – da wäre ich mir glatt vorgekommen wie eine aufsässige Fünfjährige, die die falsche Barbiepuppe geschenkt bekommen hat, nur noch armseliger, weil man sich mit sechsundvierzig nicht mehr so viel aus Geburtstagen und Geschenken machen sollte. Dabei ging es mir im Grunde viel eher um die *Geste* als darum, ein Geschenk zu bekommen (wobei Geschenke natürlich immer toll sind).

Jane schob die Wohnzimmertür auf. »Ach, hier bist du. Was ist denn mit deiner Hand los?«

»Maggi hat mir den Finger abgehackt«, brummte ich missmutig.

»Ich nehme an, du übertreibst mal wieder maßlos. Hast du sie geärgert? Sie ist ein ziemliches Sensibelchen.«

»Maggi ist ein Huhn, verdammt nochmal!«, fauchte ich. »Hühner sollten keine Psychosen haben! Und nein, ich übertreibe nicht – sie hätte mir garantiert den Finger abgehackt, wenn ich ihn nicht vorher weggezogen hätte.«

»Ist ja schon gut. Kannst du mal eben in die Küche kommen?«

»Nein.«

»Warum nicht?«

»Weil ich mich weigere zu kochen. Ich hab es gründlich satt, wie ein Fußabstreifer behandelt zu werden. Warum soll ich euch von vorn bis hinten bedienen, wenn ihr euch nicht einmal die Mühe macht, mich zu informieren, ob ihr zum Abendessen zu Hause sein werdet oder nicht? Apropos, hast du eine Ahnung, wo dein Bruder steckt, oder ist der noch immer verschollen?«

»Peter ist in der Küche.«

»Tja, der kriegt verdammt nochmal auch kein Abendessen von mir. Er hat sich ja noch nicht einmal dazu herabgelassen, auf meine Nachrichten zu reagieren, geschweige denn, mich zu begrüßen. Ich denke gar nicht daran, meine Doritos mit ihm zu teilen.« Ich drückte mir die Tüte mit der unversehrten Hand an die Brust.

»Wie du willst«, sagte Jane und verschwand.

»Verdammter Mist«, grummelte ich. Wie konnte sie es wagen, einfach abzuhauen, wo ich doch gerade erst so richtig in Fahrt kam? Ich zog in Erwägung, ihr nachzugehen, um meinem berechtigten Ärger Luft zu machen, entschied mich dann aber dagegen, weil man es mir als Zeichen der Schwäche hätte auslegen können. Außerdem hatte ich den ganzen Tag kaum etwas gegessen, einmal abgesehen von ein paar Nachos und einem kleinen Stück Geburtstagskuchen, und nun eine halbe Flasche Wein auf mehr oder weniger leeren Magen geext, und es würde mich vermutlich wenig glaubwürdig wirken lassen, wenn ich bei meiner Schimpfkanonade schwankte wie ein Schilfrohr im Wind. Ich schenkte mir ein weiteres Glas Wein ein, dann sank ich wieder in die Sofakissen und fühlte mich verlassener denn je, zumal Barry seinem Frauchen in die Küche nachgetrabt war.

»Komm zu Mami«, bettelte ich Judgy. »Na los, komm kuscheln!« Doch er stierte mich bloß an und beförderte dann verächtlich eins der Kissen auf den Boden.

Jane steckte den Kopf durch den Türspalt. »Also, wenn du nicht in die Küche kommen willst, müssen wir eben zu dir kommen«, stellte sie vorwurfsvoll fest und riss die Tür auf, und hinter ihr erblickte ich zu meiner Überraschung (und zu meinem Entsetzen, angesichts meines verheulten Äußeren und meines angetrunkenen Zustandes Hannah und Charlie, Sam und Colin, Katie und Tim sowie sämtliche Kinder.

»ALLES GUTE ZUM GEBURTSTAG!«, riefen sie im Chor.

»Was zum Teufel macht ihr denn alle hier?«, rief ich.

»Du hast doch nicht ernsthaft gedacht, wir hätten es vergessen, oder?«, fragte Peter mit einem selbstgefälligen Grinsen.

»Doch, hab ich«, gab ich kläglich zu.

Er gluckste. »Aha! Tja, das beweist, dass es *echt* eine Überraschung ist, wenn du wirklich keinen Verdacht hattest.«

»Ich hatte nicht die leiseste Ahnung, ehrlich«, bestätigte ich und versuchte mir unauffällig ein paar Doritokrümel aus dem Dekolletee zu fischen. Und dann fing ich, von Gefühlen überwältigt, an zu flennen, dabei hatte ich mir solche Mühe gegeben, die Tränen zurückzuhalten. »Ich dachte, ihr hättet alle nicht daran gedacht«, schniefte ich.

»Ach, Ellen«, rief Hannah. »Wie kommst du denn auf so was?«

»Ich seh furchtbar aus.«

»Du siehst total okay aus«, widersprach sie mit fester Stimme. »Und selbst wenn nicht, würde es keine Rolle spielen. Wir sind's doch bloß! Mich interessiert es nicht die Bohne, ob du dir die Wimpern getuscht hast oder nicht, schließlich halte ich dir seit dreißig Jahren die Haare aus dem Gesicht, während du vor dem Porzellanthron kniest und dir das Abendessen nochmal durch den Kopf gehen lässt, weil du wohl nie lernen wirst, dass du Sambuca nicht verträgst.«

Das riss mich jäh aus meinem Selbstmitleid.

»Dreißig Jahre?!«, wiederholte ich bestürzt. »Wie zum Geier kann es sein, dass wir seit dreißig Jahren befreundet sind? Sind wir wirklich schon so alt?«

»Befreundet sind wir schon seit fünfunddreißig Jahren«, korrigierte mich Hannah. »Aber das mit dem alkoholbedingten Reihern ging erst fünf Jahre später los.«

»Also, ich hab seit 2005 nicht mehr alkoholbedingt gereihert«, sagte ich so würdevoll, wie es in Anbetracht des Gesprächsthemas möglich war. »Ich bin praktisch eine Lady.«

»Natürlich bist du das«, beschwichtigte mich Sam. »Und genau deshalb solltest du dich jetzt mal kurz zurückziehen, um dir die Krümel aus dem BH zu schütteln und die Heulflecken zu überschminken, und bis du wieder runterkommst, haben wir die Canapés und die Cocktails bereitgestellt. Es gibt auch Prosecco – oder Prosetscho, wie du immer sagst.«

»Oh Gott, ich liebe euch alle, und es tut mir aufrichtig leid, dass ich an euch gezweifelt habe. Ich habe weder mit einer Überraschungsparty gerechnet noch mit Cocktails und Canapés! Ich liebe Canapés! Und Cocktails! Und Prosecco!«

»Ich weiß.« Sam grinste. »Und ich weiß auch noch, dass du, als du Colin kennengelernt hast, den ganzen Abend lang Prosetscho gesagt hast, und irgendwann hattest du das Gefühl, ihm erklären zu müssen, dass du *durchaus* weißt, wie man es richtig ausspricht, es aber einfach viel lustiger findest, Prosetscho zu sagen.«

»Wobei mir noch immer nicht ganz klar ist, *warum*«, meldete sich Colin zu Wort. »Aber irgendwie hast du mich damit angesteckt – mittlerweile sage ich selbst Prosetscho und muss ständig erklären, dass ich die richtige Aussprache durchaus kenne. Na, jedenfalls waren wir der Meinung, dass du eine ordentliche Geburtstagsparty verdient hast, nach allem, was dieses Jahr so los war. Den Großteil der Organisation haben allerdings Peter und Jane übernommen.«

Ich schniefte noch ein wenig vor mich hin und schämte mich, weil ich meinen Kindern manchmal herzlich wenig zutraue, dann sagte Katie: »Leg mal einen Zahn zu, Ellen. Nicht alle hier haben zwei Teenager zu Hause, die regelmäßig die Nacht zum Tag machen. Ich muss meine Mädels zeitig ins Bett stecken, und ich bin fest entschlossen, davor noch ein paar Cocktails zu schlürfen. Und außerdem werden sonst die Canapés kalt und die Getränke warm.«

Also verzog ich mich nach oben zwecks umfassender Entkrümelungs- und Restaurationsmaßnahmen. »Du hättest ruhig mal Laut geben können, als die ganze Meute angerückt ist«, rügte ich Judgy, der mir ins Schlafzimmer gefolgt war und es sich gerade auf meinem Bett bequem machte. Er nieste und fläzte sich auf die Kissen.

Kaum war ich wieder auf dem Weg nach unten, klingelte es an der Tür. Ich machte auf und sah mich Simon gegenüber.

»Hi, Ellen«, sagte er verlegen. »Ich hoffe, es ist okay, dass ich hier aufkreuze ... Die Kinder haben mich eingeladen ...«

»Natürlich«, sagte ich und dachte bei mir: *Vorausgesetzt, du hast ein Geschenk dabei.*

»Es ist nur so ... Also, die Sache ist die: Ich bin in Begleitung hier. Sie holt gerade noch etwas aus dem Auto.«

»Das ist nicht dein Ernst, oder?«, fauchte ich. »Du bringst deine neue Freundin zu meiner Geburtstagsparty mit?«

»Es ist weit schlimmer, fürchte ich. Es tut mir *wirklich, wirklich* leid, aber ...«

In diesem Augenblick drang eine nur allzu vertraute Stimme an mein Ohr: »Hallo, Ellen!«

»Luisa!«, stöhnte ich verhalten. Simons vollkommen durchgeknallte Schwester. Na toll.

Meine ehemalige Schwägerin schob ihren Bruder unsanft beiseite, schlang die Arme um mich und drückte mich an ihren zweifellos ungewaschenen Körper. »Ich freu mich riesig, dass ich hier sein und mit dir feiern kann, Ellen«, säuselte sie, wobei sie mir tief in die Augen blickte, was ich höchst beklemmend fand. »Und wie ich sehe, komme ich keine Minute zu früh. Deine Chakren sind vollkommen aus dem Lot.«

»Hallo Luisa«, sagte ich matt.

Luisa hat sechs Kinder und die unschlagbare Fähigkeit, sämtliche Menschen im Umkreis von hundertfünfzig Kilometern auszunutzen, die ihr auch nur das Geringste bisschen Aufmerksamkeit schenken. Sie behauptet, sie sei Künstlerin und könne sich deshalb keine feste Anstellung suchen, und sie bezeichnet Pflichten, die ihr lästig sind, (arbeiten, Wäsche waschen, sich um ihre Kinder kümmern) als Werkzeuge der Unterdrückung durch das Patriarchat, während die Aktivitäten, mit denen sie sich gern die Zeit vertreibt (auf der faulen Haut liegen, über ihre Möse reden, sich von anderen Leuten aushalten lassen) ihrer Meinung nach das Ergebnis ihres furchtlosen feministischen Kampfes gegen »Den Mann« sind.

»Wo sind denn deine Kinder?«, erkundigte ich mich. »Und wo ist Isabel?«

»Die habe ich verlassen«, verkündete Luisa. »Unsere Ideologien waren einfach unvereinbar. Sie hat ernsthaft von mir erwartet, dass ich ihr beim Putzen und Kochen und bei der Kinderbetreuung zur Hand gehe, wenn ich zu schreiben versucht habe. Aber ich war nicht bereit, mir das Joch der Haushaltsführung aufbürden zu lassen. Ich verwehre mich gegen jedwede Art der Unterdrückung, sei es durch Männer oder Frauen. Es ist vorbei. Ich habe sowohl unsere Jurte als auch die Kommune verlassen und einen neuen Campingbus gekauft, den ich auf den Namen Gunnar den Zweiten getauft habe. Erinnerst du dich an Gunnar, meinen schönen alten Campingbus?«

Ich nickte ergeben. Luisa war in der Tat eine Weile mit einer klapprigen Rostlaube durchs Land gekurvt, nachdem sie ihren Ehemann verlassen hatte, weil er die Prinzipien der freien Liebe ihrer Ansicht nach ein wenig *zu* freizügig interpretiert hatte. Irgendwann hatte ihr um die Sicherheit seiner Enkel besorgter Vater den fahrenden Sarg dann verschrotten lassen und ihr stattdessen eine Großraumlimousine gekauft.

»Ich toure gerade mit Gunnar dem Zweiten durchs Land; eine Art Lesereise, kombiniert mit einer Aufklärungskampagne, mit der ich auf die Unterdrückung der Frau aufmerksam mache. Ich befinde mich in der ungewöhnlichen Position, über die Unterdrückung durch Vertreter beiderlei Geschlechts sprechen zu können, da ich sie am eigenen Leib erlebt habe.«

Oh Mann. Luisa klingt jedes Mal, wenn wir uns begegnen, noch mehr nach ... *Luisa.* Sie ist das verwöhnteste und am wenigsten unterdrückte menschliche Wesen, das mir je untergekommen ist, und trotzdem war nicht weniger als *drei* Mal das Wort »Unterdrückung« gefallen, noch ehe sie auch nur einen Fuß in mein Haus gesetzt hatte.

»Und die Kinder?«, hakte ich nach.

»Ach ja. Die haben in der Kommune ständig gejammert, also habe ich die drei ältesten zu ihrem Vater geschickt. Bardo ist ja mit dieser *grauenhaften* reichen Amerikanerin nach Chicago gezogen, weil sie mit unserem nachhaltigen Leben in den Wäldern nicht viel anfangen konnte, und ich wollte, dass meine Kinder mit eigenen Augen sehen, was es bedeutet, ein konventionelles, von Konsum bestimmtes Leben zu führen und sich den Regeln der Gesellschaft zu unterwerfen. Leider sind sie den Verlockungen des Kapitalismus erlegen und lehnen mittlerweile all das ab, was ich ihnen beigebracht habe. Cedric wurde in eine dieser amerikanischen Militärschulen gesteckt, weil er angeblich ›total verwildert‹ war, dabei ist er lediglich ein Freigeist, genau wie ich. Besser gesagt, er war einer; wie es scheint, haben sie ihn einer Gehirnwäsche unterzogen – er liebt diese Schule. Ich schäme mich in Grund und Boden!«

Meiner Meinung nach war das eine positive Entwicklung, denn Cedric war vor ein paar Jahren auf dem besten Weg in die Jugendstrafanstalt gewesen.

»Und was Coventina angeht ... Naja, sie hat ja von Anfang an aufgemuckt. Sie hat erzählt, sie verbringt jedes Wochenende im Shoppingcenter und will sich dort *einen Job suchen*, sobald sie alt genug ist!«

»Klingt wie jede andere Fünfzehnjährige auch«, bemerkte ich.

»UND sie will, dass ich sie ›Tina‹ nenne! Ich habe sie nach

einer keltischen Quellgöttin benannt, aber sie zieht es vor, Tina zu heißen!« Luisa schnaubte verächtlich. »Und Nissien ist jetzt im Footballteam seiner Schule, dabei weiß er genau, was ich von Wettkampfsportarten halte. Ich bin schrecklich enttäuscht von ihnen.«

»Und die drei Kleinen?«, fragte ich, da Luisa während ihrer Schimpftirade ohne irgendwelche Gören im Schlepptau in den Flur marschiert war – und selbstredend auch, ohne mir alles Gute zum Geburtstag zu wünschen oder sich nach meinem Befinden zu erkundigen.

»Nanu, wo stecken sie denn? Idelisa, Boreas, Oilell! *Los, kommt rein!*«, brüllte sie und begab sich noch einmal vor die Tür auf der Suche nach ihrem verlorengegangenen Nachwuchs.

»Tut mir echt leid«, beteuerte Simon noch erneut. »Sie hat darauf bestanden, mitzukommen. Wir bleiben auch nicht lange, versprochen.«

»Wohnen sie bei dir?«

»Ja, zu meinem großen Leidwesen. Ich hoffe, der Spuk ist bald vorbei.«

»Kacken die Kinder noch immer auf den Fußboden?«

»Bis jetzt haben sie es nicht getan, aber bei Luisas Blagen weiß man nie. Die gute Nachricht ist: Ich hab Luisa gezwungen, zu fahren, du musst also keine Angst um deine Alkoholvorräte haben, und ich kann mir einen Drink genehmigen. Apropos, wo ist *dein* Drink?«

»Ich wollte mir gerade einen holen«, sagte ich.

Just in diesem Augenblick kam Hannah aus der Küche, um nach mir zu suchen. Sie hatte mir einen Cocktail mitgebracht, wie es sich für eine gute Freundin gehört.

»Ah, da bist du ja, Ellen. Was stehst du denn hier draußen mit Simon rum? Und warum ziehst du so ein Gesicht?«

»Hallo, Hannah!«, sagte Simon. »Ellen hat gerade meine Schwester begrüßt ...«

Hannah machte einen Satz nach hinten, was in ihrem hochschwangeren Zustand eine beachtliche Leistung war. »Luisa!«, stieß sie entsetzt hervor. »Was zum Teufel will die denn hier? Hat sie ihr Rudel Wolfskinder etwa auch dabei?«

»Nur die jüngsten drei«, beruhigte Simon sie. »Die älteren sind zur Vernunft gekommen und zu ihrem Vater gezogen. War wohl das kleinere Übel. Ihr seid sie bald wieder los, versprochen, aber Peter und Jane haben darauf bestanden, dass ich herkomme, und Louisa hat darauf bestanden, mich zu begleiten.«

»Hmm.« Hannah legte die Stirn in Falten. »Ich bezweifle, dass wir genügend Canapés und Prosetscho für Luisa und Co. haben.«

»Keine Sorge«, winkte Simon mit finsterer Miene ab. »Sie ernährt sich nach wie vor glutenfrei und vegan. Sie wird eure Canapés nicht anrühren, zumal die Herren Marks & Spencer in ihren Augen garantiert Marionetten der Globalisierung sind, und ich wette, Canapés sind für sie ein Symbol für die Gier der kapitalistischen Mittelschicht.«

»Schon seltsam, dass Luisa nie ein Problem damit hatte, die teuren Weine anderer Leute zu trinken – die könnte man doch auch als Symbol für die Gier der kapitalistischen Mittelschicht betrachten, nicht?«, sagte Hannah bissig. »So, kommt mit. Es fragen schon alle nach dir, Ellen. Jetzt kriegst du erst einmal deine Geschenke.«

Die Übergabe der geschmackvollen Geschenke, die mir meine tollen Mittelschicht-Freunde mitgebracht hatten, wurde allerdings jäh unterbrochen, als Luisa hereinstürmte, um mir *ihr* Geschenk zu überreichen. Sie hielt mir eine Ausgabe ihres neuesten Gedichtbandes hin, der den schlichten Titel *Cervix* trug, und ich stählte mich innerlich. Luisa ist die Königin des »Gebens mit einer Hand und Nehmens mit der anderen«, und zwar nicht bloß im übertragenen Sinne. Als sie mir das letzte Mal einen ihrer Gedichtbände »geschenkt« hat, verlangte sie noch im selben Atemzug, dass ich dafür bezahle.

Auch diesmal enttäuschte sie meine Erwartungen nicht. Sie verkündete, da ich ja nun wie sie eine alleinerziehende Mutter sei, habe sie in ihrer unendlichen Großzügigkeit beschlossen, mir ein lukratives Geschäftsmodell zu unterbreiten: Sie wollte mir die Gelegenheit »schenken«, zweihundert Stück ihres bahnbrechenden Werks *Cervix* zu erwerben, und zwar mit einem Pfund Preisnachlass, auf dass ich es an meine Freunde und Familienmitglieder weiterverkaufe. Sie sei bereit, den Erlös aus dem Verkauf »schwesterlich mit mir zu teilen«, auf diese Weise könne ich mein Einkommen etwas aufbessern und zugleich nicht nur den Weisheiten der Schwesternschaft sondern auch *Cervix* zu weiterer Verbreitung verhelfen, sagte sie.

Ich lehnte das Angebot dankend ab mit dem Argument, ich könne unmöglich dringend nötige finanzielle Mittel aus ihrer bewusstseinsfördernden Mission abziehen, doch sie bestand weiter hartnäckig darauf, bis Simon schließlich intervenierte und verkündete, sie müssten nun leider aufbrechen.

Kurz darauf traten auch Katie und Tim mit Lily und Ruby, ihren schon sehr schläfrigen, aber dennoch protestierenden Töchterchen den Heimweg an. Somit war nur noch der harte Kern übrig – Hannah und Charlie, Sam und Colin und natürlich unsere unheimlich großen und noch ganz und gar nicht schläfrigen Kinder. Hannah gähnte.

»Ich sollte dich nach Hause fahren und ins Bett stecken«, sagte Charlie.

»Auf keinen Fall!«, protestierte Hannah. »Ich habe mir *fest vorgenommen*, an Ellens Geburtstag mal nicht schon um neun ins Bett zu gehen.«

Jane, Sophie und Emily stürmten in die Küche.

»Mum, können die Mädels bei uns übernachten?«, fragte Jane.

»Aber sie brauchen doch morgen früh ihre Schulsachen, und die Uniformen«, gab ich zu bedenken.

»Die haben sie dabei«, erwiderte Jane lässig.

Ich erhob keine weiteren Einwände, weil offensichtlich war, dass sie die Sache von langer Hand geplant hatten.

Ein paar Minuten später kam Peter zur Tür hereinspaziert und nölte: »Also, wenn Janes Freundinnen hier schlafen dürfen, dann will ich, dass Toby und Lucas auch bei uns übernachten.« *Wie es der Zufall wollte*, hatten auch Toby und Lucas ihre Schuluniformen und Schulranzen mitgebracht …

Wie es aussah, hatten meine ach-so-aufmerksamen Kinderlein mit der Organisation dieser Überraschungsparty also nicht ganz selbstlos gehandelt und beschlossen, mich einfach vor vollendete Tatsachen zu stellen. Ich fand mich damit ab, dass ich mal wieder mit Ohrstöpseln schlafen und morgens die Kinderzimmer ausräuchern würde müssen. Ob ich wohl je einen Geburtstag erleben werde, an dem es einzig und allein um mich geht? Wohl kaum. Andererseits konnte ich mir nicht vorstellen, an meinem Geburtstag nicht von Kindern umringt zu sein – vermutlich weiß ich gar nicht, was ich mit meiner Zeit anstellen soll, wenn es erst einmal so weit ist.

»Was hatte es denn mit dem Buch dieser Frau vorhin auf sich?«, wollte Colin wissen.

»Ach, meine ehemalige Schwägerin hat die Angewohnheit, grauenhafte Gedichte über ihre Geschlechtsteile zu verfassen«, erklärte ich.

Colin schauderte.

»Also, ein Stück weit beneide ich Luisa«, sagte Hannah und gähnte erneut.

»Du beneidest sie?«, wiederholte ich ungläubig. »Warum denn das, um alles in der Welt? Sie ist abstoßend! Diese Frau sieht so gut wie nie ein Badezimmer von innen!«

»Das stimmt«, pflichtete Hannah mir bei. »Aber sie ist komplett schmerzfrei, nicht? Sie pfeift auf alles und jeden. Sie ist ein Monster in Menschengestalt und kreist ausschließlich um sich, wird aber niemals von Selbstzweifeln geplagt, geschweige denn von dem Gefühl, eine schlechte Mutter zu sein. Sie fragt sich nie, ob sie das Richtige tut oder nicht, sondern ist stets überzeugt, dass sie recht hat, und selbst wenn sie mal eine komplette Kehrtwende vollzieht, kommt sie nie zu der Einsicht, dass sie auf dem Holzweg war, sondern redet sich ein, dass sie lediglich einen *noch besseren* Weg gefunden hat. Es muss großartig sein, mit einem solchen Übermaß an Selbstvertrauen durchs Leben zu gehen, statt unablässig an sich zu zweifeln und die eigenen Entscheidungen zu hinterfragen.«

»Oh Gott«, stöhnte ich. »Jetzt verstehe ich, was du meinst. Ich hätte nie gedacht, dass ich das mal sagen würde, aber so gesehen wäre ich tatsächlich gern ein bisschen mehr wie Luisa mit ihrer ›Drauf geschissen‹-Einstellung.«

Dann kamen unsere Kinder wieder in die Küche, eingehüllt in eine Wolke Impulse und Axe, die bei sämtlichen Erwachsenen akuten Hustenreiz hervorrief. Sie machten sich lärmend auf die Suche nach weiteren Snacks, die Jungs mit ihren unfassbar großen Füßen und ihren schlenkernden Gliedmaßen, die Mädchen eine homogene Masse mit glänzenden, wallenden Mähnen.

»Waren wir je so jung wie sie?«, raunte ich Hannah zu. »Und war unser Stoffwechsel auch mal derart auf Zack?« Wir verfolgten, wie unsere Töchter eine Tüte ekelhaft süß und künstlich schmeckendes Popcorn hinunterschlangen, während die Jungs kundtaten, sie seien am VERHUNGERN, und es sei noch nicht zu spät, um ein paar Tiefkühlpizzen in den Ofen zu schieben.

»Schwer zu glauben, oder?«, raunte Hannah zurück. »Diese Haarfülle, und diese Fähigkeit, synthetische Düfte einzuatmen, ohne sich übergeben zu müssen. Lucas, NUR EINE PIZZA FÜR JEDEN! EINE! Emily, du lieber Himmel, was soll denn das werden? Eis mit Nutella, Konfitüre *und* Ahornsirup? Wird dir da nicht schlecht? Außerdem verklebst du dir damit die Zahnspange! Wofür habe ich verdammt nochmal diese ganze Kohle ausgegeben, wenn dir die Zähne im Mund verrotten?«

Es waren entschieden zu viele Leute in meiner kleinen Küche. Die Mädels hatten aus voller Kehle zu kreischen begonnen, weil sie von den Jungs mit Chips beworfen wurden, die Jungs brüllten vor Lachen, und Hannah und Sam keiften herum in dem Versuch, die Lage wieder in den Griff zu bekommen.

»Zeit für eine kleine Zigarettenpause«, murmelte ich. Draußen war es sehr still nach dem Krach und dem Chaos drinnen. Nur dann und wann gab das vermaledeite Federvieh im Hühnerstall ein Lebenszeichen von sich.

Ich lehnte mich erschöpft an den Apfelbaum, steckte mir eine Zigarette an und verharrte einen Augenblick in nachdenklichem Schweigen. Da der Stamm auf Dauer jedoch ziemlich hart und unbequem war, wechselte ich schließlich rüber auf die Bank. Dabei wurde mir bewusst, dass das mein erster Geburtstag ohne meinen Vater war. Prompt hatte ich ein schlechtes Gewissen, weil mir das nicht schon eher aufgefallen war, und ich fragte mich, was Dad wohl gesagt hätte, wenn er mich hätte sehen können, mutterseelenallein im Dunkeln sitzend, an meinem Geburtstag – aus dem eigenen Haus vertrieben von einer

Horde hyperaktiver Gören. Ich vermute mal, er hätte gesagt: »Tja, du hättest vorhin eben ein Machtwort sprechen müssen. Es hat dich keiner gezwungen, vier Kindern zu erlauben, dass sie bei euch übernachten, also stell dich nicht so an.« So oder so hatte es keinen Sinn, mich zu bemitleiden. Ich konnte direkt hören, wie er seine Maxime rezitierte: »Du hast nur dieses *eine* Leben, Ellen. Hadern ist sinnlos. Reine Zeitverschwendung. Ändere, was du ändern kannst, und finde dich mit dem ab, was sich nicht ändern lässt. Und jetzt kneif die Arschbacken zusammen, hol dir noch einen Drink und mach das Beste aus dem, was du hast, statt dem nachzuweinen, was du nicht hast!« Und damit hätte er natürlich absolut recht gehabt. Ich atmete ein paar Mal tief durch. Püh, bei den Hühnern musste mal wieder ausgemistet werden ...

Die Hintertür schwang auf, und Sam trat mit einer Flasche und zwei Gläsern in den Garten.

»Alles okay?«, fragte er.

»Ja, alles bestens«, erwiderte ich fest.

»Das sagst du aber immer. Ich glaube, wir Briten werden dazu erzogen, das zu sagen. Vielleicht ist ja dieser Monty-Python-Sketch mit dem Schwarzen Ritter daran schuld? ›Alles okay?‹ ›Ja, ja, alles wunderprächtig.‹ ›Äh, dein Bein ist ab!‹ ›Was? Ach, das ist nur eine Fleischwunde. Nicht der Rede wert.‹«

»Schon möglich, aber es ist *wirklich* alles bestens.«

»Ellen, das kannst du behaupten, bis du schwarz wirst – ich nehme dir einfach nicht ab, dass es dir wirklich so gut geht, wie du immer sagst. Das vergangene Jahr hatte es für dich echt in sich, meine Liebe. Die Scheidung, der Umzug, der Verlust eines nahen Angehörigen ... Diese drei Ereignisse zählen erwiesenermaßen zu den traumatischsten im Leben eines Menschen, und du hast sie alle in weniger als zwölf Monaten erlebt. Ich weiß ja, dass du nicht gerne halbe Sachen machst, aber trotzdem ist das ganz schön viel auf einmal, und du redest kaum je darüber. Seit dem Tod deines Vaters beispielsweise hast du praktisch nie über ihn geredet, oder darüber, wie es dir damit geht. Die Sache mit Simon scheint die reinste Achterbahnfahrt zu sein – soweit ich das beurteilen kann, weiß der arme Kerl überhaupt nicht, woran er bei dir ist. Und was ist mit Jack? Wir haben ihn jetzt mal nicht mitgenommen, weil wir keine Ahnung hatten, ob die Kinder über ihn Bescheid wissen, und danach fragen konnten wir sie natürlich nicht. Wir machen uns einfach Sorgen um dich. Gibt es irgendetwas, über das du reden möchtest?«

»Nein, danke, ich komm schon zurecht. Was soll es denn groß bringen, über den Tod meines Vaters zu reden? Das würde ja doch nichts ändern. Und was Simon angeht ... Ich fände es schön, wenn wir Freunde sein könnten, aber es ist alles so kompliziert. Und Jack hat heute Bereitschaftsdienst. Er hat mir vor gut zehn Minuten eine Nachricht geschickt, um mir zum Geburtstag zu gratulieren und sich dafür zu entschuldigen, dass er sich nicht schon eher gemeldet hat. Er musste einem Labrador mehrere große Steine aus dem Bauch operieren. Der dämliche Köter hat eindeutig Todessehnsüchte – Jack hat erzählt, dass er schon vorige Woche bei ihm auf dem OP-Tisch lag, weil er ein großes Früchtebrot und drei Schokoriegel gefress–«

»Wir reden gerade über dich, nicht über gefräßige Hundeviecher«, unterbrach mich Sam. »Und nebenbei bemerkt ist hinlänglich bekannt, dass alle Vertreter dieser Rasse den unstillbaren Wunsch verspüren, Dinge zu fressen, die sie umbringen könnten. Also: Natürlich bringt es etwas, über deinen Vater zu reden. Zugegeben, ändern wird sich dadurch nichts, aber vielleicht fühlst du dich dann besser, als wenn du weiter deinen Kummer in dich hineinfrisst.«

Ich seufzte. Ehrlich gesagt hätte ich es vorgezogen, noch ein wenig über den lebensmüden Labrador zu reden. »Ich habe erst vorhin an ihn gedacht. Ich hab mir vorgestellt, was er wohl dazu sagen würde, dass ich ganz allein hier draußen sitze. Er würde nicht wollen, dass ich traurig bin. Er würde wollen, dass ich nach vorn blicke. Ich schätze mal, er fehlt mir insofern, als ich immer sicher sein konnte, dass er für mich da ist, ohne Wenn und Aber. Das hatte ich von Simon zwar auch gedacht, aber das war ein Trugschluss, und deshalb war es schön, die Gewissheit zu haben, dass ich mich zumindest auf meinen Vater immer verlassen konnte, und dass er jede meiner Entscheidungen unterstützen und an mich glauben würde, auch wenn es sonst niemand tat. Und das ist jetzt vorbei. Jetzt bin ich allein. Dad war stolz auf mich, weil ich die Scheidung eingereicht habe. Alle übrigen Familienmitglieder sind ja eher der Meinung, dass ich nicht mehr alle Tassen im Schrank habe; dass meine Reaktion total überzogen war und ich nicht gleich das Handtuch hätte werfen dürfen. Nur Dad war der Meinung, dass ich stark bin und die richtige Entscheidung getroffen habe. Und es ist ganz schön beängstigend, dass mich nie wieder jemand so bedingungslos lieben wird wie er. Sogar noch beängstigender als das Ende meiner Ehe. Beängstigender als alles andere, was passieren könnte, außer vielleicht der Vorstellung, dass meinen Kindern etwas zustoßen könnte. Das wäre natürlich noch schlimmer. Aber die Tatsache, dass ich jetzt allein bin, völlig auf mich gestellt, jagt mir Angst ein. Ich weiß, es sollte nicht so sein. Ich sage mir jeden Tag, dass ich eine starke, selbstbestimmte Frau bin, und mir ist bewusst, dass ich verglichen mit einem Großteil der Menschheit ein unheimlicher Glückspilz bin, schon deshalb, weil ich ein Dach über den Kopf und genug zu essen habe, aber es ist trotzdem beunruhigend, kein ... Sicherheitsnetz mehr zu haben, niemanden, der mich auffängt, wenn es hart auf hart kommt.«

Sam schüttelte den Kopf. »Wie kommst du auf die Idee, dass du allein bist, Ellen? Hannah liebt dich wie eine Schwester; ihre Mutter betrachtet dich als ihr eigen Fleisch und Blut, und Colin und ich wüssten gar nicht, was wir ohne dich und deine sarkastische Einstellung zum Leben täten, und ohne die Fischottervorträge, die du in angesäuseltem Zustand so gerne hältst. Wir sind alle für dich da, wann immer du uns brauchst. Du musst dir nur von uns helfen lassen.«

»Das ist aber nicht dasselbe. Ihr habt doch alle euer eigenes Leben. Und Hannah wird demnächst noch einmal Mutter; eigentlich sollte ich *sie* unterstützen und nicht umgekehrt. Und du und Colin, ihr müsst euch selbst mit zwei Teenagern und ihren diversen Dramen herumschlagen, ganz zu schweigen von euren Jobs und euren Familien. Ihr könnt weiß Gott darauf verzichten, dass ich heulend und mit den Zähnen knirschend bei euch auf der Matte stehe, wann immer ich eine existenzielle Krise durchlebe.«

»Als würde das so oft vorkommen. Und es mag dir noch nicht in den Sinn gekommen sein, aber wir *möchten* dir helfen. Wir alle. Vergiss das nicht, ja? Und gib Laut, wenn du dich mal wieder allein und von allen verlassen fühlst, okay? So, und nun zu Simon: Du sagst, es ist kompliziert. *Willst* du ihn denn wiederhaben?«

»Keine Ahnung. Das hat mich Hannahs Mutter auf Dads Beerdigung auch schon gefragt. Sie meinte, ich soll die Augen schließen, mir meine Zukunft ausmalen und abwarten, ob Simon darin vorkommt.«

»Und?«

Ich zuckte die Schultern. »Ich hab damals durchaus einen

Mann an meiner Seite gesehen, aber es war noch völlig offen, wer den Zuschlag kriegt.«

»Okay, dann starten wir gleich mal einen neuen Versuch. Mach die Augen zu und denk an deine Zukunft.«

Ich seufzte und kam der Aufforderung nach.

»Und? Siehst du Simon?«, fragte Sam.

»Nein.« Ich schlug überrascht die Augen auf. »Nein, ich sehe ihn nicht.«

»Tja, wo liegt dann das Problem?«

»Naja, es ist alles so verworren, und der Sex hat alles nur noch zusätzlich verkompliziert. In letzter Zeit ist Simon oft wieder richtig nett zu mir, und ich habe eindeutig das Gefühl, dass er es noch einmal versuchen möchte, aber ich will nicht zurück. Ich will ihn nicht wiederhaben, auch wenn es im Moment das Einfachste wäre und die Kinder zweifellos unheimlich glücklich machen würden. Aber mein altes Leben hat *mich* nicht glücklich gemacht. Und mein *neues* hat doch eben erst angefangen, und ich genieße es, endlich das tun zu können, was *ich* will, ohne mich ständig fragen zu müssen, ob Simon das auch will, ganz egal, ob es ums Abendessen geht oder um den Urlaub. Aber vielleicht habe ich mich ja bislang nicht genug ins Zeug gelegt. Vielleicht sollte ich ihm noch eine Chance geben, wegen der Kinder.«

»Ellen, du hast Simon eine Chance nach der anderen gegeben, so lange, bis du nicht mehr konntest. Und wir haben dir dabei zugesehen, und es hat *uns* schier das Herz gebrochen, zumal du dich keinem von uns anvertrauen wolltest, nicht einmal Hannah oder ihrer Mutter. Genau deshalb versuche ich auch, dich zum Umdenken zu bewegen, dazu, uns dann und wann das Herz auszuschütten, okay? Und es geht jetzt mal nicht um deine Kinder, sondern um dich. Du bist so glücklich wie schon lange nicht mehr, und das *weißt* du auch. Du warst bloß so lange mit Simon zusammen, dass du bis jetzt noch gar keine Gelegenheit hattest, alle Facetten der *erwachsenen Ellen* kennenzulernen. Du kennst dich nur als Teil der Einheit Simon-und-Ellen. Und darum glaube ich, es wäre kontraproduktiv und verheerend, wenn du jetzt den Rückwärtsgang einlegst. Manchmal muss man eben in erster Linie an sich selbst denken, und nicht an die Kinder.«

Ich gab ein unattraktives Grunzen von mir (Gibt es so etwas wie ein attraktives Grunzen überhaupt?). »Das ist totaler Schwachsinn, Sam, und das weißt du auch. Mütter, für die das Wohl ihrer Kinder nicht jederzeit an erster Stelle steht, können ihren Nachwuchs im Grunde genauso gut höchstpersönlich verspeisen, jedenfalls, wenn man einem Gutteil der Gesellschaft und der *Daily Mail* glauben will. Für Männer gelten andere Regeln; bei ihnen ist es total in Ordnung, wenn sie ihren Bedürfnissen oberste Priorität einräumen, aber wie so oft gilt das nicht für Frauen.«

»Okay, dann sieh es doch mal so: Deine Kinder interessieren sich zurzeit ausschließlich für sich selbst. Sie sind egozentrische Teenager, die …« Ich wollte protestieren (obwohl diese Beschreibung vermutlich ins Schwarze traf), aber Sam hob die Hand. »Nein, Ellen, es stimmt. So sind Teenager nun einmal, und zwar alle – ich habe erst neulich einen Artikel darüber gelesen. Sie können nichts dafür. Sie ticken einfach so in diesem Alter. Sie sind nicht in der Lage, in Situationen, die sie noch nicht am eigenen Leib erlebt haben, Verständnis oder Empathie aufzubringen, und selbst wenn die entsprechende Situation *nicht* neu für sie ist, fehlt ihnen oft die Fähigkeit, sich in einen anderen Menschen hineinzuversetzen. Genau deshalb sind Teenager solche Monster, was deine Kinder aber noch lange nicht zu schlechten Menschen macht. Nun überleg mal: Was werden sie sehen, wenn sie diese Phase hinter sich haben und sich der Nebel in ihren Köpfen lichtet? Eine zutiefst unglückliche Mutter, die ihrem Ehemann die Treue hält, obwohl sie es eigentlich gar nicht will – einem Ehemann, den sie, wenn überhaupt, nur noch *platonisch* liebt. Was meinst du wohl, wie sich Peter und Jane fühlen werden, wenn ihnen klar wird, dass du dieses Opfer nur ihretwegen gebracht hast?«

»Ähm, nicht gerade toll? Ich meine, vorausgesetzt, Simon will überhaupt wieder zu mir zurück – was eine gewagte Annahme ist, die lediglich auf einer gemeinsamen Nacht basiert, einmal abgesehen davon, dass er nett zu mir ist, dann und wann einen Like unter meine Instagram-Posts setzt und mir ein Treffen zum Brunchen vorgeschlagen hat.«

»Er will es. Er hat nur Augen für dich, wenn ihr im selben Raum seid. Er weiß genau, dass er einen unverzeihlichen Fehler gemacht hat, aber das ist sein Problem, nicht deines. Aber nochmal zurück zu Peter und Jane: Sie würden sich zweifellos nicht nur schuldig fühlen, sondern möglicherweise auch für dich verantwortlich. Also: Es mag dir vielleicht jetzt so vorkommen, als wäre es das Beste für sie, wenn du Simon noch eine Chance gibst, aber dieser Lösungsansatz ist zu kurzfristig gedacht. Auf lange Sicht tust du ihnen einen Gefallen, wenn du *deinen* Bedürfnissen oberste Priorität einräumst, denn irgendwann werden sie erwachsen und ziehen aus, und dann werden sie froh sein, wenn sie wissen, dass sie sich um dich keine Sorgen machen müssen.«

»So habe ich das noch gar nie betrachtet.« Dass mich Simon wiederhaben wollte, ging natürlich runter wie Öl. *Ha! Das geschieht dir ganz recht, Simon!*, dachte ich schadenfroh, wenn auch in dem Bewusstsein, dass es kindisch und gemein von mir war.

»Was hältst du davon, wenn wir uns noch eine Kippe und ein letztes Glas Wein gönnen?«, schlug Sam vor. »Weil du heute Geburtstag hast, und weil du *sowohl Luisas Besuch als auch meine Belehrungen* mit derart stoischer Gelassenheit über dich ergehen hast lassen? Apropos Luisa: Hannah hat recht, du solltest wirklich versuchen, dich nicht immer für alles und jeden verantwortlich zu fühlen und wie Luisa öfter mal nach dem Motto ›Drauf geschissen!‹ zu handeln. Es ist nicht deine Pflicht, dafür zu sorgen, dass es allen gut geht und alles glatt läuft. Mami kann auch anders! Also?«

Ich hob mein Glas und stieß mit ihm an. »Auf mein neues Motto!«

»Auf die neue Ellen!«, sagte Sam.

Dann wurde über uns ein Fenster aufgerissen, und Jane rief aufgebracht: »MUTTER! Seh ich da etwa eine *Zigarette* in deiner Hand?«

»Äh, nein!«, quiekte ich schuldbewusst. »Ich ... Ich leiste bloß Sam Gesellschaft.«

Sam stemmte in »Wie kannst du es wagen, mir den Schwarzen Peter zuzuschieben?«-Manier die Fäuste in die Taille.

»DAD! Du solltest auch nicht rauchen!«, meldete sich Sophie vorwurfsvoll zu Wort. »Mach sofort die Zigarette aus, oder ich sage Colin Bescheid.«

»Ich rauche auch nicht«, behauptete Sam. »Ich hab mir bloß eine angesteckt, um die Nachtwespen zu vertreiben. Die sind dieses Jahr echt eine Plage.«

»NACHTWESPEN?«, wiederholte Jane ungläubig.

Kurzes Schweigen.

Dann: »Wir haben's gegoogelt!« Das war Sophie. »Es gibt gar keine Nachtwespen. Schämt euch, ihr zwei!«

Ich glaub, ich fress den Besen, mit dem ich sonst den Hühnerpferch ausmiste! Jetzt bin ich sechsundvierzig und werde immer noch zusammengestaucht, wenn ich rauche! Es ist gerade so, als wäre ich nochmal fünfzehn, mit dem klitzekleinen Unterschied, dass es diesmal EINE FÜNFZEHNJÄHRIGE ist, die mich zusammenstaucht!

Mittwoch, 19. September

Peters Geburtstag. Mein kleiner Junge wird erwachsen! Okay, noch nicht ganz, aber er ist definitiv kein kleiner Junge mehr. Seit ein paar Wochen hat er jetzt auch den Stimmbruch hinter sich – vorbei ist die Zeit des Krächzens und der Kapriolen, die Jane so unheimlich erheiternd fand. Es ist ausgesprochen beunruhigend, ihn irgendwo im Off vor sich hin brummen zu hören – jedes Mal ertappe ich mich bei dem Gedanken: »SHIT, da ist ein Fremder im Haus! Aber warum nennt er mich Mami?«

Peter hat mich auf Knien angefleht, ich möge ihm für seinen Geburtstag eine Befreiung vom Unterricht schreiben, aber ich hatte ein Meeting, bei dem ich auf keinen Fall fehlen durfte, also habe ich ihn, unerbittlich und gemein, wie ich bin, in die Schule geschickt. Als er morgens aus meinem Auto stieg, beschwerte er sich bitterlich darüber, wie unfair das alles sei und verkündete, er wolle, wenn er mal groß sei, für Timpson (die Schlüsselservice-Kette) arbeiten, weil er in einer der Filialen ein Schild gesehen hatte, laut dem alle Timpson-Angestellten an ihrem Geburtstag frei haben. Ich muss sagen, das klingt nach vernünftiger Firmenpolitik – ich wette, es hebt die Arbeitsmoral der Angestellten. Ich zog in Erwägung, Gabrielle von der Personalabteilung einen entsprechenden Vorschlag zu unterbreiten, doch dann fiel mir wieder ein, dass sie nichts von Geburtstagen hält. Die Gute hat ja auch keine Seele und schläft in einem Sarg.

Debbie wäre von der Idee wohl ebenso wenig angetan, schließlich verbringt sie viel Zeit damit, Geburtstagstorten zu bestellen und bei den Angestellten Unterschriften auf den Geburtstagskarten einzusammeln, und außerdem hätte sie, wenn sie nicht mehr so tun könnte, als würde sie »nachsehen, wann XY Geburtstag hat«, ja keinen Grund mehr, in den Akten der Angestellten zu schnüffeln.

Nach der Schule ging ich mit Peter, Toby und Lucas in eine Pizzeria mit All-you-can-eat-Büffet. Simon hatte ich höflichkeitshalber auch eingeladen, aber er war auf Dienstreise in Birmingham und kam erst gegen Mitternacht zurück. Ich hatte Jane gefragt, ob sie mitkommen wolle, doch nach der kurzen Feuerpause nach dem Festival hat sie nun wieder auf megazickige Teenager-Supernova umgeschaltet, ruiniert mit ihren Launen das Leben ihrer Mitmenschen und bezichtigt selbige zugleich, ihr das Leben zu ruinieren. Dementsprechend lautete ihre Antwort: »Lieber lass ich mir sämtliche Finger- und Fußnägel einzeln ausreißen, als mich mit dir und Peter in der Öffentlichkeit zu zeigen.«

Das mit der All-you-can-eat-Pizzeria war Peters Idee gewesen. Normalerweise meide ich solche Restaurants in seiner Begleitung, vor allem, wenn auch noch seine Freunde mit von der Partie sind. Es setzt mir einfach zu sehr zu, wenn ich sehe, wie der Manager mit den Tränen kämpft beim Anblick des ratzekahl leergefressenen Büffets (die Jungs nehmen den Leitspruch ›All you can eat‹ sehr ernst).

Für hinterher hatte ich mir etwas ausgedacht in der Hoffnung, einen besonderen Mutter-Sohn-Augenblick generieren zu können: Bei unserer Rückkehr präsentierte ich Peter sein allererstes Paar Schuhe, zum Vergleich mit den schlauchbootähnlichen Sneakers, die er mittlerweile trägt. Dann umarmte ich ihn und rief: »Nicht zu fassen, wie groß mein kleiner Schatz geworden ist!« Er trat etwas verlegen von einem Fuß auf den anderen und murmelte dann: »Ähm, kann ich jetzt nach oben gehen, Mum? Ich bin mit den Jungs zu einer Runde *Fortnite* verabredet.« Ein voller Erfolg also, dieses Mutter-Sohn-Gespräch. Dabei hatte ich mich seelisch darauf vorbereitet, mit ihm über Verhütung zu sprechen, da er ja nun in ein gewisses Alter kam, hatte mir vorgenommen, ihm einzubläuen, dass man Frauen respektieren musste und so weiter und so fort. Aber wie es aussah, würde das noch etwas warten müssen. Aber gut, um tatsächlich *Sex* zu haben (auf welche Art und Weise auch immer), müsste er seinem Computer mal eine Weile den Rücken kehren und mit Menschen aus Fleisch und Blut interagieren … Im Moment muss ich mir also noch keine allzu großen Sorgen machen, schätze ich.

Eine halbe Stunde später kam er wieder angeschlurft und bat mich, ihm eine Befreiung für den Sportunterricht zu schreiben, weil er schon wieder seinen Turnbeutel bei Simon vergessen hatte. Ächz. Allmählich gehen mir die Krankheiten aus, die in solchen Fällen als Ausrede herhalten müssen (bei Jane kann ich zumindest »Menstruationsbeschwerden« oder Ähnliches ins Feld führen), aber da er Geburtstag hatte und es zumindest teilweise meine Schuld ist, dass er an zwei Orten zugleich wohnt, konnte ich ihm deswegen noch nicht einmal Vorhaltungen machen.

Er hatte sich bereits abgewandt, um sich wieder seinem geliebten Killerspiel zu widmen (»Es ist gar nicht sooo gewalttätig, Mum. Auch nicht brutaler als *Tom und Jerry*«, behauptet er immer), machte dann aber noch einmal kehrt, um mich zu umarmen. »Eigentlich ist es gar nicht so schlecht, dass ihr nicht mehr zusammen seid, du und Dad. Jetzt feiern wir nämlich am

Samstag nochmal meinen Geburtstag, mit Geschenken und allem Drum und Dran, und ich darf nochmal mit meinen Freunden in diese All-you-can-eat-Pizzeria. Du denkst doch an meine Entschuldigung, Mum?«

Damit hatte ich nun nicht gerechnet. Ich hatte eher angenommen, er würde sowas wie »Schade, dass Dad heute nicht dabei sein konnte« sagen (wobei Simon ja gar nicht scheidungsbedingt gefehlt hatte, sondern weil er ach so wichtig und beschäftigt war). Ich verkniff es mir, Peter darauf hinzuweisen, dass die Geschenke nicht das Wichtigste an einem Geburtstag sein sollten, und ich erwähnte auch nicht, dass ich, wenn ich das vorher gewusst hätte, für ihn und seine Freunde eine Party bei uns zu Hause organisiert und ihnen Tiefkühlpizza serviert (und damit ein kleines Vermögen gespart) hätte. Ich war einfach unheimlich erleichtert, weil er sich, wie es aussah, allmählich doch mit dem Gedanken anfreundete, dass Simon und ich uns scheiden ließen. Und ich dankte Gott für seine kindliche Gier, die es mir ermöglichte, seiner Resilienz mithilfe materieller Güter etwas auf die Sprünge zu helfen. Die kapitalistische Gesellschaft hat doch auch gewisse Vorzüge …

Samstag, 29. September

Ich war in der Stadt gewesen, um Peter vom Kino abzuholen, und wir kamen gerade zur Tür herein, als mein Handy klingelte. Ein Anruf von Jane, zu meiner grenzenlosen Verwunderung. Jane ruft mich nie an. Sie lässt sich bestenfalls dazu herab, mir eine knappe Nachricht zu schicken, wenn sie schon gezwungen ist, mit mir über dieses Medium zu kommunizieren.

»Jane? Ist alles okay, Liebes?«

»Neiiiiiiin!«, heulte sie. »Stell dir vor, Mum, Harry hat mit mir Schluss gemacht, und dann hat er mit Leah geknutscht. Was soll ich denn jetzt machen?«

»Oh Gott. Wo bist du, Jane?«

»Am Busbahnhof. Ich dachte, ich kriege noch den letzten Bus nach Hause, aber ich hab ihn verpasst, und es ist dunkel und kalt und ich hab echt Angst, Mum.«

Ach Du liebe Zeit. Meine Kleine stand mit einem gebrochenen Herzen an einem Samstagabend allein am Busbahnhof in der Stadt, noch dazu in ihrem superkurzen Minikleid. Wenigstens war sie so vernünftig gewesen, mich anzurufen.

»Ich fahre sofort los, Liebes, okay? Kannst Du inzwischen woanders hingehen? Ist in der Nähe irgendwo ein offenes Café oder ein Laden, in dem du warten kannst?«

»Nein, hier hat alles schon zu. Das Einzige, was noch auf ist, sind die Pubs, aber vor denen stehen ganz viele Betrunkene rum. Ich werde die ganze Zeit von irgendwelchen widerlichen Typen angesprochen.«

Oh Shit. »Ich mache mich sofort auf den Weg, Liebes! Aber gut fünfundzwanzig Minuten wird es schon noch dauern, bis ich da bin.«

»Bitte, mach schnell, Mum!«, flehte Jane.

»Was ist denn los?«, wollte Peter wissen.

»Das war Jane. Sie steht am Busbahnhof. Ich muss sie abholen.«

»Warum ausgerechnet du?«, fragte er.

»Na, weil ich ihre MUTTER bin!«

»Ja, schon klar, aber ich meine, es wird ewig dauern, bis du dort bist. Ruf Dad an. Oder Sam. Warum soll Jane so lange auf dich warten, wenn einer von ihnen in fünf Minuten da sein kann?«

»Oh Gott, warum hab ich da nicht gleich dran gedacht?«

»Weil du nie jemanden um Hilfe bittest.«

»Okay, okay, das ist jetzt nicht der richtige Zeitpunkt für eine Lektion dieser Art.« Ich scrollte fahrig auf dem Handydisplay herum auf der Suche nach Simons Nummer. Zum Glück ging er gleich ran. Hastig erklärte ich ihm die Situation.

»Okay, ich fahre gleich los, aber ich muss an mehreren Baustellen vorbei. Am besten rufst du Sam an und fragst, ob er sich ebenfalls auf den Weg machen kann. Gut möglich, dass er schneller dort ist.«

»Okay, mach ich. Ach ja, Simon, falls du als Erster dort bist, sei so gut und spar dir die Belehrungen, ja? Darauf kann sie jetzt garantiert verzichten. Fahr sie einfach her, okay?«

»Wie du meinst. Ich mache mich gleich auf die Socken.«

Danach rief ich Sam an, und dann saß ich da und kaute an meinen Fingernägeln, ohne mein Handy aus den Augen zu lassen, bis Simon anrief.

»Ich hab sie«, sagte er. »Es geht ihr gut. Sie ist ein bisschen durch den Wind, aber es geht ihr gut. Sam war ungefähr fünf Minuten schneller als ich. Zwei Typen haben auf sie eingeredet, aber sie haben sie nicht angerührt. Ein Glück, dass du uns alarmiert hast. Gestern war Zahltag; in der Stadt ist die Hölle los. Da sollte ein fünfzehnjähriges Mädchen nachts besser nicht allein unterwegs sein.«

Wenig später hielt sein Auto vor unserem Haus. Ich rannte hinaus, und Jane stieg aus und warf sich in meine Arme.

Simon ließ das Fenster auf der Fahrerseite hinunter. »Sie hat gesagt, sie will nur mit dir reden und hat mich gebeten, nach Hause zu fahren«, berichtete er. »Schreib mir nachher, wie es ihr geht, ja?«

»Es tut mir so leid, Mum!«, schluchzte Jane. »Ich weiß, das war total dämlich von mir, aber bitte sei nicht sauer auf mich!

Ich hatte solche Angst! Und Harry ist so ein Scheißkerl! Wie konnte er mir das antun? Ich dachte, er *liebt* mich!«

»Jane, Liebes, ich bin einfach froh, dass es dir gut geht. Ich hab mir solche Sorgen um dich gemacht. Gott sei Dank ist dir nichts passiert.«

»Bist du denn nicht sauer auf mich?«

»Dafür bin ich viel zu erleichtert. Ja, ich war ganz kurz sauer, weil du dich einfach allein auf den Weg gemacht hast, aber ganz egal, welche Strafe ich dir dafür auch aufbrummen würde, sie wäre bestimmt weit weniger wirkungsvoll als die Angst, die du hattest, als du vorhin ganz allein am Busbahnhof gestanden hast.«

»Das stimmt«, schniefte sie. »Mum, was mache ich denn jetzt wegen Harry?«

»Ähm, naja, wie weit seid ihr denn gegangen, Liebes?«, erkundigte ich mich vorsichtig und dachte bei mir, dass sämtliche Drohungen von Cersei Lannister aus *Game of Thrones*, die bereit war, zum Schutz ihrer Kinder ganze Städte niederbrennen zu lassen, nichts, aber auch GAR NICHTS waren verglichen mit dem, was ich mit diesem kleinen Scheißer anstellen würde, sollte ich ihn je erwischen.

»Du meinst, ob ich mit ihm geschlafen habe?«, schniefte Jane.

»Äh, genau.«

»Nein, hab ich nicht. Genau das war ja das Problem. Er belabert mich deswegen schon seit einer Ewigkeit. ›Wenn du mich liebst, dann tust du es‹, hat er immer wieder gesagt, aber wenn *er mich* lieben würde, dann würde er mich doch nicht dazu drängen, bevor ich dafür bereit bin, oder?«

Oh Gott. Wie oft hatte ich genau diese Worte in *Just 17* gelesen? Wie es aussieht, sind männliche Teenager noch immer genau gleich drauf wie damals. Zum Glück hatte Jane so viel Charakterstärke bewiesen und sich nicht breitschlagen lassen.

»Nein, Jane, jemand, der dich liebt, zwingt dich nicht, etwas zu tun, das du nicht möchtest«, versicherte ich ihr.

»Tja, heute Abend hat er gesagt, es sei offensichtlich, dass ich ihn nicht liebe, wenn ich ihm nicht einmal diesen kleinen Gefallen tun will, und er hat damit gedroht, Schluss zu machen, wenn ich es nicht tue, und als ich gesagt habe, dass ich einfach noch nicht ganz sicher bin, meinte er, dann soll ich ihm zumindest ein paar Fotos schicken …«

»Fotos?«, wiederholte ich matt.

»Ja. Du weißt schon, Oben-ohne-Fotos und so.«

»Bitte sag mir, dass du's nicht getan hast.«

»*Natürlich* habe ich's nicht getan«, knurrte Jane indigniert. Für einen kurzen Moment war sie ganz die alte, bockige Jane. »Und da hat er gesagt, es ist vorbei, mit dem Argument, dass er mir ja ganz offensichtlich egal ist, und zwei Minuten später hat er mit Leah geknutscht. Aber ich liebe ihn doch, Mum! Ich liebe ihn so sehr! Was soll ich denn jetzt machen? Und wie soll ich mich je wieder in der Schule blicken lassen?«

Ich hätte ihr natürlich erklären können, dass sie mit fünfzehn noch gar nicht wissen könne, was wahre Liebe ist, aber ich ließ es bleiben, weil ich mich nur allzu gut daran erinnern konnte, wie wenig hilfreich es gewesen war, als man mir zu verstehen gegeben hatte, dass meine Gefühle albern und meine Probleme Kinkerlitzchen seien.

»Ich weiß, das tut jetzt ganz schrecklich weh, Liebes«, sagte ich stattdessen und umarmte sie. »Aber ich verspreche dir, es wird irgendwann besser. Es mag dir unvorstellbar erscheinen, aber glaub mir, irgendwann wird es aufhören wehzutun. Und ich zweifle nicht daran, dass du Harry liebst, aber es könnte sein, dass du eine idealisierte Version von ihm geliebt hast, die es gar nicht gab, und jetzt weißt du, wie er wirklich ist, und dass du einen Harry geliebt hast, der gar nicht wirklich existiert.«

Jane zog die Nase hoch. »Vielleicht hast du recht«, gab sie zu.

HA! Jane hatte gesagt, ich hätte Recht! Mist, ich hätte dieses Gespräch aufnehmen sollen, um es für die Nachwelt zu erhalten!

Sie wischte sich entschlossen die Tränen aus den Augen. »Ich habe keine Lust, jemanden zu lieben, der so gemein sein kann. Ich will einen Freund, der mich respektiert, und zwar nicht nur wegen meiner Oberweite. »

»Das ist meine Jane«, sagte ich, um einen aufmunternden Tonfall bemüht. »Ich bin stolz auf dich. Wir haben Eis im Tiefkühler. Wie wär's?«

»Vergiss es, Mutter«, sagte Jane. »Wir sind hier nicht in einer amerikanischen Mutter-Tochter-Sitcom.« Das klang schon wieder viel eher nach der Jane, die ich kannte und liebte und fürchtete.

»Aber es ist so verdammt schwer, ein Teenager zu sein, Mum ... Wenn ich doch nur schon erwachsen wäre! Dann wäre alles viel einfacher.«

Ich zog in Erwägung, ihr zu eröffnen, dass es mitnichten einfacher wurde, wenn man erwachsen war, ganz im Gegenteil, aber ich wollte ihr nicht die Illusionen rauben, also umarmte ich sie bloß schweigend.

»Ich hab dich sehr lieb, Mum«, flüsterte sie.

»Ich dich auch, Süße.«

»Mum?«

»Ja, Liebes?«

»War es bei dir und Dad auch so? Hast du eine Fantasieversion von ihm geliebt, einen Dad, den es gar nicht wirklich gab?«

»Nein, Liebes, wir waren einfach sehr jung, als wir uns kennengelernt haben. Ich habe ihn sehr geliebt, aber ich schätze, wir haben uns beide verändert, und heute passen wir nicht mehr so gut zusammen wie die zwei Menschen, die wir waren, als wir geheiratet haben. Beziehungen sind kompliziert, Jane, da ist nicht immer alles schwarz oder weiß.«

»Ja, ich weiß«, erwiderte sie altklug. Oh Mann, ich konnte mich wohl schon mal darauf einstellen, dass Jane auf der Basis dieser allerersten Trennung künftig als Expertin in Beziehungsfragen auftreten würde.

»Mum, hast du auch mal etwas so Dummes getan wie ich heute Abend?«, fragte sie plötzlich.

»Liebes, ich habe so viele dumme und gefährliche Dinge getan, dass ich lieber gar nicht darüber nachdenken will.«

»Und, wie hat deine Mum reagiert?«

»Ich glaube nicht, dass sie es je herausgefunden hat. Ich hätte es ihr nie erzählt, und ich hätte sie auch nie angerufen und um Hilfe gebeten.«

»Warum nicht?«

»Sie wäre nur wütend geworden und hätte gesagt, das sei alles meine Schuld. Ich habe meine Probleme immer allein gelöst.«

»Aber du bist total anders als sie, auch als Mutter. Wie kommt das?«

»Naja, ich schätze, ich habe ganz bewusst die Entscheidung getroffen, nicht so zu werden wie sie. Ich versuche, euch eine bessere Mutter zu sein. Das ist im Grunde das Einzige, was wir tun können, um den Teufelskreis zu durchbrechen und nicht die gleichen Fehler zu machen wie unsere Eltern. Aber ich hatte Glück: In Mrs P, Hannahs Mum, hatte ich ein Vorbild. Sie ist genau die Art von Mutter, die ich werden wollte.«

»Hannahs Mum ist echt super«, pflichtete Jane mir bei. »Ich bin froh, dass du versuchst, wie sie zu sein und nicht wie Granny.«

Als Jane nach dem überstandenen Drama endlich ins Bett gegangen war und ich gerade die Hunde ein letztes Mal zum Pinkeln in den Garten gelassen hatte, kam Peter in die Küche.

Er holte die Milch aus dem Kühlschrank. »Siehst du, Mum«, sagte er, nachdem er einen großen Schluck direkt aus der Packung genommen hatte, »manchmal ist es doch das Beste, wenn man jemanden um Hilfe bittet.«

»Ja, ich weiß«, sagte ich. »Ich werde versuchen, es öfter zu tun. Versprochen.«

»Du glaubst, wir merken nicht, was bei dir so abgeht, aber wir merken es sehr wohl. Du hilfst uns nicht, wenn du dir nicht helfen lässt.«

»Soweit ich weiß, sollte *ich* hier diejenige sein, die allerlei Lebensweisheiten auftischt«, sagte ich.

»Wir sind die Generation Internet, Mum. Wir wissen alles«, erwiderte Peter grinsend.

»Aber du hast offenbar noch nie gehört, dass man zum Milchtrinken ein Glas verwenden sollte.«

»Ein Glas weniger, das gespült werden muss. Das ist besser für die Umwelt«, verteidigte er sich.

»Okay, aber putz dir die Zähne, bevor du ins Bett gehst, ja?«, ermahnte ich ihn. »Es ist ein Mythos, dass man sich nicht die Zähne putzen muss, wenn man vor dem Zubettgehen Milch trinkt.«

»Ich weiß, Mum«, sagte er geduldig. »Milch ist säurehaltig und greift die Zähne an.«

»Unsinn, Milch ist basisch, das weiß doch jedes Kind. Deshalb hilft sie ja auch gegen Sodbrennen.«

»Nein, glaub mir, Milch ist säurehaltig. Nur ganz leicht zwar, aber trotzdem. Wie gesagt, wir sind die Internet-Generation. Wir wissen alles.«

Nachdem er ins Bett gegangen war, googelte ich den pH-Wert von Milch. Sie ist säurehaltig. Womöglich wissen die Kinder von heute ja wirklich alles.

Sonntag, 30. September

Jane hat heute den Großteil des Tages Trübsal geblasen. Sie wanderte blass und mit Leidensmiene durchs Haus, und ich erwischte sie mehrfach dabei, wie sie etwas in ein Notizheft kritzelte. Da sie zudem einen schwarzen Rollkragenpulli trug, vermute ich, sie versucht sich als Lyrikerin. Ich hoffe nur, ihre Gedichte sind besser als die ihres Vaters und die ihrer Tante. Beim Frühstück hat Jane zudem verkündet, den Männern für immer und ewig abschwören zu wollen.

Am späten Nachmittag riss sie dann mit einem gequälten »Muuuum!« die Küchentür auf.

»Was ist los? Was ist passiert?«, kreischte ich in Panik, und die Hunde begannen wie verrückt zu bellen, wohl für den Fall, dass sich womöglich ein Einbrecher im Haus befand.

»Ich wollte gerade Harry auf Instagram blockieren, aber ich Tollpatsch hab stattdessen auf seine Stories geklickt! Jetzt wird er glauben, dass ich ihn stalke, dabei hatte ich mir vorgenommen, ihn zu ignorieren, damit er denkt, er ist mir egal. Oh Gott, Mum, WAS SOLL ICH DENN JETZT TUN?«

»Ähm, wo liegt denn das Problem?«, fragte ich verwirrt.

»Ich habe auf seine Stories geklickt, Mum! SEINE STORIES!«

Ich blinzelte etwas ratlos.

»Wenn um ein Profilbild ein roter Ring zu sehen ist, dann hat dieser Nutzer eine neue Story hochgeladen, und die kann man nur vierundzwanzig Stunden sehen. Es ist ein bisschen wie Snapchat«, erklärte sie mir.

»Ich weiß sehr wohl, was Stories sind«, entgegnete ich ungehalten. »Aber warum machst du deswegen so ein Theater?«

»Na, weil er *sehen* kann, dass ich mir seine Story angeschaut habe, und man guckt sich doch nur die Stories von guten Freunden an, ey! Oder die von Leuten, auf die man *steht*. Oder die man stalkt.«

Ach herrje. Bislang war mir gar nicht klar gewesen, dass es auch bei Instagram eine Art Etikette gibt. Als wäre das Alter, in dem man sich immerzu fragt, ob dieser oder jener Junge einen mag oder nicht, nicht auch so schon anstrengend genug, kommen mit den sozialen Medien nun auch noch all diese zusätzlichen Klippen hinzu, die es zu umschiffen gilt. Wer hätte gedacht, dass es quasi ein Weltuntergang ist, wenn man versehentlich auf das Profilfoto eines Jungen klickt? Oh Gott ... Ich fürchte, Nigel Slater könnte den Eindruck haben, dass ich auf *ihn* stehe, dabei stehe ich lediglich auf sein Haus. Und auf sein Essen. Und auf seinen Garten. Aber als Frau passe ich ohnehin nicht in sein Beuteschema.

Ein Glück nur, dass sich Simon nicht so gut mit Instagram auskennt und nicht weiß, wie man eine Story postet. Oder es zumindest nicht wusste, als ich ihn noch dann und wann gestalkt habe.

»Was soll ich denn jetzt tun, Mum?«, fragte Jane erneut.

»Weiß *ich* doch nicht! Kannst du es nicht rückgängig machen?«

»Nein, Mutter, genau darum geht es mir ja! Gott, ist das peinlich«, stöhnte sie. »Oh Gott, er hat mir eine Nachricht geschickt! Ich wette, er hat geschrieben, ich soll gefälligst aufhören, ihn zu stalken. Vielleicht sollte ich es lieber gar nicht lesen. Oh Gott, aber ich muss wissen, was er geschrieben hat.«

Jane las die Nachricht und hob dann den Kopf. »Stell dir vor, Mum, er schreibt, es tut ihm leid, und dass er besoffen war und sich wie ein Vollhonk benommen hat. Und er will wissen, ob ich ihm noch einmal eine Chance gebe. Was soll ich jetzt tun?«

»Was willst du denn tun?«

Jane überlegte, dann tippte sie drauflos. »Ha!«, murmelte sie zufrieden.

»Und, was hast du ihm geantwortet?«, erkundigte ich mich vorsichtig.

»Ich hab geschrieben, er kann mich mal, und dass es vorbei ist, und dass ich ihn blockieren und seine Nummer löschen werde und er mich in Ruhe lassen soll. Und ich hab geschrieben, dass Leah Herpes hat.«

»Hat sie wirklich Herpes?«

»Sie kriegt immer 'ne Pestlippe, wenn sie eine Erkältung hat. Das ist doch so was wie Herpes, oder?«

»Ja, vermutlich. Aber war das nicht ein bisschen gemein?«

»Nein. Sie hat mit Harry geknutscht, obwohl sie noch gar nicht wusste, dass er mit mir Schluss gemacht hatte. Unter einer guten Freundin verstehe ich was anderes. Und was Harry angeht – er hat mir wehgetan. Warum sollte ich noch einmal etwas mit ihm zu tun haben wollen?«

»Wohl wahr. Gut gemacht, Liebes.«

Jane grinste. »Ach ja, und Sophie hat vorhin erzählt, dass die Nachbarn die Polizei gerufen haben, nachdem ich gegangen bin, weil die Musik zu laut war, und Luke Allison wurde im Streifenwagen nach Hause gefahren, weil er die Polizisten als faschistische Schweine beschimpft hat. In diesem ganzen Chaos ist total untergegangen, dass Harry mit mir Schluss gemacht hat. Und überhaupt habe ich nach seiner letzten Nachricht ja den Spieß umgedreht und quasi mit ihm Schluss gemacht. Jetzt sind wir quitt.«

Ach könnt ich doch auch wieder ein launenhafter Teenager sein!

Falls Simon tatsächlich auf eine Versöhnung hofft, soll ich dann wie Jane einfach den Spieß umdrehen und ihm sagen, dass *ich* Abstand brauche? Sind wir dann quitt?

OKTOBER

Samstag, 6. Oktober

Endlich Herbst! Ich liebe den Herbst. »Du Zeit der Nebel und der reifen Fruchtbarkeit …« Die Blätter der Bäume verfärben sich, und die Eichhörnchen verbuddeln fleißig Eicheln und dergleichen … Letzteres kann ich allerdings nur vermuten, denn durch unseren Garten turnen leider keine Eichhörnchen. Offenbar hat sich bei der hiesigen Eichhörnchenpopulation bereits herumgesprochen, dass in diesen Gefilden ein Hund mit mörderischen Tendenzen sein Unwesen treibt, ganz zu schweigen von den vermaledeiten Hühnern, die übrigens, wie ich kürzlich erfahren habe, im Winter keine Eier legen, womit ich ja durchaus leben könnte, wenn die dämlichen Viecher mal endlich mit dem Eierlegen anfangen würden! In letzter Zeit postiere ich mich immer wieder mal in der Nähe des Hühnergeheges und führe Selbstgespräche à la »Vielleicht verspeisen wir dieses Jahr an Weihnachten ja mal keinen *Truthahn* …«, aber da scheißen unsere Hühner drauf, im wahrsten Sinne des Wortes, und ich muss das dann alles wegmachen.

Na, jedenfalls können wir bald mit dem Anfuttern des Winterspecks beginnen und auf den zur Jahreszeit gehörenden Ruhemodus umschalten. Zeit, die Sommerklamotten einzumotten – die Caprihosen und schulterfreien Oberteile, und nicht zuletzt die Röckchen aus leichten, fließenden Stoffen, in denen man ständig Gefahr läuft, unwillentlich die Szene mit Marilyn Monroe auf dem U-Bahn-Lüftungsgitter in *Das verflixte Siebte Jahr* nachzustellen. Endlich dürfen wir wieder vernünftiges Schuhwerk tragen und uns in überdimensionale Pullis hüllen, unter denen etwaige Dellen und Röllchen ungehindert und unbeobachtet vor sich hin schwabbeln können. Und das Beste ist, dass wir jetzt bis Frühlingsbeginn keinen Zentimeter nackter Haut zeigen müssen, sprich, ich kann auch den Rasierer einmotten und mir einen Winterpelz wachsen lassen. Das ist definitiv ein Vorteil des Singlelebens, und wer weiß, vielleicht lassen sich auf diese Weise ja sogar die Heizkosten senken … Naja, wohl kaum, denn meiner Winterbehaarung und meinen kuscheligen Pullovern zum Trotz kann ich es Peter und Jane nicht abgewöhnen, sommers wie winters im T-Shirt herumzulaufen und beim ersten kühlen Luftzug die Heizung höher zu drehen, selbst wenn ich noch so oft zetere, sie sollen sich gefälligst wärmer anziehen und verdammt nochmal die Griffel vom Thermostat nehmen. Ich frage mich, ob das darauf schließen lässt, dass ich mittlerweile wirklich und wahrhaftig erwachsen bin.

Wie jedes Jahr um diese Zeit hatte ich plötzlich allerlei Visionen, dass ich mich auf wundersame Weise in ein pausbäckiges Mädel vom Lande verwandeln und aus den reichen Gaben der Natur frohgemut Marmeladen, Gelees und Fruchtsäfte zubereiten würde, obwohl ich keinen blassen Schimmer habe, wie man Marmeladen, Gelees oder Fruchtsäfte einkocht und vor allem, wie ich derlei Aktivitäten noch in meine bereits mehr als ausgefüllten Tage hineinquetschen soll. Zweifellos habe ich in einem

Alter, in dem man für so etwas noch empfänglich ist, ein paar Mal zu oft die Bücher zur Serie *Unsere kleine Farm* gelesen.

Fakt ist, in unserem Garten steht ein Apfelbaum, und ich hatte hehre Ziele: Ich wollte zumindest einen Tag lang mit den Kindern Äpfel pflücken, auf dass ich jederzeit loslegen konnte, sollte mich im Sinne des angestrebten herbstlich-bukolischen Lebenswandels der Wunsch überkommen, Apfelkuchen und -kompott zu machen, und was immer man sonst noch so mit Äpfeln anstellen kann. Apfelchutney? Gibt es das? Es klingt zumindest so, als sollte es das geben.

Ich hatte mir in den schönsten Farben ausgemalt, wie Peter und Jane im Rahmen der Apfelernte fröhlich im Garten umhertollen und abends mit rosigen Wangen und müde von der vielen frischen Luft in einen leckeren, selbst gepflückten Apfel beißen würden, um anschließend kundzutun, wie sehr sie mich liebten, und dass sie sich #soblessed fühlten und diese #happymemories bis in alle Ewigkeit in ihrem Herzen tragen würden. Doch meine großen Pläne scheiterten kläglich. Wieder einmal wurden meine erhebenden Herbstvisionen von meinen Kindern gnadenlos torpediert.

Schon als sie noch klein waren, gab es jedes Mal ein Riesendrama, wann immer ich mit ihnen einen schönen Herbstspaziergang machte. Kaum stiefelten wir durch knöcheltiefes buntes Laub und traten ausgelassen nach den Blättern, um sie durch die Luft wirbeln zu lassen, stieg unweigerlich einer der beiden in einen frischen Hundehaufen, und dann war im wahrsten Sinne des Wortes die Kacke am Dampfen und die Katastrophe perfekt. Einmal schaffte es Jane auf diese Weise, einen wahren Sprühregen aus Hundeexkrementen auf Peter niedergehen zu lassen, sodass seine nagelneue Jacke ruiniert war. Natürlich stürzte er sich prompt auf sie, um sich zu rächen, sodass auch *ihre* neue Jacke etliche unappetitliche Flecken abbekam, und da ich versuchte, dazwischenzugehen und mithilfe einer Packung Feuchttücher provisorische Reinigungsmaßnahmen zu ergreifen, war am Ende auch meine Jacke ruiniert. Eigentlich ist es ein Wunder, dass ich nicht schon damals die Scheidung eingereicht habe, denn als wir nach Hause kamen, erdreistete sich Simon (der in seinem Gartenschuppen mit allerhand außerordentlich wichtigen Dingen beschäftigt gewesen war und uns deshalb nicht begleitet hatte) doch glatt, zu fragen, ob wir uns gut amüsiert hätten, und das, obwohl wir alle drei total verheult und mit Fäkalien beschmiert waren.

Aber zurück zur Apfelernte. Selbstredend brauchte ich eine halbe Ewigkeit, um die Kinder aus ihren miefenden Zimmern an die frische Luft zu locken. Es gelang mir auch nur, indem ich das WLAN-Passwort änderte, und, als sie wutentbrannt in den Flur stürmten, verkündete, ich würde ihnen das neue nur verraten, wenn sie mir beim Pflücken der Äpfel zur Hand gingen.

Ich hatte mich extra dem Anlass entsprechend herausgeputzt: kuscheliger Aran-Pulli, Cordrock im Used-Look und passende Stiefel, sprich, ich sah aus, als wäre ich geradewegs einem Laura-Ashley-Katalog entstiegen (den Versuch, Felicity Kendals Kleidungsstil zu kopieren, habe ich mittlerweile aufgegeben – Latzhosen sehen an mir einfach unmöglich aus). Doch so sehr ich mich in den vergangenen fünfzehn Jahren bemüht habe, meinen Kindern zu vermitteln, wie essentiell es ist, in jeder Lebenslage das richtige Outfit zu wählen, die Message war nicht angekommen: Jane war noch im Schlafanzug, und Peter trug *Shorts*, was definitiv nicht meinen herbstlichen Visionen entsprach. Dennoch lehnten beide es rundheraus ab, sich umzuziehen, ganz nach der Devise: Entweder wir bleiben so, wie wir sind, oder du erledigst deinen Kram ohne uns.

Zunächst gab es eine lange Diskussion über das Fallobst. Meine lieben Kleinen weigerten sich, die im Gras herumliegenden Äpfel anzufassen, denn es war ja nicht auszuschließen, dass sie Würmer oder sonstiges unappetitliches Getier bargen, oder dass ein Fuchs draufgepinkelt oder ein Schneckenpärchen darunter Unaussprechliches getrieben hatte. Sie willigten erst ein, das Fallobst einzusammeln, als ich ihnen versprach, es lediglich an die Hühner zu verfüttern. Wie erwartet zeigte das maulfaule Federvieh keinerlei Interesse an den schönen roten Äpfeln, die ich ihm beschwingt zum Fraß vorwarf. Vielleicht sollte ich beim nächsten Mal etwas genauer zielen, damit sie endlich spuren.

Dann widmeten wir uns den Äpfeln, die noch am Baum hingen. Da der Baum ziemlich hoch ist, bat ich die Kinder, die Leiter zu holen. Sie taten überrascht, als sie hörten, dass wir eine Leiter besitzen. Dennoch begaben sie sich zum Schuppen, nur um gleich darauf zurückzukehren und zu behaupten, da sei keine Leiter. Ich begleitete sie zum Schuppen, zeigte auf die große, leiterförmige LEITER, die dort an der Außenwand hing und schluckte eine bissige Bemerkung hinunter, als die Kinder behaupteten, sie hätten sie »nicht gesehen«. Alsdann beförderten sie die Leiter zum Apfelbaum, wobei das Fenster des Schuppens zu Bruch ging. Ich schätze, ich sollte froh sein, dass wir kein Glashaus haben.

Sobald sie die Leiter an den Baumstamm gelehnt hatten, entbrannte eine hitzige Debatte darüber, wer sie denn nun erklimmen sollte.

»Ich kann nicht«, sagte Jane. »Ich habe Höhenangst.«

»Seit wann?«, fragte ich, worauf sie wortreich erklärte, sie leide *schon seit jeher* an Höhenangst und es sei ein Armutszeugnis für mich als ihre Mutter, dass ich das bis jetzt nicht bemerkt habe, und es ließe zweifelsfrei darauf schließen, dass Peter mein kleiner Liebling sei. Spätestens bei »Wenn Peter Höhenangst hätte, dann wüsstest du es garantiert! Das ist total unfair!« verlor ich die Nerven und sagte: »Okay, Peter, dann steigst eben du auf die Leiter.« Natürlich erklärte nun mein Sohnemann, es sei total unfair, von ihm zu erwarten, dass *er* auf die Leiter stieg, und *Jane* sei ja ganz offensichtlich mein kleiner Liebling, da ich gewillt sei, sein Leben aufs Spiel zu setzen. »Jane würdest du niemals dazu zwingen, aber ich schätze mal, es ist dir einfach total egal, wenn ich von dieser Leiter falle und sterbe. Du magst sie eben lieber als mich. Würde mich nicht wundern, wenn ich deswegen einen seelischen Knacks kriege!«

So ging das noch eine ganze Weile, bis ich kurzerhand selbst die Leiter erklomm (so halb in der Hoffnung, abzustürzen und eine Verletzung davonzutragen, die einen längeren Krankenhausaufenthalt erfordern würde, von der ich mich letzten Endes aber natürlich voll erholen würde), nur um mir den idiotischen Disput darüber, welchen meiner Sprösslinge ich denn nun lieber hatte, nicht noch länger anhören zu müssen. Die Hunde standen in meiner Gunst in diesem Augenblick ohne Frage am höchsten.

Ausgestattet mit einem Pappkarton (ich hatte im Vorfeld mit dem Gedanken gespielt, mir einen stilechten Erntekorb zuzulegen, was in den Augen meiner Tochter jedoch »too much« war, also hatte ich darauf verzichtet), standen Peter und Jane unter dem Baum und fingen abwechselnd die Äpfel auf, die ich ihnen zuwarf, nicht ohne sich dabei weiter gegenseitig zu triezen.

Nachdem ich sämtliche Äpfel in Reichweite gepflückt hatte, kletterte ich von der obersten Sprosse der Leiter auf den nächstbesten Ast. Ich war in meiner Kindheit ein großes Klettertalent gewesen und dementsprechend stolz auf meine Fähigkeiten. Bedauerlicherweise fällt einem das Herumkraxeln in Bäumen im Alter von sechs Jahren bedeutend leichter als mit sechsundvierzig, wenn der Körper nicht mehr ganz so geschmeidig und flexibel ist, was, wie sich herausstellte, für derlei Aktivitäten unerlässlich ist. Und so kam es, dass ich schon bald feststeckte und weder vor- noch zurückkam. Eine Frau mittleren Alters, die in einem Apfelbaum festhängt, lässt zweifellos ein gewisses Maß an Würde missen, selbst wenn sie einen kuscheligen Aran-Pullover und einen schicken Cordrock trägt. Nebenbei bemerkt ist das Tragen eines Rockes beim Baumklettern ganz allgemein nicht zu empfehlen, wie mich die Kinder pikiert informierten, garniert mit dem Hinweis, sie könnten meine Unterhose sehen. Die Tatsache, dass ich ihnen einen ungehinderten Blick auf den Zwickel meines Schlüpfers gewährte, war in dieser misslichen Lage jedoch meine geringste Sorge, stand doch zu befürchten, dass der dünne Ast, an den ich mich klammerte, abknickte und ich gut dreißig Meter (okay, gut drei Meter) in die Tiefe stürzte.

Jane zückte ihr Handy. »Sollen wir die Feuerwehr rufen?«

»Bloß nicht!«, quiekte ich. »Ich will nicht, dass mich außer euch *noch jemand* so sieht!«

»Naja, was sollen wir denn sonst tun?«, wollte Peter wissen.

»Weiß ich auch nicht. Überlegt euch gefälligst etwas!«

Er schauderte. »Ganz schön frisch hier draußen.«

»Kein Wunder, du trägst ja auch Shorts«, schimpfte ich.

Jane hob den Blick von ihrem Handy. »Mum, du musst mich in die Stadt fahren.«

»Das dürfte schwierig werden, Liebes«, fauchte ich.

»Du musst aber, Mum, *jetzt gleich*. Ich habe ein Date mit Will Anderson!«

»Wow, und das *erzählst* du mir, einfach so?«, staunte ich.

Sie verdrehte die Augen. »Warum sollte ich es dir nicht erzählen? Herrgott noch mal, Mutter, jetzt stell dich nicht so an!

Schieb einfach den linken Fuß eine Handbreit nach links und ein Stück tiefer, genau, und jetzt den anderen gut fünfzehn Zentimeter nach rechts ... okay, und jetzt ein bisschen runter ... Siehst du? War doch gar nicht so schwer.«

Es wäre durchaus hilfreich gewesen, wenn sie mir diese Anweisungen schon etwas eher erteilt hätte, aber egal – ich freute mich einfach nur darüber, dass ich sie zur Abwechslung nicht auf Instagram hatte stalken müssen, um von ihrem Date zu erfahren. Ich musste mir auch nicht mehr Zugang zu Peters Account erschleichen, denn sie hatte die Blockierung aufgehoben, wenn auch unter der strikten Auflage, ich dürfe sie unter gar keinen Umständen auf irgendwelchen Fotos taggen.

»Kannst du mich bei Toby absetzen, wenn du mit Jane in die Stadt fährst?«, fragte Peter.

»Aber ich wollte doch mit euch Apfelkuchen backen und Chutney machen, wie sich das für eine glückliche Familie im Herbst gehört!«, protestierte ich.

»Ähm, okay ... Es ist nur so, Toby hat uns alle zu sich eingeladen; er hat nämlich von seinem Grandpa *GTA V* gekriegt.«

»Dafür bist du noch zu jung, Peter!«

»Mum, dir ist schon klar, dass ich seit Jahren *GTA IV* spiele, oder? Bitte, Mum, alle meine Freunde werden da sein. Ich kann auch bei Toby übernachten, du musst mich also nicht abholen.«

»Na gut, meinetwegen«, brummelte ich.

Jane verkündete, sie werde nach ihrem Date mit dem Bus nach Hause kommen. Von mir in die Stadt gefahren zu werden, ist okay, solange ich sie um die Ecke von ihrem Treffpunkt absetze, damit mich keiner sieht; aber von Mami abgeholt zu werden, gilt als hochgradig uncool. Statt meine rustikale Herbstvision in die Realität umzusetzen, schickte ich also eine Nachricht an Jack, und da er zur Abwechslung mal nicht im Dienst war und auch keine Not-OP an einem gierigen Labrador anstand, trafen wir uns auf einen Drink. Ich war angenehm angeheitert, als ich vorhin wieder nach Hause kam, nur ein paar Minuten vor Jane, die es zur Abwechslung tatsächlich mal geschafft hatte, den Bus nach Hause zu erwischen. Zum Glück schwebte sie auf Wolke sieben vor Verknalltheit und fragte nicht, warum ich so rote Wangen hatte und warum mich die Hunde gar so vorwurfsvoll anglotzten …

Mittwoch, 17. Oktober

Heute stand Janes Elternabend auf dem Programm. Simon war natürlich mal wieder auf Geschäftsreise, aber da er es bis jetzt noch kein einziges Mal geschafft hat, zum Elternabend zu gehen, regte ich mich darüber gar nicht mehr groß auf. Ich war sogar schon ziemlich gespannt, was Janes Lehrerinnen und Lehrer zu sagen hatten, denn sie selbst hatte sich hartnäckig taub gestellt, wann immer ich ihr in meiner wachsenden Verzweiflung klarzumachen versuchte, wie entscheidend dieses Schuljahr für sie sein könnte und wie wichtig die mittlere Reife ist und dass sie vielleicht besser ein bisschen mehr lernen sollte, statt mit Sophie via Snapchat Fotos auszutauschen oder auf die x-te Party zu gehen, von der sie um zwei Uhr nachts abgeholt werden will.

Auf all diese Ermahnungen hatte Jane stets nur mit »Chill mal, Mum!« und »Alles kein Problem« geantwortet (keine Ahnung, wo sie das herhat). Deshalb hoffte ich einerseits, beim Elternabend zu hören, dass Jane ein Wunderkind ist, mit allerlei erstaunlichen Fähigkeiten aufwarten kann und es daher gar nicht nötig hat, sich mit so Kinkerlitzchen wie einer Zwischenprüfung abzugeben, sondern gleich ihren Doktortitel in Astrophysik machen kann (zumindest wünsche ich mir dergleichen nur insgeheim, während Jessica ja immer ziemlich unverblümt ihrer Entrüstung darüber Ausdruck verleiht, dass noch niemand außer ihr gemerkt hat, wie unheimlich intelligent und talentiert Persephone und Gulliver sind und dass man ihnen nicht die gebührende Anerkennung dafür zollt). Auf der anderen Seite hoffte ich, dass Janes Lehrer meine düsteren Prophezeiungen bestätigten und ihr ein für allemal klarmachten, dass sie sich ihr Leben verbaute, wenn sie sich nicht endlich dahinterklemmte, sprich, sich das kommende halbe Jahr über in ihrem Zimmer verbarrikadierte und fleißig lernte.

Beim Elternabend ging es wie üblich zu wie in einem Tollhaus. Nun, da Peter und Jane die Grundschule hinter sich haben, bin ich wenigstens nicht mehr gezwungen, mit den Kopf zwischen den Knien auf einem winzigen Stühlchen zu kauern, während die Lehrer von ihren Erwachsenenstühlen auf mich hinunterblicken und sich an meiner demütigenden Haltung ergötzen als kleine Entschädigung dafür, dass sie das ganze Schuljahr über die beknackten Fragen und die übelriechenden Fürze meiner kleinen Kackbratzen aushalten müssen. Trotzdem ist es nach wie vor kein Spaß, gefühlt hundertfünfundsiebzigtausend Lehrpersonen abzuklappern, die alle in einer großen Halle versammelt sind, zumal man sich, um zu ihnen vorzudringen, ein Wettrennen mit all jenen Eltern liefern muss, die schon vor Jahren beschlossen haben, den sorgfältig ausgetüftelten Zeitplan geflissentlich zu ignorieren, sodass der Weg zur Unterredung mit Mr Butler, dem Mathelehrer, zu einer Art Gladiatorenkampf wird.

Eigentlich sind für jedes Gespräch nur fünf Minuten anberaumt, aber irgendwie schaffe ich es jedes Mal, mich hinter der Mami anzustellen, deren Kind der Unruhestifter der Klasse ist, und dann heißt es zwanzig Minuten warten, während die bedauernswerte Lehrperson zu erklären versucht, warum Klein Johnny neuerdings nicht mehr den Bunsenbrenner anwerfen darf, und dass alle Beteiligten sehr dankbar wären, wenn er künftig davon absehen würde, seine Mitschüler während der Englischstunde auf ihren Stühlen festzukleben. Alternativ stecke ich hinter der Mami der Klassenstreberin fest und muss sogar noch länger warten, während Libbys Mami damit prahlt, wie begabt ihre Tochter doch ist und verlangt, man möge die gute Libby doch bitteschön noch etwas mehr fordern, weil sie einfach so unglaublich *schlau* ist, während sich die betreffende Lehrkraft bemüht, den Redeschwall wenigstens kurz zu unterbrechen, um darauf hinweisen zu können, dass Libby zwar alles andere als *dumm* ist, aber ehrlich gesagt auch kein Genie, sondern allenfalls *durchschnittlich intelligent*.

Jetzt, wo wir uns nicht mehr täglich auf dem Schulhof begegnen, bietet der Elternabend zumindest eine gute Möglichkeit, Eltern zu treffen, die man sonst kaum noch sieht. Hannah ist mit ihrem riesigen Bauch zielstrebig an die Spitze jeder einzelnen Schlange gewatschelt und hat behauptet, bei ihr könnten jederzeit die Wehen losgehen, weshalb sie die ganze Prozedur binnen einer Stunde überstanden hatte, wie sie mir hinterher nicht ohne Stolz berichtete. »Dafür kannst du dir daheim ein schönes, extragroßes Glas Wein gönnen«, sagte sie und fügte etwas wehmütig hinzu: »Das wäre mir bedeutend lieber gewesen, als mich überall vorzudrängeln.« Arme Hannah. Sie hat es echt satt, schwanger zu sein. Ich kann es ihr ehrlich gesagt nicht verdenken – selbst bei einer Bilderbuchschwangerschaft können sich die letzten Wochen ganz schön hinziehen, und am Ende freut man sich derart unbändig darauf, den Sukkubus endlich aus sich raus zu pressen, dass man es sogar gern in Kauf nimmt, wenn dabei gewisse Körperteile arg in Mitleidenschaft gezogen werden.

Vorhin lief mir die perfekte Mami der perfekten Lucy Atkinson über den Weg (die, wie sich herausstellte, nach dem Speed-Dating den Geografielehrer abgeschleppt hat – »Gott sei Dank hat sich Lucy für den Leistungskurs Geschichte entschieden«, bemerkte sie schaudernd …), und wir nutzten die unerträglich lange Wartezeit in der Schlange vor dem Tisch des Mathelehrers für einen netten Plausch. Okay, »netter Plausch« ist vielleicht nicht die richtige Wortwahl in Anbetracht der Themen, die wir dabei streiften. Gleich als Erstes fragte sie mich, ob Simon und ich schon die Post-Trennungs-Nummer geschoben hätten. Als ich zugab, das hätten wir in der Tat, erfuhr ich, dass das Phänomen deutlich weiter verbreitet ist, als ich angenommen hatte. Wie es scheint, kommt derlei bei vielen Paaren vor, aus verschiedensten Gründen. »Solange du nicht gehofft hast, ihn damit zurückzuerobern …«, sagte sie mit einem Schulterzucken, worauf ich vehement verneinte.

»Eigentlich bietet es eine ideale Gelegenheit, um sich zu rächen«, erläuterte Lucys Mami altklug. »Ich hab sogar gegoogelt, ob man im Internet irgendwelche Erreger von Geschlechtskrankheiten kaufen kann, dann hätte ich mich im Vorfeld damit angesteckt – nichts richtig Schlimmes natürlich, nur etwas, das man als Frau kaum merkt und das mit Antibiotika im Handumdrehen wieder weggeht, während sein Schwanz mit Pusteln und schmerzhaften, nässenden Wunden übersät ist, die ihn gegenüber Fiona in Erklärungsnotstand brächten. Tja, leider habe ich nichts dergleichen gefunden, dabei kann man im Internet doch sonst alles kaufen! Ich hab dann einfach, sobald er eingeschlafen war, ein paar Selfies von uns im Bett gemacht, in meiner neuen Wohnung. Die hebe ich mir auf und schicke sie an

Fiona, wenn der Scheißkerl mich mal ärgert. Das wird ihm eine Lehre sein. Und, wie hast du es Simon heimgezahlt?«

Ich habe Simon zwar ein paar Mal unter die Nase gerieben, dass ich einen Schuppen habe und er nicht, abgesehen davon habe ich keinerlei Anstrengungen in dieser Richtung unternommen, und ich verspüre auch nicht mehr das Bedürfnis, ihm etwas heimzuzahlen. Ich will einfach mein neues Leben genießen. Als ich das jedoch Lucys Mami gegenüber erwähnte, schnalzte sie missbilligend mit der Zunge. »Herrgott noch mal, Ellen, du gibst dir ja überhaupt keine Mühe!«, sagte sie vorwurfsvoll. »Du *musst* dich doch irgendwie rächen.«

Dann war zum Glück Olivia Jessops Mami endlich fertig und machte den Platz bei Mr Butler frei. Dummerweise konnte ich mich kaum darauf konzentrieren, was er sagte, weil ich mich immer wieder fragte, ob die perfekte Mami der perfekten Lucy Atkinson vielleicht doch nicht so perfekt war, wenn sie ihren Ex aus Rache mit Gonorrhoe anstecken wollte. Oder machte die Tatsache, dass sie in ihrer Rachsucht gewillt war, so weit zu gehen, sie nur noch perfekter?

Als ich vor Mrs Jennings, der Französischlehrerin, in der Schlange stand, gesellte sich Sam zu mir. Ich freute mich riesig, ihn zu sehen, da ich bereits seit geraumer Zeit dort gestanden und Libbys Mutter gelauscht hatte, die der Französischlehrerin haarklein von ihrem Sommerurlaub erzählte, den sie in einem hübschen kleinen Ferienhaus im Loiretal verbracht hatten. Danach hatte sie sich wortreich über Mrs Jennings standhafte Weigerung echauffiert, ihr zu verraten, wie die Chancen standen, dass Libby bei der Mittleren Reife mit der Bestnote abschneiden würde (»Ja, ich *weiß*, es ist die Mittlere Reife, aber Sie müssen mir doch zumindest einen *klitzekleinen* Hinweis geben können ... Libby *hat* bereits einen Nachhilfelehrer, aber soll ich noch einen zweiten hinzuziehen? *Empfehlen* Sie mir einen! Wie, das dürfen Sie nicht?«). Ja, es ist wahrlich ein Genuss, mir eine gefühlte Ewigkeit die Beine in den Bauch zu stehen, nur um am Ende zu hören, dass Jane ja »ganz passabel in Französisch wäre, wenn sie mal endlich in die Puschen käme und sich öfter mal im Unterricht einbringen würde«. So ähnlich hatten sich bislang auch alle anderen Lehrer zu Janes Leistungen geäußert.

Sam deutete mit dem Kopf auf Libbys Mum.

»Wie lange geht das schon so?«

»Zwanzig Minuten.«

»Scheiße. Was gibt's über Libby denn groß zu sagen?«

»Naja, sie war mit ihrer Familie im Loiretal – natürlich in keiner dieser Touristenhochburgen, sondern im authentischen französischen Teil. Aber im Gegensatz zu ihnen hat Mrs Jennings noch nicht sämtliche authentischen französischen Städte besucht, zum großen Entsetzen von Libbys Mutter (sie hat sie alle einzeln aufgezählt und wollte ihr sogar Fotos davon zeigen!), und deshalb zweifelt Libbys Mutter an Mrs Jennings Eignung als Französischlehrerin. Und jetzt hat sie auf das Thema Nachhilfeunterricht umgeschwenkt, genau wie bei allen anderen Lehrern bisher. In Biologie war ich auch schon hinter ihr in der Schlange. Zum Glück muss ich jetzt nur noch zur Spanischlehrerin. Aber ich wette, da überholt sie mich unterwegs auch wieder, und wie ich mein Glück kenne, waren sie garantiert auch in Barcelona ...«

»Ha!«, sagte Sam triumphierend. »Spanisch hab ich bereits erledigt, ich muss nur noch zu Mr Butler. Somit ist dieser Kelch an mir vorübergegangen.«

»Warst du schon bei der Englischlehrerin?«

»Nein.«

»Dann mach dich auf etwas gefasst, denn dort hat sich gerade Luke Allisons Mum in die Schlange gestellt. Du wirst dir also anhören müssen, dass Luke bloß von seinem Recht auf freie Meinungsäußerung Gebrauch gemacht hat, als er mit einem Edding die Parole ›Fuck the Police‹ auf das sauteure interaktive Whiteboard gekritzelt hat.«

»Mist«, stöhnte Sam. »Erzähl mal, wie geht's dir?«

»Es geht mir ... besser. Danke übrigens für deine Hilfe mit Jane neulich.«

»Jederzeit. Ich mein's ernst. Bist du sicher, dass es dir gut geht?«

»Ja. Wobei die perfekte Mami der perfekten Lucy Atkinson vorhin meinte, ich sei eine Enttäuschung für die Fraktion der verlassenen Frauen, weil ich mich nicht irgendwie an Simon dafür gerächt habe, dass er mich verlassen hat. Findest du, ich sollte Juckpulver in seine Unterhosen streuen oder so?«

»Nein. Ich glaube eher, die perfekte Mami der perfekten Lucy Atkinson knabbert noch ziemlich daran, dass ihr ihre Busenfreundin den Mann ausgespannt hat. Verglichen damit ist dein mangelndes Bedürfnis nach Vergeltung meines Erachtens deutlich weniger ungesund. Wobei es ja immer heißt, glücklich zu sein sei die beste Rache.«

»Tja, ich gebe mir in der Tat große Mühe, glücklich zu sein, aber nicht, um mich an Simon zu rächen, sondern, weil ich glücklich sein will.«

»Also, wenn du mich fragst, bist du auf dem richtigen Weg, Süße.«

»Na, dann. Oh, sie steht auf, sie steht auf! Ich muss schleunigst ... Hey, ich glaub, ich spinne, Holly Ellis' Mutter versucht, sich vorzudrängeln! Aber das kann sie sich abschminken. NUR ÜBER MEINE LEICHE, du Miststück! Shit, jetzt setzt sich Libbys Mum doch noch mal hin ... Verflixt, ich habe gerade die Augen verdreht wie ein aufsässiger Teenager, und Mrs Jennings hat es gesehen.«

»Gott, Mum, dass man sich aber auch IMMER mit dir schämen muss!«, schnaubte Jane, die, den Kopf über ihr Handy gebeugt, neben mir stand und eben noch mit Sophie über irgendetwas gekichert hatte.

Sam gluckste. »*Ich* habe Sophie heute Abend noch keinen Grund geliefert, sich zu schämen.«

»Von wegen, Dad. Du hast vorhin in der Gegenwart von Mr Matthews einen ganz furchtbaren Väter-Witz gemacht, und er hat nur gelacht, weil er nicht so oft unter Leute kommt und der Elternabend für ihn die einzige Gelegenheit im ganzen Schuljahr ist, sich mal mit anderen Erwachsenen zu unterhalten«, widersprach Sophie.

»SIE STEHT AUF! Es geht los! Komm mit, Jane.« Ich spurtete los, wobei ich Hollys Mutter, diese freche Vordränglerin, unsanft anrempelte, und ließ mich vor Mrs Jennings auf den Stuhl plumpsen, den Libbys Mutter vor zwanzig Sekunden freigemacht hatte. Er war noch unangenehm warm.

Als wir es endlich, endlich hinter uns hatten (ich hatte mich getäuscht – Libby war in Sevilla gewesen, nicht in Barcelona), kam Sam noch einmal zu mir rüber und sagte: »Denk daran, du kannst dich jederzeit bei mir melden, wenn du jemanden zum Reden brauchst, okay? Und bei Colin ebenfalls.«

»Danke.«

Mir klingelten noch immer die Ohren, als ich nach Hause kam, völlig erledigt nach den unzähligen Gesprächen über die mittelmäßigen Leistungen meiner Tochter und den gut gemeinten Anregungen der Lehrer, sie müsse sich lediglich ein bisschen mehr ins Zeug legen. Judgy warf mir einen finsteren Blick zu, als ich mir das hart verdiente große Glas Wein einschenkte und mich damit auf die Couch sinken ließ. *Meinetwegen musstest du noch nie zu einem Elternabend*, schien er sagen zu wollen. *Hättest du dich an Hunde gehalten, dann wären dir solche Erlebnisse erspart geblieben.*

Tja, wo er recht hat, hat er recht.

Sonntag, 21. Oktober

Simon hat sich mir gegenüber in letzter Zeit auffallend nett verhalten. Als er neulich die Kinder abholen kam, hat er mir sogar einen Blumenstrauß mitgebracht, den er mir mit den Worten »Ich fand ihn einfach hübsch und dachte, er könnte dir gefallen« überreichte. Ich kann mich beim besten Willen nicht erinnern, wann mir Simon zuletzt Blumen geschenkt hat. Wie dem auch sei, es wurde zunehmend offensichtlich, dass ich dringend etwas sagen oder tun musste, für den Fall, dass er sich falsche Hoffnungen machte.

Also nahm ich seinen mehrfach wiederholten Vorschlag, dass wir uns zum Brunch treffen sollten, an – zum einen hielt sich auf diese Weise der Schaden in Grenzen, falls unsere Zusammenkunft durch eine unerfreuliche Szene ruiniert wurde, zum anderen hegte ich die Hoffnung, dass eine Bloody Mary die ganze Angelegenheit etwas erträglicher machen würden. Ich hoffte ja nach wie vor noch, dass wir einfach einen angenehmen Vormittag miteinander verbringen würden, ohne etwaige unerquickliche Themen anschneiden zu müssen.

Wir begannen mit etwas höflichem Smalltalk, bis Simon auf einmal meinte: »Ich hab etwas für dich.«

Er legte eine Mappe auf den Tisch und schob sie mir hin.

»Für dich!«, er strahlte mich an.

»Was ist das?«, fragte ich argwöhnisch.

»Guck rein.«

Ich schlug die Mappe auf. Sie enthielt Pläne für den Küchenausbau, über den wir vor gefühlten hundertfünfundsiebzigtausend Jahren gesprochen hatten.

»Oh«, sagte ich.

»Wie findest du's? Ich weiß, ich hätte dich erst nach deinen Vorstellungen fragen sollen, aber ich wollte dich überraschen, und ich glaube, ich habe alles berücksichtigt, von dem du mal erwähnt hast, dass du es in deiner Traumküche haben willst.«

»Simon, ich ... ich weiß nicht, was ich sagen soll.« (Einmal abgesehen von: »Ja, das ist eine tolle große Geste, aber es wäre in der Tat nett gewesen, wenn du mich nach meinen Vorstellungen gefragt hättest«, doch das behielt ich natürlich für mich).

»Sag einfach, dass es dir gefällt.«

Ich räusperte mich. »Simon, das ist *deine* Traumküche, nicht meine. Sieh dir diesen Glaskasten doch mal an! Ich habe zwei Hunde – was meinst du wohl, wie das aussieht, wenn sie überall ihre Schnauzenabdrücke hinterlassen? Außerdem hatte ich für Minimalismus noch nie viel übrig. Ich stehe auf Krimskrams und Vintage.«

»Ich wollte dir nur einen Gefallen tun«, sagte Simon. »Ich möchte dich glücklich machen. Wenn es mir nämlich gelingt, dich glücklich zu machen, können wir es vielleicht noch einmal miteinander versuchen.«

»Oh«, sagte ich erneut. »Das geht nicht, Simon. Wir können die Vergangenheit nicht ändern, wir können nur die Zukunft ändern, das hast du selbst gesagt.«

»Ich weiß. Und ich rede ja auch von der Zukunft.«

»Tut mir leid, aber ich kann das nicht. Ich habe das alles hinter mir gelassen, Simon. Du bist Teil der Vergangenheit, und ich glaube nicht, dass es dir oder mir helfen würde, wenn wir es noch einmal miteinander versuchen. Ich werde dich immer lieben, als Vater meiner Kinder, und ich hoffe, dass wir Freunde bleiben können, aber alles andere ist leider ausgeschlossen. Dafür ist einfach zu viel passiert.«

»Du liebst mich also, aber nicht mehr *auf diese Weise?*«, stellte Simon verbittert fest.

»Ganz recht. So hattest du es Anfang des Jahres selbst formuliert.« Ich nickte bekümmert.

»Aber ich hab mich getäuscht! Ich war verwirrt! Ich weiß jetzt, was ich will. Ich will *dich*!«

»Und ich weiß auch, was ich will, und zwar nicht dich. Es tut mir leid. Wir sind beide nicht ganz unschuldig. Ich habe dich vergrault; ich hätte versuchen sollen, mit dir zu reden, statt dich bloß immerzu anzubrüllen. Und du hättest ... Ach, lassen wir das. Jedenfalls glaube ich, dass wir das alles hinter uns lassen und neue Wege gehen müssen. Getrennte Wege.«

»Verstehe«, murmelte Simon. »Das war's dann also? Was ist mit der Nacht, die wir zusammen verbracht haben?«

»Das war ein Fehler.«

»Hat sich für mich aber nicht angefühlt wie ein Fehler. Ich hatte eher den Eindruck, dass du es genießt.«

»Nun ja, ich habe es auch genossen, aber ich will mehr als das. Ich will nicht, dass alles wieder so wird, wie es vorher war.«

»Aber so wird es nicht! Darum geht es mir ja. Es hat sich so vieles geändert. *Ich* habe mich geändert.«

»Ich auch, und genau darum geht es *mir*: Wir sind nicht mehr die Studenten, die sich vor über fünfundzwanzig Jahren kennengelernt haben. Wir sind zum Glück auch nicht mehr die zwei Eheleute von vor einem Jahr, die einander förmlich zerfleischt haben, aber du hast mir sehr wehgetan, und ich glaube nicht, dass ich je wieder dasselbe für dich empfinden kann wie davor, so sehr ich es auch versuche. Und diese Pläne – ich weiß, du meinst es gut, ich weiß, du willst mir helfen, aber du versuchst nach wie vor, mir *deinen* Willen aufzuzwingen. Du hörst einfach nicht zu, wenn ich darüber rede, was ich will. Es ist also doch auch einiges beim Alten geblieben, und wenn wir es *tatsächlich* noch einmal miteinander versuchen würden, wären wir bestimmt nicht glücklich. *Ich* wäre nicht glücklich, und es mag egoistisch klingen, aber ich finde, ich verdiene es, glücklich zu sein.«

Simon starrte eine ganze Weile vor sich auf den Tisch, dann schluckte er schwer. »Ja, du verdienst es, glücklich zu sein. Das bin ich dir schuldig. Das ist sogar das Mindeste, was ich für dich tun kann. Ich finde es nur unendlich schade, dass ich nicht derjenige war, der dich auf Dauer glücklich machen konnte. Es tut mir leid, Ellen. Alles.«

»Mir tut es auch leid, Simon. Alles.« Ich stand auf und schob ihm die Mappe hin. »Diese Pläne nimmst du wohl besser wieder mit.«

»Nein, die gehören dir«, sagte er. »Es käme mir kleinlich vor, wenn ich sie wieder mitnehmen würde, und außerdem kann ja außer dir niemand etwas damit anfangen. Und wer weiß, vielleicht kommst du irgendwann zur Vernunft und lässt dich doch noch zum Minimalismus bekehren. Nichts ist unmöglich …« Er zwinkerte mir zu. Dann griff er nach meiner Hand und hauchte einen Kuss hinein. »Ellen, ich … ich möchte, dass du eines weißt: Ich werde wohl nie jemanden so lieben wie ich dich liebe.«

»Ich vermutlich auch nicht«, stellte ich bekümmert fest. »Und ich wünschte, es wäre anders gekommen … Tja, mach's gut und halt die Ohren steif. Wir sehen uns dann nächste Woche.«

Damit ging ich hinaus, ohne einen Blick zurück.

Ich hatte nicht das Gefühl, Simon irgendetwas heimgezahlt zu haben. Ich war lediglich traurig. Es fühlte sich so an, als hätten wir endgültig einen Schlussstrich unter unsere Ehe gezogen.

NOVEMBER

Freitag, 2. November

Als ich heute von der Arbeit nach Hause kam, wurde ich von meinen beiden Kindern und beiden Hunden im Wohnzimmer erwartet. Alle trugen eine sehr ernste Miene zur Schau.

»Wir haben uns unterhalten«, verkündete Jane.

»Über dich«, schob Peter hinterher.

»Natürlich über sie, über wen denn sonst?«

»Das hab ich doch nur gesagt, damit nicht nur du redest. Ich finde, wir sollten uns abwechseln.«

»Was habe ich jetzt wieder falsch gemacht?«, unterbrach ich die beiden in dem Bestreben, die Prozedur abzukürzen, damit ich mich dann wieder sinnvolleren Tätigkeiten widmen konnte, etwa der Beseitigung des bedrohlich hohen Wäschebergs auf dem oberen Treppenabsatz, der sich jeden Moment lawinenartig über die Stufen hinunterwälzen konnte.

»Nichts«, sagte Jane.

»Wir wollen, dass du glücklich bist«, erklärte Peter mit Grabesstimme.

»Das klingt mir aber ganz und gar nicht danach«, stellte ich fest.

Peter verdrehte die Augen. »Ich spreche nur mit so tiefer Stimme, damit du mich auch *ernst* nimmst.«

»Okay, entschuldige, Liebes.«

»Also: Wir wollen, dass du glücklich bist«, wiederholte Peter, in einem Tonfall, der dem eines Bestatters würdig gewesen wäre. »Wir wissen, dass du dich mit einem Mann triffst, und wir wollten dir nur sagen, dass wir nichts dagegen haben«, fügte Jane hinzu, zum Glück mit normaler Stimme.

»Woher wisst ihr das?«, fragte ich bestürzt.

»Sophie hat gehört, wie sich Colin und Sam darüber unterhalten haben«, berichtete sie. »Und wir wissen, dass du es in letzter Zeit nicht einfach hattest, und wenn er dich glücklich macht, dann haben wir nichts dagegen. Du musst ihn nicht vor uns geheim halten. Du kannst ihn unseretwegen auch mal hierher einladen. Ich weiß jetzt, dass Beziehungen manchmal einfach enden, und dann ergibt sich etwas Neues, so wie bei Will und mir. Und es wäre unfair von uns, wenn wir dich daran hindern, dasselbe zu tun.«

»Aber lass dich bloß nicht schwängern, okay?«, sagte Peter. »Ehrlich gesagt wäre es das Beste, wenn du gar keinen Sex hättest, aber falls doch, dann müsst ihr verhüten. Und wir wollen dich dabei auch nicht hören, okay?«

»Peter!«, ächzte Jane. »Ich glaube, du greifst ein bisschen vor. Könnten wir jetzt bitte aufhören, über Mums Liebesleben zu reden?«

»Ja«, sagte ich, »das wäre mir auch sehr recht.«

Samstag, 24. November

Ausgestattet mit der hochoffiziellen Erlaubnis der Kinder, mich »neu zu orientieren« begab ich mich heute mit Jack in ein sehr hübsches Hotel auf dem Lande, und zwar mit der beängstigenden Aussicht auf gewisse Aktivitäten in der Horizontalen, weshalb ich ein klein wenig befangen war. Es war Jack, der neulich vorgeschlagen hat, wir könnten ja mal übers Wochenende wegfahren, um »uns eine kleine Auszeit zu gönnen«, wie er es formulierte, aber sowohl ihm als auch mir ist sonnenklar, warum wir wirklich hier sind, nämlich für eine ausgiebige Runde Bettgymnastik auf neutralem Territorium, wo nicht die Gefahr besteht, dass irgendwelche Kinder unerwartet nach Hause kommen und wo keine Hunde mit vorwurfsvollen Blicken alles daran setzen, Sand ins Getriebe zu streuen.

Das Hotel ist toll. Mit seinen Holzbalken und Kaminen, in denen echtes Feuer knistert, verströmt es einen sehr rustikalen, altertümlichen Charme, und es ist ein richtiges Hotel, in dem sich allerhand Leute tummeln, denn Jack hatte sich *meine Wünsche zu Herzen genommen* – ganz anders als Simon, der immer darauf bestanden hat, in einem dämlichen Cottage zu nächtigen (und wenn er sich denn mal breitschlagen ließ, in einem Hotel abzusteigen, dann musste es eines dieser futuristischen, minimalistisch eingerichteten mit haufenweise Gadgets sein). Ich ertappte mich allerdings immer wieder dabei, dass ich die anderen Gäste verstohlen musterte und mich fragte, ob sie wohl auch hergekommen waren, um es ungestört miteinander treiben zu können. Nach unserer Ankunft haben wir erst einmal ausgepackt und händchenhaltend einen belebenden Spaziergang am Fluss gemacht, und nachdem wir uns in der Bar ein paar Drinks gegönnt hatten, regte Jack an, ich könne ja vor dem Abendessen ein Bad nehmen. »Zur Entspannung«, wie er sagte – und ich hoffe mal, er meinte damit wirklich »um in Stimmung zu kommen« und hat es nicht bloß gesagt, weil er findet, dass ich müffle. Jedenfalls stand ich wenig später splitterfasernackt im

Badezimmer und betrachtete mich prüfend im Spiegel. Ich konnte nur hoffen, dass mich Jack nicht gar zu abstoßend finden würde. Mein Busen hat schon bessere Zeiten gesehen, andererseits ist er gar nicht sooo schlecht in Form für eine sechsundvierzigjährige Mutter von zwei Kindern. Mein Bauch ... Nun ja, er weist durchaus ein paar Dehnungsstreifen auf, und er ist auch nicht sonderlich straff oder muskulös, aber zumindest hängt er nicht vorhangartig bis zur Schamgegend runter.

Beim Blick auf letztere erstarrte ich jäh. Ich hatte mir für unseren kleinen Ausflug zwar sorgfältig die Achseln und die Beine rasiert, hatte jedoch zu meinem großen Entsetzen *vollkommen vergessen*, mir den Busch zu stutzen. Kein Wunder, es war einfach schon verdammt lange her, dass auch nur die geringste Chance auf ein romantisches Tête-à-Tête bestanden hätte, weshalb ich mir im Sommer zwar regelmäßig Achseln und Beine rasiert, meine unteren Regionen ansonsten jedoch sträflich vernachlässigt hatte. In der Folge war besagter Busch zu einem wuchernden Gestrüpp von erschreckenden Ausmaßen avanciert. Um da für ansprechende Verhältnisse zu sorgen, bedurfte es eigentlich einer Heckenschere, wenn nicht gar einer Motorsense.

Mit dem kleinen Einwegrasierer aus meinem Kulturbeutel ließ sich garantiert nicht einmal eine Schneise in den Urwald schlagen. Ehe ich meine Bikinizone in Form bringen konnte, musste also erst einmal ein Werkzeug fürs Grobe her: Ich brauchte eine Schere. Ich hatte bereits sämtliche Hotel-Giveaways inspiziert, darunter auch das Nähset, das leider recht spärlich ausgestattet war – es enthielt lediglich ein paar Nadeln und etwas Zwirn, aber keine Schere. Dann hatte ich einen Geistesblitz: An meinem Schlüsselbund hing ein kleines Taschenmesser, und das war mit einer Mini-Schere ausgestattet. Ha! Ich wickelte mich in ein Badetuch und huschte zurück ins Schlafzimmer.

»Muss nur schnell etwas holen«, flötete ich, als ich Jacks überraschten Blick aufschnappte, und fischte den Schlüsselbund aus meiner Handtasche. »Bin gleich so weit.«

Bedauerlicherweise stellt eine Schambehaarung, die an die wuchernde Hecke rund um Dornröschens Schloss erinnert, selbst für ein Schweizer Taschenmesser eine gewisse Herausforderung dar, doch ich gab nicht auf. Ich stutzte den Dschungel dort unten notdürftig zurecht, bis die kleine Schere meines Taschenmessers vollkommen mit Schamhaaren verstopft war, dann griff ich zum Rasierer. Das Ergebnis war ... irgendwie asymmetrisch. *Shit.* Okay, dann musste eben auf der anderen Seite noch was ab ... *Hoppla, das war jetzt aber zu viel des Guten. Also noch etwas mehr auf der linken Seite ...* So ging das noch ein paar Mal, bis mein üppig beflauschtes Angorakätzchen unversehens zum Nacktmull mutiert war. Elender Elefantenmist! Ich verfluchte mich für meinen Übereifer, zum einen, weil es untenrum nun ganz schön zugig war, zum anderen, weil Jack womöglich dachte, dass das mein Normalzustand war und auch künftig großflächige Abholzungsmaßnahmen von mir erwarten würde.

Beim anschließenden Dinner konnte ich mich weder auf mein Essen noch auf die Unterhaltung konzentrieren, weil meine armen, unbehaarten Genitalien ganz jämmerlich froren, und die Vorstellung, nach all der Zeit mit einem Mann ins Bett zu gehen, der nicht Simon war, tat ihr Übriges.

Jack entging angesichts meiner zerstreuten Antworten natürlich nicht, dass etwas im Busch war (okay, unpassende Metapher ...). Irgendwann beugte er sich über den Tisch und nahm meine Hand.

»Du wirkst nervös«, stellte er fest. »Wir müssen nicht unbedingt heute Abend zur Tat schreiten, wenn du noch nicht soweit bist«, sagte er sanft.

Oh doch, wir mussten, ehe mein Schamhaar wieder anfing zu wachsen, was, wie ich aus Erfahrung wusste, mörderisch jucken würde (seufz, man möchte meinen, ich hätte mit den Jahren dazugelernt). Jack sollte schließlich nicht denken, ich hätte Filzläuse.

»Ach was.« Ich lachte betont unbeschwert. »›Let's do it!‹, wie Victoria Wood es in ihrer Ballade über Barry und Freda formuliert hat. Wobei es da am Ende heißt: ›Versohl mich mit der *Women's Weekly*‹, aber ich lese ehrlich gesagt lieber *Take a break* … Also, komm, bringen wir's hinter uns!«

»Sehr romantisch«, murmelte Jack.

Auf dem Weg zu unserem Zimmer war mir dennoch etwas mulmig zumute. Was zum Teufel machte ich hier eigentlich, und warum? Wenn ich unbedingt Sex haben wollte, hätte ich mich ja auch wieder mit Simon zusammentun können; der wusste zumindest, welche Knöpfchen er drücken musste … Was, wenn Jacks Vorspiel nicht hielt, was die Knutscherei mit ihm versprochen hatte? Was, wenn er an meinen Brustwarzen rumfummelte, als wollte er einen anderen Radiosender einstellen? *Reiß dich zusammen, Ellen*, sagte ich mir. *Es ist bloß Sex.* Ich rief mir mein Drauf-geschissen-Mantra in Erinnerung, das mir unter den gegebenen Umständen jedoch untauglich erschien. *Tief durchatmen.* Wenn Jack meine kahlrasierte Pussy abstoßend fand, dann war das sein Problem, nicht meines. Vielleicht fand ja ich *ihn* abstoßend, etwa, weil sein bestes Stück irgendwie eigenartig geformt war oder so. Jack war bestimmt auch nicht perfekt, schließlich war er auch kein achtzehnjähriger Adonis mehr.

Oben angekommen, brabbelte ich weiter allerlei Unsinn vor mich hin. Ich wies Jack auf die »interessante Inneneinrichtung« unseres Zimmers hin und machte eine Bemerkung zu den Kissen- und Sofabezügen. Ehe ich jedoch zu meinem berühmten

Monolog über Fischotter und ihre opponierbaren Daumen ansetzen konnte, küsste mich Jack entschlossen, dann sah er mir tief in die Augen und sagte: »Geh ich recht in der Annahme, dass Bettgeflüster nicht unbedingt zu deinen Stärken gehört?«

»Äh, schon möglich«, gab ich zu. »Ich weiß nie so recht, was ich sagen soll. ›Hach, was für ein hübscher Schniedel! Nimm mich mit deinem prächtigen Schwengel, bis mir die Sinne schwinden!‹ oder sowas in der Art?«

»Ich glaube, es ist für alle Beteiligten das Beste, wenn du mal eine Minute die Luft anhältst.«

Er hatte recht. Wir machten schweigend weiter, bis er mir den Slip abgestreift hatte, der dem besonderen Anlass entsprechend (selbst ich habe Ansprüche!) zu meinem BH passte.

»Oh«, sagte Jack überrascht. »Ich hatte nicht erwartet, dass du da unten so … ähm … kahl bist.«

»Bin ich normalerweise auch nicht«, beeilte ich mich zu versichern. »Ich hab bloß beim Trimmen immer wieder auf einer Seite zu viel wegrasiert, bis irgendwann alles ab war, und … tja, voilà!«

»Verstehe«, sagte Jack. »Dann stehst du also eigentlich nicht auf Kahlschlag? Ich nämlich ehrlich gesagt auch nicht. Ich finde das etwas … unnatürlich.«

»Oh Gott!«, heulte ich auf. »Ich wollte doch bloß etwas gepflegter aussehen, und jetzt findest du mich abstoßend! Als wären meine Hängebusen und meine Dehnungsstreifen nicht schon schlimm genug! Wahrscheinlich ist meine frisch geschorene Muschi jetzt der endgültige Abtörner – ich wette, man kann sogar die Narben sehen, da, wo ich nach der Geburt wieder zusammengeflickt wurde … Oh Gott, ICH WUSSTE DOCH, dass das alles eine Schnapsidee ist! Ich bin dazu verdammt, nie wieder Sex zu haben!«

»Ellen«, sagte Jack, »ich habe zwar an sich keine Vorliebe für Sado-Maso-Praktiken, aber wenn du weiterhin so einen Quark laberst, bekommt die Vorstellung, dich zu knebeln, durchaus ihren Reiz. Deine Dehnungsstreifen hab ich gar nicht bemerkt, und deine Titten sind der Hammer, wobei ich gar nicht weiß, ob man so etwas überhaupt noch ungestraft sagen kann. Und ich habe nicht vor, dich auf Narben abzusuchen. Ich wollte bloß sagen, dass ich nicht allzu scharf auf den Pornostar-Look bin, aber im Grunde kannst du's mit deiner Intimbehaarung halten, wie du willst. Ehrlich gesagt ist mir schnurzpiepegal, wie deine Bikinizone aussieht.«

»Oh. Dann willst du also doch noch ... Du weißt schon?«

»Du weißt schon?«

»ES TUN!«

»Mit dir schlafen, meinst du? Na klar! Vor mir steht eine nackte, atemberaubende Frau, und es hat zwar den Anschein, als wäre sie wild entschlossen, mit möglichst unpassenden Kommentaren dafür zu sorgen, dass mir die Lust vergeht, aber ich bin trotzdem fest entschlossen, ›es zu tun‹, wie du es gerade formuliert hast.«

Also haben wir es getan. Und es war sehr schön. Und es wurden keine Anstalten gemacht, irgendwelche Radiosender einzustellen.

Hinterher sagte Jack: »Juckt es nicht fürchterlich, wenn die Haare nachwachsen?«

»Doch, höllisch.«

»Und warum hast du dann ...?«

»Naja, ich wollte nicht aussehen wie ein Yak im Winterpelz.«

»Dir ist schon klar, dass der Ausdruck Pussy nicht von ungefähr kommt? Nacktkatzen erfreuen sich ja auch keiner allzu großen Beliebtheit.«

»Sagt man wirklich deshalb Pussy?«

»Keine Ahnung, hab ich mir gerade ausgedacht.«

»Klingt aber recht einleuchtend. Sollte ich vielleicht mal recherchieren. Wobei, lieber nicht; ich hab auf Urban Dictionary mal ›Teabagging‹ nachgeschlagen und die dabei gewonnenen Erkenntnisse bis heute nicht verkraftet. Ich hatte fälschlicherweise angenommen, es würde bedeuten, dass man den Teebeutel in der Tasse schwenkt …«

»Äh, nein.«

»Ja, das weiß ich mittlerweile auch, und ich stehe wie gesagt immer noch unter Schock.«

»Wenn ich verspreche, von Teabagging abzusehen, wärst du dann gewillt, noch einmal … Du weißt schon?«

»Ich ließe mich durchaus überreden. Ohne Teabagging – dazu könnten mich echt keine zehn Pferde bringen. Ich glaube sogar, ich wäre versucht, zuzubeißen, wenn du Anstalten in diese Richtung machen würdest.«

Jack schauderte. »Tja, mein Liebling, wie gut, dass ich gar nicht die Absicht habe, es je auszuprobieren. Und ich möchte dich noch einmal darauf hinweisen, dass diese Art von Bettgeflüster nicht unbedingt dazu angetan ist, für eine passende Stimmung zu sorgen.«

»Entschuldige, aber mir ist einfach unbegreiflich, wie jemand so etwas über sich ergehen lassen kann, ohne zuzubeißen.««

»Würdest du jetzt bitte die Klappe halten, Ellen? Ich flehe dich an!«

»Okay.«

»!«

»!«

DEZEMBER

Samstag, 1. Dezember

Endlich! Die Vorweihnachtszeit hat offiziell begonnen. Mittlerweile gibt es in den Supermärkten ja verrückterweise schon ab September Plum Pudding, und spätestens im November fangen die Leute an, Fotos von ihrem Weihnachtsbaum zu posten, aber ab heute geht es mit Riesenschritten in Richtung Heiligabend. Jane ist aus aktuellem Anlass zu einer Weihnachtsparty eingeladen und verkündete, sie gedenke danach bei Lara zu übernachten.

»Und bei *welcher* Lara?«, fragte ich.

Ein fataler Fehler. Meine Tochter verdrehte die Augen und schnippte sich entnervt eine Haarsträhne über die Schulter, dabei gibt es in Janes Jahrgang allein drei Mädchen namens Lara, mit denen sie befreundet ist, und möglicherweise noch etliche weitere, von denen ich noch nie gehört habe. Dennoch wurde von mir erwartet, dass ich wusste, um welche es sich handelte. Immerhin ließ sie sich, nachdem ich in Ermangelung telepathischer Fähigkeiten noch ein paar Mal nachgefragt und sie noch ein paar Mal verächtlich geschnaubt hatte, dazu herab, mir zu verraten, dass es sich um Lara Robinson handelte.

Peter ging zur Feier des Tages ins Kino, um sich einen höchst unweihnachtlichen, der Beschreibung nach reichlich gewalttätigen Science-Fiction-Film anzusehen.

Sonntag, 9. Dezember

Als ich morgens nach dem Aufstehen mein Handy einschaltete, hatte ich eine Nachricht von Charlie erhalten, in der er verkündete: »Heute Nacht um 03:32 Uhr kam Edward Charles Johnathan Carrhill mit 3742 Gramm zur Welt. Mutter und Kind sind wohlauf.« Hannah hatte mir ebenfalls geschrieben: »Hab's geschafft. Ein Junge. Hatte ganz vergessen, was für eine Tortur das ist. Bring Kuchen, Sekt und Sauciere.«

Bis ich aufgewacht war und diese Nachrichten gelesen hatte, war Hannah jedoch bereits auf eigenen Wunsch entlassen worden und wieder zu Hause, es war also nicht nötig, dass ich mit Kuchen, Sekt und Sauciere bewaffnet ins Krankenhaus flitzte. Stattdessen fahren wir in ein paar Tagen zu ihr zur offiziellen Babybegutachtung.

Dienstag, 11. Dezember

Heute fuhr ich nach Feierabend mit den Kindern zu Hannah, um das Baby kennenzulernen. Als wir vor ihrem Haus hielten, kam Peter plötzlich ein furchteinflößender Gedanke. »Mum«, flüsterte er. »Sie wird doch hoffentlich nicht ihre *Möpse* auspacken, oder?«

»Nein, Peter«, versicherte ich ihm, »Hannah wird dich ganz bestimmt nicht mit nackten Tatsachen konfrontieren, keine Sorge.«

»Gut.« Er atmete hörbar erleichtert auf. »Ich meine, ich will nicht unhöflich sein, aber wir reden hier von Hannah. Es wäre echt schräg, ihre Möpse zu sehen.«

Ich erinnerte Peter daran, dass Stillen vollkommen normal ist und dass Brüste nicht nur für Sex bestimmt sind und so weiter und so fort, bis mich beide Kinder anflehten, den Mund zu halten, weil mein Gefasel über Sex und Brüste einfach nur megapeinlich und abstoßend sei. Dann gingen wir hinein, um das frisch geschlüpfte Baby zu begutachten. Edward ist ziemlich hübsch für ein Neugeborenes. Da er ein klein wenig Flaum auf dem Kopf hat, ist er im Gegensatz zu den meisten Neugeborenen zumindest keine zerknautschte Miniaturausgabe von Winston Churchill, aber abgesehen davon hebt er sich optisch nicht groß von anderen Gleichaltrigen ab. Mit Ausnahme meiner eigenen zwei sahen Säuglinge für mich eigentlich schon immer alle ziemlich ähnlich aus, manche mehr und manche weniger hässlich. Die Natur hat das ja ziemlich clever eingerichtet – jede Mutter ist überzeugt, dass *ihr* kleiner Hosenscheißer einen Schönheitswettbewerb gewinnen könnte, weil er ja viel süßer ist als die potthässlichen Gnome der anderen Mütter. Auf diese Weise soll wohl sichergestellt werden, dass das Muttertier nicht versehentlich das falsche Junge erwischt. Wenn ich heute Babyfotos von Peter oder Jane betrachte, sehe ich keinen großen Unterschied zu anderen Babys – ich wage sogar zu bezweifeln, dass ich sie in einer größeren Kinderschar überhaupt noch erkennen würde.

»Möchtest du ihn mal halten?«, fragte Hannah.

»Nicht unbedingt«, lehnte ich höflich ab. »Ich habe seit jeher tierisch Angst, die Babys anderer Leute fallenzulassen.«

Hannah sah zu Jane. »Na, wie wär's?«,

»Och, ich weiß nicht recht. Ich könnte ihn auch fallen lassen.«

»Ach Quatsch, du schaffst das schon«, widersprach Hannah brüsk und legte Jane ohne lange zu fackeln ihr Neugeborenes in die Arme.

Jane ließ es widerstrebend geschehen, hielt den Kleinen etwas verkrampft fest und betrachtete ihn argwöhnisch, wobei sie unbeholfene Gurrlaute von sich gab. Es klang ein bisschen, als würde man sie strangulieren.

»Igitt!«, kreischte sie plötzlich. »Er hat mich angekotzt! Und ich glaube, jetzt kackt er auch noch! Oh Gott, nehmt ihn mir ab! Schnell!«

Hannah schnappte sich ihren Sohn, ehe Jane ihn auf den Boden schleudern konnte. »Na, hättest du nicht auch gern ein Baby, Jane?«, flötete sie ungerührt und reichte meiner Tochter eine Windel, damit sie sich den Speifleck vom T-Shirt wischen konnte.

Jane schauderte. »Ich bin nicht sonderlich scharf darauf.«

»Tja, immer schön verhüten, dann bleibst du verschont«, flötete Hannah.

Kurz darauf trollten sich die Jungs, um sich mit Lucas' Xbox zu vergnügen, und auch Jane und Emily gingen nach oben.

»So«, sagte Hannah zufrieden. »Gern geschehen, Ellen. Dank Edwards kleinem Unfall wird Jane ganz sicher keine Hallodris an sich ranlassen, ohne sich vorher die Pille zu besorgen, oder gar eine Spirale einsetzen zu lassen. Vermutlich wird sie noch nicht mal die anständigen Jungs ranlassen, und falls doch, dann nur, wenn sie sich mindestens drei Kondome überziehen. Ich ziehe in Erwägung, Edward an die Eltern von Teenagern zu vermieten. Wenn du willst, bitte ich Peter nachher, ihm eine frische Windel anzulegen. Ich weiß, er und Lucas sind noch ein bisschen jung, aber es schadet nicht, ihnen schon jetzt einen gesunden Respekt vor den Folgen ungeschützten Geschlechtsverkehrs einzuflößen. Ich schätze, wir müssen keine Angst haben, dass wir allzu bald Großmutter werden.«

Ich gluckste. »Du sagst es.«

Ganz allmählich erwärmte ich mich etwas für Baby Edward, aber noch nicht genug, um ihn im Arm halten zu wollen.

Donnerstag, 12. Dezember

Meine Kinder haben mal wieder ein ernstes Gespräch mit mir geführt. Ich glaube, die beiden haben erkannt, dass es mir Angst einjagt, wenn sie sich zusammentun, und dass sie auf diese Weise viel eher ihren Willen durchsetzen können. Heute Abend wollten sie über Simon reden.

»Dad findet es bestimmt nicht schön, wenn er Weihnachten dieses Jahr ganz allein verbringen muss«, stellte Jane fest und seufzte theatralisch.

»Und für uns wird es auch nicht schön, wenn wir uns Sorgen machen müssen, weil er allein ist«, fügte Peter hinzu. »Ich meine, es könnte ja sein, dass er hinfällt, mit dem Kopf aufschlägt und stirbt, und bis ihn endlich jemand findet, hat sich sein Körper womöglich schon so zersetzt, dass man ihn nur noch anhand seiner Zähne identifizieren kann.« Der Junge hat wirklich ein bemerkenswertes Talent dafür, sich immer das absolute Worst-Case-Szenario auszudenken.

»Und eigentlich haben wir an Weihnachten doch immer viel zu viel Essen im Haus, Mum«, legte Jane noch ein Schäufelchen drauf. »Und wie du weißt, ist die Verschwendung von Nahrungsmitteln Frevel, und schädlich für die Umwelt außerdem.«

»Okay, okay, ihr könnt aufhören, mir ein schlechtes Gewissen einzureden und zum Punkt kommen«, sagte ich.

»Ich nehme mal an, mit eurem Gesülze über potentiell tödliche Unfälle eures Vaters und darüber, dass ich höchstpersönlich für das Schmelzen der Polkappen verantwortlich bin, wenn ich zu viele Würstchen im Schlafrock mache, wollt ihr durch die Blume anregen, dass ich Dad an Weihnachten zum Essen einladen soll?«

Jane bemühte sich um eine möglichst unschuldige Miene. »Also, jetzt, wo du es erwähnst …«

»Ja, gute Idee! Dass wir da nicht von selbst drauf gekommen sind!« Peter trug den erstaunten Gesichtsausdruck zur Schau, mit dem er mich sonst ansieht, wenn ich ihn zur Rede stelle, weil ich mal wieder eine leere Milchpackung im Kühlschrank vorgefunden habe.

»Meinetwegen«, sagte ich, und dann schrieb ich Simon, dass er eingeladen war, sofern er eine ordentliche Flasche Wein mitbrachte und weder rumnölte noch laut darüber nachdachte, wann er wohl endlich etwas zu beißen kriegen würde, falls ich das Essen schlappe zwei Stunden später als geplant auftrug. Ich schrieb außerdem, es sei ihm nicht gestattet, meine Truthahnfüllung auf unschmeichelhafte Weise mit der seiner Mutter zu vergleichen oder Einwände gegen die Drei-Sekunden-Regel zu erheben, falls mir etwas auf den Boden fiel und ich es hinterher trotzdem servierte. Und ich wies ihn darauf hin, dass er, wenn ich meinen alljährlichen Weihnachtsnervenzusammenbruch hatte, auf keinen Fall die Augen verdrehen oder Ausdrücke wie »hysterisch« oder »Drama Queen« in den Mund nehmen durfte, sondern mich zur Beruhigung mit Wein abzufüllen und sicherzugehen hatte, dass die Kartoffeln nicht verbrannten, während ich »Mir wird das ALLES ZU VIEL!« und »ICH FÜHL MICH TOTAL ÜBERFORDERT!« greinte.

Simon schrieb: »Ich glaube, das kriege ich hin«, schickte dann allerdings einen Link zu einem Artikel hinterher, in dem stand, die Drei-Sekunden-Regel sei wissenschaftlich nicht haltbar, worauf ich ihn beinahe wieder ausgeladen hätte. Der Mann hat echt KEINE AHNUNG!

Montag, 24. Dezember

Ich hab's geschafft! Ich hab's endlich geschafft! Fünfzehn Jahre lang habe ich vergebens versucht, meine ganz persönliche Weihnachtsvision zu verwirklichen, in der ich mir erst mit Peter und Jane beim Kartoffelschälen in der Küche Weihnachtslieder vom Knabenchor des King's College im Radio anhöre und mich anschließend mit ihnen aufs Sofa kuschle, um *Ist das Leben nicht schön* zu gucken, bis meine beiden allerliebst zerzausten, gähnenden Kinderlein dann artig ins Bett wanken, damit ich wenig später nach oben schleichen kann, um meine friedlich schlummernden Süßen von tiefer Zuneigung erfasst zu betrachten, ehe ich ihre Weihnachtsstrümpfe fülle. Stattdessen bin ich alljährlich wie ein aufgescheuchtes Huhn durchs Haus gerannt in dem Versuch, ein Weihnachtsessen für eine ganze Horde undankbarer Verwandter zuzubereiten, und das alles, ohne mich auch nur ein einziges Mal hinsetzen und kurz ausruhen zu können. Gegen halb vier Uhr nachts war ich dann todmüde ins Bett gefallen, nachdem ich hundertfünfundsiebzigtausend Geschenke eingepackt und um ein Haar die Kinder aufgeweckt hatte, als ich in ihre Zimmer gehuscht war, um ihre Strümpfe zu füllen.

Natürlich war der Abend auch diesmal nicht rundum perfekt. Zum einen sträubten sich die Kinder lautstark dagegen, dem Knabenchor des King's College zu lauschen. Insbesondere Peter argumentierte, es sei ein Verstoß gegen sein Recht auf Religionsfreiheit, wenn man ihn zwinge, sich eine kirchliche Radiosendung reinzuziehen. (Er ist noch immer sauer, weil ich mich so unkooperativ verhalten habe, nachdem er im Grundschulalter erfahren hatte, dass er als Atheist nicht zum Besuch der Weihnachts- und Ostermesse verpflichtet war – ich Rabenmutter hatte mich nämlich geweigert, ihm eine entsprechende Befreiung zu schreiben, denn dann hätte ich ihn ja früher abholen müssen).

Da wir uns partout auf keine andere musikalische Untermalung einigen konnten (Jane fand Peters Musik grauenhaft, Peter fand Janes Musik bescheuert, für mich klang ehrlich gesagt beides bloß wie *Lärm*, und die Musik, die *ich* mochte, war ihrer Ansicht nach über alle Maßen lahm), herrschte beim Schälen der Kartoffeln am Ende weitgehend Stille. Nur dann und wann brach eines der Kinder das Schweigen, um sich darüber zu beschweren, dass sie NOCH IMMER NICHT beim Schmücken des Weihnachtbaums helfen dürfen. So geht das schon die ganze Woche, aber es ist mir schnurz, wenn sie mich als »Weihnachtsbaumdiktator« beschimpfen, denn es ist MEIN BAUM, und ich will verdammt nochmal, dass er PERFEKT GESCHMÜCKT ist!

Ich war vor Freude regelrecht außer mir, weil ich es dieses Jahr doch tatsächlich mal geschafft habe, sämtliche Vorbereitungen noch vor der Ausstrahlung von *Ist das Leben nicht schön* abzuschließen, weshalb ich leichtsinnigerweise nachgab, als Peter quengelte, er sei ja nun vierzehn und somit doch wohl alt genug für ein Bier. Ich erlaubte ihm den Konsum einer kleinen Flasche, was ich bitterlich bereute, denn das Resultat war ein wahres Rülpskonzert, unterbrochen von albernem Gekicher. Keine Ahnung, ob er tatsächlich einen im Tee hatte oder ob er mich bloß ärgern wollte, jedenfalls hat es mich tierisch genervt. Bei Jane, die mich überredet hatte, ihr ein großes Glas Bacardi Cola zu gestatten, entfaltet Alkohol offenbar eine hochgradig sarkasmusfördernde Wirkung – sie ließ etliche verächtliche

Kommentare über den Film vom Stapel und behauptete unter anderem, er sei kitschig und langweilig. Als Peter zustimmend rülpste, flippte ich aus und zeterte: »*Ist das Leben nicht schön* ist ein großartiger Film über Hoffnung und das menschliche Befinden und zeigt, dass selbst jede noch so kleine Handlung Auswirkungen auf unsere Mitmenschen haben kann, also haltet jetzt gefälligst den Schnabel oder verzieht euch, verdammt nochmal!« Den Rest des Films sahen Judgy und ich uns zu zweit an, und ich zog mir dabei schluchzend den Großteil einer festlichen Flasche Wein rein.

Obwohl Peter und Jane schon seit gut zehn Jahren nicht mehr an den Weihnachtsmann glauben, ließen sie es sich nicht nehmen, einen Mince Pie und ein Glas Whisky für ihn bereitzustellen (das Glas Milch durch Whisky zu ersetzen, war ursprünglich Simons Idee gewesen) sowie eine Karotte für Rudolf danebenzulegen. Dann mussten noch die Strümpfe für den Weihnachtsmann aufgehängt werden, und zwar im Erdgeschoss, wie mir bei dieser Gelegenheit nachdrücklich erklärt wurde, weil die Kinder die Vorstellung, dass ich nachts, während sie schliefen, in ihre Zimmer schlich, mittlerweile »abartig« und »gruselig« fanden.

»Das ist total unfair!«, beschwerte ich mich. »Ihr könnt nicht auf eure Traditionen pochen und gleichzeitig die meinen abschaffen!« Vergeblich – sie drohten damit, bei Zuwiderhandlung meinerseits einen Stuhl unter die Türklinke zu klemmen.

Nachdem sie sich schließlich – nur sehr widerwillig, weil es ihrer Ansicht nach noch viel zu früh war – ins Bett verkrümelt hatten, machte ich mich daran, die Geschenke einzupacken, die ich für ihre Weihnachtsstrümpfe besorgt hatte. Eigentlich hatten sie sich nur Geld in Form von Gutscheinen gewünscht, aber

Peter bekam zusätzlich ein paar Kleinigkeiten, über die ich zufällig gestolpert war und von denen ich hoffte, dass er sie total cool finden würde (insgeheim war mir natürlich klar, dass er sie ziemlich sicher keines zweiten Blickes würdigen würde), und für Jane hatte ich eine Handvoll Kosmetikkram besorgt, der teurer gewesen war als alles, was ich insgesamt an Schminkzeug besaß. Weil es wie erwartet etwas trostlos wirkte, dass nun so gar keine Päckchen unter dem Baum lagen, packte ich auch gleich noch die Geschenke ein, die ich vorsorglich für Judgy, Barry und die dämlichen Hühner gekauft hatte.

Als ich fertig war, warf ich einen Blick auf die Uhr. Eine Minute vor Mitternacht. Sagenhaft! Ich hatte es geschafft! Ich versuchte flüchtig, mir einzureden, dass mir etwas *fehlte*, wenn ich nicht verschwitzt und abgekämpft und stinksauer und frustriert war; dass einfach nicht Weihnachten war, wenn ich nicht um drei Uhr morgens noch mit Tesastreifen im Haar durchs Haus geisterte, aber dann gestand ich mir ein, dass es eigentlich ein sehr schönes Gefühl war. Ich trank den für den Weihnachtsmann bestimmten Whiskey, biss in den Mince Pie und brach ein wenig von der Karotte ab, damit es so aussah, als hätte Rudolf daran genagt. Judgy verfolgte, von akutem Futterneid geplagt, wie ich das Karottenstück an Barry verfütterte und bestand prompt darauf, ebenfalls einen Happen davon abzukriegen. Erst als er ihn bereits im Maul hatte, fiel ihm wieder ein, dass er Karotten hasst, und um seiner Abneigung Ausdruck zu verleihen, würgte er den zu winzigen Schnipseln zerhäckselten Bissen wieder hervor, auf eine möglichst breite Streuung bedacht.

»Vielen Dank, Judgy«, sagte ich. »Auch dir ein frohes Weihnachtsfest!«

Dienstag, 25. Dezember – erster Weihnachtsfeiertag

Auch heute erlebte ich eine Premiere: Zum ersten Mal seit fünfzehn Jahren wurde ich nicht von jemandem geweckt, der versuchte, mir unsanft die Augenlider auseinanderzuziehen und mir dabei »GESCHENKE! ICH WILL MEINE GESCHENKE!« ins Ohr plärrte.

Jane ist schon seit ein, zwei Jahren etwas zurückhaltender, was Weihnachten angeht, Peter dagegen war voriges Jahr am Weihnachtsmorgen noch total aufgekratzt. Als ich heute jedoch um halb zehn herrlich ausgeruht erwachte, schliefen die beiden noch tief und fest. Selbst Judgy schnarchte noch vor sich hin. Er hatte den Kopf neben mir auf dem Kissen abgelegt und hauchte mir seinen Hundeatem ins Gesicht, dabei habe ich ihm schon unzählige Male eingeschärft, dass sein Platz am Fußende ist. Barry hatte sich gestern Abend, als ich ins Bett ging, zu Jane ins Zimmer geschlichen (was mir in Anbetracht seiner enormen Körpergröße nur recht war), kam jedoch angetrottet, als ich mich in die Küche begab, um Judgy in den Garten zu lassen.

Ich nahm ein Bad und zog mich an. Meine Wahl fiel auf enge Jeans, Kaschmirpulli und elegante Stiefel; ein Outfit, wie es in Hochglanzmagazinen für das Fest der Liebe empfohlen wird. Auch das war ein First: Sonst war ich aus schierem Zeitmangel meist bis eine halbe Stunde vor Eintreffen der ersten Gäste im Schlafanzug durchs Haus getigert. Ich legte sogar Make-up auf, und dann schürte ich im Kamin das Feuer an, tausche mein elegantes Schuhwerk gegen Gummistiefel und machte mit den Hunden einen Spaziergang. Eigentlich hatte ich gehofft, die Kinder würden mich auf meinem beschwingten Bummel über die Felder begleiten, doch ihre Reaktion auf meine diversen Versuche, sie zum Aufstehen zu bewegen, hatte sich auf »Später vielleicht« und »Hau ab, Mutter« beschränkt. Sehr weihnachtlich.

Bei meiner Rückkehr fand ich die Kinder tiefenentspannt auf den Möbeln herumlümmelnd im Wohnzimmer vor, womit sie mein geschmackvolles weihnachtliches Arrangement aus Baum, Strümpfen und Kaminfeuer ruinierten.

»Da bist du ja endlich«, brummte Peter. »Wir warten schon eine Ewigkeit auf dich. Warum warst du so lange weg?«

»Ihr wolltet partout nicht aufstehen«, erinnerte ich ihn.

»Ja, ja. Können wir dann jetzt unsere Geschenke aufmachen?«, nölte Jane.

Beide zeigten sich höflich erfreut über meine Gaben, und nachdem ich Peter mit Mühe und Not davon abgehalten hatte, mir zu demonstrieren, dass er sich eine ganze Schokoladenorange auf einmal in den Mund stecken konnte, machten sie sich über ihre Schachtel weihnachtlich verpackten Süßkram her, während ich den Hunden ihre Geschenke überreichte.

Judgy, der bereits ein alter Hase ist, was Weihnachtsgeschenke angeht, zerfetzte das Papier und machte sich dann mit Begeisterung daran, das darin eingewickelte quietschende Hundespielzeug zu »erlegen«, indem er es aufbiss und so lange auf dem Quietscher herumkaute, bis er ein für allemal verstummt war.

Der arme Barry, der noch nie ein Weihnachtsgeschenk erhalten hatte, benötigte beim Auspacken etwas Hilfe von Jane, und ehe er es sich versah, kam auch schon Judgy angetrabt, riss sich auch dieses Geschenk unter den Nagel und verfuhr damit genauso wie mit seinem eigenen kurz zuvor, während Jane herumzeterte und Barry die Szene in geduckter Haltung ratlos verfolgte. Sobald er auch Barrys Spielzeug auseinandergenommen hatte, stolzierte Judgy hoch erhobenen Hauptes davon, nicht ohne Barry einen Blick zuzuwerfen, der wohl »Gern geschehen!« bedeuten sollte.

»Dein dämlicher Köter wird echt immer rabiater, Mutter!«, schimpfte Jane. »Er hat dem armen Barry das Weihnachtsgeschenk geklaut!«

»Barry hat doch keine Ahnung, was ein Weihnachtsgeschenk überhaupt ist«, versuchte ich sie zu beschwichtigen.

»Von wegen!«, echauffierte sie sich. »Würdest du von Judgy behaupten, dass er keine Ahnung hat, was ein Weihnachtsgeschenk ist?«

»Nein, vermutlich nicht«, gab ich zu.

»Eben. Wie kannst du es wagen, anzudeuten, dass Barry weniger intelligent ist als Judgy? Los, komm mit, Barry, ich habe auch ein Geschenk für dich, aber das kriegst du oben, weit weg von Judgy.«

Nachdem sich Jane mit Barry in ihrem Zimmer verschanzt hatte und Peter mit seinem neuen iPad samt Kopfhörern beschäftigt war, oblag es Judgy und mir, den Hühnern ihr Geschenk zu bringen. Maggi, Knorr und Dr. Oetker begegneten mir mit der üblichen verächtlichen Herablassung und zeigten sich wenig bis gar nicht beeindruckt von ihrer brandneuen Schaukel und dem Futterspender.

Also überließ ich das verdrießliche Federvieh sich selbst und ging wieder ins Haus, um einen Blick in den Kühlschrank zu werfen und mich davon zu überzeugen, dass alles noch da war und sich niemand erdreistet hatte, schon mal den sündhaft teuren Weihnachtskäse zu verkosten.

Ich war tierisch stolz auf mich, weil ich so super-duper-oberclever gewesen war und das komplette Weihnachtsmenü für drei Personen bei Marks & Spencer bestellt hatte. Somit musste ich dieses Jahr lediglich ein bisschen Plastikfolie entfernen und alles im Ofen deponieren. Dass nun auch Simon mitessen würde, war kein Problem, es reichte locker für vier Personen.

Während ich noch so dort stand und mich am Anblick meines gut gefüllten Kühlschranks erfreute, schlurften die Kinder in die Küche.

»Mum«, sagte Peter. »Hast du Lust, mit uns *Tatsächlich Liebe* zu gucken?«

»Wie, ihr wollt euch freiwillig mit mir einen Weihnachtsfilm reinziehen?«

»Naja, wir dachten, du wirst uns vermutlich ohnehin dazu zwingen, und auf diese Weise können wir wenigstens bestimmen, was wir uns ansehen«, erklärte Jane. »Und *Tatsächlich Liebe* ist zumindest kein Schwarz-Weiß-Film.«

»Ähm, okay, sehr gern«, sagte ich. »Das wäre schön. Wie wär's mit einem kleinen Snack?«

Gleich darauf saß ich, von Peter und Jane flankiert und unter die Decke gekuschelt, auf dem Sofa und schnabulierte mit ihnen eine Schachtel After Eight, eine Tüte Twiglets und eine Packung dieser mit Käse gefüllten Knabberdinger, die aussehen wie Mini-Fußbälle und die es nur an Weihnachten gibt. Im Kamin prasselte ein ordentliches Feuer, und dann und wann lehnte eins der Kinder den Kopf an meine Schulter – kurz, es war ganz wunderbar weihnachtlich.

Pünktlich zum Abspann traf Simon ein. Er moserte ein wenig, weil das Essen noch nicht im Ofen war (ehrlich gesagt hatte ich überhaupt keinen Appetit, nachdem ich mich derart an After Eight überfressen hatte), und ich wollte ihm gerade einen strengen »Wag es ja nicht, Weihnachten zu ruinieren, du Mistkerl!«-Blick zuwerfen, da sagte Jane: »Chill mal, Dad, es gibt genug zu futtern. Du wirst schon nicht verhungern.«

»Ja, Dad«, pflichtete Peter ihr bei. »Hier, nimm dir ein Käsebällchen. Oh, keine mehr da. Aber jedenfalls hat Mum jede Menge zu essen besorgt, also sei nett zu ihr, okay? Auch wenn es vielleicht noch ein klein wenig dauert.«

Simon hörte tatsächlich sogleich auf zu jammern und sagte stattdessen: »Wie wär's, wenn wir einen Spaziergang ins Dorf machen, solange das Essen im Ofen ist? Wir könnten etwas trinken gehen – auf dem Weg hierher hab ich gesehen, dass der Pub auf hat.«

Ein Pubbesuch am ersten Weihnachtsfeiertag, das war verlockend und zugleich völlig unvorstellbar. »Und was ist mit Peter und Jane?«, fragte ich.

»Na, die können doch mitkommen. Was meint ihr, Kinder?«

»Krieg ich dann ein Glas Cider?«, fragte Jane.

»Nein, dafür bist du noch zu jung. Der Pubbesitzer könnte seine Lizenz verlieren.«

»Ich glaub, dann bleib ich lieber hier.«

»Ich auch«, sagte Peter.

Simon sah zu mir. »Damit wären wir also zu zweit, Ellen. Peter, Jane, wir sind in einer Stunde wieder da. Behaltet das Essen im Auge, damit es nicht verbrennt, sonst ist die Weihnachtsvision eurer Mutter im Eimer.«

»Wenn Mum uns verdammt nochmal endlich erlauben würde, ihr beim Baumschmücken zu helfen, läge uns ihre dämliche Weihnachtsvision vielleicht ein bisschen mehr am Herzen«, brummelte Jane.

»Tja, wer weiß, vielleicht erleben wir dafür ja dieses Jahr das erste Weihnachtsfest ohne den traditionellen Nervenzusammenbruch eurer Mutter.«

»Also, ich weiß nicht recht – es wird sich doch gar nicht anfühlen wie Weihnachten, wenn Mum nicht irgendwann heult und rumschreit und sich mit einer Flasche Baileys in der Garage einsperrt«, gab Peter zu bedenken.

»Also, ich für meinen Teil kann sehr gut darauf verzichten, dass sie mir einen Mince Pie an den Kopf wirft. Ihr wisst, was ihr zu tun habt. Ich lade inzwischen eure Mutter auf einen Drink ein.«

Im Pub kam es mir so vor, als würde sich die Angestellte hinter der Bar ihren Teil denken, weil ich schon wieder in Begleitung eines neuen Mannes aufkreuzte – ich war bereits am Samstag mit Jack da gewesen (der über Weihnachten Besuch von seiner Tochter hatte), und vor einer Woche hatte ich hier mit Colin ein Bierchen gezischt. Wahrscheinlich hielt sie mich für ein Flittchen oder glaubte, dass ich für einen Begleitservice arbeitete. *Aber das kommende Jahr bleibt frei von welterschütternden Dramen*, sagte ich mir fest und fasste im Rahmen meines Vorsatzes, mich künftig weder von meiner Umwelt abzuschotten noch alle Probleme im Alleingang lösen zu wollen, den Entschluss, dass ich mir deutlich mehr Mühe geben würde, mich ins Dorfleben zu integrieren (auch wenn ich nicht länger auf der Suche nach einem sexy Farmer war, der mir über die Kühlerhaube seines Traktors hinweg verliebte Blicke zuwarf). Und wenn mich die Leute hier erst als eine der ihren akzeptiert hatten, fand sich bestimmt eine Gelegenheit, der Bardame auf subtile Art und Weise zu verklickern, dass ich mitnichten ein liederliches Frauenzimmer war, sondern nur mit einem meiner Begleiter ins Bett ging, und dass von den anderen beiden einer mein Ex war und der andere ein guter Freund. Vielleicht lernte ich ja sogar ein drolliges, charmantes Original aus dem Ort kennen, das sich als Hühnerflüsterer betätigen und mir die Ursache für das abweisende Verhalten meiner Speckled Sussex verraten konnte. Im Idealfall eine ältere Dame, die mit allerlei ländlichen Weisheiten und uralten Bauernregeln aufwarten konnte. Es war aber auch nicht auszuschließen, dass sich die hiesige Bevölkerung wegen meiner vermeintlich allzu lockeren Moralvorstellungen weigerte, mich in ihrer Mitte aufzunehmen und mich stattdessen steinigte.

»Du wirkst ja so nachdenklich«, stellte Simon fest. »Was zum Geier geht dir gerade durch den Kopf?«

»Ach, nichts«, sagte ich rasch. »Gar nichts. Es ist schön, hier zu sein, nicht? Frohe Weihnachten!«

»Frohe Weihnachten. Ehrlich gesagt habe ich den Vorschlag nicht ohne Grund gemacht – ich wollte mit dir reden, ohne die Kinder …«

»Aha? Klingt ja sehr ominös. Ich muss dich daran erinnern, dass *Weihnachten* ist, Simon. Wehe, du versaust mir die Stimmung!«

»Peter und Jane haben erwähnt, dass du jemanden kennengelernt hast. Jack heißt er, haben sie gesagt.«

»Oh. Äh, ja, das stimmt.«

»Ich wollte dir nur sagen … Naja, du weißt schon, alles Gute und so. Als sie es mir erzählt haben, war ich erst ein bisschen … Keine Ahnung … Aber wenn er dich glücklich macht … Ich will einfach, dass es dir gut geht.«

»Danke«, sagte ich überrascht. Damit hatte ich überhaupt nicht gerechnet. Ich hatte gehofft, Simon noch eine ganze Weile nicht von Jack erzählen zu müssen, aus Angst, er könnte ausflippen, wenn er es erfuhr, aber wie es schien, hatte er beschlossen, sich wie ein Erwachsener zu benehmen. Schon seltsam, seit wir nicht mehr zusammen sind, kann ich ihn deutlich besser leiden als vorher. Es gibt immer noch Augenblicke, in denen ich ihn auf den Mond schießen könnte, aber im Großen und Ganzen benimmt er sich jetzt deutlich seltener als früher wie ein totaler Vollidiot.

»Und, ist es etwas Ernstes?«

»Das kann ich noch nicht sagen. Dafür ist es noch zu früh. Ich hab noch nicht gepupst in seiner Gegenwart.«

»Ist das noch immer dein Maßstab für die Ernsthaftigkeit einer Beziehung?«

»Mir ist noch kein besserer untergekommen.«

»Ich weiß noch, wie du das erste Mal in meiner Gegenwart gepupst hast ...«

»Echt jetzt?«

»Wie könnte ich das je vergessen, wo es mir doch förmlich die Tränen in die Augen getrieben hat!«

»Gar nicht wahr!«

»Und ob! Na, jedenfalls wollte ich sagen, dass ich wie du versuche, die Vergangenheit hinter mir zu lassen, aber ich fände es schön, wenn wir Freunde sein könnten. Richtige Freunde, die sich nicht bloß wegen der Kinder treffen und nur Höflichkeiten austauschen.«

»Das fände ich auch schön«, sagte ich.

»Tja, dann ... prost! Auf die Freundschaft!«

Nach dieser sehr reifen, erwachsenen Unterhaltung kehrten wir zurück und mussten feststellen, dass zwar nicht das Essen verbrannt war, die Kinder aber vergessen hatten, die Küchentür zu schließen, und Judgy hatte es geschafft, den Kühlschrank zu öffnen und den gesamten teuren Weihnachtskäse zu vernichten. Als wir sein Verbrechen entdeckten, schimmerten seine Lefzen leicht grünlich, und sein Bauch war ziemlich aufgebläht, und noch während ich laut heulend den Verlust betrauerte, kotzte er mir ein beachtliches Käsefondue über meine schicken Weihnachtsstiefel.

»Du verdammtes Hundevieh!«, schrie ich und verbannte Judgy erbost in den Garten. Barry verfolgte es süffisant grinsend und machte ansonsten deutlich, dass er an diesem Verbrechen nicht beteiligt gewesen war, während ich die nach Käse stinkende Hundekotze aufwischte und mich wider Willen damit abfand, dass der Mief meinen Stiefeln wohl auf IMMER UND EWIG anhaften würde.

»Sieh mal, Mum!«, rief Jane aufgeregt, als sie eine halbe Stunde später aus dem Garten hereinkam, wo sie Judgy überwacht hatte, um sicherzustellen, dass keine weitere Kotzorgie zu befürchten war.

Auf ihrem Handteller lag ein hübsches, noch warmes, braun gesprenkeltes Ei.

»Nein!«, hauchte ich.

»Doch!«, krähte Jane. »Maggi hat es gelegt! Sie hat ganz aufgeregt vor sich hin gegackert, und als ich zu ihr rübergegangen bin, um zu sehen, was sie treibt, lag es unter ihr. Unser erstes Ei!«

»Ein Weihnachtswunder!«, rief ich.

Der Rest des Tages verging ohne weitere unangenehme Vorfälle, wenn man davon absieht, dass sich Peter am Baileys vergriffen hatte und, als wir später Pictionary spielten, bei jeder Runde wieder »IST ES EIN PENIS?« brüllte, nur um dann einen hysterischen Lachanfall zu kriegen. Doch auch dieser Tag verging, ohne dass ich ausgerastet war oder Simon etwas an den Kopf geknallt hatte, was ebenfalls einem Weihnachtswunder gleichkam. Kurz, das diesjährige Weihnachtsfest gestaltete sich deutlich angenehmer und entspannter als das vergangene, als unsere Ehe in den allerletzten Zügen gelegen hatte, wir aber noch unter einem Dach gewohnt hatten, und ich bei der geringsten Provokation durch Simon eine immense Lust verspürt hatte, mich als Messerwerferin zu betätigen.

Einen kleinen peinlichen Moment gab es zugegebenermaßen,

nämlich, als ich mit Jane und Simon in den Garten ging, um ihm die Geschenke zu zeigen, die die Hühner bekommen hatten, und er fragte, warum ich meinen Hühnern eine Sexschaukel geschenkt hatte. Andererseits saß Maggi gerade auf besagter Schaukel und bedachte mich mit einem auffallend freundlichen Blick. Womöglich ist mir mit dieser Schaukel ja der Durchbruch gelungen – vielleicht schließen sie mich jetzt ins Herz und zeigen sich doch noch von ihrer geschwätzigen Seite!

Montag, 31. Dezember – Silvester

Da ich eindeutig das Gefühl hatte, sämtliche #klippenumschifft und #allesvollimGriff zu haben sowie als eine Art #Königinder-Weihnachtsvision auf der #SonnenseitedesLebens zu stehen, habe ich vor zwei Tagen beschlossen, das es doch eine galaktisch gute Idee wäre, spontan eine Silvesterparty zu schmeißen. »Warum auch nicht?«, sagte ich mir. Was soll schon groß passieren?

Natürlich passierte genau das, was immer passiert, wenn ich beschließe, eine Party zu schmeißen: Erst verbrachte ich mehrere Stunden mit der Auswahl des perfekten Fotos für die Ankündigung bei Facebook, und dann ging ich die Liste meiner Facebook-Freunde durch und traf voreilige Entscheidungen auf der Basis von Argumenten wie: »Naja, *sooo* übel sind sie nun auch wieder nicht; ist ja nicht so, als würde ich sie *hassen* ... Okay, sie nerven bisweilen, aber im Grunde ihres Herzens sind sie nette Menschen.« Soll heißen, ich lud in einem Anfall von Größenwahn eine ganze Reihe von Leuten ein, mit denen ich seit Jahren keinen Kontakt gehabt hatte (außer wenn ich mal wieder spontan eine Party organisierte). Und sobald die Zusagen eintrudelten, fiel mir wieder ein, dass ich die meisten von ihnen gar nicht leiden kann, und dann fragte ich mich empört, wie all diese impertinenten Menschen es wagen konnten, meine Einladung anzunehmen, sodass ich nun *tatsächlich* eine Party organisieren musste.

Das Gute an den ganzen Scheidungen in unserem Alter ist immerhin, dass sich dadurch die Anzahl der Leute, die man einladen muss, halbiert. So hatte ich zum Beispiel die perfekte Mami der perfekten Lucy Atkinson eingeladen, aber weder Lucys Daddy noch Fiona Montague und ihren Ex, wie ich es bislang aus reinem Pflichtgefühl getan hätte. Aber das wäre ohnehin keine so gute Idee gewesen.

Colin und Sam waren kürzlich aus dem Skiurlaub zurückgekehrt und geradezu unverschämt braun gebrannt, aber ich sah es ihnen nach, weil ich mich so freute, dass sie da waren, und weil sie mir aus dem Duty-Free-Shop Zigaretten mitgebracht hatten, die ich vor meinen Kindern versteckte, ehe sie intervenieren konnten.

Ich hatte auch eine Nachbarin eingeladen – eine etwas zugeknöpft wirkende Dame, die in einem der Cottages die Straße runter wohnt (als Startschuss meiner »Ich beweise den Dorfbewohnern, dass ich nicht so verdorben bin, wie es scheint«-Kampagne, und in der Hoffnung, dass sie über Hühnerflüsterer-Fähigkeiten verfügte, wobei sich meine Gefühle den Hühnern gegenüber ins Gegenteil verkehrt haben, seit Maggi neulich ihr erstes Ei gelegt hat). Die gute Frau heißt Margaret und war anfangs zwar etwas pikiert, weil es keinen Sherry gab und sie sich mit Gin begnügen musste, aber nach drei, vier Gin Tonics, die es in sich hatten, entpuppte sie sich als fabelhafte Quelle für dörflichen Klatsch und Tratsch. In wunderbar despektierlicher Manier klärte sie mich darüber auf, dass es beträchtliche Konkurrenz um den Rang der Dorfmatratze gibt und dass ich meilenweit entfernt davon bin, in die engere Auswahl zu kommen, was mich zwar sehr erleichterte, aber ich fürchte, nach allem, was ich nun weiß, werde ich dem Angestellten im Fleischerladen wohl nie wieder in die Augen sehen können, geschweige denn Würstchen bei ihm kaufen!

Ich war zu dem Schluss gekommen, dass die Silvesterparty eigentlich eine gute Gelegenheit bot, um Simon und Jack miteinander bekanntzumachen. Beide hatten meine Einladung angenommen und schafften es auch, einander mit höflichem Respekt zu begegnen, legten zugleich aber durchaus ein gewisses Alphamännchen-Verhalten an den Tag. Um mir zu imponieren, überschlugen sie sich förmlich in Sachen Hilfsbereitschaft, sodass ich den ganzen Abend weder die Gäste mit Getränken versorgen noch mich um das Feuer im Kamin kümmern musste.

Echt toll, wie zivilisiert und erwachsen wir uns doch verhalten, dachte ich selbstgefällig, bis Simon von Jack wissen wollte, ob er schon die neue Auto-Sendung von Jeremy Clarkson gesehen habe. Jack bejahte, und dann gab es für sie kein anderes Thema mehr. Frechheit! Jack gehört *mir*! Wie konnte Simon es wagen, sich einzubilden, dass Jack und er Freunde sein können? Die beiden können meinetwegen ein oberflächlich freundliches Verhältnis zueinander haben, mehr aber auch nicht, verdammt nochmal! Ich war echt sauer, wenngleich ich mir auch ein bisschen kindisch vorkam, weil ich mich deswegen ausgegrenzt fühlte.

Hannah und Charlie kamen mit allen drei Kindern und legten Baby Edward in seinem Tragekorb oben schlafen. Mir ist wirklich ein Rätsel, wie der Kleine auch nur ein Auge zutun konnte bei dem ohrenbetäubenden Johlen und Kreischen in den Nebenzimmern.

Kurz vor Mitternacht schlich ich in den Garten, um mir die letzte Zigarette des Jahres zu gönnen. *Meine letzte Zigarette über-*

haupt, rief ich mir in Erinnerung. Natürlich würde ich im neuen Jahr mit dem Rauchen aufhören. Und mit dem exzessiven Alkoholkonsum ebenfalls. Ich würde mich lediglich von Kohl und guten Vorsätzen ernähren. Hmja.

Ich konnte es zumindest versuchen.

Während ich die Sterne betrachtete, sann ich ein wenig über die Ereignisse des vergangenen Jahres nach. Ich hatte mich über weite Strecken sehr alleingelassen gefühlt, und dennoch war ich am letzten Abend des Jahres umringt von Menschen, von denen mir die meisten sehr ans Herz gewachsen waren. Dann erstellte ich im Geiste eine Liste meiner Erfolge:

Ich hatte einen Ehemann verloren, stattdessen aber einen Freund gewonnen, wie es schien.

Ich hatte einen Vater verloren, dafür aber gelernt, die Vergangenheit hinter mir zu lassen.

Ich hatte kein eigenes Badezimmer mehr, dafür besaß ich nun drei etwas furchteinflößende Hühner und einen riesigen Wolfshund mit einem massiven Sabberproblem (der, wie es aussah, gottlob endlich aufgehört hatte zu wachsen).

Ich hatte meine Babys verloren und stattdessen zwei altkluge, fluchende Teens bekommen, die mich, wenn es hart auf hart kam, trotz allem immer wieder überraschten mit ihrer Fürsorglichkeit und Reife.

Und ich hatte Jack kennengelernt. Ich wusste noch immer nicht so recht, wie ich ihn nennen sollte – um ihn als meinen Freund zu bezeichnen, war ich eigentlich schon zu alt. Lover? Nein, dafür waren wir zu britisch. Partner? Nein, dafür ging die Sache noch nicht lang genug. Aber er war definitiv mehr als ein Freund mit gewissen Vorzügen. Er war einfach Jack.

Wie auf ein Stichwort kam Jack in den Garten. »Ach, hier bist du«, sagte er. »Ich hab dich gesucht. Was machst du denn hier draußen?«

»Nachdenken.«

»Und worüber?«

»Über das vergangene Jahr, das in vielerlei Hinsicht zwar das beschissenste meines gesamten Lebens war, aber im Großen und Ganzen überwiegen jetzt doch die positiven Seiten.«

»Und, gehöre ich da auch dazu?«

»Ja, das tust du.«

»Gut. Dann werde ich dich jetzt küssen, ehe wir wieder reingehen, um mit den anderen den Jahreswechsel zu feiern. Wenn ich dich nämlich da drinnen küsse, vor allen Leuten, dann versucht dein Ex wieder, mich mit Blicken zu töten.«

»Wie jetzt? Ich hatte den Eindruck, dass ihr euch blendend versteht.«

»Ich war bloß höflich. Ich konnte ihm ja wohl kaum sagen, dass er mich zu Tode langweilt mit seinem dämlichen Jeremy Clarkson, oder?«

»Aber …«

»Klappe, ich will dich küssen.«

Nachdem er mich ausführlich geküsst hatte und ich mir den Lippenstift nachgezogen hatte, gingen wir wieder rein, gerade rechtzeitig für den Countdown.

»FROHES NEUES JAHR!«, johlten alle.

Und dann hatte ich, von Gefühlen überwältigt, eine sehr gute Idee. Gut möglich, dass ich etwas angetrunkener war, als ich angenommen hatte, jedenfalls klopfte ich mit einem Messer an mein Glas – zum Glück, ohne es zu demolieren –, und rief: »Ich möchte gerne ein paar Worte sagen! Als Erstes möchte ich euch sagen, dass ich euch alle liebe. Ich liebe euch so sehr! Und das neue Jahr, das wird ganz fantastisch, für uns alle. Hannah ist nicht mehr schwanger, und ich glaube, ich weiß jetzt, was wirklich wichtig ist und was nicht. Statt mir über Dinge, die ich nicht ändern kann, den Kopf zu zerbrechen, werde ich sie einfach in die ›Drauf geschissen!‹-Schublade stecken. Ich habe meine Hunde, meine Kinder und meine Freunde ...«

»Na, vielen Dank auch, Mum!«, rief Peter. »Gut zu wissen, dass wir auf deiner Liste gleich an zweiter Stelle kommen. Wenigstens noch vor den Hühnern ...«

»Die Reihenfolge hat nichts zu sagen«, protestierte ich. »Und ja, die Hühner – vielleicht wird das ja sogar für die verdammten Hühner ein gutes Jahr, jetzt, wo sie ihre Sexschaukel haben. Vielleicht sollte ich doch noch einen Hahn anschaffen, damit sie die Sexschaukel auch bestimmungsgemäß verwenden können. Na jedenfalls wird dieses Jahr das Beste überhaupt, weil ich euch nämlich alle liebe, und das ist das Einzige, worauf es wirklich ankommt. Und weil ich jetzt alt genug bin, um nach der Devise ›Drauf geschissen!‹ zu leben, aber noch nicht *zu* alt – soll heißen, ich habe noch meine eigenen Zähne und mache mir nicht jedes Mal in die Hosen, wenn ich niesen muss. Das wird UNSER Jahr! Hab ich schon gesagt, dass ich euch alle liebe? Gut, dann stoßt mit mir an, auf mein Motto ›DRAUF GESCHISSEN!‹«

Nach dieser leidenschaftlichen Rede schwiegen alle Anwesenden etwas verdattert, und dann knurrte Jane: »Oh mein GOTT, *Mutter*! Warum musst du *immer* so peinlich sein?«

DANK

Genau wie die Vorgängerbände ist auch dieses Buch das Ergebnis gemeinsamer Anstrengungen gewaltigen Ausmaßes, und es gibt unheimlich viele Menschen, die ein riesiges Dankeschön für ihre Hilfe verdient haben. An erster Stelle möchte ich hier das wundervolle Team von HarperCollins nennen – ich betrachte es als ein großes Privileg, mit so tollen Menschen zu arbeiten. Besonderer Dank ergeht an meine fabelhafte Redakteurin Katya Shipster für ihre schier unerschöpfliche Geduld. Unendlich dankbar bin ich außerdem Rosie Margesson, die nicht nur eine großartige Pressesprecherin ist, sondern es zudem erträgt, wenn ich auf langen Zugfahrten landauf, landab ohne Punkt und Komma von Hunden und Ponys labere und dabei nach Kräften ihre Versuche unterminiere, mich daran zu hindern, dass ich mich verirre/Züge verpasse/unschuldigen Mitreisenden versehentlich das Handy stibitze. Ein riesengroßes Dankeschön auch an Jasmine Gordon, die unschlagbar in Sachen Marketing ist und zudem unheimlich verständnisvoll, wenn ich ihr Mails mit Fotos von meinem neuen Welpen schicke, in die Betreffzeile jedoch – clever, wie ich bin – zur Tarnung »Sehr dringende und wichtige Info zum Buch – sofort öffnen!« schreibe. Danke an Jenny Hutton für ihren exzellenten redaktionellen Rat in Momenten, in denen ich den Wald vor Bäumen nicht sehen konnte, aber auch dafür, dass sie mich dazu bewegt hat, etwas sparsamer mit Ausrufezeichen umgehen! Danke an Ed Faulkner, Julie MacBrayne, Oli Malcolm und Kate Elton, und vielen Dank an Oscar für all seine Hilfe und Anregungen. Weiter danke ich Sarah Hammond, die uns alle koordiniert und sichergestellt hat, dass niemand vom Weg abkommt. Das großartige Umschlag-Design ist das brillante Werk von Claire Ward und Tom Gauld, die jedes Mal wieder das perfekte Cover erschaffen. Tausend Dank euch beiden dafür! Und das größte aller großen Dankeschöns ergeht an Tom Dunstan und sein unglaubliches Vertriebs-Team, denn ganz egal, wie gut ein Buch auch sein mag, wenn die Vertriebsleute nicht dafür sorgen, dass es in den Buchläden steht, dann kann es auch niemand lesen! Ein großes Dankeschön auch an Marie Goldie und die Mitarbeiter von HarperCollins in Glasgow, sowohl in der Redaktion als auch im Warenlager, wo alle so tatkräftig daran arbeiten, die Bücher zur Leserschaft und in die Geschäfte zu bringen.

Mein fantastischer Agent Paul Baker von Headway Talent versteht sich nicht nur hervorragend auf sein Metier, sondern ist auch extrem langmütig – vielen Dank zum wiederholten Male, dass du mich erträgst!

Ewig dankbar sein werde ich außerdem Claire Scott, die mir überhaupt erst den nötigen Tritt in den Hintern verpasst und mich zum Schreiben bewegt hat, sowie Grace Cheetham, weil sie bereit war, mir eine Chance zu geben.

Des Weiteren zu nennen sind meine Freunde, die mich durch all jene Phasen geleiten, in denen mich Zweifel oder akute Frustanfälle plagen oder ich urplötzlich feststelle, dass ich keinen blassen Schimmer von Rechtschreibung habe. Ihr kennt Mittel und Wege, um mich zum Weitermachen zu bewegen:

Wein, Lachen, schlechte Pointen, geistreiche Gespräche, dubiose Tänze, köstliche Kuchen und exzellente Suppen. Tausend Dank an alle Sisterhood-Mitglieder, insbesondere Alison, Eileen, Katrina, Liz, Lynn, Mairi und Tanya. Ein besonderer Dank an Tanya für den Kuchen! Herzliches Dankeschön auch an Linda und Graham – dafür, dass ihr immer für mich da seid, für die Suppe und für alles andere. Und danke an die ehemaligen und gegenwärtigen Dahlings – ihr wisst, wer gemeint ist – insbesondere an Kate C, die im Alleingang einen Großteil der ersten zwei Bände aufgekauft hat.

Zu guter Letzt möchte ich mich bei meiner Familie bedanken. Wieder einmal bin ich meinem Ehemann zu großem Dank verpflichtet – für die Manhattans, aber auch, weil er meine Hunde (einschließlich des satanischen Welpen) ertragen und daran geglaubt hat, dass ich es schaffen kann – sogar dann, als ich es selbst nicht tat. Und weil er Solitär von meinem Laptop gelöscht hat, um mich am Prokrastinieren zu hindern. Und meine geliebten Kinder: Danke, dass ihr so witzig und sarkastisch seid, dass ihr meine Fragerei danach, was die Jugend von heute so sagt oder tut, geduldig über euch ergehen habt lassen und dafür, dass ihr nicht Peter und Jane seid …